Guide des Chats

Le **Guide des chats** est une réalisation de Sélection du Reader's Digest.

Nous exprimons notre reconnaissance à tous ceux qui ont contribué à la préparation et à la mise au point de cet ouvrage.

Pour les textes :
Alain Ganivet, docteur vétérinaire ; Michel Houard, docteur vétérinaire ; Aline Noël, éleveur juge international, représentant de la TICA en Europe ; Patrick Payancé, docteur vétérinaire ; François Vallat, docteur vétérinaire, que nous remercions tout particuièrement pour son rôle de conseiller de la rédaction.

Pour les dessins :
Julie Deutsch, William Fraschini, Sibylle de Fischer et Patrick Morin.

Tous les textes de la présente édition ont été revus et actualisés par Valérie Parent.

Réalisation et production :
ARCHIPEL STUDIO
10, rue Louis-Bertrand
94200 Ivry-sur-Seine

Conception graphique :
THOMAS BRISEBARRE

Mise en pages :
LÆTITIA GUIDOTTI

Secrétariat d'édition :
CATHERINE LUCCHESI
JULIETTE NEVEUX
CÉLINE QUÉTIER

Avec la collaboration de l'équipe éditoriale de Sélection du Reader's Digest

Direction éditoriale :
GÉRARD CHENUET

Responsable de l'ouvrage :
CHRISTINE DE COLOMBEL

Suivi éditorial :
BÉNÉDICTE ROBBE

Lecture-correction :
BÉATRICE ARGENTIER,
EMMANUELLE DUNOYER

DEUXIÈME ÉDITION – Premier tirage

Pour nous communiquer vos suggestions ou remarques
sur ce livre, utilisez notre adresse e-mail :
editolivre@readersdigest.tm.fr

ISBN : 2-7098-4883-X

Achevé d'imprimer en Slovénie : janvier 2004
Dépôt légal en France : février 2004
Dépôt légal en Belgique : D-2004-0621-32

Guide des Chats

Sélection du Reader's Digest

Avant-propos

Dix ans se sont écoulés depuis la première édition de ce guide. Dix ans durant lesquels l'engouement des Français pour la gent féline n'a cessé de croître : 9,67 millions de chats domestiques sont aujourd'hui recensés contre 8,78 millions de chiens. Nul ne sait, comme certains l'affirment, si le chat sera l'animal du troisième millénaire, mais une chose est sûre : depuis ces dix dernières années, il s'est de plus en plus immiscé dans la vie des hommes et il est, par la force des choses, devenu un peu plus casanier et citadin. Même si aujourd'hui tout est loin d'être rose – ne minimisons pas les maltraitances, les abandons et la situation désespérée de certains chats des rues, ni l'action courageuse des bénévoles des associations de protection –, le chat fait désormais partie de la famille et il est au centre des préoccupations de ses maîtres, des professionnels de la santé et de l'alimentation.

La mise au point de vaccins à vecteur viral vivant, les premiers essais d'utilisation des interférons d'origine féline pour lutter entre autres contre le virus de la leucose témoignent des nombreux progrès de la médecine vétérinaire. On a également pris conscience du rapport étroit entre alimentation et santé : l'âge, l'état de santé et le mode de vie de l'animal sont désormais pris en compte pour composer ses menus.

Côté félinotechnie on note d'autres changements. De nouvelles races comme le laperm ou le savannah ont été reconnues, de nouvelles couleurs ont été acceptées, certains standards ont quelque peu été modifiés et la création de la fédération pour la gestion du Livre officiel des origines félines a permis de regrouper standards et pedigrees. Les éleveurs sérieux ont beaucoup travaillé pour conserver, améliorer et promouvoir leurs races de prédilection.

Rançon de la gloire, à trop partager le quotidien de leurs maîtres, à s'éloigner de leur véritable nature, certains chats connaissent désormais l'ennui, l'angoisse, l'obésité, voire l'agressivité. Les comportementalistes sont d'ailleurs de plus en plus nombreux à se pencher sur le sujet.

Face à toutes ces évolutions, une version réactualisée et remaniée de cet ouvrage s'imposait. Son ambition ? Présenter de façon claire et agréable l'ensemble des races félines reconnues à ce jour par le LOOF et faire comprendre aux néophytes comme aux amateurs éclairés que bien connaître le comportement, la santé et les besoins de son chat constitue un atout majeur pour réussir une grande histoire d'amour. Une histoire qui repose avant tout sur le respect et la confiance.

Valérie Parent

Sommaire

VIVRE AVEC UN CHAT

◂ Le chat de gouttière est par excellence le chat de maison, trouvé ou adopté au hasard d'une rencontre.

Le chat et son comportement

Votre chat est votre plus fidèle compagnon, vous passez vos journées à l'observer, à le caresser, à le chouchouter, vous avez l'impression de parfaitement le connaître... Et pourtant, bien des zones d'ombre persistent. Savez-vous ce qui se passe lorsqu'il s'éloigne de la maison, lorsqu'il rencontre un autre congénère, lorsqu'il est attiré par une charmante minette, lorsque cette dernière met bas et éduque leurs chatons, lorsqu'il défend son territoire, lorsqu'il chasse, lorsqu'il communique, lorsqu'il dort, lorsqu'il se toilette ou bien encore lorsqu'il approche de la mort ? Connaître tous ces comportements vous permettra assurément de le comprendre mieux encore...

Des sens parfaitement adaptés

La vision

Le chat bénéficie d'une vision particulièrement bien adaptée à ses activités de chasse nocturnes. La forme de ses pupilles, fente verticale en plein jour et cercle largement ouvert dans la pénombre, lui permet de régler l'intensité lumineuse qui pénètre dans ses yeux. Les nombreuses cellules à bâtonnets contenues dans ses rétines sont d'une grande sensibilité et facilitent sa vision crépusculaire. Le *tapetum*, tapis réfléchissant situé derrière la rétine, lui permet également de réagir aux faibles stimulations lumineuses. C'est ce tapis qui fait briller ses yeux quand ils sont éclairés dans la nuit. Ainsi le chat tire-t-il le meilleur parti possible de toutes les sources de lumière, mais, contrairement à une idée reçue, il ne peut pas voir dans le noir absolu ; il utilise alors son ouïe, son odorat et ses sens tactiles. Bien enfoncés dans les orbites, ses yeux, de forme globuleuse, sont dirigés vers l'avant et lui offrent un angle de vue à 180°. Le chat peut donc voir ce qui est situé derrière ses oreilles sans avoir à tourner la tête. Il bénéficie également d'une vision en relief dans la quasi-totalité de son champ visuel grâce à l'écartement de ses yeux. Il perçoit ainsi les reliefs presque aussi bien que nous et estime aussi parfaitement la distance qui le sépare de ses proies.

Grâce à la forme variable de ses pupilles, le chat règle l'intensité lumineuse qui pénètre dans ses yeux.

Le chat distingue cependant assez mal les couleurs et voit un monde composé de quelques teintes pastel bleutées et de dégradés de gris. Sa perception visuelle est également assez floue lorsqu'il regarde un objet immobile, mais l'adresse diabolique de certains chats pour ouvrir les placards ou voler de la nourriture montre qu'il ne s'agit pas du tout d'un handicap et que ces animaux se sont parfaitement adaptés à leur système de vision.
Même à un âge avancé, le chat conserve une bonne vue. Ses yeux souffrent rarement de cataracte ou de dégénérescence du cristallin, contrairement à ceux des chiens. Seule la décoloration progressive de l'iris atteste le passage des années, mais elle n'a pas de conséquence sur le plan fonctionnel. Elle donne simplement aux yeux un bel aspect marbré, déchiqueté comme une aile de papillon.

L'odorat

L'acuité olfactive des carnivores est environ trente fois supérieure à celle de l'homme. Les odeurs ont pour eux une importance particulière, au point que l'on peut parler de véritable paysage olfactif. Il suffit d'observer l'attitude d'un chat devant un objet inconnu pour comprendre l'importance de son odorat dans l'identification précise d'un élément nouveau. Sa muqueuse olfactive est proportionnellement beaucoup plus développée que la nôtre. Elle s'implante dans les conduits du nez, juste en arrière de l'orifice nasal. L'appareil olfactif est en outre complété par un organe que l'homme ne possède pas : l'organe de Jacobson. Ce tout petit sac tapissé de cellules olfactives est relié par un fin canal à la face supérieure du palais. Il est en liaison directe avec l'hypothalamus. Lorsque le chat veut apprécier vraiment une odeur, il aspire une petite quantité de l'air contenant les substances odorantes et presse avec sa

L'acuité olfactive du chat est environ trente fois supérieure à celle de l'homme.

langue cet « échantillon » contre son palais, le propulsant ainsi vers l'organe de Jacobson. Ce comportement particulier, qu'il manifeste en présence d'une senteur qu'il apprécie, est appelé réaction de Flehmen. Elle apparaît souvent lorsque le chat se trouve en présence d'effluves de chattes en chaleur ou d'autres odeurs particulièrement appétentes, comme celle de l'herbe à chat.

Le chat est capable de percevoir la présence de l'un de ses congénères à une très longue distance. En humant l'air, il peut d'ailleurs déterminer s'il s'agit d'un mâle ou d'une femelle. Son odorat lui permet également d'identifier les signaux de marquage olfactif : flairer les urines et les sécrétions déposées par un autre chat lui indique les limites que ce dernier a fixées à son territoire ; sentir l'arrière-train d'un compagnon de fortune le renseigne sur l'humeur, l'état de santé et les intentions de cet animal.

L'odorat joue aussi un rôle capital dans l'alimentation, d'autant plus que le chat possède un nombre de papilles gustatives assez faible (473 contre 9 000 chez l'homme). L'odeur est donc un critère déterminant lorsque le chat choisit sa nourriture. Il est très sensible à l'appétence des aliments et consomme plus facilement les produits tièdes (37-38 °C). Un chat dont le nez est bouché a tendance à ne plus s'alimenter, quelle que soit la cause de cette obstruction.

Le sixième sens

On comprend comment un chat perdu peut retrouver son maître s'il se trouve dans un endroit où il est déjà allé. Il se repère aux bruits, aux odeurs... Là où les choses se compliquent, c'est lorsque le chat retrouve ses maîtres dans un endroit où il ne s'est jamais rendu auparavant et qu'il parcourt une longue distance. Certains parlent de télépathie entre le maître et l'animal, d'autres comparent le mode de fonctionnement du chat à celui des oiseaux migrateurs, basé sur l'utilisation des ondes magnétiques. C'est le fameux sixième sens, et son mystère reste entier.

L'ouïe

Le chat perçoit une gamme de sons beaucoup plus étendue que chez l'homme et le chien. Il capte notamment des sons trois fois plus aigus. Son acuité auditive lui permet de détecter d'éventuels dangers, de reconnaître des sons qui le concernent (comme le bruit d'un paquet de croquettes) et de localiser ses proies. Il traque souvent de petits animaux, qui se cachent facilement : sa seule vision ne lui suffit pas, mais le son émis par un petit rongeur l'attire aussitôt.

Les oreilles félines sont petites, mais extrêmement mobiles. Grâce à une dizaine de muscles, elles peuvent s'orienter, indépendamment l'une de l'autre, à 180° pour rechercher l'origine d'un son. Le chat peut ainsi suivre le déplacement d'une proie uniquement à l'écoute, sans trahir sa présence. L'écartement de ses oreilles lui permet, par l'analyse de la différence de réception du son par chacune d'entre elles, un repérage précis de la source sonore, de l'ordre de quelques centimètres.

Le goût

Les chats possèdent un sens du goût beaucoup moins développé et moins diversifié que le nôtre. Ses papilles gustatives sont situées sur le bout, le fond et les côtés de la langue. Il semble peu réagir au sucré, mais différencie le salé, l'amer et l'acide.

> **Le photopériodisme**
>
> L'activité sexuelle féline est liée aux modifications du photopériodisme : une diminution de la durée du jour provoque le repos sexuel chez la femelle et une moins grande fertilité chez le mâle. L'activité sexuelle est maximale de janvier à octobre, avec parfois un arrêt en plein été. Ces variations sont plus marquées chez les persanes que chez les siamoises. Contrairement à la plupart des femelles, les chattes peuvent également avoir des chaleurs pendant la période de lactation, parfois dès une semaine après la mise bas.

Le toucher

Le corps des chats est entièrement recouvert de cellules tactiles, sensibles au moindre attouchement, à la moindre douleur. À la base de chaque poil, des cellules sensorielles communiquent au cerveau les sensations cutanées. Certains poils, plus raides, plus rigides que les autres, sont plus particulièrement réceptifs : il s'agit des vibrisses.

Elles constituent notamment les moustaches, mais d'autres sont réparties sur le corps, à la pointe des coudes et à l'arrière des pattes, au-dessus des coussinets. Elles perçoivent, grâce à de nombreuses terminaisons nerveuses, les mouvements de l'air et permettent au chat de « sentir » les objets sans les toucher ou de se diriger dans l'obscurité totale sans entrer en contact direct avec l'environnement. De puissants muscles horripilateurs peuvent les orienter vers l'avant et les organiser en éventail.

Les zones dépilées de la truffe et des coussinets des pattes sont les points les plus sensibles du chat. La truffe réagit aux moindres sensations de chaud et de froid des aliments. Les coussinets enregistrent la qualité du sol et même certains mouvements qui l'animent. Ils aident aussi à l'identification des objets : le chat les tâte légèrement avec la patte. Ils lui permettent même de percevoir certaines vibrations sonores.

Amours félines

La puberté

Les chatons mâles ou femelles s'éveillent en général à la sexualité vers l'âge de six à sept mois. La maturation de leurs organes génitaux et la sécrétion des hormones sexuelles déclenchent chez eux les comportements de la puberté.

Chez le chat mâle européen, considéré dans l'ensemble des différentes races comme de type moyen, la spermatogenèse, c'est-à-dire la production des cellules reproductrices, les spermatozoïdes, commence vers l'âge de cinq mois ; l'animal n'est cependant fécond que vers sept à neuf mois. Le comportement de reproduction apparaît à un âge variable, mais peut commencer dès le quatrième mois. Il se caractérise par l'apparition des gestes de marquage du territoire : le chat urine en dehors de son bac, en différents endroits de la maison, et éprouve le besoin de sortir au lieu de rester blotti dans son foyer. Il se sent devenir adulte, prêt à aller affronter les autres chats pour conquérir les femelles.

Chez la chatte, l'âge de la puberté varie selon les races. Les chattes de type intermédiaire (européen, birman, rex, sphynx) l'atteignent vers six à neuf mois. Les chattes de type siamois, oriental, burmese sont plus précoces : vers quatre à six mois, et les persanes plus tardives : un an et plus. La saison a également son importance : si une chatte est en âge pubertaire entre octobre et décembre, il se peut que ses premières chaleurs ne se déclenchent qu'au printemps suivant. Dans tous les cas, on observe un comportement de cour caractéristique de l'appel du mâle. La chatte peut parfois cesser de se nourrir, et dans certains cas se sauver de la maison où elle vit.

Ces modifications signalent le passage du chaton à l'âge adulte et sa capacité à se reproduire. Si les maîtres n'interviennent pas, l'appel de la nature sera vite suivi d'une saillie, puis d'une portée deux mois après.

Le mâle, après sa puberté, est capable de se reproduire sans interruption toute sa vie durant. La chatte, elle, connaît des cycles alternés d'activité sexuelle et de repos. En l'absence de fécondation, deux ou trois cycles sexuels d'une semaine environ se succèdent. Le reste du temps, la femelle est calme et refuse tout rapport avec les matous.

Lors du passage à l'acte, le mâle chevauche la femelle en lui mordant le cou. L'intromission ne dure que une à deux secondes.

L'acte sexuel

Les chattes ont une ovulation provoquée. L'acte sexuel déclenche automatiquement la libération des ovules par l'ovaire ; voilà pourquoi il est presque toujours suivi d'une portée. En l'absence de saillie, l'ovulation a tout de même lieu, mais après trois ou quatre jours difficiles, pendant lesquels la femelle miaule et se plaint. Certains éleveurs se refusant à utiliser des moyens contraceptifs font d'ailleurs appel à des chats mâles castrés, qui simulent des saillies, provoquant ainsi l'ovulation. La chatte est de cette façon rapidement calmée sans pour autant être fécondée.

Lorsqu'une chatte en chaleur quitte la maison, elle se trouve aussitôt entourée d'une foule de prétendants, rapidement informés par les odeurs qu'elle émet. Pendant la période de cour, elle se montre fort désagréable. Elle crie, lance des coups de griffes, repousse les mâles de façon très agressive. Ceux-ci, de leur côté, se défient, s'affrontent et parfois se blessent. L'écho de ces combats anime très souvent les nuits tièdes du printemps, au grand dam des voisins.

Lors du passage à l'acte, le mâle flaire la région génitale de la femelle. Cette dernière se montre nerveuse, miaule, aplatit le dos en basculant vers le haut son bassin, trépigne des membres postérieurs et dévie la queue sur le côté. Le mâle la chevauche en lui mordant la peau du cou. L'intromission dure de une à deux secondes. La femelle crie lorsque le mâle se retire. Elle lui envoie éventuellement un coup de griffes, se lèche la vulve puis se roule voluptueusement sur le dos. Cette dernière phase est importante car elle montre que la copulation a bien eu lieu. L'ovulation survient vingt-quatre à soixante-douze heures après. Cet étalement dans le temps

Le cycle sexuel de la chatte

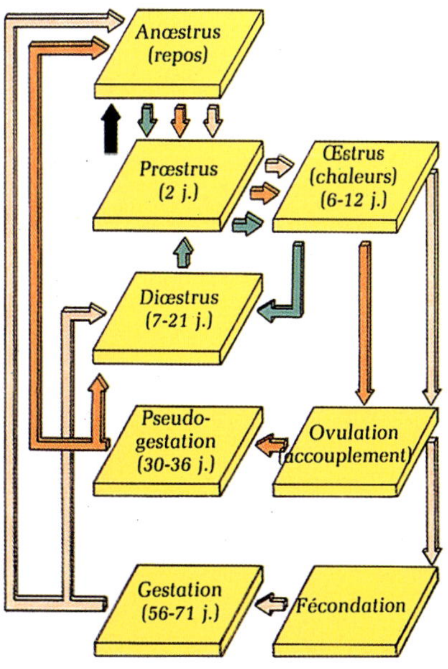

implique qu'il faut laisser le mâle et la femelle ensemble environ trois jours pour obtenir le maximum de chatons et explique les suprafécondations (plusieurs pères pour une même portée). Pendant l'œstrus, la femelle peut en effet être saillie jusqu'à huit à dix fois par heure par plusieurs mâles, qui se succèdent jusqu'à épuisement. À la suite de cette saillie, les chaleurs de la chatte s'interrompent immédiatement.

Le cycle de la chatte

Toutes les femelles de mammifères à activité sexuelle discontinue ont un cycle comprenant plusieurs phases :

- l'anœstrus, période de repos sexuel ;
- le prœstrus, période précédant immédiatement les chaleurs, qui dure environ deux jours chez la chatte ;
- l'œstrus, période des chaleurs où la femelle accepte l'accouplement et qui dure ici de six à douze jours (six jours chez la persane, douze jours chez la siamoise).

Après l'œstrus, trois possibilités se présentent :

- il ne s'est pas produit d'accouplement, il n'y a donc pas d'ovulation et la chatte entre en diœstrus ;
- il y a eu ovulation mais sans fécondation, et la chatte fait une pseudogestation ;
- la fécondation a eu lieu et une gestation s'ensuit.

Le diœstrus est l'intervalle compris entre deux œstrus en l'absence d'ovulation. Sa durée varie de sept jours (siamoises) à deux à trois semaines (européennes, persanes). Dans certains cas, le diœstrus disparaît et les chaleurs peuvent devenir continues, avec formation de kystes ovariens : il s'agit de la nymphomanie, à laquelle les siamoises et les orientales sont plus sujettes que les autres.

La pseudogestation, qui dure de trente à trente-six jours, correspond à la durée de sécrétion de l'hormone de gestation (progestérone) par les corps jaunes, glandes qui se sont formées après l'ovulation sur les ovaires, à l'emplacement des ovules. Elle est suivie d'un diœstrus ; dans ce cas, l'intervalle qui sépare deux œstrus est d'environ deux mois (ce délai permet dans les élevages de maîtriser les périodes de reproduction en déclenchant artificiellement l'ovulation).

La gestation, quant à elle, dure de cinquante-six à soixante et onze jours, avec une moyenne de soixante-trois à soixante-cinq jours, en comptant comme jour zéro celui de la première saillie.

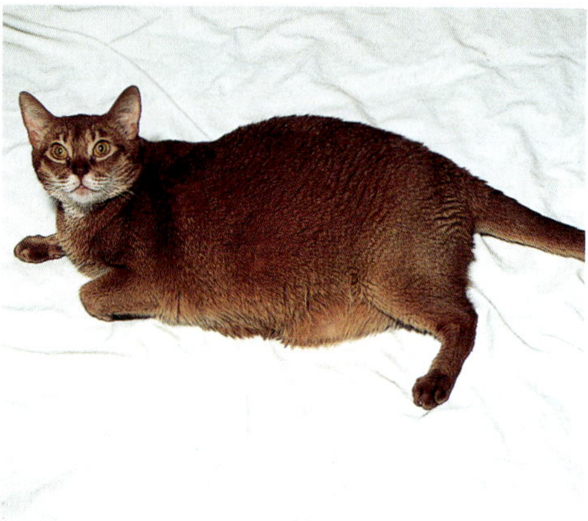

Le laps de temps compris entre les premières contractions abdominales et l'expulsion du premier chaton peut s'étaler sur une journée.

En attendant chaton

La gestation

L'implantation des embryons dans l'utérus se fait treize à quatorze jours après l'accouplement. Le diagnostic de la gestation ne se fait pas par dosage hormonal. Il peut être fait par une palpation abdominale effectuée par le vétérinaire entre la troisième et la quatrième semaine, par une échographie vers la troisième semaine ou par une radiographie autour du quarante-cinquième jour.

Pendant le premier mois, la femelle ne prend pas beaucoup de volume. Ses tétines deviennent souvent plus roses et plus grosses à partir de la deuxième ou de la troisième semaine. Elle est plus calme, mange un peu plus que d'habitude. Pendant le deuxième mois, la dilatation de l'abdomen devient évidente. Dans la semaine qui précède l'accouchement, la future mère se montre plus nerveuse, cherche un endroit isolé pour faire ses petits ou, au contraire, ne quitte pas ses maîtres. Lors de la dernière semaine, les mamelles congestionnées donnent déjà souvent un peu de lait.

Mâle ou femelle ?

Il n'est pas toujours facile de reconnaître le sexe des nouveau-nés ; la distance anogénitale est plus importante chez le mâle que chez la femelle (à la naissance, environ 13 mm chez le mâle, 8 mm chez la femelle) ; les bourses sont plus visibles lorsque le chaton est encore mouillé. À la naissance, les testicules sont normalement en place, mais il arrive qu'ils ne restent dans les bourses de façon permanente que vers dix à quatorze semaines.

La mise bas

Les propriétaires qui veulent suivre la mise bas de leur chatte ont intérêt à prendre sa température rectale à partir du cinquante-cinquième jour ; si celle-ci descend autour de 37 °C, la mise bas aura lieu dans les quarante-huit heures. La chatte change alors de comportement. Elle devient nerveuse, fait continuellement sa toilette et, quelques heures avant la naissance, s'aménage un nid avec ses griffes – certaines chattes accouchent toutes seules, dans un coin de la maison, alors que d'autres viennent se réfugier dans le lit même de leurs compagnons humains. Dans le même temps, elle présente une tachypnée (accélération de la respiration).

Le début de la mise bas proprement dite est marqué par les premières contractions abdominales et par un écoulement glaireux blanchâtre. La chatte se couche alors et ronronne. Cette période de préparation dure de quelques heures à une journée : elle correspond à la dilatation du col de l'utérus. Lorsque celle-ci est complète, les efforts se font plus intenses, plus rapprochés. Ils conduisent rapidement à l'apparition, aux lèvres de la vulve, de la poche des eaux qui enveloppe chaque chaton, ou d'une partie du chaton si la poche vient de se déchirer. Les contractions violentes durent de trente à soixante minutes pour le premier chaton, de trois à cinq minutes pour les suivants.

La lactation débute avec la mise bas et dure jusqu'au sevrage des chatons, vers huit semaines.

> **Vers l'indépendance**
>
> Vers l'âge de deux mois, le chat se détache de plus en plus de sa mère. Cette dernière le repousse lorsqu'il vient chercher du lait ou jouer avec elle. Elle lui souffle dessus et puis un beau jour, lorsque l'apprentissage touche à sa fin et que le chaton sait se débrouiller, elle reprend seule sa route, laissant derrière elle sa progéniture.

Généralement, la tête sort la première ; mais une présentation inversée, par les pattes arrière, n'est pas anormale. Après l'expulsion, la chatte lèche immédiatement son petit, le libère de la poche des eaux, coupe elle-même le cordon ombilical et avale le placenta, qui sort cinq à quinze minutes après chaque petit. Cette pratique favorise la lactation et ne doit donc pas être entravée. L'intervalle entre la naissance de chaque chaton varie normalement entre cinq et quatre-vingt-dix minutes. Il arrive même que le dernier ne soit expulsé qu'après un laps de temps beaucoup plus long, parfois plusieurs heures, sans aucune cause pathologique. Une fois la mise bas terminée, la mère se montre calme, apaisée, détendue. Les portées moyennes comprennent quatre chatons ; celles des siamoises sont plus importantes et celles des primipares (chattes mettant bas pour la première fois) plus réduites.

Au cas où la mère ne s'occuperait pas de son petit, il faut le libérer de ses enveloppes et couper son cordon ombilical à quelques centimètres du nombril. Une ligature et l'application d'un antiseptique éviteront toute complication. Si la chatte arrête de s'alimenter dans les vingt-quatre heures qui suivent la parturition, si sa température est supérieure à 39,5 °C ou si elle ne s'occupe pas de ses petits, il faut la faire soigner dans les plus brefs délais.

Petit chaton deviendra grand

Le nouveau-né

À sa naissance, le chaton pèse environ 100 g (70 g au minimum, 150 g au maximum) et mesure environ 14, 5 cm du sommet du crâne à la base de la queue. Il naît sourd et aveugle. Il ne possède que l'odorat qui lui sert à trouver la mamelle, le goût et le sens tactile. L'audition commence à se développer vers le quatrième jour, mais les conduits auditifs ne sont complètement ouverts qu'à la fin de la deuxième semaine. Les yeux s'ouvrent au bout de sept à dix jours, mais la vue et l'audition ne seront totalement développées que vers le troisième mois.

À peine né, le chaton se dirige tout seul vers les mamelles maternelles et prend sa première tétée, maman se reposera ensuite… La prise du colostrum (premier lait), riche en anticorps, est pour lui particulièrement importante ; lors de la gestation, la placentation est dite endothéliochoriale, c'est-à-dire que les tissus maternels et fœtaux sont contigus et non continus, et le passage d'anticorps maternels dans le fœtus se fait mal. La lactation débute avec la mise bas et dure jusqu'au sevrage des chatons, vers huit semaines ; elle est entretenue par la tétée régu-

Jouer à chat

- **Le pas de côté :** l'un des chatons se présente latéralement, il arque le dos, relève la queue et se dirige en crabe vers son « adversaire » ou tourne autour de lui.
- **Le pédalage :** l'un des chatons est couché sur le dos, son compagnon l'« attaque ». Il griffe alors avec les pattes avant et pédale avec les pattes arrière en ouvrant la gueule comme s'il voulait mordre.
- **Marcher sur l'autre :** l'un des chatons s'arc-boute sur l'autre en essayant de se mettre debout. Chacun essaie de mordre et de griffer.
- **L'attaque :** prêt à attaquer, couché sur le ventre, les pattes repliées, la queue en l'air ou rabattue, le chaton recule en rampant, puis bondit sur son adversaire.
- **La position debout :** debout sur ses pattes arrière, le chaton se tient prêt à attaquer son partenaire de jeu.
- **La chasse :** les chatons se poursuivent en exécutant des sauts.
- **L'esquive :** les chatons se font face et s'envoient des coups de patte. Chacun leur tour, ils attaquent et esquivent.
- **La proie :** le chaton assimile un petit objet (balle, boule de papier...) à une proie. Il effectue des petits sauts et envoie l'objet en l'air avec ses pattes.
- **La prise au vol :** le chaton saisit dans sa gueule des objets légers qui volent.

lière. À la naissance, le petit tète toutes les trois heures de 2 à 3 ml de lait ; avec le temps, le nombre des repas diminue et leur volume augmente (sept fois 10 ml de lait à un mois). Pendant la période de lactation, la mère mange de deux à trois fois plus et a de gros besoins en calcium.

Pendant les deux premières semaines de sa vie, le chaton manque de force et de coordination. Il ne peut pas s'éloigner de sa mère, restant collé à son ventre, dans son panier, et dormant durant les neuf dixièmes de la journée. À cet âge, il demeure très sensible au froid, car il est incapable d'assurer sa propre thermorégulation. Il faut donc veiller à ce que le nid soit maintenu à une température d'environ 30 °C et à ce que le chaton tète normalement. Tout se met en place dès la troisième semaine, par le double mécanisme du tremblement musculaire et de l'érection des poils. La thermorégulation est définitivement efficace à la sixième semaine.

Dès la fin de la troisième semaine, le chaton sait marcher et rejoindre son nid. Il le quitte d'ailleurs de lui-même pour explorer son territoire dès la cinquième semaine. Il est alors capable de grimper. Il atteint son complet développement locomoteur à la huitième semaine.

Pendant le premier mois, le chaton doit être nourri avec le lait de sa mère ou des laits de remplacement pour carnivores (mais jamais par du lait de vache, trop pauvre et cause de diarrhées). Son gain de poids est d'environ 10 g par jour. Il pèse de 300 à 350 g à trois semaines, et de 700 à 800 g à six ou sept semaines. Cette prise de poids est plus importante si les petits sont moins nombreux à téter leur mère. À partir de la troisième semaine, un sevrage précoce est possible pour soulager la chatte. Quelques petits bouts de viande ou de poisson, mélangés d'abord à du lait, peuvent venir compléter l'apport du lait maternel. Progressivement, on propose au petit une alimentation de plus en plus épaisse. À deux mois, le sevrage doit être terminé et le jeune chat doit avoir acquis tous les sens et tous les comportements de l'adulte. Il est alors en mesure de participer à la vie en société.

Les apprentissages

La mère inculque à son petit tous les principes de vie de l'espèce féline. Dès les premiers jours, après chaque tétée, elle lui lèche la région anogénitale, déclenchant ainsi l'émission des matières fécales et de l'urine. La chatte maintient également la propreté du nid en ingérant les déchets. Le contrôle réflexe des sphincters s'établit rapidement et permet au chaton grandissant de maîtriser ses envies et d'aller faire ses besoins en dehors du territoire : dès qu'il peut sortir du nid, il va déposer ses matières à l'extérieur. Le réflexe de grattage autour des selles apparaît précocement, vers la fin de la troisième semaine.

Le léchage permet aussi à la mère de nettoyer le pelage de sa progéniture. Le plaisir qui en découle l'incitera à se toiletter. Cette habitude s'installe rapidement ; le toilettage est d'abord individuel, puis mutuel. En se léchant les uns les autres, les chatons renforcent les liens sociaux du groupe.

La chatte apprend également à son chaton à reconnaître l'espèce chat, à nouer des relations sociales avec ses congénères et à se différencier des autres espèces. Cette période de socialisation, qui s'étend de la naissance à l'âge de neuf semaines environ, est absolument capitale pour l'avenir du petit. Les premiers jeux apparaissent vers l'âge de trois semaines. Les chatons vont alors développer de nombreuses activités : poursuites, combats, attaques en groupe de la mère... Ils découvrent

Le jeu, pratiqué sous l'œil vigilant de maman chatte, est un des éléments indispensables à la phase de socialisation.

ainsi les notions de hiérarchie et de dominance, et mettent en place les comportements qu'ils devront avoir plus tard envers leurs semblables (intimidation, bagarre, esquive, préséance...). Plus ils jouent, plus ils seront ensuite capables de s'adapter à la vie en société. Les orphelins, ou ceux qui sont nés sans frères ou sœurs, se montrent souvent plus tard craintifs, peureux ou asociaux. Lors de ces apprentissages, maman chatte leur transmet une inhibition de morsure et de griffure pour leur éviter de se faire mal. Pour ce faire, elle n'hésite pas à les corriger s'ils se montrent trop brutaux.

Vers l'âge de huit semaines, les premiers jeux avec des objets apparaissent. Les bouchons et les feuilles, par exemple, sont autant de représentations des proies qu'ils chasseront plus tard. C'est également la période des courses-poursuites et de l'affût. Ces activités permettent au chaton d'acquérir les techniques de prédation, d'exercer ses muscles et de se faire une idée des dangers qui l'entourent. Le stress rencontré au cours des jeux prend valeur d'avertissement pour les aléas de la vie future.

En effectuant les gestes de la chasse et de la prise de nourriture, la chatte prépare son petit à se nourrir seul. Il suffit à ce dernier d'imiter sa mère pour acquérir des comportements qui feront de lui un chat adulte accompli.

Une question d'équilibre

Si la phase de socialisation du chaton n'a pas été respectée, s'il s'agit d'un orphelin, d'un chaton unique, ou bien encore s'il s'est passé un événement douloureux lors de l'apprentissage, le chaton risque de devenir un adulte perturbé. Il peut en effet être peureux, phobique, anxieux, voire agressif. Il est donc vivement recommandé de laisser la mère assurer l'éducation de son petit. Le sentiment de peur apparaît à l'âge de deux mois. Il est donc conseillé d'habituer progressivement le tout-petit à la présence des humains et des autres animaux de la maison en le manipulant très doucement, et ceci plusieurs fois par jour. Comme un chaton orphelin, privé de contacts avec la gent féline, risque de développer des conduites asociales envers ses semblables (peur et agressivité), il faut, au cours des deux premiers mois de sa vie, le mettre en contact avec des membres de son espèce afin qu'il apprenne les comportements sociaux normaux qui lui sont propres.

Le chat à l'âge adulte

La hiérarchie féline

Les chats sauvages, comme ceux qui ont retrouvé la liberté, vivent souvent en groupes plus ou moins importants sur des territoires communs. Ils choisissent de préférence des endroits tranquilles, bien approvisionnés en aliments ou proches des sources de nourriture. Les cimetières, les parcs de certains musées, les sous-sols des grands ensembles, les allées des maisons de retraite ou des hôpitaux nous offrent les meilleurs exemples de ces structures d'accueil.

Les chats qui se regroupent ainsi développent une organisation sociale très complexe, fondée sur la soumission de certains individus et la dominance des autres, comme cela existe chez les chiens. Cette notion de dominés et de dominants est peu connue, car notre perception du chat se résume souvent à celle des animaux d'appartement qui, vivant seuls, ne rencontrent apparemment aucun problème de hiérarchie avec les autres félins. Pourtant, eux aussi présentent des comportements de dominants ou de dominés, qu'ils expriment alors envers leur maître. Leur agressivité n'est souvent destinée qu'à le dominer, pour le plaisir d'être le chef sur leur territoire.

L'état de dominant n'a rien d'éternel. Un chat peut affirmer sa puissance dans certaines circonstances et exprimer au contraire sa soumission dans d'autres conditions. Il se montre plus fort à proximité de son habitation que loin de son refuge. Un chat en pleine santé prend facilement l'ascendant sur un animal plus âgé et malade. Les chats entiers dominent les chats castrés, et les chats castrés tardivement, après leur maturité, l'emportent facilement sur ceux qui l'ont été avant la puberté.

Le groupe mère et chatons domine ou refuse de se soumettre à toute intrusion d'autres chats. Au sein d'une même portée, certains petits se montrent plus actifs, plus dynamiques que d'autres. La nature les a dotés de moyens physiques supérieurs à ceux de leurs frères et sœurs. Pendant la période de cour, la femelle en chaleur domine les matous qui la poursuivent de leurs assiduités, alors que pendant l'acte sexuel le mâle reprend brutalement toute son autorité sur elle.

Dans les groupes de chats vivant en liberté, la hiérarchie dépend surtout de l'étendue du territoire occupé, motif de menaces puis de combats. Ces derniers mettent en présence les occupants du territoire et des jeunes qui, arrivant à l'âge adulte, veulent le conquérir. Certains affrontements, parfois violents, se poursuivent pendant plusieurs jours.

Paradoxalement, le statut de dominant ne donne pas forcément droit aux faveurs d'une chatte en chaleur. Souvent, celle-ci préfère s'accoupler à un autre chat, moins puissant, plus soumis et qui se montre peut-être – qui sait ? – plus tendre.

En fait, la hiérarchie se trouve souvent remise en cause à l'intérieur du groupe. Ainsi, certains dominants abandonnent leurs prérogatives pendant un laps de temps plus ou moins long. Ils laissent temporairement la meilleure place à un chat soumis, sans l'attaquer. Ils reprennent ensuite calmement possession des lieux, sur une simple menace. Parfois même, le soumis s'en va dès le retour du dominant, comme si un accord avait été négocié entre eux une fois pour toutes.

Chez les femelles, la hiérarchie dépend de la reproduction. Plus la chatte avance en âge, plus elle a eu de portées, plus elle s'impose. Il existe des relations mère/fille, puis fille/petite-fille entre femelles qui vivent ensemble à l'intérieur d'une organisation bien définie : la chatte la plus âgée domine sa fille, qui elle-même assure sa suprématie sur les chattes de la portée suivante… et ainsi de suite.

Si les chats dominants ont accès au territoire le plus vaste, ce sont aussi ceux qui profitent avant les autres de la nourriture ou qui occupent la place la plus proche du maître. Ils passent toujours les premiers, dans toutes les activités du groupe. Leur âge et leur statut sexuel comptent énormément. Ils ne laissent leur place à des individus plus jeunes, plus actifs, plus forts que lorsqu'ils vieillissent – à partir de huit ou dix ans – ou lorsqu'ils sont fatigués. Chez les chiens, la notion de dominance envahit la vie en société. Dans la population féline, au contraire, ce comportement sert uniquement à organiser de façon stable, sous la tutelle d'un ou deux despotes, les rapports sociaux. Les chats connaissent ainsi leurs droits et leurs prérogatives, mais aussi leurs devoirs vis-à-vis des autres. C'est à ce prix qu'ils mènent une vie paisible, troublée seulement par de rares combats à la période des amours ou pour la conquête d'un nouveau territoire.

À chacun son territoire

Le chat a parfois mauvaise réputation. Pour certains, il s'agit d'un animal asocial, restant à l'écart des autres, d'un être solitaire ne partageant son territoire avec aucun autre animal. En fait, il n'en est rien. Le chat peut, en diverses circonstances, vivre avec de nombreux congénères. Il suffit, pour le constater, d'observer les groupes de chats citadins qui forment de véritables communautés dans les parcs, les jardins, les cimetières ou les sous-sols des immeubles.

Le territoire de chacun s'étend sur trois zones de dimensions variables. D'abord vient la zone centrale, le nid du chat, l'endroit où il dort, où il se pelotonne, où, par exemple, la femelle vient mettre bas. En un mot, c'est son foyer, sa demeure. Nul n'a le droit de l'envahir ; il est défendu bec et ongles contre tout intrus. Là, le chat pourra même parfois refuser les caresses et les avances de son maître.

La deuxième zone correspond à son territoire de vie. Dans un appartement, elle couvre la superficie du logement. Dans un pavillon, elle s'étend au jardin. Cet espace, le chat le partage volontiers avec ses amis habituels, avec ses commensaux. Il y accepte – heureusement ! – ses maîtres, d'autres chats ou même un chien : les étrangers, au contraire, en sont fermement repoussés.

Les chats vivant en groupe développent une organisation sociale complexe, basée essentiellement sur la soumission de certains individus et la dominance des autres.

La troisième zone, enfin, n'appartient qu'aux chats sauvages, ou à tous ceux qui peuvent quitter à volonté leur domicile habituel. Il s'agit d'une région tant de chasse que de rencontre, partagée, négociée avec les autres animaux qui l'occupent. Et les affrontements y sont très peu fréquents. Généralement, les chats s'arrangent pour ne pas s'y croiser. Ils organisent leur vie en fonction d'un emploi du temps qui leur évite toute rencontre désagréable. Les rares combats n'ont lieu que lorsque la chronologie d'occupation de l'espace n'est pas respectée. Les chats se bornent fréquemment à s'affronter du regard, à émettre quelques cris rauques d'intimidation, puis chacun se retire de son côté.

La superficie de ces différentes zones varie énormément en fonction de divers critères. La nourriture est naturellement le plus important. Dans les zones urbaines, où elle ne manque pas, il est fréquent de rencontrer de nombreux chats sur des domaines limités. Leur nid se réduit à une toute petite surface, parfois à peine plus grande qu'eux-mêmes, et leur territoire de vie voit passer sans histoire de nombreux autres chats puisqu'ils trouvent tous de quoi se nourrir. Les chats sauvages, qui occupent des régions peu peuplées où la nourriture est rare, peuvent vivre en solitaire sur un espace de plus de 40 ha qu'ils interdisent à tout autre félin.

La sexualité joue également un rôle certain dans la défense d'un territoire plus ou moins vaste. Un chat castré se contente d'un terrain plus petit que celui qu'exige un chat entier, et une mère avec ses petits défend une zone plus large que lorsqu'elle n'a pas de progéniture.

La troisième zone permet les rencontres de la vie sociale et de la vie sexuelle. Elle est perçue comme un territoire qui peut se partager. Elle n'est donc pas défendue avec autant d'âpreté que les deux autres. C'est que la vie sociale féline repose sur une règle simple : éviter au maximum les combats.

Protéger son lieu de vie

S'ils partagent volontiers leur territoire de chasse lorsque la nourriture n'y manque pas, les chats se montrent en revanche intraitables lorsqu'il s'agit de défendre leur territoire de vie, ou à plus forte raison leur tanière, leur nid. Cette activité de défense atteint son paroxysme chez une chatte qui protège ses chatons. La maternité lui donne tous les courages : elle est capable de se jeter violemment contre un de ses semblables plus fort ou même contre un chien plus grand qu'elle pour protéger sa progéniture.

La défense du territoire est plus importante pour les chats entiers que pour les chats castrés, et pour les chats sauvages que pour les chats domestiques. L'arrivée d'un intrus ne conduit pas forcément au combat. La rencontre entre chats entraîne tout d'abord des attitudes de menace et d'intimidation. Les protagonistes commencent par s'observer attentivement, en se rapprochant l'un de l'autre à pas feutrés. Ils se reniflent mutuellement les glandes anales. Puis le plus fort tente de contrôler les mouvements de l'autre. Il émet diverses vocalises

Entre chats

Le chat dispose en plus de quatre types de phéromones pour communiquer avec ses congénères :

- les phéromones jugales, déposées sur des supports inertes pour délimiter un territoire et se rassurer ;
- les phéromones podales, libérées lors du pétrissement et des griffades, pour marquer un territoire avec insistance, pour en prendre possession ;
- les phéromones d'allomarquage, contenues dans les joues, utilisées pour reconnaître les autres animaux et les humains familiers ;
- les phéromones sexuelles, présentes dans les urines des mâles et des femelles en chaleur.

qui expriment sa colère et qui ont pour but d'impressionner l'adversaire. Ses oreilles sont dressées et tournées vers l'arrière, ses moustaches sont tendues, dirigées vers l'avant, ses pupilles se rétrécissent et son front se plisse. Il poursuit alors son avantage : il s'avance vers son vis-à-vis, qu'il fixe droit dans les yeux. Le plus faible, lui, s'aplatit de plus en plus. Ses pupilles sont dilatées par la peur et ses oreilles couchées sur son crâne. À ce stade, il arrive, s'il trouve une voie de retraite, qu'il se retire à pas lents pour retrouver sa posture normale à quelques mètres de son agresseur.

Parfois, aucun des rivaux ne recule. Le combat s'engage alors, laissant le vaincu sur le dos, tandis que l'autre, grimpé sur lui, le mord et le déchire de ses griffes. Le perdant renonce vite à cette lutte inégale et trouve son salut dans une fuite rapide. Combats ou simples affrontements instaurent une hiérarchie fragile. À la faveur de ces rencontres, les plus forts essaient d'étendre leur territoire. Mais leur suprématie n'est pas nécessairement acquise, surtout s'ils se trouvent loin de leur foyer. Souvent, après plusieurs agressions, un accord tacite règle l'antagonisme entre les deux chats. Ces derniers respecteront l'endroit où leurs forces s'équilibrent. Leur forme physique ou leur statut peuvent changer ; dans ce cas, de nouveaux affrontements ont lieu, destinés à délimiter de nouvelles frontières.

Les chats qui vivent ensemble dans un même appartement connaissent comme les autres ce type de rapport. Fort heureusement, leurs conflits sont nettement moins violents, beaucoup plus ritualisés : un simple soufflement, l'amorce d'un coup de patte suffisent, le plus souvent, à calmer le jeu.

La défense du territoire s'exerce aussi à l'encontre des humains et des autres animaux de la maison. Elle peut expliquer que certains chats domestiques aient des réactions agressives envers les « envahisseurs » étrangers. Ces comportements s'améliorent à la longue, surtout lorsque les intrus savent se faire respecter et ne subissent pas la loi du chat. Après une période d'accoutumance qui dure un mois environ, un nouvel équilibre se crée ; de simples menaces maintiennent la hiérarchie établie. La plupart du temps, le plus grand calme règne alors.

À vos marques !

Dans la vie de nombreux animaux en général et des chats en particulier, le marquage du territoire revêt une grande importance. Ces derniers émettent ainsi divers signaux qui leur permettent d'informer les autres. Ces signaux sont olfactifs et visuels.

Les chats possèdent des glandes sébacées qui produisent des odeurs particulières (phéromones) lorsqu'ils les mettent en contact avec des objets. Elles sont essentiellement situées sur le front, au-dessus des yeux et à la base de la queue. Lorsqu'ils frottent ces parties de leur corps contre une clôture, un arbre ou même les jambes de leurs maîtres, ils y déposent leur odeur. Ils les marquent. Ils laissent en quelque sorte leur carte de visite et font en même temps acte de propriété. Les animaux qui passeront par là reconnaîtront d'emblée cette odeur et sauront qu'elle appartient à un chat. En outre, les informations que celle-ci porte sont très précises. Elles permettent à l'animal d'identifier le sexe du chat marqueur, de découvrir s'il a été castré ou non, et même, probablement, de connaître son état de santé et son humeur. L'intensité de l'odeur ajoute une donnée supplémentaire : le nouveau venu peut en déduire le temps qui s'est écoulé depuis le marquage.

L'urine représente, elle aussi, un signal olfactif très précis. Tous les chats, mâles ou femelles, castrés ou entiers, marquent leur territoire en disposant quelques gouttes d'urine à des endroits stratégiques. Mais ils ne procèdent pas comme lors d'une miction normale. En effet, ils ne les déposent pas par terre, comme à l'habitude, et ne les recouvrent pas. Ils les projettent au contraire à quelques centimètres au-dessus du sol, juste à hauteur de nez du chat qui passera par là. Cette différence de position est très caractéristique. Elle permet souvent aux maîtres d'un chat malpropre en appartement de savoir rapidement si leur animal développe un comportement de marquage inhabituel dans la maison – dans ce cas, les dégâts couvrent les murs, les rideaux ou les pieds des chaises – ou s'il souffre au contraire d'une affection urinaire qui l'empêche d'être propre – dans ce cas, il urine dans la position habituelle.

La défense du territoire s'exerce aussi à l'encontre des autres animaux de la maison. D'où l'intérêt de prendre de multiples précautions lors de l'arrivée d'un nouveau compagnon.

Le marquage visuel constitue le troisième grand système de communication destiné aux autres animaux. Les chats marquent à l'aide de leurs griffes les endroits qu'ils utilisent. Ces traces sont autant de signaux. Ce geste a également un effet sédatif : en griffant, le chat étire tout son corps et se détend. Il est en outre utile, car il permet d'entretenir les griffes, qui restent ainsi acérées pour la chasse. Il s'agit là d'un comportement très fort et très vivace propre aux félins, qui persiste même quand ils vivent en appartement, alors qu'il n'a plus vraiment de raison d'être. Le résultat, évidemment, a des conséquences fâcheuses sur les tentures, les rideaux ou les meubles en bois.

Comme on ne peut lutter contre la nature, mieux vaut tenter de limiter les dégâts en sacrifiant un tapis ou un meuble hors d'usage, ou en achetant un griffoir. Encore faut-il placer ces objets dans les lieux appropriés ! Cependant, le traitement peut être plus complexe et nécessiter quelques remontrances.

Les comportements de marquage sont donc essentiels dans la vie des chats. Ils leur permettent de vivre calmement en société en évitant de nombreux combats inutiles. Grâce aux cartes de visite ainsi déposées, les autres animaux reconnaissent le marqueur, s'en éloignent si un affrontement dangereux s'annonce et organisent leurs déplacements dans le temps et dans l'espace de façon paisible. Encore grâce à ces signaux, plusieurs chats peuvent vivre sur le même territoire. Là, ils se connaissent tous, savent exactement qui ils sont et quelles seront leurs heures de passage.

Ces comportements illustrent une caractéristique de la sociabilité féline, qui consiste à éviter luttes et problèmes à l'intérieur d'un espace commun.

L'instinct de chasse

Le chat est un prédateur sauvage qui se nourrit de proies qu'il traque et tue. Ses talents de chasseur de rongeurs sont reconnus depuis la plus haute antiquité. Sans doute doit-il en partie à cette activité la vénération dont il a été l'objet dans l'Égypte ancienne. En décimant les rongeurs, il protégeait les greniers à blé, principale richesse des populations des bords du Nil. De nos jours, des chats sauvages

Bien équipé

Souple et musclé, doté d'une excellente vue, d'une ouïe et d'un odorat plus que développés, le chat est parfaitement équipé pour partir à la chasse. Son sens de l'équilibre lui permet de se rapprocher sans bruit de ses futures victimes et de franchir d'éventuels obstacles. Il est également capable de sauter à des hauteurs prodigieuses sans élan et il peut tomber de très haut en atterrissant sur ses pattes. Bref, c'est un chasseur hors pair.

Chasseur hors pair, le chat traque et tue ses proies pour se nourrir, mais également par plaisir.

ou des chats harets (animaux domestiques retournés à la vie sauvage), qui ne vivent que de la chasse, hantent encore les forêts européennes. Ils capturent essentiellement des rongeurs, mais aussi des lapereaux et des oisillons au nid.

Le comportement de chasse, inné chez le jeune, se trouve renforcé par l'éducation précoce délivrée par la mère. Les chatons qui jouent font en fait cet apprentissage. Les coups de patte qu'ils lancent vers tout ce qui bouge, les morsures qu'ils infligent aux bouchons et autres souris de chiffon sont autant de gestes qu'un adulte chasseur doit parfaitement maîtriser.

Le jeune chat est capable de chasser dès qu'il possède la totalité de ses capacités neuromusculaires, c'est-à-dire à partir de l'âge de cinq à six mois. Il commence par suivre ses parents, apprenant ainsi les ruses essentielles : rester calmement à l'affût, se placer contre le vent et, d'une détente brusque, sauter sur la proie que l'on immobilise d'une morsure à la nuque.

Le chat domestique ne chasse plus par besoin. La nourriture qu'il reçoit à la maison est en effet largement suffisante. Cette activité relève donc du plaisir. Sa satisfaction lui fait souvent rapporter à son maître ou à sa maîtresse le butin de ses expéditions. Notons toutefois que ces derniers ne réservent pas toujours à ce cadeau l'accueil qu'il mérite !

Des expériences anciennes montrent que l'instinct de tuer diminue au fur et à mesure que le chasseur est rassasié. C'est ainsi que, en présence d'une souris, un animal affamé va la chasser, la tuer et la dévorer. S'il est bien nourri, il traque quand même sa proie, mais il met plus de temps pour l'attraper et ne la mange pas. L'apparente cruauté des chats qui jouent longuement avec le rongeur qu'ils viennent de capturer n'est due en fait qu'à leur manque d'appétit. Leur instinct les a poussés à chasser ; mais, n'ayant aucun besoin alimentaire, ils s'amusent avec leurs victimes sans se résoudre à les tuer. C'est également un moyen pour eux d'aiguiser leurs sens.

À l'affût

Même si le chat peut sauter en l'air pour attraper un oiseau ou se lancer à la poursuite d'un malheureux rongeur ayant traversé son champ de vision, il demeure le grand spécialiste de la chasse à l'affût. Tapi dans un coin, les oreilles basses, les pupilles dilatées, il attend patiemment sa proie. D'un coup, il bondit et se jette sur sa victime, pattes en avant...

Parler chat

Vocalises et roucoulades

Chez les hommes, la communication vocale représente un instrument relationnel privilégié. Nous sommes donc souvent tentés de lui attribuer une grande importance chez d'autres espèces, et notamment chez les chats. Cependant, elle compte moins qu'on ne pourrait le penser, même s'ils émettent des sons qui ont une signification précise et qui constituent un langage destiné à leurs semblables, mais aussi aux hommes et même aux chiens. Les spécialistes de la communication vocale attribuent aux chats trois catégories de sons : les murmures, les voyelles et les sons de grande intensité.

Les murmures ▸ Ce sont les bruits de faible intensité que le chat émet à bouche fermée, dans des situations paisibles. Brefs, rarement répétés, ils accompagnent des moments agréables, comme les caresses, le toilettage personnel ou mutuel, etc.

Les voyelles ▸ Ces sons nets et bien individualisés sont tout à fait identifiables. Le chat les émet en ouvrant puis en fermant rapidement la bouche. À chaque situation correspond un son différent. L'animal utilise ces voyelles lorsqu'il demande ou attend quelque chose de son environnement. Il lance ainsi un cri lorsqu'il réclame sa nourriture ou lorsqu'il épie un pigeon installé hors de sa portée. L'appel de détresse que lancent tous les chatons éloignés de leur mère fait partie des voyelles. Émis dès les premiers jours, il est très spécifique : chaque chaton a en effet le sien. La mère reconnaît de cette façon immédiatement quel est le petit qui manque dans sa portée.

La domestication a quelque peu enrichi le registre vocal des chats.

Langues de chat

Chez les chats comme chez les hommes, il y a les bavards et les autres. Il semblerait que, pour l'espèce féline, cela ait un rapport avec les origines. Siamois, burmese, abyssin et autres norvégiens sont en effet réputés pour leurs bavardages quelque peu intempestifs, contrairement au bleu russe, au british shorthair ou au chartreux, qui se font plus discrets. Et au milieu se trouve le chat de gouttière, parfois pipelette et parfois préférant garder sa langue dans sa poche. Il s'agit là bien sûr de généralités, et il n'est pas rare de trouver dans chacune de ces races des exceptions confirmant la règle.

Les sons de grande intensité ▸ Ils rassemblent tous les cris puissants que le chat utilise dans différentes situations quotidiennes. Leur valeur de signal est moins nette que celle des murmures et des voyelles. Il s'agit plutôt de cris normalement associés à certaines séquences de la vie féline. Ainsi, les sons émis par les mâles en rut n'ont pas valeur d'appel – ce sont les odeurs qui jouent ce rôle – mais semblent leur être imposés par la situation. De même, le cri de colère d'un chat, qui « explose » de rage après une injection de médicaments, ne correspond pas à un message ; il s'agit simplement de l'expression irrépressible d'une tension. Le chat se calme d'ailleurs dans l'instant et, s'il est habituellement tranquille, regagne seul son panier, dans lequel il se blottit.

La communication vocale compte beaucoup dans la relation homme-chat, et c'est le système que nous comprenons le mieux. En essayant de parler, les chats font un effort pour se rapprocher de nous, car nous ne pourrons jamais appréhender leur monde réel d'odeurs, de vibrations et de sons. La domestication a enrichi leur registre vocal et chaque maître doit pouvoir rendre son compagnon plus bavard. S'il y parvient, il aura encore mieux réussi l'adaptation de son animal.

Des expressions corporelles

Il existe chez les chats, comme chez de nombreuses autres espèces, une communication fondée sur les expressions corporelles ou faciales. L'attitude de l'animal exprime alors très nettement ses sentiments. L'aspect de son visage change rapidement à la moindre émotion. Le chat utilise ces modifications d'attitude pour communiquer avec ses semblables ou avec ses maîtres ; elles sont à la fois l'expression de son humeur et une information destinée au monde extérieur. Mais, à la différence des hommes avec leur gestuelle, l'animal ne sait pas tricher. Il ne montre que ce qu'il ressent. Il ne peut pas faire semblant.

Un chat détendu, heureux, présente une face ronde ; ses oreilles pointent bien sur la tête ; ses yeux sont grands ouverts, ses pupilles normalement dilatées, ses moustaches épanouies. À l'inverse, un chat inquiet plisse le visage, couche ses oreilles sur la tête, ferme à demi les yeux et les pupilles.

S'il a la queue dressée, c'est un signe évident de bon accueil. Si elle est hérissée et bat l'air en rythme, elle témoigne de la nervosité d'un chat proche de la colère ; cette attitude signifie « attention, je vais me fâcher, dans quelques secondes je vais exploser ». S'il la tient serrée entre les cuisses, il a sûrement peur et se résigne. Sa crainte le paralyse. Ensuite, il s'aplatira sur le sol.

Un chat content fait le dos rond sous la caresse et s'étire de tout son long pour prolonger le contact. En revanche, il fait le gros dos, en se gonflant, lors des affrontements avec ses semblables.

Les pattes avant sont, elles aussi, très expressives. Un coup de patte léger, griffes rentrées, suffit à assagir le chaton espiègle qui agace sa mère. Le même geste plus accentué, griffes sorties, doit calmer l'adversaire ou le maître qui dépasse les bornes. Un coup de patte léger, griffes à demi sorties, qui essaie de ramener la main de l'homme, est une invite à jouer ; c'est une réplique du geste du chat qui s'amuse avec la souris qu'il a capturée.

Par ses expressions corporelles et faciales, le chat exprime ses sentiments de peur, de curiosité, d'agacement ou de bien-être.

De doux ronrons

Dès leur plus jeune âge, les chatons ronronnent. Les adultes en font autant, mais dans des circonstances très différentes. La plus connue, bien sûr, correspond à la situation classique de détente et de plaisir. Mais il arrive aussi qu'une chatte ronronne lorsqu'elle met bas. Et le ronronnement se déclenche parfois chez des animaux que l'on soigne. Quelle est son origine ? Nous l'ignorons encore. Deux théories prévalent. La première affirme que deux fausses membranes situées dans le larynx, derrière les cordes vocales, vibrent et déclenchent ce phénomène. Cette explication ne prend pas en compte le fait que le ronronnement semble venir de tout le corps. La seconde théorie l'attribue à des vibrations, à travers le thorax et le diaphragme, du débit sanguin dans la veine cave. Le chat ronronnerait lorsqu'il comprimerait légèrement cette veine cave en courbant le dos et le thorax.

Quoi qu'il en soit, le ronronnement demeure une des originalités du chat. Grâce à lui, il abandonne son statut de petit fauve, de félin d'appartement ; il conquiert son titre de gentil compagnon, d'animal domestique heureux de vivre auprès des humains et avec eux. Sans lui, il perdrait sans doute une grande partie de son charme. Avec lui, il prend place parmi nous, nous séduit, s'impose à nous, comme s'il voulait privilégier l'image idéale de l'animal compagnon. Le ronronnement semble être gratifiant. Ainsi, chez le chaton, où il déclenche immédiatement l'attention et les soins de sa mère, le comportement inné se trouve tout de suite confirmé. Il prend donc valeur de communication sociale. Le ronronnement d'un chat apaise en effet ses congénères. Mais il a peut-être également une fonction sédative pour l'individu lui-même. La chatte qui accouche et qui ronronne entre ses efforts d'expulsion se met peut-être dans une situation qui la calme et l'apaise. Elle exprimerait ainsi cet état de transe particulier aux chats.

Aucune autre espèce animale ne connaît le ronronnement. Celui-ci demeure un mystère, que nous devons prendre en compte sans l'avoir éclairci. Après tout, comprend-on mieux le roucoulement des pigeons ?

Un chat adulte en pleine forme physique, et donc en pleine activité, consacre 60 % de son temps au sommeil.

Le sommeil et les rêves

Les chats sont de grands dormeurs. Un adulte en pleine forme physique, et donc en pleine activité, consacre au sommeil 60 % de son temps, davantage qu'à l'état de veille. Cependant, il le fait à un rythme différent du nôtre. Il ne dort pas, comme l'homme, plusieurs heures d'affilée, mais par petites tranches, entrecoupées de temps de réveil répartis sur toute la durée des vingt-quatre heures d'une journée.

Le sommeil du chat comprend deux périodes très distinctes, qui se succèdent. Les phases de sommeil léger durent de dix à trente minutes. Elles correspondent à un tracé électroencéphalographique à ondes lentes, irrégulières et de forte amplitude. Le chat est alors couché, mais ses muscles sont incomplètement détendus. Un léger bruit le réveille facilement.

Les phases de sommeil profond sont un peu plus brèves : elles durent au maximum dix minutes. L'électroencéphalogramme montre une image assez proche de celle de l'éveil, avec une amplitude faible et sans rythme régulier. Le corps du chat, alors très détendu, se trouve parfois agité de secousses brèves au niveau des pattes. Ce sommeil profond, ou paradoxal, se caractérise encore par des mouvements rapides des globes oculaires. C'est durant ces moments que l'homme connaît sa véritable activité onirique, essentielle à sa survie. On sait aujourd'hui que, s'il en est privé, il souffre rapidement de lésions cérébrales graves. En ce qui concerne les chats, il est désormais tout à fait certain qu'ils connaissent, au cours de leurs phases de sommeil paradoxal, une activité électroencéphalographique comparable à celle de l'homme qui rêve. En revanche, comment appréhender le contenu de leurs songes ?

Bien sûr, il est assez plaisant de penser que le chat endormi qui agite les pattes en poussant de petits cris est en train de chasser quelque souris idéalisée et imaginaire. Mais cette interprétation ne repose sur aucune base scientifique. Chaque propriétaire, ou même chaque expérimentateur, fait sa propre analyse des mouvements de son animal pendant les phases de sommeil profond et lui prête… ses propres rêves. Une seule chose est sûre : les chats rêvent, et cette activité se traduit de façon comparable au niveau des cerveaux humain et félin. Mais à quoi rêvent-ils ? Chacun demeure libre de ses interprétations.

Le rythme du sommeil du chat domestique varie parfois légèrement en fonction de ses conditions de vie. Un animal qui reste seul dans un appartement dort longtemps pendant la journée, réservant son activité aux périodes où ses maîtres sont là, c'est-à-dire au soir et à la nuit. Ce qui n'est d'ailleurs pas toujours apprécié à sa juste valeur par lesdits maîtres.

En vieillissant, les chats dorment de plus en plus ; ils retrouvent ainsi le comportement juvénile des chatons, qui accordent au sommeil jusqu'à 80 % de leur temps.

La beauté du pelage et le comportement de toilettage témoignent du bon état physique et psychique de l'animal.

Le comportement de toilettage

Un chat consacre beaucoup de temps à sa toilette, ce qui lui vaut la réputation d'être un animal extrêmement propre. Le voir humidifier sa patte et se la passer délicatement sur le museau et au-dessus des oreilles représente toujours un beau spectacle. Ce comportement a même été rangé par les humains dans la panoplie des prévisions météorologiques : un chat qui se passe longuement les pattes derrière les oreilles annoncerait le beau temps… et peut-être l'orage.

Cette toilette occupe une grande partie de la journée. Elle sert essentiellement à nettoyer le pelage et à apaiser le chat. Lorsque celui-ci se lèche le poil, il le peigne et, en même temps, il y dépose quelques gouttes de salive qui le font briller. Cette salive humidifie le poil et le maintient en bon état ; c'est elle, d'ailleurs, qui est à l'origine de l'allergie aux poils de chat. Les chercheurs ont démontré en effet que l'allergène en cause se trouvait dans la salive et non dans le pelage lui-même. En se léchant, le chat démêle les poils enchevêtrés et les débarrasse de la poussière, des herbes et des parasites qui ont pu s'y déposer. S'il est en bonne santé et qu'il se toilette normalement, son pelage a un aspect brillant et soyeux.

À l'inverse, les vieux chats, qui ne peuvent plus lécher certaines parties de leur corps car l'arthrose et l'âge leur font perdre leur souplesse, accumulent des boules de poils noués ; celles-ci s'agglutinent peu à peu et finissent par étouffer la peau sous-jacente. Les maîtres doivent alors assurer un soigneux brossage quotidien.

Les chats angoras rencontrent parfois le même problème ; leurs poils, très fins, s'emmêlent facilement. Il faut donc absolument compléter le toilettage, chaque jour, avec une brosse très douce. Grâce à ces soins réguliers, le pelage conservera ses qualités.

Ce comportement est inculqué aux chatons par le léchage de leur mère. Celle-ci, dès la naissance, les débarrasse des liquides de la mise bas. Ensuite, elle leur lèche les orifices génitaux après chaque miction et chaque défécation afin de les tenir propres. Les jeunes se lèchent également entre eux dès qu'ils sont capables de se mouvoir. Cette activité communautaire soude la portée et intensifie les relations entre tous. Les chatons apprennent ainsi à se nettoyer eux-mêmes et, dès l'âge de cinq à six semaines, ils pratiquent intégralement leur activité de toilettage.

Outre son rôle dans l'hygiène générale du chat, la toilette a un effet calmant. Lorsqu'il se lèche, le chat est paisible, détendu ; il ne subit aucune agression de son environnement. Après une longue séance, il s'endort souvent, vraiment apaisé.

Des chats stressés ont une activité de toilettage exacerbée, lui consacrant parfois la quasi-totalité de leur temps d'éveil. Dans certains cas, ce comportement maniaque entraîne des irritations de la peau

qui, à leur tour, augmentent le besoin de se lécher. L'animal entre ainsi dans un processus tout à fait pathologique, qui peut conduire à des lésions cutanées très graves, voire à de l'automutilation. Un traitement est alors indispensable.
À l'inverse, un beau pelage et un comportement de toilettage normal sont des signes évidents du bon état de santé physique et de l'équilibre psychique de l'animal. Dans ce domaine, le maître doit donc se montrer très attentif.

La propreté

Les chats sont naturellement propres. Dès qu'ils peuvent se déplacer, les petits sortent de leur nid. Il s'agit là d'un comportement inné, renforcé par les soins attentifs que la mère chatte donne à ses rejetons pendant les premières semaines de leur vie. Grâce à ses soins, la litière n'est jamais salie. Les chatons savent très bien qu'il faut la maintenir propre et ils vont naturellement faire leurs besoins à l'extérieur.
Cette qualité est fort appréciée des futurs propriétaires de chats, qui envisagent mal de voir leur appartement souillé par les déjections félines. Or, en pratique, un chaton âgé de deux à trois mois s'habitue très rapidement, en quelques jours au maximum, à son bac. L'attrait de la litière est un facteur essentiel dans ce comportement salutaire, et il en existe suffisamment de marques pour trouver celle qui plaira tout particulièrement à chaque animal. Cependant, pour qu'il reste propre, il faut absolument lui assurer une certaine tranquillité, un certain confort, et surtout ne pas le traumatiser par des punitions si un « accident » survient. Certaines règles s'imposent donc.
Ainsi, les chats n'aiment pas que leur litière se trouve à proximité de leur coin repas ni qu'elle soit située dans un endroit de passage, très fréquenté par les gens de la maison. De plus, quand ils ont fait leurs besoins, ils ont l'instinct de recouvrir leurs déchets en grattant le sol : les litières minérales modernes permettent d'ailleurs de respecter totalement ce comportement.
Certains maîtres, afin de se simplifier la vie, déposent dans le bac de leur animal une grande quantité de litière, qu'ils ne changent que de temps à autre. Cette pratique doit être strictement évitée. D'une part, une litière qui n'est pas changée chaque jour finit par dégager des odeurs désagréables dans la maison. D'autre part, celles-ci risquent de déranger le chat lui-même, qui refuse alors son bac et va faire ses besoins ailleurs.
La propreté est facile et naturelle s'il n'y a qu'un seul chat dans une maison ; il n'en va pas de même s'ils sont plusieurs. Plus un appartement héberge de chats, plus il est difficile, pour ne pas dire impossible au-delà de trois ou quatre pensionnaires, de lui conserver sa propreté. Bien entendu, les choses empirent encore lorsqu'ils ne sont pas castrés.
Il arrive que certains chats deviennent soudainement malpropres. Les causes de ces troubles sont soit comportementales soit pathologiques. Ainsi, de nombreux animaux deviennent malpropres uniquement parce que la marque de leur litière ne leur convient pas ! Aussi est-il important de faire tout de suite le bon choix pour son chaton et d'éviter les solutions de dépannage « pour un jour ou deux », qui risquent d'hypothéquer la vie entière de l'adulte.
Le chat est généralement très propre ; s'il fait ses besoins en dehors de sa litière, il souffre certainement d'une affection quelconque sur laquelle il veut attirer l'attention de ses maîtres ; à moins qu'il n'ait été victime de la maladresse des humains, celle d'enfants, notamment, qui l'auraient trop dérangé alors qu'il faisait ses besoins.

L'âge d'or venu

Jusqu'à l'âge de huit ou dix ans, le chat est habituellement en pleine santé. Après, les premières petites misères de l'âge commencent à se faire sentir. Les douleurs dues à l'arthrose apparaissent, les muscles sont moins vifs, la fonction rénale commence parfois à s'altérer. Tous ces légers ennuis physiques ont évidemment des conséquences sur le comportement de l'animal.
Une première constatation s'impose : un chat âgé devient tout d'abord plus calme. Il sort de moins en moins, rentre plus souvent passer la nuit au domicile de ses maîtres. Son temps de sommeil augmente progressivement ; il lui consacrera les trois quarts de sa journée à la fin de sa vie. Il se déplace plus lentement et il réfléchit longtemps avant d'entreprendre une aventure, préférant souvent rester dans son coin, en haut d'une armoire ou sur l'appui d'une fenêtre. Très soucieux de son confort, il choisit un endroit ensoleillé ou le dessus d'un radiateur pour réchauffer ses vieux os et ses muscles.
Son appétit devient parfois capricieux. Moins affamé qu'auparavant, il trie les meilleurs morceaux dans sa pâtée. Parfois, au contraire, il évolue vers la boulimie : il mange continuellement, ou réclame sans cesse en miaulant un surplus de nourriture. Le comportement de toilettage s'altère. Un chat âgé n'entretient plus son pelage avec autant de soin ; son poil devient sec, cassant, ou se noue. Son humeur, elle aussi, se détériore. Il se montre plus grincheux, plus irritable, supportant mal l'intrusion d'étrangers, de jeunes

Des soins attentifs et une diététique adaptée à son âge permettent au chat vieillissant de connaître une fin de vie sereine et confortable.

chats. Devant de nouveaux arrivants, il menace ou, plus fréquemment encore, sans doute conscient de ses déficiences physiques, il s'isole, se retire dans un coin tranquille et s'endort.

Les mâles entiers essaient, de temps en temps, de retrouver l'activité sexuelle de leur jeunesse ; mais les combats avec les jeunes matous, plus forts, plus rapides, laissent des traces. Ils rentrent chez eux couverts de coups de griffes et de morsures. Pour leur épargner ces derniers combats épuisants, il n'existe qu'une solution : la castration.

De leur côté, les femelles conservent un cycle sexuel jusqu'à la fin de leurs jours. Elles ne connaissent pas de ménopause. Cependant, avec l'âge, les cycles se raréfient. Une chatte âgée peut donner naissance à des chatons, mais les portées sont de moins en moins nombreuses, jusqu'à ne plus compter fréquemment qu'un seul chaton. Ces gestations consécutives fatiguent beaucoup l'organisme : il est donc conseillé de faire pratiquer l'ovariectomie. Cette intervention permet à la femelle de finir tranquillement sa vie, dans de bonnes conditions.

Le spectacle des vieux chats est toujours émouvant. Il se dégage de ces animaux une impression de sérénité très étonnante. Ils font alors penser aux grands contemplatifs orientaux. Ils semblent, comme eux, en perpétuelle méditation, et leur regard donne en outre le sentiment qu'ils détiennent toute la sagesse du monde. Ce calme mérite un environnement paisible, à l'abri des stress et des agressions.

Malade ou souffrant, le vieux chat est digne. Il n'exprime que très rarement les douleurs qu'il ressent. Il se recroqueville sur lui-même, veillant à ne pas se fatiguer inutilement, comme s'il voulait économiser le moindre souffle de vie. Dans la plupart des cas, il s'éteint calmement, sans un cri, discrètement.

Les soins attentifs de son entourage, une surveillance sérieuse de son état de santé, une diététique adaptée à son âge permettent de donner au chat vieillissant une fin de vie sereine et confortable. Pendant les dix premières années, il a réjoui ses maîtres par son dynamisme et son activité ; il leur apporte ensuite l'image du calme, de la tranquillité, de la force née de l'expérience. C'est alors sans doute que la relation affective qui le lie à son maître est la plus forte et la plus riche. Partager la vie d'un vieux matou représente pour nous, les humains, une leçon de tous les jours.

Une espérance de vie inégale

Si nos chats domestiques peuvent prétendre vivre quinze ou même vingt ans dans le meilleur des cas, il n'en est pas de même pour les chats des rues et les chats qui ont la permission de s'aventurer en dehors de chez eux. Ces derniers dépassent en effet rarement l'âge de deux ans. Bagarres, attaques en tout genre, empoisonnements, accidents viennent souvent stopper avant l'heure le cours de leur vies.

Choisir, acheter et accueillir un chat

Adopter un chat, ce n'est pas une décision à prendre à la légère. Cet acte doit être considéré comme un véritable engagement. Alors, avant de franchir le pas, prenez le temps d'une petite réflexion. Il ne suffit pas de vous laisser séduire par une petite boule de poils ou un regard mystérieux, vous devez avant tout évaluer un certain nombre de contraintes. Pourrez-vous lui consacrer suffisamment de temps ? Pourrez-vous faire face aux frais d'entretien, de nourriture et de soins ? Pourrez-vous le faire garder pendant les vacances ou l'emmener avec vous ? Votre habitation et votre environnement sont-ils bien adaptés ? Sera-t-il bien accepté par vos autres animaux ? Envisagez-vous d'avoir des enfants ? Êtes-vous allergique aux poils de chat ? Supporterez-vous quelques griffades et autres menus dégâts ? Autant de questions qui vous permettront de vous lancer le plus sereinement possible dans l'aventure et d'éviter ainsi un certain nombre de déconvenues, pour vous comme pour lui…

Quel chat choisir ?

Chat de race ou chat de gouttière ?

Plus de 95 % des chats domestiques ne possèdent pas de pedigree : on les appelle chats de gouttière ou chats de maison et non européens. Arborant une multitude de robes et de couleurs, ils possèdent beaucoup de charme et un grand nombre de qualités. Si vous ne recherchez pas une race précise, si vous ne courez pas après les titres, si vous n'avez pas spécialement envie de dépenser de l'argent pour son adoption, un chat de gouttière vous comblera. Vous le trouverez facilement dans votre entourage ou dans un refuge.

Par contre, si vous êtes un tant soit peu connaisseur, si vous avez pris le temps de vous documenter, si vous avez eu le coup de foudre pour une race précise, si vous recherchez la beauté avant tout, si vous envisagez de vous lancer dans la reproduction ou dans le monde des expositions, vous devez vous tourner vers les chats de race et contacter les éleveurs et associations compétentes. Chaque race possède ses propres caractéristiques physiques, son tempérament, ses contraintes. À vous de définir celle qui conviendra le mieux à votre mode de vie.

Son nom

S'il s'agit d'un chat de gouttière, vous pourrez laisser libre cours à votre imagination. S'il s'agit d'un chat de race, son identité officielle sera composée à la fois de l'affixe de sa chatterie d'origine et d'un nom commençant par la lettre de l'année en cours. Mais une fois chez vous, rien ne vous empêchera de le baptiser comme bon vous semble.

Adopter un chat est un véritable engagement. Méfiez-vous des coups de cœur et privilégiez la réflexion avant de vous lancer dans l'aventure.

La nature du poil est un critère à prendre en compte. Les poils longs comme ceux des persans, nécessitent un entretien plus régulier.

Poil court ou poil long ?

Outre les critères esthétiques, la longueur du poil détermine avant tout le type d'entretien dont votre chat aura besoin. Si l'idée de devoir brosser fréquemment, voire quotidiennement, un persan ou un sacré de Birmanie pour éviter à sa fourrure de s'emmêler vous rebute, ou si vous n'avez pas le temps de le faire, mieux vaut vous intéresser aux chats à poil court.

Le type de fourrure peut également avoir une influence sur les allergies. Une robe volumineuse peut être en effet plus incommodante.

Mâle ou femelle ?

Si vous envisagez de faire stériliser votre chat, la question a en fait très peu d'importance : mâle et femelle présentent alors des caractères quasi identiques et seule leur morphologie diffère. Si vous ne souhaitez pas faire opérer votre compagnon, sachez que vivre en appartement avec un mâle est à peine supportable en raison de l'odeur de fauve qu'il dégage et de l'habitude qu'il a d'uriner aux frontières de son territoire, c'est-à-dire sur certains meubles, tapisseries et vêtements. Quant à la femelle, les cris qu'elle pousse quand elle est en chaleur risquent de susciter les plaintes du voisinage, à supposer que vous puissiez vous-même les supporter.

Adulte ou chaton ?

Il est bien évidemment difficile de résister à une petite boule de poils aussi charmante. Vous rêvez de le voir grandir, de l'accompagner dans son développement et dans ses apprentissages, de rire de ses multiples facéties. Il est si craquant et pourtant… Saura-t-il s'adapter à votre mode de vie ? Supporterez-vous de le voir grimper à vos rideaux ou s'en prendre à votre canapé ? Aurez-vous la patience nécessaire pour affronter ses débordements d'énergie ?

Si vous ne vous sentez pas suffisamment prêt pour vivre avec un petit diablotin, mieux vaut vous tourner vers un adulte. Ce dernier sera plus calme, il vous évitera bien des tourments et vous demandera moins d'attention, mais vous devrez toutefois composer avec son passé.

Par contre, si vous possédez déjà un chat adulte, mieux vaut privilégier l'acquisition d'un chaton pour éviter des débordements d'agressivité.

Chat d'intérieur ou chat d'extérieur ?

Ce choix découle en partie de votre situation géographique (ville, campagne, proximité d'une route ou d'une forêt) et de votre mode d'habitation (pavillon, appartement…). Vous n'apprécierez pas les dangers de la même manière et, en fonction de votre jugement, vous vous tournerez plus facilement vers un chat de gouttière ou vers une race précise.

Tatouage et puce électronique

Depuis décembre 2001, les chats peuvent bénéficier d'un système d'identification pratiqué depuis une dizaine d'années dans de nombreux pays européens, notamment sur les chiens et les chevaux, appelé puce électronique ou transpondeur. À l'aide d'un pistolet injecteur ou d'une seringue spécifique, votre vétérinaire implante sous la peau de votre chat, dans le cou, à gauche, une petite capsule en verre aux bouts arrondis de la taille d'un grain de riz, biocompatible, inaltérable et traitée au Parylène pour éviter qu'elle ne migre. L'opération n'est pas plus douloureuse qu'un vaccin et ne nécessite aucune anesthésie, contrairement au tatouage. La puce contient un code à quinze chiffres, unique, infalsifiable et lisible par le biais d'un lecteur : trois chiffres représentent le pays, deux chiffres l'espèce animale, deux chiffres le fabricant et les huit derniers chiffres correspondent à un numéro unique alloué à votre chat. Ainsi, si votre compagnon s'égare, vétérinaires, gendarmes, douaniers, personnel des refuges pourront l'identifier et vous permettre de le retrouver. Le code est enregistré, comme pour le tatouage, sur le Fichier national félin. Une carte d'identification au nom du chat et une médaille indiquant que votre chat est pucé vous sont ensuite délivrées.

Avec les autres animaux de la maison

Introduire un nouveau venu sur le territoire d'un chat n'est jamais chose facile. Il faut procéder par étapes et redoubler de patience pour éviter à votre ancien chat toutes causes de stress et d'anxiété pouvant parfois déboucher sur de graves crises du comportement. Dans un premier temps, il est impératif de ne pas délaisser le maître des lieux, même si le nouveau venu vous demande beaucoup de soins et d'attention. N'oubliez pas de le caresser, de lui parler...

Le bon déroulement des présentations dépendra beaucoup du degré de socialisation des deux congénères, d'où l'intérêt de ne pas les séparer trop tôt de leur mère et de leur fratrie. Le sexe et l'âge de l'intrus auront aussi leur importance : sachez en effet qu'il est moins facile de faire cohabiter deux mâles, même castrés, car le désir de domination demeure.

Durant quelques jours, mieux vaut garder le nouveau chat un peu à l'écart, il aura ainsi le temps de prendre ses marques et l'ancien sera rassuré de voir qu'il n'empiète pas tout de go sur son territoire. Les premiers contacts se feront à travers la porte, ils se renifleront. Puis, au bout d'une semaine, laissez-les entrer directement en contact. La vigilance s'impose alors et vous ne devez en aucun cas laisser dégénérer les premiers signes d'agressivité. Si besoin est, vous pouvez utiliser des phéromones de synthèse.

Si tout se passe bien, au bout de quelque temps, les chats se renifleront, se lécheront, se frotteront et mangeront et joueront ensemble quelques jours plus tard. Sinon, ce sera la bagarre, et vous devrez les séparer à nouveau et recommencer progressivement les rencontres. Ne désespérez pas et sachez que les premières présentations ne sont pas toujours les bonnes.

Si vous possédez un chien, les présentations doivent se faire sous haute surveillance... Si ce dernier montre de l'agressivité, ne criez pas et détournez son attention ; s'il se comporte de manière très amicale, félicitez et récompensez-le. Un jour vous les verrez peut-être dormir dans le même panier...

Enfin, si vous possédez poissons, hamsters, souris blanches ou bêtes à plumes, mieux vaut les tenir à l'écart, car n'oubliez pas que votre charmant minet est avant tout un prédateur !

Un ou plusieurs chats ?

Si vous vous absentez de longs moments dans la journée, votre chat risque fort de s'ennuyer. Si tel est le cas, mieux vaut, si vous en avez les moyens, adopter deux chatons simultanément. L'opération est plus délicate lorsqu'il s'agit d'adultes, car les risques d'agressivité et de troubles de comportement sont beaucoup plus fréquents.

Un chaton de quel âge ?

Aucune précipitation. Surtout ne séparez pas prématurément le chaton de sa mère et de ses frères et sœurs, il y va de son équilibre futur et de votre tranquillité. Le mieux est d'attendre l'âge de trois mois lorsque cela est possible.

Vérifier l'état de santé du chat

Que ce soit pour un chaton de race ou pour un chaton de gouttière, il est impératif de vous déplacer chez le vendeur ou chez l'éleveur. Vous pourrez ainsi apprécier son environnement, ses conditions de vie, jeter un œil sur les autres pensionnaires, sur la mère des chatons, et vous assurer de la bonne santé du sujet que vous désirez acquérir. N'hésitez pas à le manipuler, vous obtiendrez ainsi bon nombre de renseignements sur sa condition physique, son caractère et son degré de socialisation.

Lors des caresses, le poil du charmant minet doit vous sembler doux et soyeux et ne présenter aucune trace d'humidité. Son ventre ne doit pas être ballonné. Mieux vaut également vérifier si ce dernier ne souffre pas d'infections cutanées et s'il n'est pas infesté de puces ou autres parasites. Méfiez-vous des yeux humides ou ternes et sachez que la troisième paupière doit être totalement invisible. Contrôlez ses oreilles, sa bouche, son nez et sa région anale pour dépister tout signe d'infection : ses oreilles doivent être propres à l'extérieur comme à l'intérieur, ses gencives roses et ses dents propres et intactes, son nez net et humide, sa région anale propre et sèche. Observez-le lors de ses déplacements et relevez toute boiterie ou raideur. Choisissez de préférence les sujets les plus éveillés de la portée et, de grâce, laissez de côté les trop bons sentiments et évitez de prendre « celui qui semblait le plus malheureux, le plus chétif... », propos que le vétérinaire entend trop souvent quand il se trouve en face d'un sujet très malade ou pratiquement agonisant.

En ce qui concerne les adultes, outre l'observation de l'aspect général, il est vivement recommandé de vous informer du caractère du chat et de vous attacher à son comportement vis-à-vis des humains et de ses congénères.

L'adoption dans un refuge

Dans chaque région, des bénévoles se dépensent sans compter pour améliorer la condition féline et lutter contre la prolifération des chats. Ils soignent les chats des rues, recueillent les chats abandonnés et en proposent un certain nombre à l'adoption. Ces derniers sont, le plus souvent, testés, vaccinés, tatoués et stérilisés lorsque cela est possible. Chatons, jeunes chats, adultes et seniors, vous n'aurez donc que l'embarras du choix. Mais attention, mieux vaut prendre votre temps et discuter avec les responsables sur le type de chat qui vous conviendra le mieux. Certains ont des histoires très complexes et ne pourront pas forcément s'adapter à votre mode de vie... Une petite participation aux frais vétérinaires et à l'entretien du refuge vous sera alors demandée si l'adoption se conclut.

Si vous cherchez un chat de race, il vaut mieux vous adresser à un éleveur expérimenté, car il vous offrira un certain nombre de garanties.

Où le trouver ?

Si vous recherchez un chat de gouttière, le mieux est de vous renseigner auprès de votre vétérinaire et de votre entourage. Méfiez-vous des petites annonces des particuliers désireux de vendre des chatons. Vous pouvez également vous tourner vers les refuges et les organismes de protection animale de votre région.

Si vous recherchez un chat de race, aucune hésitation, il vous faut contacter les éleveurs, les clubs de race et les associations compétentes. Vous trouverez notamment leurs coordonnées dans la presse spécialisée, lors des expositions félines, sans oublier le bouche-à-oreille. Les éleveurs d'expérience vous renseigneront sur la race, vous proposeront le chat qui vous correspondra le mieux et vous prodigueront moult conseils en ce qui concerne son entretien, son éducation, sa santé, son alimentation…

Même s'il existe des professionnels consciencieux, mieux vaut ne pas se précipiter dans les animaleries : le risque d'achat « coup de tête, coup de cœur » y est trop fréquent, les chats qu'on y trouve ont parfois des origines floues ; bon nombre ont été stoppés dans leur processus de socialisation et ont subi des perturbations qui se refléteront sur leur caractère et leur comportement futurs.

Comment l'acheter ?

À quel prix ?

Tout dépend bien évidemment de la race, du lieu d'acquisition, de la renommée de l'élevage, des garanties proposées et du type de sujet que vous recherchez. Le prix d'un chat de compagnie sera beaucoup moins élevé que celui d'une graine de champion issue d'une remarquable lignée. En général, les prix varient de 500 à 1 500 euros.

Les obligations du vendeur

Depuis la loi du 6 janvier 1999, l'éleveur ne doit pas vous vendre un chaton de moins de huit semaines et il a pour obligation de vous remettre un certain nombre de documents lors de la transaction.

Il doit tout d'abord vous donner un carnet de santé établi par son vétérinaire, où sont notamment consignées les vaccinations effectuées. À ce jour, aucun vaccin n'est obligatoire, mis à part le vaccin antirabique dans les départements concernés, mais la plupart des éleveurs, tout au moins les plus sérieux, font vacciner les chatons contre le typhus et le FeLV. Si le vendeur ne possède pas de numéro de SIRET, obligatoire pour tout éleveur produisant plus d'une portée par an, il doit également vous remettre un certificat vétérinaire de bonne santé. Enfin depuis le 1er janvier 1992, le vendeur est tenu de faire immatriculer les chatons avant la vente sous peine de poursuites judiciaires. Un document d'identification attestera l'immatriculation de l'animal par tatouage ou par puce électronique.

Lors de la transaction, vous devrez cosigner et dater un certificat stipulant les conditions de la vente (le

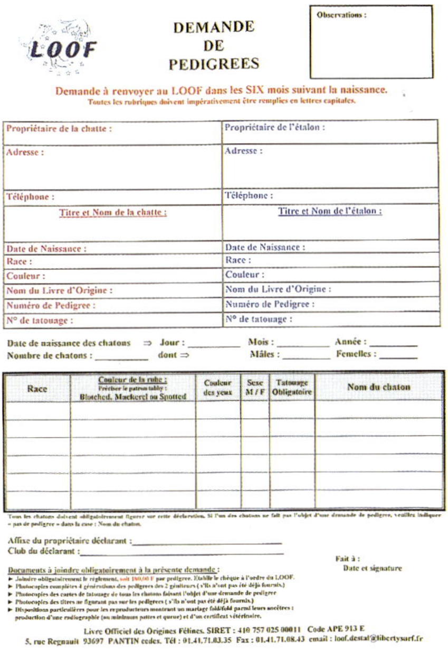

LOOF

DEMANDE DE PEDIGREES

Observations :

Demande à renvoyer au LOOF dans les SIX mois suivant la naissance.
Toutes les rubriques doivent impérativement être remplies en lettres capitales.

Propriétaire de la chatte :	Propriétaire de l'étalon :
Adresse :	Adresse :
Téléphone :	Téléphone :
Titre et Nom de la chatte :	Titre et Nom de l'étalon :
Date de Naissance :	Date de Naissance :
Race :	Race :
Couleur :	Couleur :
Nom du Livre d'Origine :	Nom du Livre d'Origine :
Numéro de Pedigree :	Numéro de Pedigree :
N° de tatouage :	N° de tatouage :

Date de naissance des chatons ⇒ Jour : ________ Mois : ________ Année : ________
Nombre de chatons : ________ dont ⇒ Mâles : ________ Femelles : ________

Race	Couleur de la robe : Préciser le patron tabby : Blotched, Mackerel ou Spotted	Couleur des yeux	Sexe M / F	Tatouage Obligatoire	Nom du chaton

Tous les chatons doivent obligatoirement figurer sur cette déclaration. Si l'un des chatons ne fait pas l'objet d'une demande de pedigree, veuillez indiquer « pas de pedigree » dans la case : Nom du chaton.

Affixe du propriétaire déclarant : ____________________
Club du déclarant : ____________________

Fait à :
Date et signature

Documents à joindre obligatoirement à la présente demande :
- Joindre obligatoirement le règlement, soit 180,00 F par pedigree. Etablir le chèque à l'ordre du LOOF.
- Photocopies complètes 4 générations des pedigrees des 2 géniteurs (s'ils n'ont pas été déjà fournis.)
- Photocopies des cartes de tatouage de tous les chatons faisant l'objet d'une demande de pedigree
- Photocopies des titres ne figurant pas sur les pedigrees (s'ils n'ont pas été déjà fournis.)
- Dispositions particulières pour les reproducteurs montrant un mariage fold/fold parmi leurs ancêtres : production d'une radiographie (ou minimum pattes et queue) et d'un certificat vétérinaire.

Livre Officiel des Origines Félines. SIRET : 410 757 025 00011 Code APE 913 E
5, rue Regnault 93697 PANTIN cedex. Tél : 01.41.71.03.35 Fax : 01.41.71.08.43 email : loof.destal@libertysurf.fr

Le seul pedigree reconnu en France par le ministère de l'Agriculture est celui qui est émis par le Livre officiel des origines félines (LOOF).

prix de l'animal, s'il s'agit d'un chat inscrit à un livre généalogique, s'il a été vacciné…). Le seul pedigree reconnu en France par le ministère de l'Agriculture est celui qui est émis par le LOOF. Sachez que, si votre chaton n'est pas inscrit sur ce livre, il ne pourra en aucun cas être reconnu comme chat de race. Si le vendeur ne dispose pas du document lors de la vente, vous êtes en droit de lui demander de vous présenter la demande qu'il a effectuée auprès du LOOF. Cette dernière devra comporter un numéro apposé par le LOOF attestant la prise en charge de la demande. Le vendeur vous fera ensuite parvenir le pedigree dès réception. Vous recevrez également une fiche de conseils pour l'entretien et l'alimentation du chaton.

Les vices rédhibitoires

Depuis la loi du 22 janvier 1989, le vendeur est tenu de vendre ses chatons indemnes de quatre maladies qualifiées de vices rédhibitoires :

- la panleucopénie ou typhus, avec un délai de suspicion fixé à cinq jours ;
- la péritonite infectieuse féline (PIF), avec un délai de suspicion fixé à vingt et un jours ;
- l'infection par le virus leucémogène félin (FeLV ou leucose), avec un délai de suspicion de quinze jours ;
- l'infection par le virus de l'immunodépression féline (FIV), sans délai de suspicion.

Si par malheur votre chaton présentait les signes de l'une de ces quatre maladies dans les délais impartis, vous pourriez alors intenter une action en rédhibition auprès du tribunal d'instance dans le mois qui suit la livraison ; et si la maladie est reconnue, le vendeur devra vous rembourser intégralement le prix de l'animal.

N'oubliez pas de conserver les certificats établis par votre vétérinaire et correspondez avec l'éleveur par lettre recommandée avec accusé de réception.

Le pedigree

Le pedigree, qui porte un numéro unique, doit comporter tous les renseignements concernant le chat : race, couleur, sexe, texture des poils, teinte des yeux, nom, etc., ainsi que ceux qui concernent plusieurs générations de ses ancêtres. Il permet ainsi de vérifier la pureté de la race, les couleurs dont le chat est porteur, le taux de consanguinité, les lignées utilisées… La valeur de l'animal dépend beaucoup de son pedigree ; si celui-ci porte la mention d'ascendants prestigieux, le chat n'en est naturellement que meilleur. Le pedigree est également très utile à l'éleveur pour continuer un travail sérieux sur la couleur, le type, la fourrure, la santé de ses lignées.

Pour voyager en Europe : pensez à son passeport

La Commission européenne a mis en place en 2003 un passeport pour chats afin de faciliter leur transport en Europe. Ce document, établi par un vétérinaire, sera effectif et obligatoire en juillet 2004.

Ce passeport prouvera que l'animal est correctement vacciné contre la rage et qu'il est bien identifié grâce à un transpondeur (puce électronique) ou un tatouage au dermographe (ce dernier procédé sera valable durant une période transitoire de huit ans). Les chats disposant de ce passeport pourront donc voyager dans tous les États membres, à l'exception de l'Irlande, de la Suède et du Royaume-Uni, qui demanderont certaines formalités supplémentaires (titrage d'anticorps pour la rage, traitement antiparasitaire…). Ce document pourra également contenir des informations relatives à d'autres vaccinations et les examens cliniques pourront en outre y figurer afin de donner un aperçu clair de l'état de santé de l'animal, ce qui facilitera les contrôles vétérinaires et fournira la preuve de la bonne santé d'un animal domestique en cas de déplacement vers un pays tiers exempt de rage ou dans lequel la maladie est sous contrôle.

Lors de son premier transport, installez, au fond de son panier, un tissu ou une couverture imprégné de l'odeur de son environnement habituel. Cela le rassurera.

Le grand jour

Le transport

Le grand jour est arrivé, vous voici donc prêt à rentrer à la maison avec votre petit protégé. C'est un moment un peu stressant pour vous comme pour lui : le chat ne comprend pas pourquoi on le sépare de sa mère et pourquoi il quitte son environnement, et vous vous avez sans doute peur de mal faire. Mais avec un peu de préparation, de la patience et beaucoup d'attention, les choses devraient bien se passer. Privilégiez une caisse ou un panier de transport bien adapté, disposez du papier absorbant, des vieux journaux ou une serviette dans le fond pour absorber les éventuelles déjections, et posez une couverture empreinte de l'odeur de sa mère et de sa fratrie à ses côtés. Arrangez-vous pour vous trouver un chauffeur et restez près de votre chat pendant le trajet, afin de le rassurer. Surtout, ne le laissez pas sans surveillance et prenez garde à la chaleur ou au froid.

Un coin tranquille et sécurisé

Une fois arrivés à la maison, installez votre petit compagnon dans une pièce calme et préalablement sécurisée (écartez les fils électriques, les petits objets qui s'avalent tels que trombones et pièces de monnaie, les vêtements en laine, les plantes vertes…) et veillez à en fermer toutes les issues. Laissez-lui sa caisse de transport ouverte, cela peut le tranquilliser, et surtout donnez-lui sa couverture. Disposez une gamelle et un abreuvoir à l'autre extrémité de la pièce, et dans un autre coin, le bac à litière où déposer ses excréments. Pour éviter tout trouble digestif dû à un changement de nourriture ou tout risque de voir les nouveaux repas refusés, il est fortement conseillé, pendant au moins quelques jours, de proposer au chaton les aliments habituellement donnés par son éleveur ou son ancien propriétaire. Veillez à ce que sa gamelle et son abreuvoir soient toujours correctement approvisionnés, et n'oubliez pas qu'un chaton mange de huit à dix fois par jour.

Et si c'est lui qui vous choisit…

Surprise ! Un beau matin, un chat sorti de nulle part miaule devant votre porte. Il vous attendrit et vous lui donnez à manger. Le lendemain, il recommence, et petit à petit il s'immisce dans votre vie. Il se laisse caresser, entre timidement dans votre maison et puis, en un rien de temps, il s'installe sur le canapé ! Aucun doute, il vous a adopté ! Mieux vaut quand même vous renseigner auprès de votre voisinage et chez votre vétérinaire pour savoir si personne ne le recherche. Faites-le également rapidement examiner, vacciner, vermifuger, traiter contre les puces, et soyez très vigilant pour vos autres chats.

Une arrivée tout en douceur

Même si ce moment a été très attendu par tous, lors de l'arrivée de votre nouveau compagnon, il ne s'agit pas de convoquer l'ensemble de la famille et du voisinage. Inutile de le stresser davantage. Il se passera très bien des passages de bras en bras, des exclamations dans les oreilles et des débordements d'affection des proches ! De telles agressions, même si les humains ne les considèrent pas comme telles, risqueraient de le marquer à jamais et il deviendrait craintif. Votre nouvel hôte appréciera de pouvoir explorer tranquillement son nouvel environnement. Puis lorsqu'il sera devenu confiant, faites les présentations successives avec tous les membres de la famille, y compris les autres animaux de la maison, et de jour en jour, élargissez son champ d'investigation. Vous devez le respecter et lui laisser le temps de prendre tranquillement possession de la maison et de ses rythmes et évitez dans un premier temps tous bruits et irruptions intempestifs dans son nouvel environnement. Surveillez également de près l'attitude des jeunes enfants à son égard, pour qu'ils évitent de le manipuler à tout bout de champ et respectent son sommeil et ses heures de repas.

Il est nécessaire que votre nouveau compagnon voie son espace vital s'ouvrir de jour en jour, mais les pièces interdites doivent l'être d'emblée. Rien n'est plus difficile que de refuser aujourd'hui ce qui a été permis hier. De même, évitez de modifier vos habitudes et votre rythme de vie lors de son arrivée… Prendre des congés quelques jours pour l'accueillir serait une erreur : après, il ne pourrait plus accepter la solitude. Il ne pourrait plus dormir seul après avoir goûté au lit de ses maîtres, et manger seul et par terre après avoir été accepté à table. Les choses doivent être claires, pour vous comme pour lui.

Des chiffres affligeants

Le chat n'est pas un objet, et pourtant chaque année on compte environ quatre-vingt mille abandons, principalement au moment des vacances ou lors d'un changement de vie lié à un déménagement ou à l'arrivée d'un enfant. Ce constat affligeant découle en grande partie de l'irresponsabilité des maîtres et de leur manque de réflexion au moment de l'adoption.

Les premiers soins

Sous huitaine, conduisez votre nouveau compagnon chez le vétérinaire. Ce dernier examinera votre chat et abordera avec vous un certain nombre de sujets liés à la propreté, à l'alimentation, à l'éducation… ce qui sera loin d'être inutile. En effet, dans les premiers temps, tout est nouveau, tout est beau, et le propriétaire novice écoute peu les conseils. Mais, au bout de huit jours, diverses questions se sont posées, les difficultés commencent à poindre, l'animal montre déjà sa personnalité. Le message passe alors beaucoup mieux… S'il faut pratiquer un vaccin ou entreprendre une vermifugation, la phase d'acclimatation doit être terminée. Toutefois, si des symptômes alarmants surviennent chez votre chaton, cette visite chez le vétérinaire doit être anticipée : d'une part, le jeune est très fragile ; d'autre part, sur un strict plan matériel, les garanties dues par le vendeur ne sont valables que pendant une période très courte.

S'il s'agit d'un chaton, habituez-le très vite à être régulièrement brossé, peigné, baigné… Cela assouplira son caractère et lui permettra de devenir un adulte docile lorsque vous devrez l'entretenir, lui administrer un comprimé ou lui prendre sa température. Les animaux présentés par des éleveurs en concours sont habitués à cette « gymnastique sociale » dès leur plus jeune âge ; ils n'en conservent pas moins leur personnalité, mais font preuve de décontraction quand ils doivent être manipulés.

Bien que ce ne soit pas indispensable (le chat n'étant pas un petit chien !), il est possible de proposer à votre chat des promenades en laisse, dans des rues tranquilles, à des moments calmes. Habituez-le également le plus tôt possible à voyager et à changer d'environnement, lors par exemple d'une visite chez vos parents ou chez des amis. Cela vous facilitera la vie et évitera à votre chat bien des angoisses.

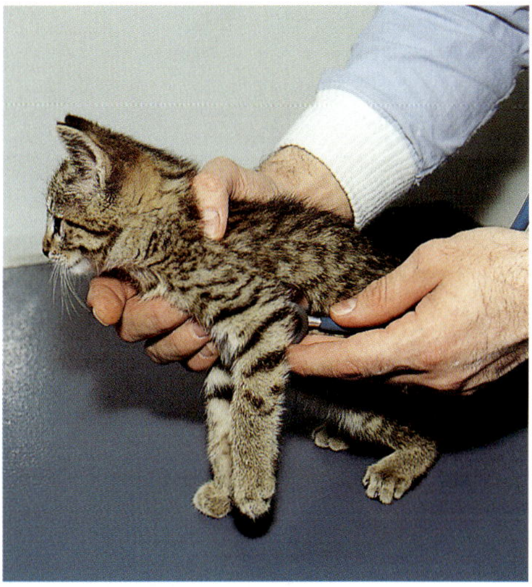

Au bout de huit jours, une première visite chez le vétérinaire s'impose.

Le chat au quotidien

Votre chat vient d'arriver à la maison et vous vous délectez déjà à l'idée de partager avec lui jeux et complicité lorsque soudain des doutes vous assaillent. Avez-vous pensé à sa litière, à sa gamelle, à ses jouets, à sa sécurité ? Allez-vous vous transformer en véritable cordon-bleu ou allez-vous tout simplement vous en remettre au savoir-faire des professionnels ? Et le bain, est-ce bien recommandé ? Et sa robe, faut-il la brosser ? Faut-il le gronder ou bien tout lui concéder ? Inutile de paniquer : vous vous apercevrez qu'avec un peu d'organisation et de rigueur, vous vous acquitterez sans problème de toutes ces formalités.

Son équipement

Les litières

Vous pouvez certes choisir la formule la plus écologique et la moins onéreuse, à savoir la terre, le sable ou la sciure de bois, mais sachez que ces solutions sont très salissantes et peu satisfaisantes. La sciure adhère trop facilement à la robe du chat et selon son origine elle peut contenir des essences qui peuvent se révéler toxiques ou allergisantes. Le sable et le gravier constituent quant à eux d'assez mauvaises litières car ils ne sont ni absorbants ni désodorisants, sans compter qu'ils favorisent la prolifération des bactéries et sont donc potentiellement dangereux pour l'homme et l'animal. Évitez également le papier journal, car l'encre n'est pas sans danger et risque, au contact de l'urine, de provoquer des réactions irritantes. Privilégiez donc les litières minérales et végétales.

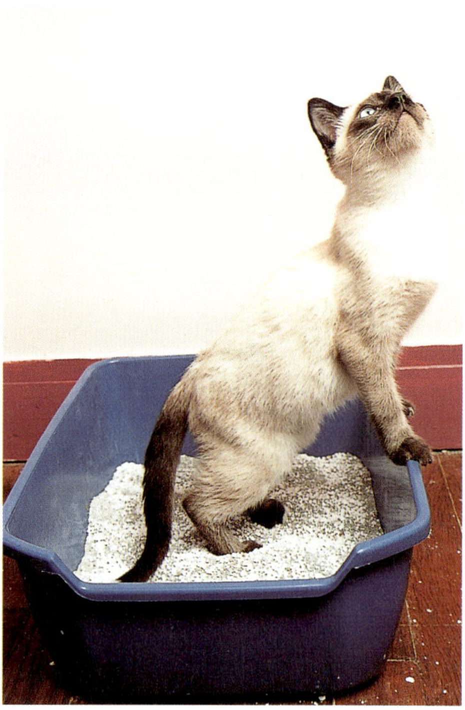

Les chats ont parfois du mal à supporter les changements de litière et deviennent malpropres.

Les produits minéraux sont en général composés de granules argileuses qui ont la particularité de former une boule compacte autour du dépôt d'urine ; selon leur qualité, ils se révèlent plus ou moins absorbants et plus ou moins agglomérants. Les litières les moins coûteuses présentent généralement une texture assez fine et prennent une consistance pâteuse après utilisation. Il vous faut alors les renouveler complètement dès qu'elles sont sales et désinfecter le bac quotidiennement. Le produit est certes moins cher à la base, mais vous en utilisez beaucoup plus au final : à vous de calculer ! Cela peut toutefois être une bonne solution lorsque vous possédez plusieurs chats. Si par contre vous n'avez qu'un ou deux compagnons, privilégiez plutôt un produit de haute qualité avec un pouvoir absorbant plus élevé. Il vous suffit alors de ramasser les petits agglomérats après utilisation et de remettre de temps en temps de la litière pour maintenir le niveau. Vous pouvez dans ce cas ne laver votre bac que toutes les semaines avec un détergent : méfiez-vous des désinfectants qui peuvent ne

> **Un brin conservateur**
>
> Le chat se montre très susceptible en ce qui concerne ses commodités. Il s'habitue très vite à un type de litière et a parfois du mal à s'adapter au changement. Il est d'ailleurs conseillé d'utiliser la même litière que l'éleveur ou l'ancien propriétaire de votre chat, d'éviter les changements trop fréquents et les solutions de dépannage. Cela vous évitera bien des tracas et votre chat aura moins de risques d'être malpropre.

La litière à base de gel de silice

Longtemps utilisé pour activer le dessèchement des fleurs, le gel de silice occupe désormais les bacs à litière pour chats. Les grains transparents dotés d'un fort pouvoir absorbant ne sont pas toxiques et neutralisent les odeurs. Lorsque votre chat urine dans sa litière, les grains atteints absorbent l'urine et deviennent jaunes, se différenciant du reste de la litière. Lorsque votre chat défèque, les grains absorbent l'humidité des fèces, ce qui élimine immédiatement les odeurs. Cette litière permet également de vous alerter en cas de diarrhée ou de pertes de sang.

La stratégie de l'emplacement

Ne négligez surtout pas l'importance de l'emplacement du bac. Ne l'éloignez pas trop de l'aire de jeux de votre compagnon, ne le placez pas dans un passage trop bruyant et surtout ne le placez pas près de sa gamelle. Comme vous, le chat n'apprécierait pas de manger dans ses toilettes ! Sachez également qu'un entretien régulier est indispensable.

pas convenir à votre compagnon. Vous trouverez également des additifs pour masquer les odeurs, mais méfiez-vous des parfums, certains ne conviendront peut-être pas du tout à votre chat.

La litière végétale, la plupart du temps composée de déchets de lin ou de bois résineux, est dotée d'un bon pouvoir absorbant et désodorisant. Elle nécessite cependant un entretien régulier, colle un peu aux pattes des utilisateurs, mais convient bien aux chatons qui ont tendance à ingurgiter les granulés.

Les bacs à litière

Vous en trouverez de toutes les tailles, de toutes les formes, plus ou moins sophistiqués – certains fabricants proposant même des bacs jetables. Mais, de grâce, choisissez celui qui conviendra avant tout le mieux à votre chat.

Les bacs rectangulaires dotés de bords antiprojections ou d'un couvercle conviendront parfaitement aux chats terrassiers qui enfouissent avec vigueur leurs excréments. Les chatons et les vieux chats souffrant d'arthrose se contenteront d'un simple bac à bords peu élevés. Les adultes préféreront un bac de grande taille. Un bac à litière complètement fermé préservera l'intimité de votre chat, empêchera les projections, diminuera la propagation des odeurs et masquera les crottes, mais s'avérera moins pratique pour surveiller le degré de salissure de la litière. À vous de voir !

Les gamelles

Il est bon que le chat dispose de ses propres assiettes. Toute confusion avec celles des humains est malvenue, c'est une affaire de principe. Métal, plastique, porcelaine, peu importe du moment que le bol et les écuelles sont nettoyés et approvisionnés tous les jours. Les récipients larges à bords peu élevés évitent cependant au chat de tremper ses moustaches, et les distributeurs automatiques avec minuteur permettent d'assurer les repas à heure régulière au cas où vous auriez un empêchement de dernière minute.

Le couchage

En général, le chat choisit l'endroit où il veut dormir et il se permet d'en changer de temps en temps. Il est cependant tentant de lui proposer une aire de couchage privilégiée. Paniers en osier, hamacs, paniers en mousse recouverts de coton avec ou sans toit, déhoussables ou non, ornés d'un tissu classique ou abondamment coloré… il y en a pour tous les goûts et pour toutes les bourses ! Privilégiez avant tout son confort et placez son lit dans un endroit tranquille, à l'abri des courants d'air.

Les jeux

Tous les chats ont besoin d'exercice et de stimulation mentale. Ceux qui sortent grimpent aux arbres, s'adonnent à la chasse et parcourent quotidiennement un certain nombre de kilomètres. Il n'en est pas de même pour les minets d'intérieur, qui n'ont pour terrain de jeux que les pièces de votre appartement. Bien sûr, certaines races ont plus ou moins besoin de se dépenser, mais en règle générale mieux vaut systématiquement offrir à votre petit protégé griffoir, jouets et arbre à chats. Et ne vous fiez pas à son âge, le jeu fait partie du quotidien du chat même à l'âge adulte. Sa santé mentale et physique en dépend.

Outre son aspect extrêmement ludique, le griffoir permettra à votre chat de faire ses griffes et de déposer ainsi ses odeurs ailleurs que sur vos rideaux ou votre canapé tout neuf. Un arbre à chats, doté de plates-formes de hauteurs différentes, de petits objets suspendus, voire d'un tunnel, deviendra très vite son aire de jeux favorite et évitera à votre chat de trop s'ennuyer s'il doit rester seul une partie de la journée. Au rayon des jouets, une boule de papier, un morceau de carton, une petite balle, une souris mécanique ou encore un bouchon feront tout aussi bien l'affaire. Méfiez-vous toutefois des ficelles ou autres objets suspendus, car les risques d'étouffement ou d'étranglement ne sont pas à négliger.

Les chatières

Si votre chat a la permission de sortir, l'installation d'une chatière lui permettra d'aller et venir à sa guise, sans avoir à attendre que l'on veuille bien lui ouvrir la porte. Un volet mobile permet la circulation dans les deux sens. Certains modèles sont également dotés d'un système magnétique : un petit émetteur placé sur le collier de votre compagnon lui permet d'actionner la chatière et les intrus trouvent ainsi porte close.

Les paniers de transport

Même si vous ne voyagez jamais avec votre chat ou si vous n'effectuez que de courts trajets, un panier de transport fermé est indispensable, ne serait-ce que pour vous rendre chez le vétérinaire. Outre son aspect esthétique, privilégiez avant tout sa solidité, sa ventilation et ses facilités d'entretien.

Écartez d'office les sacs de transport, qui s'écrasent, sont mal ventilés et se nettoient difficilement. Leur fermeture n'est pas sûre et un chat entreprenant s'en échappe facilement. Évitez également les paniers en osier, peu pratiques à nettoyer et à désinfecter, et les cages grillagées, où l'animal ne peut pas se dissimuler ni observer sans être vu.

Les paniers en plastique rigide dotés d'une porte grillagée sont beaucoup plus efficaces. Leur partie inférieure peut dans certains cas constituer un bac à litière très astucieux, voire un lit. Ils se nettoient aisément et certains modèles peuvent même se démonter. Les plus pratiques s'ouvrent par le haut et permettent en cas de besoin, chez le vétérinaire par exemple, de saisir facilement l'animal. Les boîtes à ouverture frontale sont parfois moins pratiques lorsque le chat refuse obstinément de sortir en se réfugiant au fond et en se cramponnant aux parois, voire en mordant et en griffant la main et le bras qui se tendent.

En cas de maladie et de visite médicale, les boîtes en carton à usage limité, sinon unique, sont conseillées. On les brûle lorsque le patient est guéri, ce qui évite les éventuelles contagions ou les rechutes. Elles se trouvent chez le vétérinaire.

Enfin, il faut banaliser la boîte en la laissant sur le passage du chat ; sinon, chaque fois que son maître la sortira, il se doutera qu'un quelconque désagrément l'attend et il fera tout pour ne pas être pris. Ce genre de mésaventure arrive souvent au moment du retour, bousculé bien sûr, de week-end...

Son alimentation

Respecter ses besoins

Inutile de vous mettre à chasser la souris pour satisfaire l'appétit de votre chat ! Un repas à base de viande rouge ou de poisson agrémenté de légumes et de riz, des croquettes ou une boîte feront tout aussi bien l'affaire. L'important est de fournir à votre compagnon une alimentation équilibrée et adaptée à son mode de vie, à son état de santé et à son âge, et de respecter les quantités nécessaires pour couvrir ses besoins énergétiques, lui permettre de bien grandir et de rester en forme.

Les protéines ▸ Le chat a des besoins en protéines quantitativement et qualitativement élevés. Le taux protéique de sa ration doit en effet approcher les 30 %. Essentiellement contenus dans les viandes, les abats et les poissons, les protéines participent à la construction cellulaire et fournissent des acides aminés essentiels comme l'arginine, la lysine, la méthionine ou encore la taurine, que l'organisme félin ne parvient pas à synthétiser naturellement.

• L'arginine commande presque exclusivement la détoxification de l'ammoniac produit par le catabolisme (dégradation) des protéines. Son insuffisance entraîne une intoxication aiguë évoluant vers la mort.

• La lysine, importante pour la croissance, se trouve en abondance dans les protéines animales, mais peut être détruite par une cuisson brutale.

L'herbe-à-chats, surtout ne pas en abuser

La cataire *(Nepeta cataria)*, appelée plus communément herbe-à-chats, est une petite plante des bords de chemin ou de rocaille. Elle a la particularité de déclencher chez les chats des comportements particuliers, d'apparence hallucinogène. Plus de la moitié d'entre eux sont en effet sensibles à ses odeurs. Ils commencent par la renifler très intensément, puis en mâchent quelques feuilles. Après les avoir avalées, ils se frottent contre les plantes, se roulent par terre et s'excitent de plus en plus, en prenant des positions d'animal en chaleur. D'autres adoptent des postures inhabituelles, en s'immobilisant par exemple pendant quelques minutes ou encore en mimant des chasses imaginaires. Contrairement aux idées reçues, il n'est pas conseillé de donner de l'herbe-à-chats à votre animal. Cette dernière, occasionnant souvent des régurgitations (notamment en cas d'absorption de boules de poils), peut en effet entraîner des inflammations du système digestif.

Qu'elle soit industrielle ou non, la nourriture doit être équilibrée et adaptée au mode de vie, à l'âge et à l'état de santé de votre chat.

• La méthionine, soufrée, intervient dans la pousse du poil. Les sources protéiques habituelles en sont relativement pauvres.

• La taurine, dont la carence provoque une dégénérescence irréversible de la rétine, une baisse de l'olfaction et de la production de bile et une dilatation cardiaque, se trouve dans tous les aliments d'origine animale, à l'exception du lait de vache et de certains aliments industriels pour chiens.

Pour couvrir ces besoins, donnez de préférence à votre chat de la viande de bœuf crue ou légèrement poêlée, de la volaille de préférence cuite, des abats comme le cœur, la rate ou les gésiers et du poisson frais sans arêtes deux ou trois fois par semaine, évitez la viande de porc crue et les abats de bovin impropres à la consommation humaine, et ne lui proposez pas de foie plus d'une fois par semaine.

Les lipides ‣ Ces corps gras contenus dans les huiles et le beurre sont énergétiques et très appréciés des chats. Les acides gras essentiels présents dans certaines huiles d'origine végétale (tournesol, maïs, pépins de raisin…) s'avèrent également indispensables, tout comme l'acide arachidonique que l'on trouve dans les graisses animales et notamment les huiles de poisson. Ces acides gras ont une action sur l'état de la peau et du pelage.

Les glucides ‣ Les sucres et les féculents ne sont pas indispensables. Vous pouvez toutefois donner à votre chat du riz, des pâtes ou des flocons d'avoine très cuits, mais évitez absolument la pomme de terre.

Les sels minéraux ‣ Ils jouent également un rôle important dans le fonctionnement de l'organisme : le calcium et le phosphore participent notamment au développement du squelette, le potassium renforce l'excitabilité musculaire et le magnésium régule le fonctionnement des cellules nerveuses et musculaires.

Les oligoéléments ‣ Ils interviennent en infime quantité mais sont néanmoins indispensables, et leur carence peut avoir des conséquences dramatiques sur l'état de santé du chat : le fer prévient l'anémie ; le zinc renforce l'ossification, il intervient tout comme le manganèse dans la reproduction et la croissance, et il joue un rôle dans les défenses immunitaires ; l'iode participe également à l'édification de la trame osseuse.

Les vitamines ‣ Les apports en vitamines ne sont pas non plus à négliger car les déséquilibres peuvent aussi entraîner des troubles graves. Le chat doit bénéficier d'un apport direct en vitamine A, car il est incapable de la synthétiser. On en trouve notamment dans le foie. Cette vitamine agit sur la vue, la peau, le système immunitaire, la reproduction et la croissance. Méfiez-vous cependant des excès, susceptibles d'entraîner une maladie très invalidante et irréversible : la spondylarthrite ankylosante. La vitamine D, qui joue un rôle prépondérant dans la formation des os, est récupérée lors de la toilette après avoir été synthétisée au niveau de la peau grâce aux ultraviolets. Un chat qui reçoit un éclairement solaire normal n'en manquera pas. La vitamine E est un antioxydant et participe à l'élaboration des muscles. Sa consommation augmente avec la ration lipidique. Les besoins du chat en vitamines du groupe B, qui interviennent à presque tous les niveaux (circulation, système nerveux, système hormonal...), sont beaucoup plus importants que ceux du chien.

Les rations idéales

	Femelle de 2,5 kg			Mâle castré de 4 kg	Mâle de 4,5 kg
	Entretien	Gestation	Lactation		
• **Ration familiale**	**100 g**	**150 g**	**300 g**	**150 g**	**175 g**
• Viande rouge	50 g	75 g	150 g	75 g	85 g
• Riz à cuire	20 g	30 g	60 g	30 g	35 g
• Légumes verts	20 g	30 g	60 g	30 g	35 g
• Levure sèche, huile, complément minéral et vitaminé	10 g	15 g	30 g	15 g	20 g
• Aliment complet humide	130 g	200 g	400 g	200 g	230 g
• Aliment complet sec	50 g	75 g	150 g	75 g	85 g

D'après *Diététichat*, Prof. R. Wolter

Attention aux calculs urinaires

Les proies animales qui constituent la nourriture normale des chats contiennent tous les éléments dont leur organisme a besoin. Aussi la sélection naturelle n'a-t-elle pas fait apparaître d'individus capables de faire la synthèse des molécules de base de l'organisme. Les chats sont ainsi très exigeants sur la qualité de leur nourriture en raison de leur faible faculté à opérer des transformations chimiques à partir des produits assimilés. L'habitude de consommer des petites portions de très nombreuses fois dans la journée s'accompagne de certains inconvénients qui ont parfois des conséquences importantes. Ainsi, après chaque repas, l'acidité de l'organisme baisse, les humeurs s'alcalinisent, favorisant l'émission d'une urine basique propice à la formation de calculs. Ceux-ci sont aujourd'hui connus pour se développer d'autant plus facilement que la nourriture est riche en magnésium (abondant surtout dans le blé entier, les feuilles de légumineuses...). Si la ration alimentaire est de mauvaise qualité, le chat en consommera plus, il absorbera donc encore davantage de magnésium (qui n'est jamais totalement absent), et son organisme aura une tendance accrue à fabriquer des calculs urinaires. La meilleure solution consiste à donner des aliments tout préparés. Spécialement étudiés pour lutter contre cette alcalinisation des humeurs et appauvris en magnésium, ils sont soit secs (croquettes), soit humides (conserves). Il existe par ailleurs des aliments en croquettes formulés précisément pour dissoudre les cristaux urinaires déjà formés. Inutile donc de continuer d'entretenir le mythe de l'alimentation sèche responsable de la formation des cristaux ! Les ancêtres du chat, qui vivaient en milieu semi-désertique, étaient économes d'eau ; les proies dont ils se nourrissaient en renfermaient beaucoup (de 60 à 70 % de leur poids), l'urine était concentrée et la résorption de l'eau au niveau de l'intestin importante (d'où un risque de constipation). Nos chats, qui en sont les héritiers, sont de petits buveurs ; ils risquent de ne pas suffisamment s'abreuver, ce qui provoque une déshydratation de l'organisme et une surconcentration des urines avec précipitation de sels minéraux (formation de calculs urinaires) ; ce phénomène peut se produire lors du passage d'une alimentation humide à une alimentation sèche. Un autre facteur contribue à la formation de calculs dans la vessie : lors du repas, il se produit une forte sécrétion de suc gastrique acide dont la quantité est à peu près proportionnelle à la quantité ingérée ; le milieu intérieur (le sang) devient alors alcalin (basique) pour rétablir sa neutralité ; de l'urine alcaline est émise, favorisant l'apparition d'infections urinaires et la précipitation de sels minéraux. Mieux vaut donc prévoir dans la journée de nombreux petits repas plutôt qu'un seul, pour éviter calculs et infections.

Appétissantes et équilibrées, les croquettes plaisent au chat qui aime croquer.

L'adjonction de levure dans l'alimentation assure généralement une bonne couverture. La vitamine C stimule les défenses immunitaires, intervient dans la structure osseuse et aide à lutter contre le stress. La vitamine H, quant à elle, garantit un beau pelage et la vitamine PP est essentielle au système nerveux.

Quel menu choisir ?

Nourriture industrielle ou faite maison, c'est à vous de choisir. Du moment que vous respectez les quantités et l'équilibre alimentaire de votre chat !

Si vous avez du temps et du goût pour la cuisine, vous pouvez lui concocter de bons petits plats en suivant de près les indications des nutritionnistes et des vétérinaires pour éviter toute forme de carence ou d'excès. Viande, œufs, produits lactés s'ils sont bien supportés, poissons, céréales, haricots verts, carottes…, le tout complété par un peu d'huile, de levure sèche et de sels minéraux, feront parfaitement l'affaire. Sachez toutefois qu'avec une cuisine maison il n'est pas toujours facile d'assurer à son chat une alimentation complète et équilibrée. La vigilance s'impose.

Les aliments secs, plus connus sous le nom de croquettes, sont appétissants, équilibrés et plaisent au chat qui aime croquer. Ils offrent la plupart du temps un bon rapport qualité/prix, se conservent longtemps et, par leur action abrasive, contribuent à l'entretien des dents. Ils doivent impérativement être accompagnés d'eau fraîche renouvelée tous les jours.

Des aliments industriels adaptés

Depuis quelques années, les nutritionnistes effectuent de nombreuses recherches pour améliorer et diversifier la nourriture féline. Les produits proposés forment désormais deux catégories bien distinctes. La première catégorie concerne les chats en bonne santé : vous trouverez alors des aliments spécifiquement conçus pour les chatons, pour les chats aventuriers ou bien casaniers, pour les chats stérilisés, pour les chattes en gestation, pour les chattes allaitantes, pour les chats âgés, pour les siamois, les persans ou les maine coons… La seconde catégorie joue un rôle de prévention, notamment pour éviter la formation du tartre ou favoriser la dissolution des boules de poils… Elle peut également dans certains cas remplir une fonction thérapeutique, comme les croquettes destinées aux chats un brin enrobés et celles qui jouent un rôle dans la diminution des calculs urinaires. Ces dernières diminuent en effet considérablement le taux d'apparition des obstructions urétrales à phosphates ammoniaco-magnésiens qui étaient jusqu'alors en partie provoquées par la prise d'aliments secs. En contrepartie sont apparus des cas de calculs d'oxalates. De nouvelles croquettes prenant en compte la formation de ces différents types de calculs arrivent d'ailleurs sur le marché. Vous trouverez donc sans souci, le plus souvent sur les conseils de votre vétérinaire, l'aliment industriel qui convient parfaitement à votre chat. Les produits sont minutieusement dosés et équilibrés et, en ce qui concerne les quantités, il vous suffit de suivre les instructions figurant sur les étiquettes. Attention toutefois, car certains aliments spécifiques ne sont disponibles que dans les circuits vétérinaires.

Les aliments industriels humides sont également très appétissants et équilibrés. Leur composition et leur consistance sont variées : boulettes, pâtées, morceaux en gelée, il y en a pour tous les goûts ! Comme ils contiennent beaucoup d'eau, ils nécessitent un faible abreuvement. Légèrement réchauffés, ils comblent les chats les plus délicats. Ils sont toutefois relativement onéreux et s'altèrent rapidement.

Une affaire de goût

La vie domestique a quelque peu modifié les goûts de nos amis félins. Certains sont même devenus capricieux et difficiles. À la base, les chats sont des

Et pour les chatons ?

En cas de déficience de la mère, vous pouvez compléter ou remplacer son lait par un lait de substitution pour chatons que le vétérinaire vous fournira. Si vous ne trouvez pas de lait maternisé, vous pouvez réaliser le mélange suivant : un verre de lait concentré non sucré, un jaune d'œuf cru, une cuillerée à café de crème fraîche et une pincée de carbonate de calcium. Dès la fin de la troisième semaine, vous pouvez commencer à proposer à votre chaton une alimentation humide, en prenant soin de varier les aliments car c'est au cours des deux premiers mois que se forme son goût : si vous ne voulez pas fabriquer un adulte chipoteur et difficile à contenter, songez à varier ses rations. Surtout ne lui donnez pas de lait de vache, car vous risquez de déclencher des troubles digestifs. À six semaines, vous pouvez lui donner un aliment de croissance sec ou réhydraté. Le sevrage complet s'effectue vers la septième ou huitième semaine.

Pas de nourriture pour chiens

En 1970, des chercheurs rapportent qu'ils ont constaté vingt-cinq cas de dégénérescence rétinienne chez les chats new-yorkais. Quatre ans plus tard, ils précisent ce diagnostic sur d'autres animaux mais écartent l'origine alimentaire de l'affection. Quelques années plus tard, d'autres scientifiques démontrent que cette dégénérescence est en fait due à une carence en taurine (un acide aminé), car leurs chats sont nourris exclusivement avec un aliment bas de gamme pour chiens qui n'en contient pas. Ces derniers, en effet, à la différence des chats, sont capables de synthétiser la taurine, découverte dans la bile du taureau (d'où son nom) en 1827. Elle joue un rôle dans la synthèse des sels biliaires, et donc dans l'absorption des graisses alimentaires. Il est admis aujourd'hui que cet acide aminé, qui se trouve dans la plupart des viandes et que les industriels ajoutent systématiquement dans leurs produits alimentaires, permet de prévenir la dégénérescence rétinienne, l'agrégation plaquettaire, la dilatation cardiaque, l'excitabilité nerveuse et la fonction biliaire, bien entendu... Il est sûr désormais qu'il n'est pas bon de nourrir un chat avec des aliments pour chiens. Il vaut mieux également éviter de lui donner les restes de nos repas afin de prévenir les déséquilibres alimentaires.

carnivores, qui ne recherchent que des protéines de viande ou de poisson. Ils apprécient plutôt les aliments contenant des graisses en quantité importante – thon à l'huile ou chair grasse, par exemple – et ne sont pas naturellement attirés par les légumes et les fibres, ni par les aliments sucrés. Mais le contact de l'homme et la diversité des aliments proposés ont, dans certains cas, quelque peu modifié ces données.

Dans son environnement habituel, le chat est plutôt curieux : il ne faut donc pas hésiter à varier sa nourriture et ceci dès son plus jeune âge (ce qui est en revanche déconseillé chez le chien). Mais, dans un environnement étranger, donc pour lui hostile au premier abord, il redoute la nouveauté : mis en pension ou immobilisé en clinique, il risque de refuser de se nourrir, au moins durant les premiers jours…

Les chats présentent également la particularité d'être souvent attirés par des aliments qui s'avèrent dangereux pour eux. Ainsi, les adultes supportent mal le lait alors qu'ils en sont très friands. Ils sont en effet le plus souvent incapables d'en digérer le lactose et souffrent alors de diarrhées. En revanche, les laitages, en raison de la fermentation et des bacilles lactiques qu'ils contiennent, sont tout à fait conseillés. La plupart d'entre eux raffolent du mou, qui n'est que du poumon sans aucune valeur nutritive. Idéale dans les régimes amaigrissants, cette sorte d'éponge pleine d'air remplit l'estomac et rassasie donc l'animal sans lui fournir d'énergie, ce qui pourrait engendrer rapidement des carences… Ils adorent le foie, alors que sa grande concentration en vitamine A peut entraîner, s'il est consommé très régulièrement, une maladie osseuse très grave, la spondylarthrite ankylosante ; cette affection paralyse complètement l'animal et le conduit vers une mort précoce.

Certains chats peuvent subitement éprouver un dégoût brutal pour une nourriture auparavant appréciée. Si l'absorption de l'aliment a déclenché des troubles ou un malaise, ou si elle a été associée à un événement désagréable, le chat, qui a enregistré ces phénomènes, établit une relation de cause à effet. Il peut alors refuser l'aliment en question, et ce blocage peut durer parfois très longtemps.

Comment lui donner ?

Les aliments ne doivent jamais sortir directement du réfrigérateur mais être à température ambiante. Comme le chat a tendance à toujours ingurgiter le même volume de nourriture quelle que soit sa valeur énergétique, il est préférable de lui proposer

des quantités régulières et de varier la richesse des aliments en fonction de sa condition physique, de son activité et de son âge. Vous pouvez même lui proposer sa nourriture en libre-service. Même si ses besoins en eau ne sont pas très élevés, mettez-lui toujours à disposition une gamelle d'eau fraîche soigneusement renouvelée. Le chat apprécie les aliments très sains ; il dédaigne notamment le contenu un peu desséché des boîtes. Quant aux croquettes mal conservées, elles voient souvent se multiplier des champignons et des moisissures toxiques.

Tout changement de nourriture doit être progressif pour éviter notamment les risques de diarrhée. À l'approche des vacances ou d'un déménagement, il faut, plusieurs jours auparavant, modifier son régime en le panachant ou en alternant les repas de consistances différentes. En cas de passage d'un aliment en boîte, donc très humide (plus de 80 % d'eau !), à un aliment sec, il faut veiller à ce que le chat soit plus hydraté, soit en mouillant les croquettes, soit en les salant, afin d'éviter les risques d'urolithiase.

Dans tous les cas, il faut veiller à ce que votre chat s'alimente régulièrement car un jeûne peut être catastrophique, il peut provoquer une stéatose hépatique, c'est-à-dire une dégénérescence graisseuse du foie plus ou moins irréversible… Si le jeûne dépasse les quarante-huit heures, il faut absolument consulter un vétérinaire.

Un entretien régulier de la robe élimine les poils morts et évite la formation de bourres que le chat risque d'ingurgiter.

Son entretien

Le brossage

Lorsqu'il fait sa toilette, le chat ordonne et aère ses poils. Avec sa salive, il humidifie sa fourrure et régule ainsi sa température corporelle. Mais, en se léchant, il avale aussi une certaine quantité de poils qui s'accumulent dans l'estomac et provoquent nombre de régurgitations lors du brassage gastrique. Dans les cas graves, si les poils s'engagent dans l'intestin, il peut se produire une occlusion intestinale. Mieux vaut donc peigner régulièrement votre chat, surtout s'il s'agit d'un poil long. Vous éliminerez ainsi les mèches (bourres), cause de démangeaisons, vous enlèverez les poils morts pour qu'ils ne soient pas absorbés, vous aérerez la fourrure et vous masserez le cuir en tonifiant l'implantation des autres poils. Pour ce brossage, un peigne métallique est préférable : ce dernier pénètre bien dans toute l'épaisseur du poil, contrairement à la brosse qui se charge très vite et ne fait qu'effleurer la robe. Vous pouvez également masser vigoureusement votre chat du bout des doigts et à rebrousse-poil pour faire tomber le maximum de poils morts. La finition se fait alors avec le peigne et dans le sens du poil. Vous pouvez enfin utiliser un gant de brossage et lustrer la fourrure avec une peau de chamois. Il est vivement conseillé d'habituer très jeune votre chat au brossage, surtout s'il est à poil long, en ritualisant l'opération, afin qu'adulte il la tolère sans trop de difficultés. De temps à autre, un poudrage avec un produit antiparasitaire prescrit par le vétérinaire est souhaitable.

Le bain

Si les beaux esprits soutiennent que, dans l'eau, minet râle, il n'est pas hérétique de baigner un chat... à condition de l'y avoir accoutumé très tôt, dans les premières semaines de sa vie. Commencez par humecter l'animal à l'aide d'un gant de toilette, puis d'une éponge, sans contrainte, en créant une situation de jeu. Un chat qui accepte le bain se laisse ensuite facilement shampouiner. Il faut veiller à utiliser des shampoings qui lui sont adaptés, sinon, en se léchant, il risque de s'intoxiquer. Dans tous les cas, le rinçage doit être abondant et soigneux. Pour le séchage, le sèche-cheveux est à éviter car son bruit peut avoir un effet stressant. Un bon « bouchonnage » dans une serviette de toilette puis le réchauffement près d'une source de chaleur suffisent. Les bains sont particulièrement utiles pour traiter les affections parasitaires ou dermatologiques. Les chats mâles souffrent par exemple souvent de la « queue d'étalon », une accumulation de sébum sur le dessus de la queue, surtout près de la base (glande caudale). Les poils sont alors tellement collés que seul un shampooing peut leur rendre leur aspect lisse et soyeux. Les bains font également partie intégrante de la préparation pour les expositions.

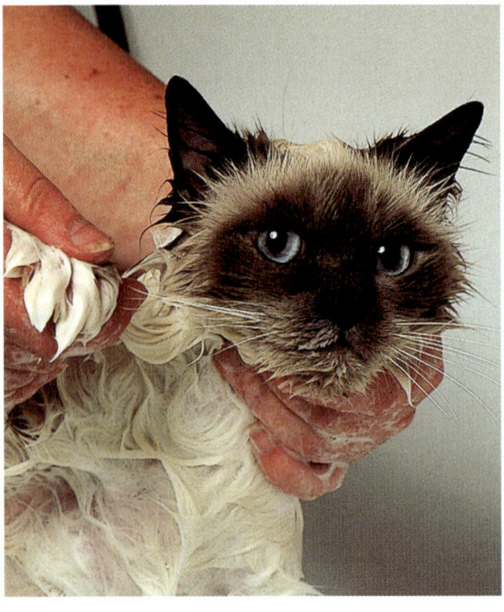

Habitué dès son plus jeune âge, un chat peut tout à fait être baigné et shampouiné.

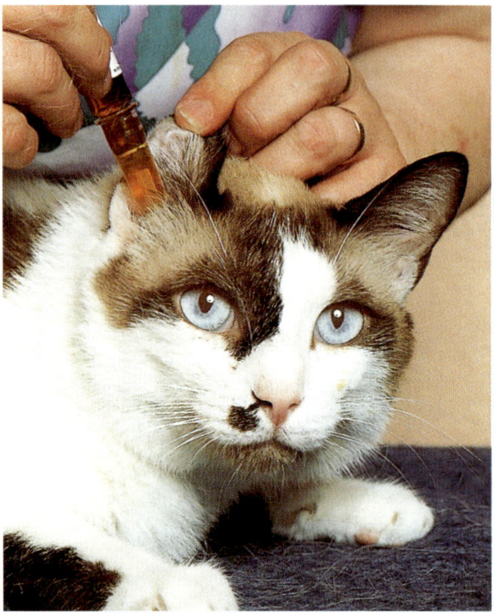

Il est fortement déconseillé d'utiliser un Coton-Tige pour nettoyer l'oreille de votre chat.

L'hygiène des yeux et du nez

Chez un chat en bonne santé, il n'y a pas lieu, en règle générale, de nettoyer les yeux. Si cela devient indispensable, on utilise soit un produit prescrit par le vétérinaire, soit de l'eau bouillie (et refroidie) ou de l'eau de camomille. Le nez ne doit jamais faire l'objet de soins particuliers, en dehors de l'avis favorable du vétérinaire. Un chat en bonne santé ne mouche jamais, sa truffe est toujours humide parce qu'il y passe fréquemment la langue et que les larmes s'écoulent en permanence à travers les canaux lacrymaux. Un nez sec doit donc attirer l'attention sur les yeux et inviter à consulter le praticien au plus vite. À plus forte raison un nez morveux...

L'hygiène des oreilles

Une règle d'or veut que « moins on touche aux oreilles d'un chat, mieux il se porte ». Le pavillon auriculaire est toujours gras à la base. Il s'agit d'un dépôt normal de cérumen qui parfois, et toujours de façon passagère, se colore en marron. À trop souvent ôter ce dépôt, on ne fait que « muscler » les glandes à cérumen et, à terme, on en augmente la production. Si, malgré tout, l'aspect des oreilles est vraiment désagréable, il faut les nettoyer non pas avec un produit aqueux (solution, alcool...) mais avec un produit gras. Il suffit de tamponner avec un coton le pavillon pour en extraire l'excès de cérumen. L'usage du Coton-Tige est absolument proscrit. Car, s'il permet de remonter en surface une certaine quantité de saletés, il en enfouit bien davantage dans le conduit auditif. Un bouchon se forme alors, qu'il faut extraire sous anesthésie générale. Si une quelconque intervention sur son oreille fait fuir le chat ou suscite chez lui des manifestations de douleur, il faut le conduire chez le vétérinaire. En revanche, si l'animal s'appuie sur la main qui le soigne, c'est qu'il éprouve un soulagement ; il s'agit alors d'une atteinte parasitaire qu'un produit adapté traite aisément.

L'hygiène de la bouche

L'haleine d'un chat est toujours chargée, et il importe de savoir faire la différence entre une odeur forte, mais normale, et l'halitose. Celle-ci est due soit à l'élimination par voie orale de déchets de l'organisme qui ne sont plus épurés par les émonctoires naturels que sont notamment les reins, soit à l'activité de bactéries contenues dans le milieu buccal. Un chat urémique a une haleine à odeur urineuse, un chat en bonne santé a simplement une haleine fétide. L'atteinte de la denture et des tissus de soutien (périodonte) est directement responsable d'une éventuelle haleine putride, en raison de l'accumulation de tartre et de débris alimentaires qui se décomposent peu à peu. Ce phénomène est très grave pour la santé du chat, dont l'organisme résorbe des toxines exogènes mettant à l'épreuve son foie et ses reins. Quand on connaît la fragilité de ces organes, dont l'atteinte constitue la principale cause de mortalité par maladie chez cet animal, on comprend que le bon état de la bouche soit un garant de sa bonne santé. Pour entretenir convenablement la cavité buccale, on n'a pas encore trouvé mieux que le brossage des dents. Il faut très tôt habituer le chat à cette pratique afin d'obtenir une certaine passivité bienveillante à l'âge adulte. L'accumulation du tartre résulte de la décantation sur la plaque dentaire des sels minéraux contenus dans la salive et dans les débris alimentaires. Cette plaque, sorte de glu recouvrant les dents, est produite par la dégradation des aliments. Le brossage régulier et l'utilisation d'un dentifrice spécifique (ceux qui sont destinés à l'homme contiennent des détergents dangereux pour le chat) ou d'un jet d'eau sous pression limitent son développement. La circulation active de la salive, obtenue par la mastication fréquente d'os en peau de buffle, ralentit sa minéralisation.

L'hygiène des griffes

Il est une idée fausse largement répandue selon laquelle les chats ont besoin de se faire les griffes. Il leur serait nécessaire soit de les affûter, soit de les user. Par quel curieux hasard cette activité aurait-elle donc des résultats complètement opposés ? En fait, quand un chat fait ses griffes, il n'entretient pas ses armes, mais il marque visuellement un lieu de passage, délimitant ainsi un territoire. Voilà pourquoi les griffodromes ou griffoirs destinés à protéger murs et canapés ou pieds de table connaissent un échec fréquent. Pour qu'un tel objet soit efficace, il faudrait le mettre là où l'animal fait ses griffes. Or il s'agit toujours d'un endroit bien en vue, car le chat qui marque ainsi les lieux est anxieux et a besoin de se rassurer en affirmant sa propriété sur un territoire qu'il sent contesté... par ses maîtres ! Le griffoir, s'il est accepté, n'est donc pas un instrument d'hygiène, tout au plus une protection d'un meuble ou d'un mur.

Pour éviter que le chat ne fasse trop de dégâts, il est conseillé de lui couper régulièrement l'extrémité des griffes ; il conservera son comportement ritualisé, mais celui-ci n'aura pas d'effet négatif. Une fois par mois, le maître s'assoit et place son chat sur le dos, en le maintenant entre ses genoux. À l'aide d'une paire de ciseaux forts ou d'une pince guillotine, il sectionne chaque ongle à la limite du triangle rose qui est la partie charnue de la matrice. Aller au-delà entraînerait une douleur et un saignement abondant. Le mauvais souvenir qu'en gardera l'animal rendra l'entreprise encore plus délicate le mois suivant. Il vaut donc mieux pécher par défaut que par excès et couper les ongles un peu moins court, mais plus souvent. Ces séances sont d'ailleurs bénéfiques ; elles entretiennent les bons

Couper l'extrémité des griffes de son chat est une opération assez délicate : il vaut mieux avoir le coup de main.

rapports entre le maître et l'animal, ce dernier cherchant toujours davantage d'attentions de la part du premier. Ici encore, un chat habitué dès le plus jeune âge à ces soins les acceptera d'autant mieux par la suite.

L'inspection régulière des ongles permet enfin de contrôler leur consistance, leur délitement et l'état de leur gaine. Tous ces facteurs permettent de déceler précocement des carences en acides aminés soufrés ou des affections bactériennes ou fongiques. Quant aux ongles rongés, ils révèlent une anxiété qu'il faut traiter avant que le chat n'atteigne le seuil de la dépression.

Les équipements de sécurité

Priver complètement un chat de sortie lorsque vous vivez à la campagne, en maison et que vous possédez un petit bout de jardin n'est pas toujours chose facile. Nombreux sont d'ailleurs les maîtres tentés d'accorder une semi-liberté à leur petit protégé. Sachez tout d'abord qu'aucun portail ou type de clôture n'est infranchissable pour un chat, sauf peut-être les murs de plus de 2 m de hauteur sans végétation à proximité ! Les colliers émetteurs d'ultrasons obligeant l'animal à rester dans un périmètre défini sont certainement très pratiques mais correspondent mieux au comportement du chien. Une clôture électrique au faible voltage ne sera efficace que si votre environnement s'y prête, si vous n'avez pas de poteaux ou de végétation à proximité, et ce système peut s'avérer également assez coûteux. La meilleure solution consiste à aménager à votre petit compagnon un espace totalement clos, une sorte de volière, dans votre jardin, avec pourquoi pas un accès direct à votre maison, différentes aires de jeux et un petit coin abrité. Votre chat pourra ainsi sortir comme bon lui semble sans prendre de risques : il ne prendra pas la poudre d'escampette et ne fera pas de mauvaises rencontres. Certains chats acceptent également d'être promenés en laisse. Mieux vaut alors les équiper d'un harnais, et sachez que l'apprentissage peut demander du temps et beaucoup de patience ! Enfin, les chats ont beau, dit-on, retomber toujours sur leurs pattes, il vaut mieux protéger vos balcons et fenêtres avec un système grillagé, surtout lorsque vous habitez à un étage élevé.

Le protéger au quotidien

Prévenir les accidents domestiques

Gare aux chutes ! À l'instar des jeunes enfants, les chatons adorent explorer leur environnement et peuvent devenir en quelques semaines de véritables kamikazes : ils grimpent sur les meubles, s'accrochent aux rideaux, se promènent sur le rebord de la fenêtre ou sur la balustrade du balcon… Et c'est la chute ! Les plus chanceux se réceptionnent lourdement et se remettent en quelques secondes de leurs émotions pour repartir ensuite de plus belle. Pour les autres, des fractures ou de graves blessures peuvent en résulter. N'incitez donc jamais votre chat à s'aventurer en haut de vos armoires, et, si vous habitez en étage, pensez à fermer vos fenêtres et à équiper vos balcons et vos terrasses de filets de sécurité.

Chaud devant ! Si votre chat a l'habitude de déambuler sur le plan de travail de votre cuisine, méfiez-vous des plaques de cuisson qui restent chaudes un long moment après usage et n'hésitez pas à y déposer une casserole d'eau froide pour éviter aux tendres coussinets d'être brûlés. Éloignez également votre chat lorsque vous cuisinez. Les liquides brûlants comme l'huile de friture passent rapidement la barrière de la fourrure et peuvent provoquer de graves lésions. Gare également aux électrocutions, car les chatons sont souvent attirés par les fils électriques, qu'ils adorent mâchouiller. De plus, les chats sont plutôt gourmands, alors évitez de laisser traîner une boîte de conserve au bord coupant ou un couteau imprégnés de délicieuses saveurs. Leur langue n'y résisterait peut-être pas. Idem pour la ficelle qui enserre le rôti. Attiré par la bonne odeur du jus de viande, votre compagnon peut l'ingérer et souffrir ensuite d'une occlusion intestinale ; seule une intervention chirurgicale pourra alors le sauver.

La curiosité est un vilain défaut ! Alors évitez de laisser ouverte la porte de votre machine à laver le linge ou la vaisselle, pensez à vider votre bain et à baisser le battant des toilettes : une noyade est si vite arrivée, surtout lorsqu'il s'agit d'un tout jeune chaton. Et dans la boîte à couture, rangez vos aiguilles, car si l'une d'entre elles se fiche dans la gorge de votre compagnon, cela peut avoir de graves répercussions.

Même si les intoxications sont bien moins fréquentes que chez la gent canine, il est inutile de laisser traîner vos produits toxiques. Sachez également que votre chat peut s'empoisonner en mangeant une souris ayant consommé un souricide. Méfiez-vous également de vos belles plantes

Pour éviter bien des tracas, rangez vos produits toxiques hors de portée des chats et chatons un peu trop curieux.

vertes. Certaines, comme l'arum, l'azalée, le rhododendron, la tulipe, la jacinthe, le cyclamen, le ficus, le lis ou encore le yucca, peuvent contenir des substances irritantes, voire toxiques. Si vous avez la main verte, n'hésitez pas à consulter votre vétérinaire pour éviter tout accident.

Sortie sous haute surveillance

Sachant que l'espérance de vie moyenne d'un mâle entier autorisé à sortir ne dépasse guère les deux ans, nous vous conseillons vivement de garder votre chat bien au chaud ou bien, lorsque vous en avez la possibilité, de lui construire un enclos où il pourra à sa guise et en toute sécurité profiter du grand air. Si vous avez adopté les sorties en laisse, ne laissez pas votre animal seul dans le jardin, il risquerait de se faire attaquer ou de s'étrangler avec sa laisse. Enfin, n'oubliez pas que faire tatouer ou pucer son chat est obligatoire.

Pratiquer les tests

N'introduisez jamais dans votre effectif un chat non testé pour la leucose féline, le virus de l'immunodépression féline et la péritonite infectieuse féline. Il y va de l'avenir de votre tribu féline. Et n'hésitez pas à garder votre chat en quarantaine s'il s'accorde une balade non autorisée.

Une hygiène irréprochable

Soyez vigilant en ce qui concerne l'hygiène de votre chat et de son environnement, et redoublez d'attention lorsque vous possédez plusieurs animaux. Méfiez-vous également de la surpopulation féline, les chats ne la supportent pas toujours et les risques de virus et de soucis de santé sont accentués.

Un bilan de santé annuel

Mieux vaut prévenir que guérir. Alors n'hésitez pas à faire examiner votre chat adulte tous les ans par son vétérinaire. Ce dernier vérifiera l'état de ses yeux, de ses oreilles, de sa bouche, de son cœur de ses poumons, il palpera son abdomen à la recherche de grosseurs suspectes, observera ses mamelles et vérifiera la souplesse de ses articulations. Il détectera d'éventuels symptômes susceptibles de poser

Pour qu'il vieillisse tranquille

Après l'âge de dix ou onze ans, il faut surveiller particulièrement les articulations et les reins de votre vieux complice. Surveillez-le bien et signalez tout changement au vétérinaire : augmentation de la soif, amaigrissement, diarrhées, vomissements, agressivité soudaine, absences, signes d'arthrose, d'insuffisance rénale, d'insuffisance hépatique, de vieillissement du système nerveux... Le praticien effectuera alors des dosages sanguins, posera un diagnostic et lui délivrera un traitement de confort.

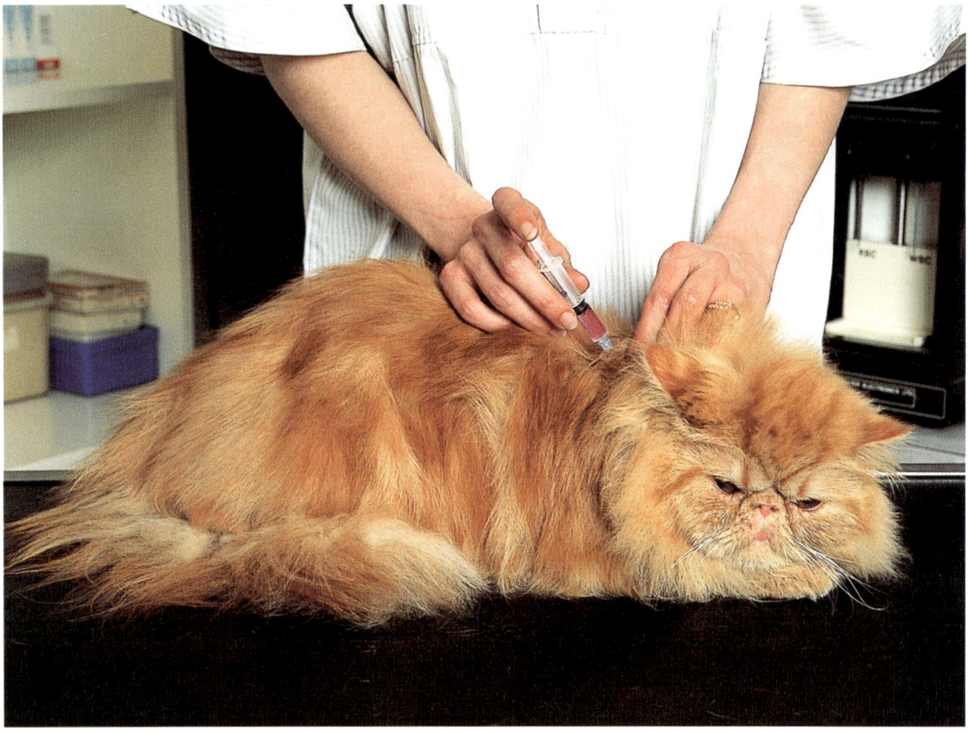

N'oubliez pas les rappels annuels de vaccination, il y va de la bonne santé de votre compagnon.

problème dans un proche avenir. N'hésitez pas à lui signaler tout changement de comportement et posez-lui toutes les questions qui vous titillent. Le vétérinaire vous donnera également des conseils en ce qui concerne l'alimentation et vous aidera à trouver la formule la plus équilibrée.

Limiter les naissances

L'âge de la puberté chez les chats est assez variable. Certaines chattes peuvent en effet avoir leurs premières chaleurs dès l'âge de quatre mois et ne manqueront pas de vous présenter fièrement leur petite famille, et ce plusieurs fois par an. Même si vous adorez les chats, vous ne pourrez malheureusement pas tous les garder et vous aurez alors le pénible devoir de les faire euthanasier ou la lourde tâche de les faire adopter. Si votre chatte ne sort pas, elle vous cassera régulièrement les oreilles de ses miaulements intempestifs. Quant à votre matou entier, outre les gouttes d'urine malodorantes qu'il déposera par-ci par-là, la recherche de l'âme sœur l'incitera à vagabonder ; il n'échappera pas alors aux mauvaises rencontres, aux bagarres et aux contaminations en tout genre (leucose, FIV, etc.). Si vous voulez vous éviter et lui éviter tout cela, et si de plus vous avez le souci de ne pas participer à la prolifération féline, source de misère de bon nombre de chats – à moins, naturellement, que vous ne désiriez vous consacrer à l'élevage –, la stérilisation s'impose.

L'ablation des ovaires supprime définitivement les chaleurs de la femelle et diminue fortement les risques de cancer des mamelles et d'infection de l'utérus. L'ablation des testicules supprime les pulsions sexuelles et rend le matou plus casanier et moins bagarreur, ce qui lui évitera bon nombre d'accidents et de risques de contamination. Ces interventions chirurgicales sont irréversibles. Elles peuvent être pratiquées vers les six mois chez les mâles et un peu plus tôt chez les femelles, de préférence avant les premières chaleurs. Votre vétérinaire vous renseignera et vous aidera ensuite à juguler l'éventuelle prise de poids de vos petits protégés. Vous pouvez également avoir recours à la ligature des trompes ou à la vasectomie, ce qui rend les chats inféconds mais ne change pas leurs comportements sexuels.
L'administration de la pilule contraceptive est quant à elle sujette à de nombreuses controverses. Certes, les progestatifs de synthèse bloquent l'apparition des chaleurs et empêchent la gestation, mais sachez que, comme pour les humains, le procédé n'est pas fiable à 100 % et qu'il n'est pas toujours évident de faire avaler régulièrement un comprimé à votre chatte. Sachez également que la pilule peut favoriser à court terme les infections de l'utérus et les cancers des mamelles.

Les vaccinations

Les vaccins, généralement administrés dès la huitième semaine, sont destinés à protéger votre animal contre la panleucopénie (typhus), les infections respiratoires (rhinotrachéite à herpès virus, calicivirose, chlamydiose ou coryza), la leucose féline et la rage. Suivez bien le calendrier délivré par le vétérinaire et surtout n'oubliez pas les rappels annuels car il y va de la vie de votre compagnon.

Lutter contre les parasites

Puces, aoûtats, tiques, tels sont les parasites que vous aurez à combattre pour éviter à votre minet de se gratouiller avec frénésie, surtout en été et à l'automne.

Les puces adultes ‣ Ces minuscules insectes de 1 ou 2 mm de long sautent sur le poil des chats et les piquent. Elles ingèrent du sang et pondent des œufs. Ces derniers tombent sur le parquet, sur la moquette, sur le tapis ou sur votre lit et se transforment en larves. Il est donc impératif de traiter à la fois votre chat par le biais de sprays ou de pipettes et son environnement immédiat. Pour ce faire, employez des foggers, qui dégageront un nuage insecticide dans votre pièce, et des sprays pour les plinthes, le plancher et les tapis… N'hésitez pas à traiter ainsi votre maison trois ou quatre fois par an, surtout si minet a la permission de sortir.

Les aoûtats ‣ Ces minuscules insectes orange vif vivant principalement dans l'herbe se logent de préférence entre les doigts de votre chat et sous ses aisselles, et provoquent de fortes démangeaisons. Votre vétérinaire vous indiquera les insecticides à employer et, en cas d'une infestation importante, vous conseillera de baigner votre chat avec une lotion appropriée.

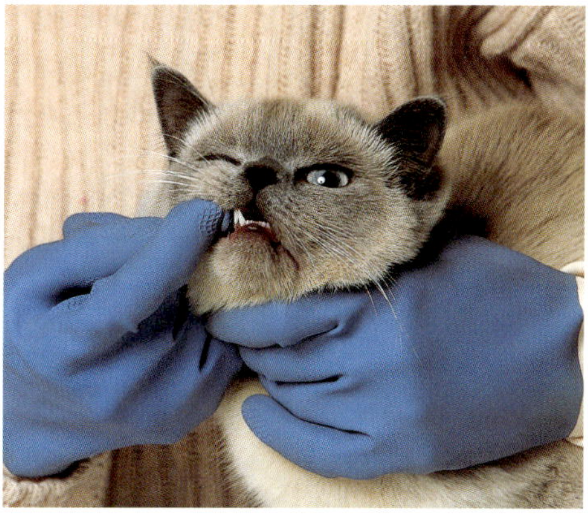

Faites examiner au moins une fois par an la cavité buccale de votre chat par le vétérinaire pour éviter caries, déchaussements et autres accumulations de tartre.

Les tiques ‣ Elles se développent dans les pelouses, les jardins, les bois… et élisent en général domicile entre les doigts, derrière les oreilles et sous la queue des chats. Fixées par leur rostre, elles se gorgent de sang et deviennent parfois très grosses. Il faut alors utiliser un insecticide spécialisé.

Les ténias ‣ Outre les gratouilles, les puces peuvent également transmettre des parasites internes. Lorsque le chat a des puces, il en ingère en se léchant. Or ces dernières sont souvent porteuses (dans leur système digestif) d'œufs de ténia, cousin du ver solitaire chez l'homme. Les puces contaminées libèrent alors ces œufs dans les intestins du chat et provoquent souvent des diarrhées. Vous pouvez notamment détecter leur présence en observant des sortes de grains de riz collés autour de l'anus de votre animal.

Les ascaris ‣ Lors de ses pérégrinations, le chat peut également ingurgiter les œufs ou les larves de ces vers ronds qui parasitent particulièrement les chatons et les jeunes chats. Les ascaris se développent dans les intestins et envahissent parfois l'estomac, voire le système respiratoire, et provoquent diarrhées, ballonnements, amaigrissement et toux.

Les toxocaras ‣ Les œufs ou larves de toxocara se logent quant à eux dans les intestins et peuvent engendrer des diarrhées, parfois hémorragiques, et un amaigrissement. Pour parer à ce parasitage interne aux conséquences néfastes, un geste s'impose : il faut vermifuger !

Les chatons doivent être traités tous les mois jusqu'à l'âge de six mois et les adultes deux à quatre fois par an. Le vermifuge peut être administré sous forme de pâte, de pilule ou de pipette.

Les soins bucco-dentaires

La cavité buccale du chat doit être examinée au moins une fois par an par le vétérinaire. La bouche est la porte d'entrée de l'organisme ; à ce titre, elle témoigne de l'état de santé général. Elle est aussi la « main » de l'animal, son principal organe préhenseur. Or ses dents sont très mal implantées dans les mâchoires, elles se déchaussent facilement et tombent. Elles souffrent aussi souvent d'affections graves telles que les caries. Le chat développe une lésion spécifique improprement appelée carie du collet – en fait, il ne s'agit pas vraiment d'une carie, même si le résultat est le même. Cette lésion, qui se développe à la limite de la couronne et de la racine, est cachée par le bord de cette dernière et ne peut être diagnostiquée qu'après une exploration minutieuse. Ignorée trop longtemps, elle entraîne la chute de la dent par un travail de sape sous la gencive. Un détartrage fréquent permet également d'entretenir les structures de soutien de la dent, et donc d'en prévenir la chute prématurée. Cette opération se fait sous anesthésie générale de très courte durée et sans danger : les produits modernes sont très fiables et sans risques, même chez les animaux âgés.

Bien l'éduquer

Patience et douceur

Il s'agit là, dit-on souvent, d'une entreprise quasi impossible : cet animal serait trop indépendant pour accepter la moindre contrainte. Certes, vous ne transformerez jamais votre compagnon en chat policier ou en chat de garde, mais vous pouvez tout à fait lui fixer quelques règles de conduite et le rendre agréable à vivre.

Un chat qui arrive chez un nouveau maître est soit un adulte recueilli ou adopté, soit un chaton. Dans le premier cas, il a déjà un passé et des habitudes ; la découverte d'un nouveau territoire et de personnes inconnues le perturbe. Dans le second cas, il ne possède que l'éducation donnée par sa mère et il a tout à apprendre des humains.

Le chat adulte, qui a déjà fait des expériences, est d'emblée sur la défensive. Vous devez le savoir et respecter cette tendance, en veillant par exemple à ne pas aggraver son stress par une éducation trop stricte au départ. Pendant la phase d'adaptation, qui dure environ deux semaines, étudiez votre nouveau chat et détectez les comportements naturels qu'il vous faudra encourager et ceux, gênants, que vous vous appliquerez à faire disparaître. De son côté, votre chat en profitera pour vous observer et déceler chez vous les réactions qu'il trouve agréables ou non. Toute la réussite future de votre relation dépendra de cet échange. Pour parvenir à vos fins, il vous faudra ensuite récompenser les comportements que vous souhaiterez voir se développer. Ces renforcements pourront tout à fait passer par la distribution de nourriture, par les caresses, par des paroles chaleureuses… La qualité de vos relations définira en grande partie les limites de ce que votre chat pourra apprendre.

S'il s'agit d'un chaton, vous devrez agir quelque peu différemment, et sachez qu'à l'âge de deux à trois mois votre petit protégé n'aura en principe peur de rien. Laissez-lui le temps de découvrir calmement son territoire et, dans un premier temps, veillez à fermer portes et fenêtres car il pourrait se perdre. Le petit chat doit d'abord apprendre à connaître son domaine, puis les humains qui le partagent avec lui. Son éducation proprement dite se fera progressivement, par le jeu, les récompenses, et parfois avec une légère punition. Grâce à ses propres expériences, il découvrira également qu'il peut se brûler s'il monte sur la cuisinière, qu'il peut pousser une porte pour accéder à un nouveau territoire, ou que celle-ci peut se refermer brutalement sur une patte ou un bout de queue.

Qu'il s'agisse d'un jeune ou d'un adulte, une éducation réussie repose donc essentiellement sur des séquences agréables, récompensant et renforçant le comportement souhaité. Elle réclame davantage de temps et de patience chez le chaton, mais ce dernier est plus réceptif. Quant aux principes généraux, ils sont simples : vous devez vous montrer calme, détendu, et ne pas agresser l'animal. Celui-ci doit comprendre qu'il a le choix entre une récompense et pas de récompense, surtout si l'on veut le débarrasser d'un comportement gênant.

Et les punitions ?

Vous pouvez également avoir recours de temps en temps aux punitions pour faire comprendre à votre ami, à travers un désagrément, qu'un de ses comportements n'est pas apprécié. Pour être efficace, cette punition doit répondre à quelques critères simples. D'abord, elle doit intervenir dans l'instant même où l'action en cause se produit. Il est inutile de corriger votre chat a posteriori, lorsque vous découvrez par exemple en rentrant qu'il a été malpropre ou qu'il a volé de la nourriture. Ensuite, elle doit être bien dosée. Trop faible, elle n'est pas comprise en tant que telle ; trop forte, elle risque

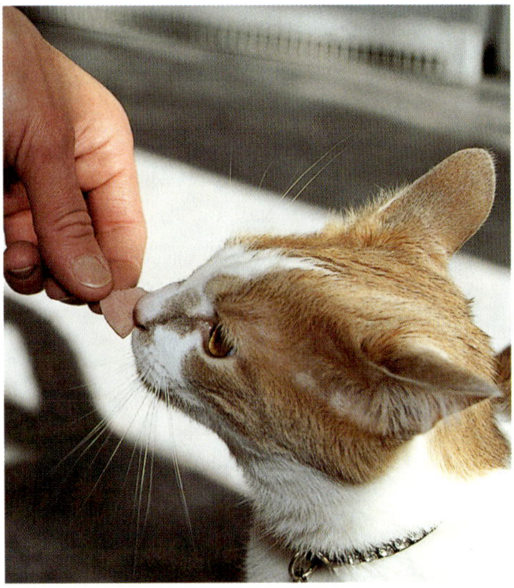

Une éducation réussie repose essentiellement sur des séquences agréables récompensant et renforçant le comportement souhaité.

d'entraîner des réactions de peur panique qui empêcheront l'animal de comprendre et pourront le rendre violent. Elle doit également venir du milieu extérieur, c'est-à-dire ne pas être associée au maître. Sinon, dès que vous vous absenterez, votre chat retrouvera son comportement indésirable. Pour ce faire, vous devez avoir recours à la punition à distance, faire du bruit, faire tomber ou lancer, sans violence bien sûr, une chaussure, un journal ou un trousseau de clés à l'instant où votre animal se comporte mal. Celui-ci comprendra très vite que l'endroit où il se trouve lui est devenu désagréable et il l'évitera, de même qu'il ne se risquera plus à proximité de la cuisinière s'il a eu chaud aux pattes. Vous pouvez notamment utiliser ces procédés pour les chats qui griffent, qui salissent ou qui détruisent les plantes. En procédant de cette manière, vous éviterez les affrontements directs qui sont souvent source d'agressivité chez l'animal. Autre variante, vous pourrez vous munir d'un vaporisateur et asperger d'eau votre chat pris en faute. Notez toutefois que ce dernier risque assez rapidement de faire le lien entre l'eau qu'il reçoit et son maître qui le mouille. Enfin, vous devrez systématiquement appliquer la punition jusqu'à la disparition du défaut. Mais vous ne devez jamais oublier que les comportements qui deviennent désagréables dans un appartement sont parfois normaux, voire indispensables : gratter la terre des plantes, griffer du bois ou des tentures, chaparder de la nourriture. Il est donc dangereux de les supprimer complètement, car d'autres troubles plus sérieux et moins contrôlables risquent d'apparaître. Un chat doit pouvoir exprimer ses comportements normaux, par exemple dans un endroit réservé où il ne sera pas puni. Apprenez-lui qu'il peut faire ses griffes sur le vieux tapis de la salle de bains, mais pas sur celui du salon !

Seule l'observation des divers comportements de votre chat permettra de déceler ce qui peut les activer ou, au contraire, les atténuer, voire les supprimer. Vous devrez donc être attentif, mais aussi rester objectif lorsque vous analyserez l'efficacité de telle ou telle action que vous avez menée.

Bien le comprendre

Le chat solitaire

Depuis le XIXe siècle, en Angleterre, le chat domestique a colonisé et envahi les appartements. En suivant les hommes, il est passé du statut d'animal demi-sauvage, commensal de la ferme, à celui de compagnon, un compagnon souvent enfermé dans la prison dorée qu'est l'habitation de ses maîtres. Certains auteurs ont émis l'hypothèse que, à l'inverse de son congénère sauvage, il doit sa domestication à son incapacité à atteindre l'âge adulte. Éternel enfant, il se réfugierait auprès des hommes pour trouver abri et nourriture. Même si cette thèse est fondée, il n'en reste pas moins que le chat domestique a besoin d'une vie sociale, de rencontres et de jeux avec ses semblables, avec d'autres animaux ou avec des humains. Pourtant, il ne connaît souvent qu'une vie solitaire. S'il a été accueilli très jeune dans un appartement, ses contacts se limitent à ceux qu'il noue avec ses maîtres. Cette réalité inquiète certains amis des bêtes, qui voient là une situation contre nature. Or l'expérience nous force à reconnaître qu'un chat élevé dans ces conditions s'adapte parfaitement et ne développe aucun trouble du comportement.

Sans doute cela tient-il au fait que ce parfait animal de compagnie n'a jamais fait d'expériences plus agréables. N'ayant pas connu d'autre vie, le chat se coule dans celle qui lui est proposée et se contente de ce que les humains lui offrent. S'il a l'occasion de recouvrer sa liberté, il reprend tout naturellement les comportements propres à l'espèce et s'adapte plus ou moins rapidement au monde extérieur. Ces constatations ne doivent cependant pas faire oublier qu'un chat solitaire s'ennuie et qu'il dépend complètement de ses maîtres ou de son imagination pour trouver des activités. Il dort plus souvent que les autres et compense parfois son désœuvrement par une alimentation excessive : il devient alors obèse et mou et consacre presque tout son temps d'éveil à réclamer de la nourriture.

Un chat solitaire s'invente parfois des jeux. Il chasse les brins de laine, les moutons laissés sous le lit, ou reste derrière une fenêtre pour observer les oiseaux. Ou encore il ritualise sur les jambes de ses maîtres des conduites agressives de prédation qu'il développerait à l'extérieur sur des proies réelles. De nombreux propriétaires, soucieux du bien-être de leur animal, décident de lui donner un compagnon. Cette bonne idée mérite d'être correctement mise en œuvre. La meilleure solution consiste à adopter en même temps deux chatons du même sexe. Cela leur permet d'être élevés et de jouer ensemble dès leur plus jeune âge. Ils conserveront ces habitudes ludiques tout le reste de leur vie. Par ailleurs, deux représentants du même sexe ne connaîtront pas les complications de la sexualité féline.

Choisir un chat d'un âge différent ou un animal d'une autre espèce représente un pari plus délicat. En effet, celui qui est en place, habitué à vivre en solitaire, n'aime pas voir son territoire envahi par un étranger. Il en résulte toujours une crise d'adaptation, au cours de laquelle il s'isole davantage encore et manifeste des réactions agressives. Cette situation difficile s'estompe en quelques semaines. Mais, dans les cas graves, elle se poursuit tant que dure la cohabitation entre les deux animaux. Certains maîtres, eux, hébergent dans leur appartement plusieurs chats, parfois même beaucoup. Parce qu'ils aiment, ils ne comptent pas ! Les pauvres bêtes, obligées de partager un territoire exigu, se trouvent dans une position délicate. Elles organisent entre elles un système complexe de préséances, évitant ainsi des combats répétés. Cependant, leur nombre pose de véritables problèmes d'environnement. Chacun a le droit de choisir de vivre dans un appartement sale, à l'odeur repoussante, mais il convient quand même de se poser des questions sur le plaisir et la qualité de vie qui sont ainsi donnés aux animaux.

En conclusion, un maître qui veut n'avoir qu'un chat doit savoir qu'il lui faudra s'en occuper souvent, le faire jouer, le distraire, surveiller son régime alimentaire et ne pas le laisser tomber dans une boulimie due à l'ennui. Dans ces conditions, pour le chat solitaire, la vie est tout à fait acceptable et parfaitement supportée.

Des chats et des enfants

Un pays comme la France compte actuellement plus de chats que de chiens. Ce constat représente un fait nouveau. Le succès récent du chat a conduit divers auteurs à dire qu'il serait l'animal du XXIe siècle. Il est évident que cet essor doit beaucoup aux enfants désireux d'avoir un animal de compagnie. Certains parents refusent. D'autres hésitent. Pourquoi pas un chien ? Mais, lui, il faut le sortir régulièrement, l'emmener en vacances, et il prend de la place. Alors, bien souvent, c'est un chat qui entre dans la maison. On comprend aisément l'attirance naturelle de l'enfant pour le petit félin. Cette boule de poils, qui miaule et bouge dans tous les sens, est douce à caresser. Elle impressionne aussi parce qu'elle sait se faire respecter d'un petit coup de griffes. Et quel spectacle attendrissant que celui d'un chaton lapant son lait ou déchiquetant à grand-peine son premier morceau de viande !

Le chat, sans aucun doute, a plus d'un atout. Tout d'abord, il apporte sa compagnie, particulièrement appréciée par les enfants uniques. Mais aussi et surtout, c'est un objet transitionnel qui, au contraire d'une poupée ou d'un ours en peluche, ne se contente pas de recevoir ; il donne aussi. Comme un miroir, il renvoie au petit d'homme autre chose que sa propre image. Et il n'exige pas beaucoup en échange de ce qu'il apporte : juste quelques caresses et quelques mots. La présence d'un chat initie l'enfant au monde animal, à la nature. Elle lui

La présence d'un chat initie l'enfant au monde animal et lui apprend à être responsable d'un être vivant.

Certains couples chat-chien partagent une grande complicité.

apprend à être responsable d'un être vivant, à le nourrir, à s'en occuper. Elle lui apporte le réconfort de la douceur et des ronronnements. L'animal compagnon peut aussi jouer un rôle de médiateur entre plusieurs enfants : son possesseur et ceux qui viennent le voir, s'en occuper ou simplement le regarder. Sa beauté, l'élégance de ses gestes sont également une leçon d'esthétique permanente.
La mise bas de chatons est toujours un événement et un spectacle que les petits aiment particulièrement. Elle leur fait découvrir tout le merveilleux d'une naissance. De très jeunes enfants assistent fréquemment leur chatte dans ces moments difficiles. Ensuite, l'allaitement et l'élevage des chatons, pendant deux mois, les mettent, eux dont le développement est si long, en contact étroit avec la réalité de la vie animale et de la croissance.
Pourtant, phobies et fantasmes hantent de nombreux parents qui ne voient dans la présence d'un ou deux chats qu'une suite de dangers. Les chattes, par exemple, auraient l'habitude de venir se coucher dans le berceau des nouveau-nés, au risque d'étouffer les bébés ! Une autre grande peur concerne les zoonoses (maladies transmissibles par les animaux). Sans doute les chats et les humains partagent-ils quelques maladies, mais celles-ci sont la plupart du temps bénignes (teigne ou mycose) ou facilement évitées par la vaccination (contre la rage), les soins d'hygiène et de propreté, l'administration de vermifuge (contre les parasites intestinaux).
Une seule crainte se justifie : celle de l'allergie, déclenchée par la salive de chat chez certains sujets prédisposés. Si celle-ci est le seul allergène en cause, le départ de l'animal s'impose. Dans le cas contraire, lorsqu'il existe une polyallergie (sensibilisation à plusieurs allergènes), cette éventualité est discutable : il faut s'assurer que l'enfant supportera sans dommage psychologique d'être séparé de son compagnon favori. Le bilan de la cohabitation apparaît en fait largement positif.

Des chats et des chiens

« S'entendre comme chien et chat » est une locution populaire bien connue. Elle exprime tout à la fois la complicité qui peut exister par exemple entre deux enfants et l'opposition violente entre deux individus. Elle illustre aussi parfaitement la qualité des rapports qu'entretiennent nos carnivores domestiques. Les chats et les chiens s'entendent dans l'ensemble assez bien. Seuls quelques individus des deux espèces développent des haines farouches qui ne s'éteindront qu'avec eux. Il s'agit généralement d'animaux adultes, vivant à l'extérieur et partageant parfois le même territoire. Le chat, qui a une plus grande liberté, vient narguer le chien sur son propre terrain. Ce dernier retrouve alors des réflexes ancestraux de chasse : il se précipite sur l'intrus, qui détale, grimpe dans un arbre ou, acculé, fait face. Ces assauts sont en fait plutôt des affrontements et se terminent rarement par un combat réel. Le chat rompt à pas comptés, à reculons, tout en continuant à menacer son adversaire de ses griffes et en poussant de grands soufflements. À l'instant qui lui paraît propice, il jaillit et détale hors de sa portée. Le chien exprime alors sa colère, son dépit en une longue série d'aboiements furieux. D'échec en échec, sa frustration s'aggrave, d'autant plus que le chat revient souvent, comme ironique, sûr de lui. En fait, ces animaux se montrent violents parce qu'ils ne se connaissent pas, qu'ils ne vivent pas ensemble, qu'ils sont étrangers l'un à l'autre. Ils ont les mêmes réactions que leurs ancêtres sauvages.

À l'inverse, les chats et les chiens qui partagent la même vie, et pas forcément depuis leur plus jeune âge, sont dans la plupart des cas de grands amis. Ils se connaissent et s'apprécient. Certains couples chien-chat jouent réellement ensemble et leurs expériences communes les rassurent. Des chiennes, qui produisent facilement du lait en dehors de leur gestation, pendant leurs grossesses nerveuses, peuvent tout à fait nourrir des chatons orphelins. Ceux-ci ne ressentiront aucune peur face aux autres chiens, seront même amicaux envers tous ceux qu'ils croiseront, ce qui leur réservera parfois des surprises désagréables...

Lorsqu'un chien pénètre chez un chat, les choses se passent un peu plus difficilement. Le chat n'aime pas voir son territoire envahi. Il s'isole, boude et menace. La situation se complique lorsqu'il s'agit d'un chiot qui n'a peur de rien et ne comprend pas les avertissements du félin. Celui-ci, excédé, à bout d'arguments, finit par se réfugier en haut d'une armoire. Puis il reprend peu à peu ses habitudes, en donnant quelques coups de griffes bien sentis à l'impertinent. En deux ou trois semaines, chacun trouve sa place. Les deux animaux accepteront alors de cohabiter, sans avoir pour autant la même complicité que s'ils avaient été élevés ensemble.

L'arrivée d'un chaton dans l'univers d'un chien se fait très facilement. Seuls quelques individus, dans certaines races, se révèlent totalement réfractaires aux chats. Ceux-ci courent alors un trop grand danger pour que l'on poursuive la tentative d'insertion.

Seuls les chiens et les chats domestiques entrent dans ce schéma de la cohabitation. Leurs congénères sauvages, eux, ne s'entendent pas. En fait, les chiens et les chats compagnons vivent sous la tutelle et la dépendance de l'homme. C'est lui qui leur impose cette communauté. Peut-être en sont-ils heureux. Peut-être, aussi, unissent-ils leurs forces contre un tuteur parfois trop puissant.

L'animal compagnon

Depuis qu'il s'est installé dans la maison de l'homme, le chat a appris à se faire accepter, à être apprécié de ses hôtes. Ces qualités d'adaptation en font un merveilleux compagnon. Plus il vit dans la dépendance de l'homme, moins il est libre de ses mouvements, de ses escapades à l'extérieur, plus il se retourne vers ses maîtres. Les chats qui ne sortent jamais sont aussi ceux qui font preuve des plus grandes attentions. Ils se comportent comme s'ils reportaient sur les humains toutes leurs qualités, tout leur besoin d'activité.

Ils représentent alors, notamment pour les personnes seules, des compagnons essentiels. La vie du couple chat-homme s'organise autour des repas, que l'on prend à heures fixes et selon un rituel immuable. Le plus souvent, si les moyens du propriétaire le permettent, on partage le même repas. L'animal dort régulièrement contre son maître ou sa maîtresse pendant le repos qui suit ces agapes. L'unique sortie est brève. Son but : aller acheter la nourriture du chat. Au retour, celui-ci, impatient, accueille le commissionnaire en se frottant contre ses jambes. Souvent, la nuit, les deux inséparables partagent le même lit, et la boule de poils s'endort calmement lovée contre son seul ami. Lorsqu'un chat a vécu avec un couple âgé, il reste, lorsque l'un des époux disparaît, le témoin muet du bonheur d'antan. Dans ces conditions, il sait se montrer discret, ne pas déranger, ne pas exiger. Il s'approche souvent silencieusement et s'allonge contre son compagnon, qui le caresse. Ainsi, dans de nombreux cas, le chat assure une relation intense, qui se révèle souvent capitale. Dans les structures qui hébergent des personnes âgées et qui ont procédé à son introduction, celle-ci s'est toujours révélée extrêmement positive.

Cet animal si sauvage devient dans ces conditions difficiles un ange de calme, de tranquillité, un réel réconfort pour les plus démunis d'entre nous. Peut-être s'agit-il là d'un de ses plus beaux rôles, d'un de ses apports les plus significatifs à la société des hommes. Il faudrait que les gens âgés puissent en toute circonstance garder leur animal auprès d'eux. Ce n'est malheureusement pas toujours le cas. Or, lorsqu'une personne seule doit se séparer de son chat, elle vit un déchirement dramatique qui s'ajoute à ses autres soucis.

Rendre son chat heureux

Chaque jour, lors de leurs consultations, les vétérinaires voient des chats de toute nature. Certains se montrent calmes, détendus, épanouis ; d'autres, au contraire, véritables piles électriques, sont intouchables, agressifs. Leurs maîtres ne savent que faire, malgré l'attachement qu'ils

Ses qualités d'adaptation en font un merveilleux compagnon.

éprouvent pour eux. Ils viennent d'ailleurs chez le praticien parce qu' ils sont inquiets. La consultation s'achève souvent sur une constatation sans appel : les uns et les autres ne sont pas faits pour vivre ensemble !

Certains humains, en effet, n'ont aucune disposition pour cohabiter avec des chats. Toutes les conditions paraissent pourtant favorables : atmosphère calme, nourriture adéquate, soins attentifs et caresses. Et pourtant, les animaux ne sont pas bien dans leur peau, semblent ne pas être heureux.

Une vie matérielle confortable et toute la bonne volonté de gentils maîtres ne suffiraient-elles pas au bonheur d'un chat ? En fait, il semblerait que celui-ci attende de l'homme d'autres qualités, impalpables pour nos sens. Plusieurs observateurs ont affirmé qu'il existait une relation particulière entre les chats et les humains, une sorte de télépathie. Certains d'entre nous communiqueraient mieux que d'autres avec eux, sans même s'en rendre compte. Ils sentiraient mieux, comprendraient mieux ces animaux, et seraient donc mieux à même de leur faire la vie belle. Si l'on retient cette hypothèse, il faut en revanche admettre qu'il n'est pas facile de faire le bonheur d'un chat malgré lui. Cependant, ces observations permettent de dégager des lignes générales, qui sont valables dans la plupart des cas.

Rendre son chat heureux, c'est bien sûr lui assurer tout le confort possible, le maintenir en parfait état de santé et le caresser lorsqu'il le demande.

Rendre son chat heureux, c'est aussi essayer de le respecter, de le comprendre. Certains de nos petits félins n'apprécient pas vraiment d'être caressés, tripotés à longueur de journée. Mieux vaut donc les laisser tranquilles et attendre qu'ils viennent vers nous.

Rendre son chat heureux, c'est encore accepter ses aspirations à la liberté lorsqu'on a la chance de vivre dans une maison. Il arrive certes que, dans ce cas, il décide brusquement de changer de foyer et d'aller vivre ailleurs. Aller le rechercher pour le contraindre à regagner son premier domicile ne sert à rien. À la première occasion, il repartira vers son nouveau gîte.

Rendre son chat heureux, enfin, c'est l'accepter tel qu'il est. La plus grande preuve d'amour que l'on puisse donner à l'autre n'est-elle pas de ne jamais le forcer à n'être pas lui-même ?

La santé de votre chat

Votre chat n'a pas l'air dans son assiette, il est triste, boude sa gamelle, ne se toilette plus, perd du poids ou au contraire en prend plus que de raison, ses yeux sont collés, ses oreilles sont sales et malodorantes, son abdomen est ballonné, il souffre de troubles urinaires ou digestifs, il fait de la température… Une consultation vétérinaire s'impose. C'est pour nous l'occasion de faire un point sur l'avancée des progrès médicaux en matière de santé féline et d'évoquer les pathologies et les maladies infectieuses les plus fréquentes.

Les organes des sens

Des yeux collés, larmoyants, un nez malpropre, purulent, des oreilles sales, malodorantes, sont en eux-mêmes, des troubles suffisamment apparents pour motiver une consultation. L'automédication présente un danger ; notamment, si l'oreille est particulièrement douloureuse au toucher, il est absolument déconseillé d'y instiller le moindre produit, le remède pouvant se révéler pire que le mal. Quant à l'haleine, naturellement chargée chez le chat, elle ne doit pas sentir l'urine. Si tel était le cas, il faudrait soupçonner une lésion buccale ou une néphrite annonciatrice d'urémie.

L'appétit et la soif

Un chat en bonne santé ne boit pas ou boit peu. Une soif d'un jour est tout à fait acceptable, en revanche une consommation d'eau qui augmente insensiblement de jour en jour doit attirer votre attention. Elle peut témoigner de l'existence d'un trouble profond, d'une fièvre, d'une maladie métabolique… De même, un appétit qui s'intensifie à l'excès signale éventuellement l'installation d'un diabète. L'anorexie, elle, est un symptôme qui se remarque généralement plus rapidement. L'obésité et, à l'inverse, la maigreur sont des signes d'appel non négligeables et la seule alimentation ne saurait suffire à les expliquer.

Le soigner

Les signes d'appel

Un chat malade change de comportement, perd ses habitudes. Dans les cas graves, lors de souffrances intenses, d'une fièvre élevée, d'un état pré-agonique, il disparaît. Et il se cache pour mourir. Aussi, dès les premiers symptômes anormaux, s'il vit habituellement en semi-liberté, il vous faudra restreindre son aire d'activité, le garder à l'œil afin qu'il ne parte pas vagabonder pendant plusieurs jours, faisant ainsi perdre un temps précieux au praticien et diminuant les chances de guérison. Si l'affection est douloureuse (fracture, luxation), l'animal devient agressif ; la meilleure défense demeurant l'attaque, il préfère intimider, même son maître, plutôt que d'être manipulé et de risquer de souffrir davantage. La plus grande prudence s'impose alors pour saisir un chat qui souffre. Vous devrez vous approcher lentement, lui parler, le

Les troubles digestifs et urinaires

Lors d'un problème digestif, le chat manifeste son malaise en devenant malpropre : il fait ses besoins, fréquemment diarrhéiques dans ce cas, en dehors de sa litière, souvent juste à côté. S'il souffre d'une cystite, il urine également à l'extérieur. Il ne servirait à rien de sévir ; le pauvre animal est déjà suffisamment malheureux. Dans d'autres circonstances (constipation ou blocage urétral), il passe son temps dans sa litière en position de défécation ou de miction. S'il la visite très fréquemment, c'est qu'il veut attirer l'attention de son maître sur un problème digestif ou urinaire. Les vomissements sont significatifs en eux-mêmes. Toutefois, il ne faut pas leur accorder une importance exagérée, car les chats rejettent très facilement leur repas au plus petit embarras gastrique ou à la moindre intoxication alimentaire. Cependant, s'ils surviennent trop fréquemment ou, à plus forte raison, plusieurs fois par jour, ils motivent une consultation vétérinaire sans délai. En effet, leur nature, peu grave si elle est digestive, le devient si elle est infectieuse, urinaire, endocrinienne, voire tumorale…

Le chat manifeste rarement sa douleur et a plutôt tendance à se replier sur lui-même.

mettre en confiance, le caresser avant de le saisir par la peau du cou et de le transporter ainsi, à bout de bras, pour éviter les coups de griffes.
Le chat indique en fait qu'il est malade par des signes d'appel ou symptômes, manifestations inhabituelles occasionnées par une affection ou une perturbation du fonctionnement d'un organe ou d'un ensemble d'organes. On distingue des symptômes généraux, locaux et fonctionnels.

Les symptômes généraux

Le comportement général du chat change ; il est triste, abattu, ne mange pas et cherche à s'isoler. Sa température rectale dépasse 39 °C alors qu'elle se situe normalement autour de 38,5 °C. Très rarement, elle atteint 41 °C, un niveau dramatique. En dessous de 38 °C, il faut enfoncer davantage le thermomètre avant de conclure à une hypothermie. L'amaigrissement est un autre symptôme général évoquant une affection d'évolution chronique, non alarmante au début, mais potentiellement plus grave qu'une affection aiguë. Il traduit le profond délabrement de divers organes et fonctions. Chez le chat tout spécialement, cet amaigrissement risque en lui-même d'entraîner une dégénérescence hépatique alors qu'il n'y avait pas à l'origine d'atteinte du foie ! Quant au nez, qu'il soit chaud ne signifie strictement rien en soi… sinon que le chat ne l'a pas léché depuis longtemps. Un nez sec et craquelé peut révéler une affection générale spécifique ou une atteinte oculaire, puisque ce sont en grande partie les larmes s'écoulant par les canaux lacrymaux qui humidifient le nez et donc le rafraîchissent. Sachez enfin que le chat ne manifeste pas sa douleur par des cris mais par un repli sur soi, une position anormale dite antalgique, la recherche d'un lieu isolé et des marques d'agressivité lorsqu'on veut le prendre ou même le caresser.

L'entretien de la robe

Un chat en bonne santé passe le plus clair de son temps à entretenir son pelage. Aussi des poils ébouriffés, en mèches, la présence de pellicules, un contact gras, désagréable sont-ils autant de signes d'alarme, reflétant un état de souffrance chronique, une affection qui s'installe insidieusement, alors qu'une affection aiguë se traduit par un changement brutal et spectaculaire du comportement. Une maladie chronique n'entraîne qu'un négligé de plus en plus marqué. L'affection crée souvent en elle-même le mauvais état du pelage par les carences vitaminiques qui lui sont inhérentes. La méforme de l'animal lui enlève aussi la volonté et le goût de lustrer son poil, soit qu'il est trop abattu, soit que l'arthrose l'empêche de se contorsionner. Vous devez alors prendre la relève en vous montrant, dans le second cas, le plus doux possible, et en respectant toujours l'orgueil du chat. Il faut en effet prendre des égards pour le brosser. Ce sera plus facile s'il a été habitué très jeune à accepter le coup de peigne. Il ne s'agit pas seulement de préserver son esthétique, mais également d'aérer le pelage, de le lisser afin qu'il continue de jouer son rôle de protection contre les variations de température et d'humidité extérieures. Il s'agit aussi de prévenir les affections dermatologiques que risque de déclencher la macération des squames cutanées et d'éliminer les parasites qui ne manqueraient pas d'occuper un terrain devenu facilement accessible. Une robe où le pelage devient rare, de manière diffuse ou localisée, traduit une affection prurigineuse qui justifie une consultation vétérinaire, surtout si elle s'accompagne d'escarres cutanées ou d'une affection parasitaire ou hormonale spécifique.

Les symptômes locaux

Ils ont la particularité de se situer à l'endroit même de la lésion, et donc de permettre de la repérer. Il s'agit par exemple d'un gonflement lors d'une hernie, d'un hématome, d'un abcès ou d'une tumeur ; d'une déformation s'il s'agit d'une fracture

Les modifications morphologiques

D'autres signes d'appel qui, au premier abord, se manifestent par des changements d'aspect du corps ne sont pas nécessairement évidents. Un gros ventre, par exemple, est souvent perçu comme une marque d'amaigrissement. En effet, l'abdomen ballonné pend. Le chat disposant souvent d'un pannicule graisseux sous le ventre, le maître peu attentif ne fait pas la différence. Mais le poids de cet abdomen tire sur les muscles des flancs et ceux-ci se creusent, d'où l'impression d'amaigrissement... Il s'agit fréquemment d'ascite, c'est-à-dire d'accumulation de liquide, révélatrice d'une affection virale contagieuse ou d'une atteinte hépatique, elle-même conséquence d'une maladie cardiaque... Des déformations des membres, s'accompagnant ou non de boiterie, selon l'âge du chat, indiqueront un problème de croissance, l'apparition d'arthrose, le développement d'une tumeur ou, tout simplement, un abcès consécutif à une bonne bagarre comme seuls les matous savent encore en déclencher !

ou d'une luxation ; d'une suppuration en cas d'abcès, de fistule ou de plaie ; d'un écoulement nasal en cas de rhinite, oculaire en cas de conjonctivite (les paupières sont alors parfois collées), vulvaire en cas de métrite ; ou encore d'une perte de poils ou de l'apparition de croûtes en cas de dermite.

La modification de la teinte des muqueuses est une manifestation locale d'une affection générale : anémie si elles sont décolorées, hépatite si elles sont jaunes, maladie cardio-pulmonaire si elles sont foncées, violacées.

Les symptômes fonctionnels

Ils sont les signes de l'affection de tout un appareil. Ainsi, selon les cas, des vomissements ont leur origine dans l'œsophage, l'estomac, le pylore ou les intestins. Ils peuvent aussi bien traduire une surcharge alimentaire qu'une atteinte des glandes surrénales... De même, une diarrhée signale tantôt une affection digestive, tantôt une affection virale, parasitaire, dégénérative du pancréas, ou même un cancer... La toux, banale lorsqu'elle fait suite à une trachéite, peut aussi être catastrophique et révéler une grave maladie cardiaque.

Un professionnel a déjà bien du mal à établir un diagnostic ; aussi, vous devez vous garder de toute automédication qui serait nécessairement hasardeuse, même avec la complicité du pharmacien, si

La respiration

Au repos et à l'état normal, on ne voit pas un chat respirer ; l'amplitude des mouvements thoraciques est faible, et leur nombre relativement limité. Si l'animal « bat des flancs » alors qu'il ne vient pas de courir, une anomalie au niveau cardio-respiratoire est à craindre. Si, de plus, les narines se dilatent à chaque inspiration, il ne faut pas tarder à aller chez le vétérinaire : une affection grave s'est déclarée. Comme le chien, le chat ne transpire pas par la peau, dépourvue de pores, mais en étalant sa salive sur son pelage, ou par ses coussinets plantaires, ou par un halètement marqué. Dans ce cas, la langue sort de la bouche et l'animal, en faisant aller et venir une colonne d'air dans sa trachée et ses grosses bronches, élimine l'eau superflue sous forme de buée. Il ne s'agit pas de mouvements ventilatoires, car ils manquent d'amplitude, et l'air ne pénètre pas jusqu'au fond des alvéoles pulmonaires. Ce besoin de transpirer est dû parfois à une température ambiante trop élevée ou à une course récente, mais plus fréquemment à un état anxieux ou à une fièvre. Un halètement qui se prolonge nécessite d'en trouver la cause ou de consulter le vétérinaire.

compétent soit-il... Si des symptômes généraux, locaux ou fonctionnels apparaissent et persistent, il ne faut pas tarder à consulter un vétérinaire. Soulignons, encore une fois, qu'une anorexie prolongée diminue les chances de survie d'un chat.

Les gestes qui sauvent

Même si vous n'avez pas suivi de cours de secourisme spécifiquement félins, il est précieux de connaître quelques-uns des gestes qui sauvent. Quatre règles d'or s'imposent : mettre le chat hors de danger tout en se protégeant (car il est inutile de vous faire griffer au visage ou de vous faire électrocuter à votre tour), garder votre calme, prévenir le vétérinaire de votre arrivée et ne pas perdre de temps pour transporter votre animal à la clinique, car la rapidité d'un traitement est très souvent un facteur décisif. De manière générale, mieux vaut faire glisser le chat sur un vêtement ou une couverture et l'emmitoufler avec beaucoup de précautions car il peut avoir des os cassés ou des blessures internes. Il est également recommandé de saisir le chat par la peau du cou.

Face à un chat inanimé ‣ En premier lieu, il faut vous assurer qu'il ne s'agit pas d'une électrocution, sinon il faut avant tout vous protéger en coupant le

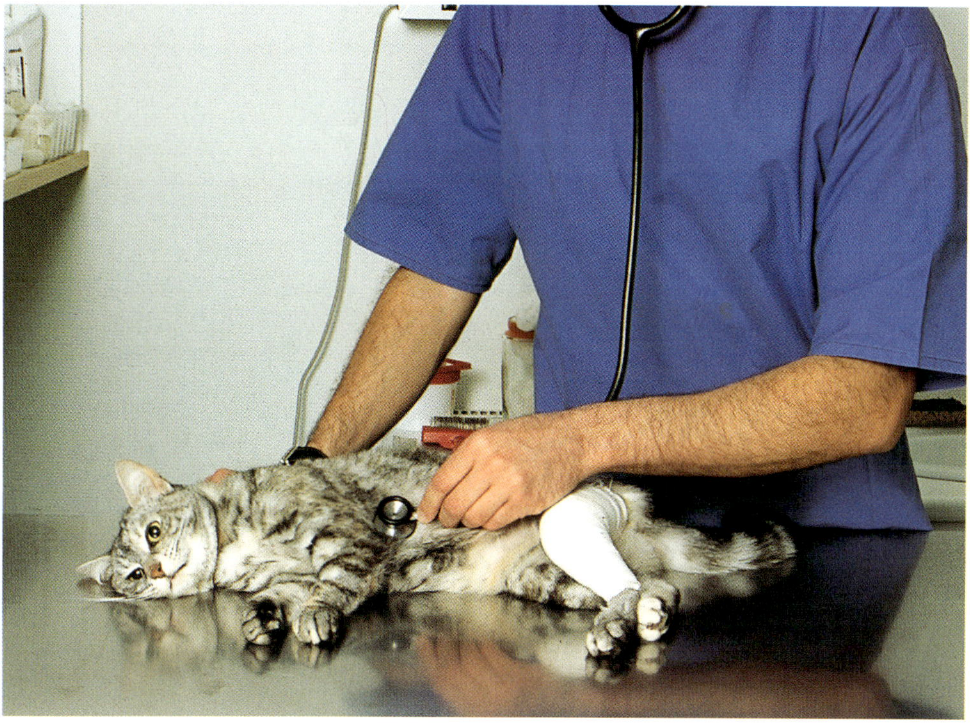

courant et en débranchant l'appareil électrique. Dans un second temps, vous devez vérifier si le chat respire normalement en posant votre main sur l'intérieur de sa cuisse. Si sa respiration est irrégulière ou inexistante, il vous faut pratiquer la respiration artificielle : mettez-lui la tête plus bas que le corps pour permettre au sang d'irriguer le cerveau, ouvrez-lui la bouche, essuyez les éventuels dépôts de sang ou de bave, retirez son collier et faites sortir sa langue pour que sa gorge s'ouvre. Appuyez ensuite sur sa poitrine en exerçant de petites pressions fermes de la paume de la main ; répétez ce geste toutes les cinq secondes et surtout n'appuyez pas trop fort car vous risqueriez de lui casser les os du thorax. Ces pressions doivent en principe vider ses poumons et les remplir avec de l'air frais. Si, au bout de trente secondes, vous ne voyez pas d'amélioration, vous pouvez tenter la respiration bouche à nez : penchez sa tête vers l'arrière, maintenez son museau fermé et soufflez dans ses deux narines pendant trois secondes pour regonfler les poumons, attendez deux secondes et recommencez.

Face à un chat brûlé ▸ L'eau bouillante ou bien encore l'huile de friture franchissent aisément la barrière du pelage du chat trop curieux et il n'est pas toujours facile de localiser les brûlures immédiatement. Si vous êtes témoin de la scène et que vous avez repéré la zone concernée, appliquez de la glace ou de l'eau froide, n'enduisez jamais la brûlure d'un produit gras et consultez rapidement.

Seul un examen clinique permet de poser un diagnostic précis sur les conséquences d'une chute ou d'un choc.

Face à une fracture ▸ Une fois n'est pas coutume, minet vient de chuter et vous suspectez une fracture. Enveloppez alors le membre avec moult précautions puis tentez de fabriquer une attelle avec deux petits morceaux de bois et maintenez le tout, sans toutefois trop serrer, avec une bande. Fabriquez une petite civière avec un vêtement, une serviette ou bien encore une couverture, et transportez rapidement le blessé chez le vétérinaire.

Face à une hémorragie ▸ Lorsque la plaie est sanguinolente, il faut appliquer une compresse froide pour tenter de limiter l'hémorragie. Il n'est pas conseillé d'utiliser un désinfectant et il faut surtout veiller à ne pas serrer trop fort lorsque la plaie se trouve sur un membre ou sur la queue : cela risquerait en effet de bloquer la circulation sanguine vers les extrémités. Consultez rapidement.

Face à un état de choc ▸ Votre chat tremble, il est incapable de tenir sur ses pattes, sa respiration est rapide, ses pupilles sont dilatées, ses oreilles et ses pattes sont froides et ses gencives sont pâles : il est sans aucun doute en état de choc. Il faut immédiatement l'envelopper dans une couverture ou un vêtement pour le réchauffer, éventuellement lui donner à boire une boisson chaude et le transporter sans attendre chez le vétérinaire. Un chat qui se trouve en état de choc dispose d'une quantité de

Les signes à prendre en considération

Quand tout va bien

Température ▸ Se situant normalement entre 38 et 39 °C, elle se prend, quelle que soit la taille du chat, avec un thermomètre médical classique, éventuellement enduit d'huile. Au-delà de 39 °C, il faut absolument consulter le vétérinaire.

Teint ▸ Il s'apprécie sur la muqueuse conjonctivale. Il doit être rose clair. S'il est rouge, il y a congestion et vraisemblablement fièvre ; s'il est sale ou jaunâtre, il y a atteinte organique (du foie par exemple).

Nez ▸ Il est luisant si les canaux lacrymaux fonctionnent normalement car ce sont les larmes qui l'humidifient, de même que la langue, bien qu'à un degré moindre. L'évaporation de l'eau abaissant la température, un nez humide est frais.

Œil ▸ Il ne doit pas cligner ni être rouge ; cette couleur ne témoigne pas toujours d'une banale conjonctivite, elle peut signaler la présence d'un corps étranger (épillet de graminée), d'un glaucome ou du symptôme local d'une grave maladie générale. Un œil rouge est toujours une urgence.

Poils ▸ Brillants, ils reflètent un bon état général. Ils ne doivent pas renfermer de pellicules ni de « grains de poivre » (crottes de puces). S'ils sont longs, ils masquent plus facilement une maladie de peau, et ils ne protègent pas du froid s'ils ne sont pas peignés et disciplinés. Le poil hirsute et l'attitude recroquevillée signent également un mauvais état de santé.

Selles ▸ Elles sont présentes, même en cas de diète, car composées pour une grande partie des débris cellulaires du tube digestif.

Appétit ▸ S'il est excessif, ce n'est pas forcément un signe de bonne santé, mais peut-être de diabète. À l'inverse, sa diminution n'est pas toujours un symptôme de mauvaise santé, mais elle peut révéler un problème de comportement.

Des indices parfois trompeurs

Température ▸ En dessous de 38 °C, il faut vérifier que le thermomètre a été suffisamment enfoncé, en l'huilant et en le réintroduisant jusqu'à la graduation 37. Si, effectivement, la température demeure basse, il est impératif de voir le vétérinaire, car le symptôme est gravissime.

Teint ▸ Sa pâleur peut découler d'un stress que vient de subir le chat ; mais elle est normale si la robe est claire.

Nez ▸ Lorsqu'il est sec, mat et chaud, cela ne signifie pas que le chat a de la température (ce dont il faut par ailleurs s'assurer). Un aspect craquelé témoigne peut-être d'une pathologie locale (nez ou œil) ou générale (déshydratation).

Œil ▸ S'il est chassieux, il peut être atteint d'une simple conjonctivite, mais aussi d'une kératoconjonctivite sèche, qui nécessite une consultation dans les plus brefs délais.

Poils ▸ La robe, si elle réagit à l'état général, ne le fait jamais instantanément. En début de maladie, le poil est encore souvent trompeusement brillant. En revanche, indépendamment de la santé, sa chute peut répondre à des facteurs climatiques ou hormonaux, ou bien au stress.

Selles ▸ Leur couleur est influencée par la nourriture ; ainsi, en cas de consommation excessive de carottes, leur couleur orangée ne doit pas faire conclure à une hémorragie intestinale. Les œufs de parasites étant microscopiques, si leur surface en porte, il s'agit d'œufs de mouche !

Appétit ▸ Il reste souvent normal, même en cas d'hyperthermie. Il est essentiellement compromis lors des affections du tube digestif.

Changement de comportement ▸ Abattement, apathie, irritabilité, tremblements et surtout manifestations pathologiques majeures telles que toux, vomissements, etc., sont des signes à prendre en considération.

sang inférieure à la normale et cela peut lui être fatal si les soins ne sont pas rapides.

Face à un chat empoisonné ▸ Bave, vomissements, diarrhée abondante, perte d'équilibre, convulsions, mouvements oculaires anormaux, il s'agit certainement d'un empoisonnement. Surtout n'essayez pas de faire vomir l'animal, tentez d'identifier la substance qu'il a ingurgitée et transportez-le d'urgence à la clinique.

Face à la noyade ▸ S'il est inconscient, la première chose à faire est d'essayer d'évacuer l'eau de ses poumons en le maintenant la tête en bas par les pattes arrière et en le balançant tout doucement. Couchez-le ensuite sur le côté, maintenez sa tête au-dessous du niveau du corps, nettoyez sa bouche, sortez-lui la langue et pratiquez la respiration artificielle. N'oubliez pas de le maintenir au chaud. Contactez le vétérinaire.

Face aux piqûres ▸ C'est bien connu, minet adore gambader en coursant bon nombre d'insectes et parfois ces derniers se rebiffent. Lorsqu'il s'agit d'une abeille, retirez le dard avec une pince à épiler et nettoyez la plaie avec du bicarbonate de soude. Lorsqu'il s'agit d'une guêpe, utilisez du jus de citron

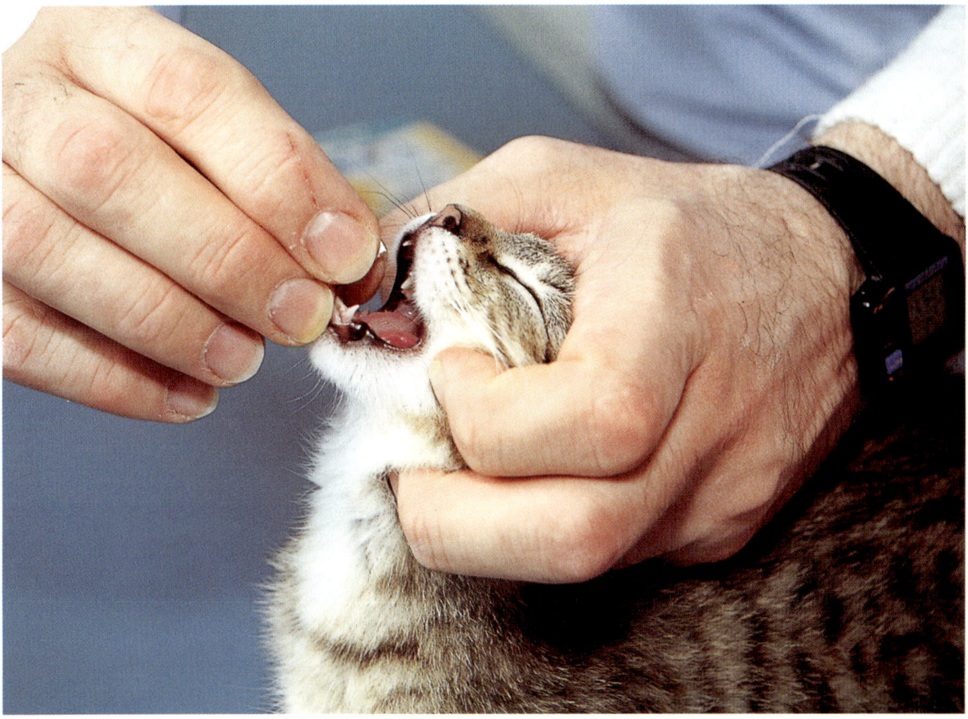

ou du vinaigre. Consultez rapidement si la piqûre se situe à l'intérieur de la bouche ou au niveau de la gorge, car cela risque d'enfler et de provoquer une asphyxie.

Face à un chat qui étouffe ▸ Il vous faut d'abord immobiliser l'animal dans une serviette, lui ouvrir la bouche sans lui incliner la tête pour que l'objet ne tombe pas plus bas. Tachez d'identifier ce dernier, enlevez-le si possible avec vos doigts ou avec une pince à épiler à bouts ronds et surtout ne tirez jamais si vous voyez l'extrémité d'un fil, car l'autre bout est peut-être déjà dans l'estomac… Consultez sans tarder, surtout si vous n'avez pas pu identifier la cause de l'étouffement.

Face à un chat électrocuté ▸ La règle d'or est avant tout de vous protéger. Vous devez couper le courant et débrancher l'appareil électrique. Emmitouflez l'animal et portez-le le plus rapidement possible à la clinique. Les électrocutions provoquent souvent des brûlures dans la bouche, des arrêts cardiaques…

Lui donner ses médicaments

Le chat supporte particulièrement mal les contraintes. Pour le soigner, une seule règle : détermination, c'est-à-dire fermeté et rapidité, mais pas de brutalité ! Vous devrez exercer une pression suffisamment forte pour le dissuader de résister, tout en restant assez souple pour ne pas le vexer, ce qui provoquerait des réactions de défense. La prise idéale consiste à pincer une poignée de peau du

Une fois qu'il est immobilisé, renversez-lui la tête, maintenez-lui la gueule ouverte et laissez tomber le comprimé.

cou. Le chat est alors inhibé : il retrouve les réflexes passifs du chaton transporté par sa mère et adopte une position fœtale, pattes repliées sous le corps. Pour les animaux les plus récalcitrants, il convient, en les tenant par la peau du cou, de les plaquer contre une table, les pattes avant sur le bord de celle-ci. Le chat, uniquement préoccupé d'étirer ses antérieurs pour sauter à terre, ne pense pas un instant à se retourner pour se dégager en griffant. Le danger, chez cet animal, vient en effet moins de sa gueule que de ses griffes ; il est parfois bon, si cela n'accroît pas son anxiété, de l'envelopper dans une serviette-éponge afin qu'il s'y prenne les griffes pendant les soins.

Les comprimés ▸ Ce sont certainement les seuls médicaments que le chat absorbe sans problème. Contrairement à un avis répandu, il est parfaitement capable d'avaler des comprimés gros comme l'index. Il faut d'abord le placer sur une table, ramassé sous lui. Avec votre main gauche, saisissez sa tête par derrière comme s'il s'agissait d'une boule de pétanque, renversez-la ensuite sur sa colonne vertébrale. Le menton doit se trouver à la verticale. La lèvre inférieure baille aussitôt spontanément. Avec l'ongle de l'index de votre main droite, appuyez sur les incisives inférieures pour ouvrir davantage la gueule, tandis que le pouce et le majeur de votre main gauche se glissent dans la commissure des lèvres. Si le chat essaie de resserrer les mâchoires, il se mord les joues et cesse aussitôt. Lâchez ensuite, entre le palais et le ressaut de la langue, le comprimé que vous teniez depuis le début entre le pouce et le majeur de votre main droite. Poussez-le franchement plus avant avec votre index droit, et autorisez alors votre compagnon à refermer la gueule, tout en maintenant son museau en l'air. Ne relâchez cette dernière que lorsque votre chat se lèche le nez, signe qu'il a avalé le comprimé. S'il tarde trop, frottez son nez pour l'assécher, ceci déclenchera un réflexe de léchage.

Les poudres ▸ Il s'agit souvent d'un comprimé finement pilé ou du contenu d'une gélule ouverte (attention aux indications du laboratoire : certaines capsules ne doivent pas être ôtées car elles sont traitées pour protéger l'estomac ou l'intestin). En faible quantité et si elles n'ont pas d'odeur, les poudres sont éventuellement glissées dans les aliments du chat, mais celui-ci ne se laisse pas toujours tromper. Pour déjouer sa grande perspicacité, une bonne

La trousse d'urgence à emporter en voyage

À emporter

Une couverture ▸ Elle sera utile pour capturer et immobiliser votre chat. En cas d'accident et de douleur très vive, il refuse souvent de se laisser toucher même par ceux qui l'aiment et qu'il connaît bien.

Deux bandes de crêpe ▸ Elles vous seront nécessaires pour faire un bandage à votre chat. Choisissez-en une d'une largeur de 10 cm pour entourer le corps, et une autre de 3 ou 5 cm pour les membres.

Des compresses stériles ▸ Indispensables pour désinfecter et protéger une plaie.

Du coton non cardé ▸ Il vous servira à nettoyer les plaies, et surtout à confectionner de gros pansements compressifs en cas d'hémorragie ou de fracture.

Un abaisse-langue en bois ▸ Il servira d'atelle de fortune en cas de fracture ou de luxation.

Du sparadrap aéré de 5 cm ▸ Il maintiendra la bande de crêpe qui recouvrira le coton, lui-même isolé des plaies par les compresses stériles.

Une paire de ciseaux ▸ Indispensable pour confectionner les pansements.

De l'eau oxygénée à dix volumes ▸ Elle servira à nettoyer les plaies.

Une lotion antiseptique ▸ Elle est indispensable pour désinfecter les plaies. Mais on peut utiliser du savon et du gros sel pour nettoyer et faire mûrir des abcès.

Du sérum physiologique ▸ Il nettoiera un œil irrité ou blessé.

Un pansement intestinal ▸ Du genre charbon actif, il pallie un incident digestif. Mais, dans tous les cas, une diète de vingt-quatre heures vaut mieux dans un premier temps que tous les remèdes. Le charbon actif est la meilleure médication lorsqu'on soupçonne une intoxication.

Le numéro de téléphone du vétérinaire traitant ▸ Même s'il est lui-même absent, son remplaçant sera toujours de bon conseil puisqu'il a un accès immédiat au dossier médical du chat.

Le carnet de santé de votre chat ▸ Il sera utile au praticien local, qui entrera éventuellement en contact avec le vétérinaire habituel de l'animal.

À oublier

L'alcool ▸ C'est un très mauvais désinfectant qui « cuit les tissus » et fait souffrir inutilement le chat, lequel se montrera méfiant lors des traitements suivants.

L'éther ▸ Ce produit peut poser des problèmes par grosse chaleur, surtout en voiture. Son utilité se limite en fait au collage et au décollage des pansements…

Un sérum antivenimeux ▸ Il doit impérativement être conservé en permanence à + 4 °C sous peine d'inactivation, condition difficile à respecter au cours de vacances plus ou moins itinérantes. D'autant que les traitements hospitaliers sont bien plus efficaces.

Un garrot ▸ Il sert rarement. Il doit en outre être desserré régulièrement et périodiquement, à intervalles fixes et assez courts. En cas d'hémorragie, un pansement compressif au coton est sans danger pour la survie du membre et de l'animal, même s'il arrête apparemment moins bien le saignement.

Une bande élastique ▸ La bande du type de celles qui servent à soulager les contusions articulaires risque en effet de s'autoserrer si elle maintient une articulation, ou de bloquer la circulation si elle recouvre un pansement compressif, le sang s'accumulant dans le coton et faisant gonfler le pansement.

Des médicaments qui ne sont pas habituellement prescrits à votre chat ▸ Les réactions allergiques sont fréquentes, les phénomènes de photosensibilisation ne sont pas rares lors d'une exposition prolongée au soleil. Avant de partir, il vaut mieux demander au vétérinaire ce qui convient au chat et ce qu'il faut emporter en fonction des vacances prévues.

astuce consiste à les mélanger à de la superlevure (achetée chez l'épicier et non chez le pharmacien, qui vend de l'ultralevure), pour laquelle il a une passion. Vous pouvez aussi les incorporer à de la crème fraîche et lui appliquer cette préparation sur le bout du nez ou entre les coussinets plantaires. En faisant sa toilette, l'animal absorbera le tout.

Les liquides ▸ Il est illusoire, voire dangereux, d'administrer de force des liquides à un chat, car ils risquent de passer non dans l'estomac mais dans les poumons. Et cet animal sait saliver de façon si intense qu'il rejette tout ce qui ne dépasse pas le carrefour du pharynx. Il est donc pratiquement obligatoire d'utiliser une sonde, que seul le praticien peut introduire en toute sécurité.

Les pâtes ▸ Voici la préparation pharmaceutique du XXIe siècle, pour le chat du moins ! Elle présente les avantages de la poudre incorporée à de la crème fraîche. Elle est conditionnée dans une seringue dont on introduit l'extrémité entre les molaires de l'animal. Maintenez la tête de votre chat comme pour l'administration d'un comprimé, mais faites en sorte que son museau ne pointe pas vers le ciel. Au contraire, il doit rester horizontal pour parer aux fausses déglutitions. Le chat peut mordre le bout de la seringue pendant que vous pressez lentement sur le piston au fur et à mesure qu'il avale la pâte. Certaines pâtes, particulièrement appétissantes, se mélangent très bien aux aliments, sans créer de contrainte ni de réflexe de rejet.

Les suppositoires ▸ Vous ne pouvez, dans ce cas, agir seul. Une autre personne doit immobiliser fermement le chat en le maintenant par la peau du cou, bien plaqué sur la table. Saisissez avec votre main gauche la queue à sa base et retournez-la sur le dos de l'animal, exposant ainsi l'anus ; avec votre main droite, introduisez doucement et progressivement le suppositoire, puis rabattez la queue. Il est ensuite préférable de maintenir le chat immobile pendant quelques minutes avant de le relâcher.

Le thermomètre ▸ La température se prend de la même façon. Le thermomètre (modèle médical classique) préalablement huilé est « présenté » à l'anus ; quand le spasme réflexe a disparu, glissez-le un peu plus loin. Ainsi, en progressant patiemment, vous parviendrez à introduire toute la partie fine du thermomètre électronique dans le rectum, longueur indispensable pour faire une mesure correcte.

Le collyre dans les yeux ▸ Maintenez le museau de votre chat en l'air avec le pouce et l'index de votre main gauche et abaissez la paupière inférieure avec votre majeur. Tenez le flacon entre le pouce, l'index et le majeur de votre main droite, et prenez appui sur le front. Avec votre annulaire, tirez la paupière supérieure vers le haut et faites tomber la goutte de collyre sur la cornée ou dans le coin de l'œil. L'application de pommade ophtalmique se fait de la même manière.

Les gouttes dans les oreilles ▸ Une personne doit maintenir le chat dans la position adaptée à l'administration de liquides. En ce qui vous concerne, tirez doucement le pavillon de l'oreille vers l'autre oreille et vers le haut. Introduisez la canule du flacon de médicament dans l'orifice auriculaire ainsi dégagé, vers l'extérieur et vers le nez de l'animal. Massez ensuite longuement le conduit auditif, en maintenant toujours le pavillon dans la même position.

Les troubles du comportement

La domestication fait vivre les chats dans des conditions particulières. La cohabitation avec l'espèce humaine les oblige en effet à pratiquer une communication spécifique, car tous les hommes ne comprennent pas le langage des chats ! En outre, nos modes de vie, parfois très éloignés des conditions naturelles, perturbent l'animal. Ces deux facteurs interviennent dans le déclenchement des troubles du comportement félin.

Les problèmes les plus fréquents sont l'agressivité, la peur, la malpropreté et les actes destructeurs. Les dépressions et les conséquences du stress font plus rarement l'objet de consultations car, dans ce cas, l'animal reste prostré, s'isole et, en fait, ne gêne pas son maître. Les consultations liées aux troubles du comportement félin sont certes beaucoup moins nombreuses que pour la gent canine, mais il est toutefois intéressant de noter que certains vétérinaires comportementalistes s'y intéressent de plus en plus…

L'agressivité

Il s'agit d'abord, rappelons-le, d'un comportement normal, tant chez le chat que chez le chien ou l'homme. Il ne devient pathologique que lorsqu'il prend des proportions excessives. Lors des rencontres sexuelles, par exemple, la chatte n'accepte le rapport avec le matou qu'après l'avoir longuement menacé et s'être littéralement battue avec lui. De même, les mâles s'affrontent pour avoir le privilège de séduire la femelle. L'agressivité féline apparaît aussi tout à fait normale quand une mère protège ses petits, quand un chat défend son territoire, ou lorsqu'il a peur devant un danger qui le menace. Souvent innée, elle représente un compor-

L'agressivité est à la base un comportement normal chez le chat. Elle devient pathologique lorsqu'elle est excessive.

tement obligatoire pour l'équilibre de l'espèce. Elle organise les relations entre les chats, cimente la structure sociale de chaque groupe, permet à l'individu de se protéger, de se défendre, en un mot d'exister et de vivre.

Elle pose cependant des problèmes lors de la cohabitation entre les humains et les chats. Elle peut en effet s'exercer contre des membres de la famille ou des étrangers, ou se tourner contre les autres chats ou animaux de la maison, prenant diverses formes selon les conditions dans lesquelles elle s'exerce.

L'agressivité territoriale ‣ C'est une réaction violente du chat devant l'arrivée d'un intrus sur son territoire ou dans son appartement.

L'agressivité de prédation ‣ C'est une dérive du comportement de chasse naturel au chat. Il traque dans l'appartement les jambes de sa maîtresse ou d'un enfant qui passe. Au cours d'un jeu, l'excitation se transforme également parfois en agressivité. Il s'agit alors d'une adaptation du comportement de jeu entre les chatons.

L'agressivité réactionnelle ‣ Elle apparaît lorsque le chat devient violent à la suite de stimuli douloureux, soit internes (arthrose, cancer, otite par exemple), soit externes (coups, morsures ou violences de tous ordres).

L'agressivité instrumentale ‣ Très ritualisée, elle se développe quand un chat veut quelque chose. Il provoque alors son maître ou sa maîtresse afin d'obtenir une réponse qu'il sait être agréable. Par exemple, il menace ou griffe dans l'attente d'une caresse apaisante.

L'agressivité des chats asociaux ‣ Très liée à la peur, elle concerne souvent des animaux qui ont vécu à l'extérieur durant les trois premiers mois de leur existence. N'ayant pas fréquenté les humains pendant leur période de formation, ces chats, une fois adultes, se montrent très craintifs à leur égard. Comme ils n'ont pas appris en temps utile à les connaître, ils en ont peur et développent alors des conduites agressives violentes. Certains, pourtant, acceptent de vivre avec un être humain en particulier, mais leur comportement restera toujours très violent et méfiant. Leurs maîtres doivent les accepter ainsi, les respecter, les laisser s'isoler à la moindre alerte et ne tenter ni de les attraper ni de les couvrir de caresses.

Les chats agressifs sont souvent un vrai casse-tête pour leurs propriétaires, d'autant plus que leurs comportements ont tendance à s'installer, à se ritualiser, voire à s'aggraver. Le traitement de ces troubles passe d'abord par une analyse précise de leurs causes. Celle-ci permet de déterminer la marche à suivre pour aider l'animal à revenir dans le droit chemin. Selon l'origine du trouble, ce sont éventuellement certaines conduites des maîtres qui doivent être supprimées, ou d'autres encouragées. Parfois, il faut envisager la castration du chat. Elle diminue l'agressivité liée à la sexualité. L'utilisation de calmants, neuroleptiques ou autres modificateurs du comportement reste très délicate, difficile à manier, et donne souvent des résultats passagers.

Un animal agressif pose un vrai problème. Cependant, les progrès réalisés dans la compréhension du comportement des chats permettent souvent d'améliorer leurs conditions de vie et leurs réactions. Se débarrasser de son chat ou, pis, le faire euthanasier sont des solutions extrêmes. Elles ne doivent être envisagées qu'en dernier lieu, et lorsque l'on a tout tenté pour ramener son chat à un meilleur comportement.

La peur

À l'origine, le chat sauvage craint l'homme. Animal des forêts aux mœurs nocturnes, il l'évite. La domestication, entreprise sur des chatons abandonnés, a peu à peu gommé cette méfiance. Devenu plus hardi, l'animal s'est rapproché de l'homme. Cependant, une part de la peur ancestrale demeure chez les chats domestiques. Elle s'efface parfois lorsqu'ils sont très socialisés, et sera d'autant moins prononcée que les liens homme-chat seront forts. Un animal qui vit seul avec ses propriétaires et passe la plus grande partie de son temps sur leurs genoux perd la peur atavique de son espèce. Débarrassé de ce handicap, il se conduira envers ses compagnons humains comme s'il s'agissait d'autres chats. Il pourra alors imposer sa volonté, devenir le chef de sa famille et développer des conduites agressives de chat dominant. La disparition de la

peur a ainsi parfois des conséquences négatives.
D'autres individus, au contraire, craignent certaines situations, se méfient, adoptent une attitude prostrée ; recroquevillés sur eux-mêmes, les oreilles couchées sur le crâne, ils se tiennent prêts à bondir ou à se mettre à l'abri. Cette peur modérée a des avantages, car elle permet au maître de contrôler son animal. Il peut alors assez aisément lui imposer d'être brossé, de prendre un médicament, de sortir d'une pièce ou de ne pas toucher au repas familial. Cette peur « raisonnable » permet souvent au vétérinaire d'examiner un chat sans grande difficulté, pour autant qu'il sache le manipuler calmement afin de ne pas aggraver sa crainte.
Enfin, il existe un troisième stade, extrême, de la peur : la peur panique. Elle rend le chat tout à fait incontrôlable. Littéralement devenu fou, l'animal préfère se battre toutes griffes et dents dehors plutôt que de se calmer. Cette terreur le met dans un état dangereux car, échappant à toute contrainte, il entre dans une colère furieuse qui l'épuise en quelques minutes et laisse les spectateurs présents pantois et sans réaction. De telles crises sont imprévisibles et totalement incontrôlables. Ces peurs paniques peuvent avoir été acquises très précocement, à la suite d'incidents ou de rencontres traumatisantes dans la première enfance. Parfois, elles se développent plus tardivement, à l'âge adulte, et se renforcent au cours du temps lorsque la cause réapparaît. Si les maîtres ne savent pas éviter à leur animal une rencontre avec l'élément qui déclenche sa peur, celle-ci augmente. L'animal devient anormalement agressif et, à la longue, invivable.

Un adulte peut souffrir de troubles pathologiques dus à une peur panique ressentie lorsqu'il était chaton.

La seule solution consiste à éliminer les causes du trouble et à adopter une attitude calme et compréhensive. La situation a alors des chances de s'améliorer. Le traitement d'un chat craintif est long et difficile. Il demande aux maîtres beaucoup de patience et de courage. Une analyse précise des conditions de vie de l'animal et une recherche dans son passé permettent parfois de comprendre l'origine du mal. Les propriétaires devront alors mettre en place une véritable stratégie d'habituation ou d'évitement.
À ce prix, le chat oubliera progressivement ses peurs et reprendra une vie normale, à condition, bien sûr, que lui soit épargné tout nouveau face-à-face avec l'agent déclencheur.

Les comportements malpropres et destructeurs

Les comportements normaux de marquage du territoire par l'urine et les coups de griffes peuvent exister chez les chats d'appartement qui n'ont pas accès à l'extérieur. La castration des adultes dans le premier cas et l'éducation précoce dans le second permettent souvent de résoudre ces problèmes.

Cependant, il faut parfois aller plus loin. Les mictions anormales, par exemple, peuvent être dues à une maladie ou à des troubles du comportement. Un examen et une analyse d'urine confirmeront ou infirmeront le premier cas. En l'absence de causes pathologiques, la miction anormale, au même titre que les défécations anormales, entre dans la catégorie des souillures d'élimination. Celles-ci, faites par l'urine ou les selles, ont plusieurs causes.

La première tient à une absence d'éducation : le chaton n'a jamais été mis dans les conditions nécessaires à l'apprentissage de la propreté, ce qui peut être le cas s'il est resté trop longtemps en cage chez un marchand. Certains animaux, eux, deviennent tout simplement malpropres parce que la litière qui leur est proposée est différente de celle sur laquelle ils ont appris à faire leurs besoins. La troisième cause possible est une aversion du chat pour la litière qu'il utilisait précédemment. Elle est souvent due à une erreur de localisation — bac trop proche du coin repas — ou à une réaction à un incident extérieur qui a traumatisé l'animal pendant qu'il se trouvait sur sa litière.

Enfin, le stress, les perturbations émotionnelles de toutes sortes, y compris la peur et l'agressivité, déclenchent également des souillures d'élimination. Ces tensions sont de natures très diverses, et leur diagnostic reste difficile. Pourtant, ce n'est qu'en en découvrant la cause que l'on parvient à guérir un chat malpropre. Trop souvent, les maîtres réagissent d'abord par la punition. Or seule la punition à distance, qui donne parfois de bons résultats, doit être essayée. Mais généralement, le chat ne redevient propre que lorsqu'il n'est plus stressé et qu'il a calmement réappris à réagir différemment.

Les comportements de marquage par griffures sont moins fréquents. Ils existent surtout chez les jeunes chatons. Si l'éducation précoce par punition à distance est bien faite, ils disparaissent rapidement. Seuls quelques chats sont vraiment destructeurs dans les appartements ; il faut alors consulter.

Les phéromones

Les phéromones sont des substances chimiques que les chats libèrent dans leurs sécrétions faciales et leurs urines, essentiellement pour communiquer avec leurs congénères et pour se rassurer. Depuis quelques années, des phéromones de synthèse sont disponibles dans le circuit vétérinaire pour éviter le marquage urinaire, les griffures, et tranquilliser les chats stressés. Elles sont également utilisées pour faciliter la rencontre entre deux congénères et instaurer ainsi plus rapidement une relation de confiance.

Le stress et la dépression

Le stress existe aussi chez les chats ! L'animal est un être sensible et il réagit, comme nous, aux agressions de l'environnement. Cet état de tension se caractérise par des symptômes de peur pouvant entraîner des réactions agressives, par une exagération du comportement de toilettage qui conduit parfois à l'automutilation, par de l'anorexie ou, au contraire, par de la boulimie. Le chat peut encore soudainement devenir malpropre et même, dans les cas extrêmes, abandonner son territoire et partir vivre ailleurs.

La dépression touche les animaux qui ne trouvent plus aucune réponse aux différents stress qui les agressent. Elle apparaît par exemple chez un chat dont le territoire est envahi par un autre animal et qui se voit délaissé par ses propriétaires. Ou bien encore lorsqu'il est déplacé et passe par exemple d'une vie à l'extérieur à une vie dans un appartement clos. Le vieux chat aux capacités physiques déclinantes, qui, parce qu'il est moins vif, moins agréable, plus grognon qu'avant, se trouve moins choyé par ses maîtres, peut connaître aussi cet état.

Les symptômes majeurs de la dépression sont la prostration, l'isolement, l'apparition de conduites agressives, l'anorexie ou, au contraire, la boulimie. Pour être efficace, le traitement doit être entrepris très précocement. Une thérapie comportementale assurée par les maîtres et l'utilisation de médicaments appropriés permettent d'obtenir d'excellents résultats, au moins dans les premières phases.

Les troubles du comportement alimentaire

Le comportement alimentaire des chats maintenus dans des conditions optimales, mais sans relation avec des humains, est tout à fait connu. Des animaux castrés élevés dans une serre et auxquels on a distribué une nourriture appétissante en la renouvelant toutes les deux heures réagissent d'une façon stable. Ils absorbent une vingtaine de petits repas par vingt-quatre heures, répartis dans la journée et la nuit, et régulent très naturellement leur prise alimentaire après quelques jours. Ces chats restent en bonne forme et ne grossissent pas.

Dans la pratique courante, les vétérinaires rencontrent pourtant des animaux obèses et d'autres qui refusent toute nourriture. Force est donc de consta-

Certains chats gèrent leur stress par un excès d'alimentation.

ter l'importance de la présence du maître et des conditions de la vie domestique dans les troubles du comportement alimentaire.

La boulimie ‣ Il s'agit d'une surconsommation de nourriture. Certaines affections, comme le diabète, ou certains médicaments, comme la cortisone et quelques hormones, déclenchent chez le chat un appétit anormal et une prise de poids importante. Seuls des examens biologiques permettent de diagnostiquer, puis éventuellement de traiter les dérèglements en cause. Mais, s'ils ne révèlent aucune pathologie réelle, on conclura à un trouble du comportement. La boulimie frappe deux catégories d'animaux : les chats « renforcés » par leurs maîtres et les chats stressés ou dépressifs. Donner à manger à son minet est un acte agréable. L'animal ronronne, se frotte contre les jambes de son maître. Certains propriétaires proposent donc une quantité excessive de nourriture à leur chat, le caressent pendant qu'il mange. Ils trouvent là un réel plaisir et, probablement, une réponse à leur propre anxiété. Peu à peu, leur chat en arrivera à absorber le double ou le triple de sa ration normale, victime d'une boulimie directement créée par ses maîtres.

D'autres chats, au contraire, malgré l'absence de stimulation humaine, ont un appétit excessif. Ils mendient sans cesse un surcroît de nourriture ou la volent. Ces boulimiques sont de grands inquiets qui gèrent leur stress par un excès d'alimentation, comme d'autres le font en accroissant leur activité de toilettage. Vivant souvent dans des conditions difficiles, qui augmentent leur anxiété, ne disposant d'aucune autre activité de dérivation, ils se tournent naturellement vers la nourriture. Ces animaux sont dès lors en danger, d'autant plus que leur obésité les prédispose à de nombreuses maladies.

Les vétérinaires doivent donc prescrire des régimes, qui sont souvent mal acceptés tant par les propriétaires que par les chats. Ceux-ci se montrent parfois agressifs pendant la durée du traitement, qui doit donc être mis en place très progressivement, sur une durée de plusieurs mois, avec des aliments spéciaux. Parfois, ils ne supportent pas le régime et n'arrivent jamais à retrouver leur poids idéal. Dans ce domaine aussi, mieux vaut donc prévenir que guérir ; ce trouble est à traiter dès les premiers symptômes.

L'anorexie ‣ À l'inverse de la boulimie, l'anorexie est le refus de nourriture. Elle peut découler d'une pathologie ou d'un comportement acquis, être réelle – le chat refuse toute alimentation – ou sélective – le chat semble ne pas se nourrir, mais il accepte cependant certains mets dans des conditions spéciales.

L'anorexie complète est associée à toutes les maladies graves du chat. Les animaux qui en sont atteints ne mangent plus, et seule une éventuelle guérison leur fera retrouver un appétit normal. Mais, chez un animal en bonne santé, elle est rare. Les chats peuvent diminuer sensiblement leur prise de nourriture lorsqu'ils sont très tendus ou pendant les périodes d'activité sexuelle, mais il est rare qu'ils jeûnent complètement.

En revanche, l'anorexie partielle est fréquente. Les chats, en effet, ont un appétit capricieux et des goûts bien marqués. Ils refusent parfois de manger pendant plusieurs jours, voire une semaine, si un aliment ne leur plaît pas ou s'il leur a laissé un souvenir désagréable. L'anorexie est alors partielle et transitoire, car elle disparaît dès qu'une nouvelle nourriture leur est proposée. Cette situation conduit à encourager les caprices alimentaires, mais il est difficile d'agir autrement. Face à une nouvelle anorexie, les maîtres devront faire surveiller l'état de santé de leur compagnon et tenter de ne pas trop céder à ses fantaisies, ce qui n'est pas toujours chose aisée.

Les grandes pathologies

Les affections des différents appareils

Le chat est un animal discret. Lorsqu'il est souffrant, il s'économise et présente peu de symptômes ; il faut donc se montrer attentif, car une variation de comportement et d'activité témoigne dans de nombreux cas d'une maladie. Il peut être victime d'une maladie infectieuse, ses différents appareils (ensembles d'organes participant à la même fonction) peuvent également connaître de nombreuses affections… Nous ne retiendrons ici que les cas les plus fréquents.

L'appareil cardio-vasculaire

Le cœur ‣ La pathologie du cœur tient surtout à des affections du muscle cardiaque. Appelées myocardiopathies, elles sont de plusieurs sortes.

- Hypertrophiques : les parois des ventricules s'épaississent et le volume des cavités diminue.
- Dilatées : les parois des ventricules s'amincissent et le volume des cavités augmente.
- Intermédiaires : le muscle cardiaque est touché par les deux anomalies précédentes.
- Restrictives : les parois deviennent fibreuses, rendant difficiles la dilatation et la contraction du cœur.

Mais, dans tous les cas, le volume de sang éjecté à chaque contraction est inférieur à la normale ; du sang stagne dans les ventricules, ce qui provoque la formation d'un caillot (thrombus). Pendant la majeure partie de l'évolution de la maladie, l'organisme compense ce déficit en augmentant le rythme des battements du cœur. Si cette adaptation ne suffit pas, c'est la décompensation : le chat se fatigue au moindre effort et sa respiration s'accélère. Deux complications sont, la plupart du temps, mortelles : une décompensation aiguë, qui provoque un œdème du poumon ; et une thromboembolie, au cours de laquelle le caillot formé dans le cœur passe dans une artère et l'obstrue ; il migre souvent dans l'aorte postérieure, entraînant une paralysie de l'arrière-train. Certaines cardiomyopathies hypertrophiques sont provoquées par une hyperthyroïdie.

Les symptômes de ces cardiomyopathies ne se manifestent souvent qu'à un stade avancé, et on ignore encore l'origine d'une grande partie de ces affections. Les traitements, souvent mis en œuvre tardivement, ne jouent dans certains cas qu'un rôle palliatif. Notons toutefois la mise sur le marché de nouveaux médicaments et l'amélioration des moyens de diagnostic. Il est en effet aujourd'hui possible de prescrire une échocardiographie à votre chat et de mesurer sa tension artérielle.

Le sang et les anémies ‣ Lorsque la quantité d'hémoglobine – pigment sanguin fixant l'oxygène – est inférieure à la normale, l'animal est anémié. Le premier signe apparent est la pâleur des muqueuses, à laquelle s'ajoutent, si l'affection est importante, de la tachypnée (accélération de la respiration) et de la tachycardie (accélération du rythme cardiaque). Les anémies ont des causes multiples.

- Hémorragies d'origine traumatique ou dues à l'intoxication par des anticoagulants (surtout les raticides. Ces hémorragies sont traitées par la vitamine K).
- Hémolyse, c'est-à-dire destruction importante, dans les vaisseaux sanguins, de globules rouges. Les anémies hémolytiques ont pour origine soit une hémobartonellose, infection due à un parasite sanguin, *Hemobartonella*, qui cède aux antibiotiques ; soit une infection par le virus de la leucose ; soit une intoxication (en particulier par les dérivés du phénol) ; soit une maladie auto-immune, lorsque l'organisme fabrique des anticorps contre ses propres cellules. Rares chez le chat, ces maladies sont soignées par des corticoïdes.
- Production insuffisante de globules rouges (anémie hypo- ou arégénérative). Elle tient à certaines intoxications (par œstrogènes, hydrocarbures, aromates, chloramphénicol), à la leucose, à l'insuffisance rénale en phase terminale, à des

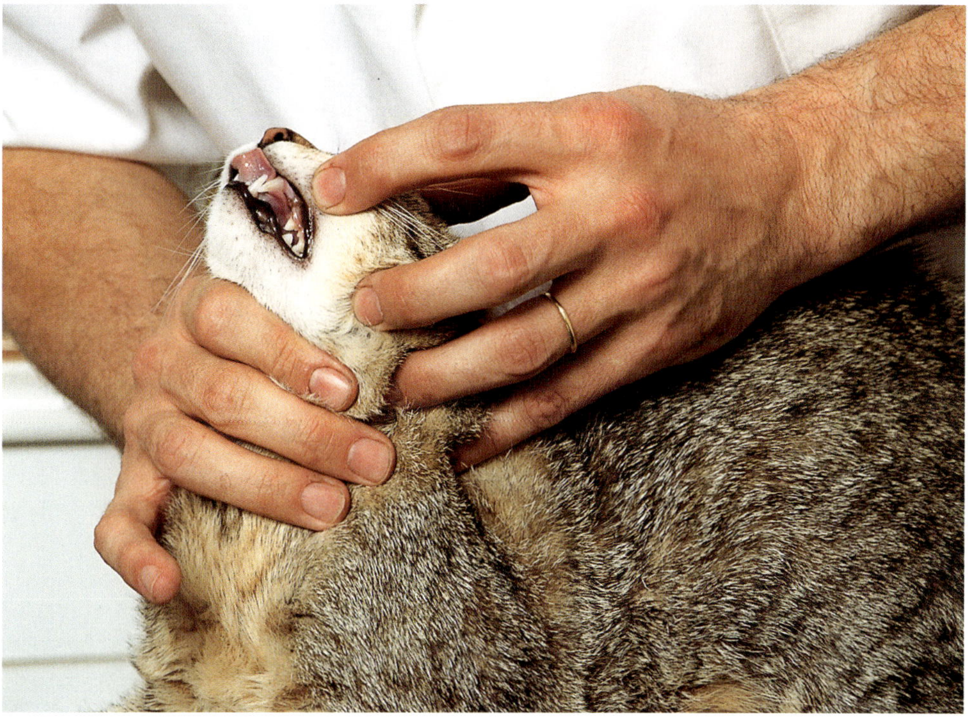

affections inflammatoires chroniques (péritonite infectieuse féline, infection de l'utérus, des poumons, de la plèvre...), ou à l'envahissement de la moelle osseuse par des cellules anormales, tumorales ou non.

Si la gingivite, inflammation des gencives, n'est pas traitée à temps, elle peut entraîner de vives douleurs et rendre le chat anorexique et agressif.

L'appareil digestif

L'oropharynx ‣ Concerne la gueule et le pharynx.

- Les pharyngites (formes d'angine) provoquent de la toux et une douleur à la déglutition qui peut entraîner une anorexie (arrêt de l'alimentation). Elles sont dans la plupart des cas liées au coryza.
- Les gingivites (inflammation des gencives) sont fréquentes chez le chat. Si elles se développent, elles sont très douloureuses et ont pour conséquences l'anorexie, le ptyalisme (le chat n'avale pas sa salive) et parfois l'agressivité. Les causes en sont multiples. L'influence du tartre est peu importante car, dans ce cas, la réaction gingivale demeure faible. En revanche, les infections virales chroniques locales, tels certains coryzas, ou générales, provoquant une immunodéficience (leucose, infection par le FIV), interviennent plus souvent. La plupart des gingivites n'ont pas d'origine connue mais, vraisemblablement, elles fonctionnent selon un mécanisme immunitaire car elles régressent avec la chute des dents. Dans ce cas, le traitement est purement symptomatique, anti-inflammatoire (par corticoïdes ou acétate de mégestrol) et antibiotique.
- Les ulcères peuvent eux aussi provoquer la douleur avec ptyalisme et anorexie. Ils sont d'origine soit virale (coryza, leucose), soit métabolique (urémie).
- Les problèmes de dents sont courants : année après année, le tartre s'y dépose, les déchausse et finit par les faire tomber. Les fractures traumatiques atteignent surtout les crocs qui, en raison de leur position et de leur forme, sont les plus exposés. Les abcès, peu fréquents et visibles uniquement sur les grosses dents, peuvent apparaître spontanément, à l'extrémité des racines, ou à la suite d'une fracture importante ; il faut le plus souvent extraire la dent atteinte. Les caries, qui sont en réalité une résorption de la matière dentaire, se situent au collet ; elles s'associent aux gingivites et semblent être, elles aussi, d'origine immunitaire ; il en résulte des fractures spontanées et la chute des dents atteintes.
- Les tumeurs buccales sont assez fréquentes, généralement cancéreuses et non opérables.

L'œsophage ‣ Le chat n'étant pas un animal glouton, il est rare qu'il absorbe des corps étrangers susceptibles d'obstruer l'œsophage, ou des produits caustiques entraînant des lésions (il faut cependant savoir que l'eau de Javel attire un certain nombre de chats).

La pathologie dominante, bien que peu fréquente, est le mégaœsophage : dilatation et paralysie œsophagiennes qui empêchent le transit normal des aliments et de la boisson vers l'estomac. Il s'accompagne de régurgitations (à différencier des vomissements) et de fausses déglutitions, conduisant à des infections broncho-pulmonaires. Il a trois origines principales :

- des tumeurs thoraciques qui font compression, surtout des lymphosarcomes ;
- une paralysie liée à une maladie générale, en particulier la dysautonomie ;
- une paralysie provoquée par des reflux gastriques fréquents.

Dans les deux derniers cas, on peut améliorer le transit œsophagien en obligeant le chat à s'alimenter la tête dirigée vers le haut.

L'estomac ▸ Les affections de l'estomac (gastrites) sont assez fréquentes. Elles se traduisent par des vomissements qui, s'ils sont répétitifs, présentent souvent des filets de sang ; elles s'accompagnent en outre parfois d'une réduction de l'appétit et d'une augmentation ou d'une diminution de la soif. Les gastrites peuvent être d'origine infectieuse ou métabolique, dues à des corps étrangers (en particulier des boules de poils) ou à des produits caustiques (eau de Javel, médicaments).

En cas de vomissements répétés, il convient de mettre le chat à la diète et de lui administrer un pansement gastrique. Il faut en outre veiller à ce qu'il boive suffisamment pour éviter une déshydratation. Certains vomissements ne sont pas dus à une gastrite mais à d'autres affections telles qu'une diarrhée aiguë, une obstruction intestinale, une pancréatite ou un œdème cérébral.

Ils ne sont d'ailleurs pas toujours les symptômes d'une maladie ; des carnivores en bonne santé peuvent vomir une ou deux fois par semaine ; certains chats gloutons renvoient même leur repas juste après l'avoir absorbé si celui-ci a été trop copieux.

L'intestin ▸ Il résorbe une grande partie de l'eau des selles : celles-ci sont donc facilement sèches, ce qui le prédispose à la constipation. Avec l'âge, la motricité du côlon diminue souvent, surtout chez l'animal sédentaire et obèse, aggravant le processus au point de provoquer des fécalomes (masses volumineuses de selles dures) qui bloquent le transit : le côlon est bouché.

On peut prévenir ce désagrément en donnant une alimentation laxative (foie, lait), éventuellement de l'huile de paraffine et des purgatifs. L'obstruction peut aussi tenir à l'ingestion de proies volumineuses ou à des tumeurs abdominales empêchant une contraction normale de l'intestin, principalement des lymphosarcomes.

Les diarrhées sont elles aussi fréquentes chez le chat, qu'elles soient aiguës ou chroniques, que leur origine se trouve dans l'intestin grêle ou le gros intestin (côlon). Chez le chat, l'intestin tout entier est souvent atteint en cas d'entérite (inflammation de la muqueuse). Lorsque celle-ci ne provoque pas d'anorexie (perte de l'appétit), elle entraîne rapidement, favorisé par la brièveté du tube digestif, un syndrome de mal-assimilation (mauvaise assimilation des aliments), avec polyphagie (augmentation de l'appétit), amaigrissement et déshydratation.

Chez le chat comme chez l'homme, certaines entérites se manifestent par des phases alternées de constipation et de diarrhée. Elles ont des causes multiples ; certaines ne retentissent pas, au moins immédiatement, sur l'état général ; d'autres ont des répercussions rapides ; d'autres, enfin, sont les signes d'une maladie générale.

- Les entérites d'origine alimentaire peuvent être provoquées par un changement trop brutal de nourriture ou une intolérance à certains produits alimentaires, en particulier au lactose (sucre du lait). Une diète de vingt-quatre à quarante-huit heures et la suppression de la substance mal supportée suffisent à les faire disparaître. Elles ne s'accompagnent pas de symptômes généraux.
- Les entérites d'origine parasitaire peuvent être causées par des protozoaires, coccidies (surtout chez les chatons) ou giardias, et par des vers, les trichures. Le traitement est spécifique : sulfamides pour les coccidioses, métronidazole pour les giardiases, mébendazole ou dichlorvos pour les trichures. Elles n'entraînent pas non plus de symptômes généraux.

Il existe aussi des diarrhées (essentiellement chez les jeunes) qui sont dues à des levures, principalement *Candida*.

- Les entérites d'origine bactérienne sont dues à la pullulation de germes pathogènes. Les plus fréquents sont *Campylobacteria*, *Yersinia*, *Salmonella*. Il faut les traiter par des antibiotiques, érythromycine pour *Campylobacteria* et tétracycline pour *Yersinia*, les salmonelles étant en principe sensibles à de nombreux antibiotiques. Ces entérites donnent souvent rapidement des symptômes généraux (fièvre, déshydratation, anorexie).
- Les entérites d'origine virale ne sont habituellement que les signes des maladies plus générales que sont la panleucopénie, la péritonite infectieuse, la leucose. Certains virus restent localisés à

Les affections de l'estomac sont assez fréquentes et se traduisent par des vomissements. Elles peuvent être d'origine infectieuse ou métabolique, dues en particulier à l'absorption des boules de poils.

l'intestin, en particulier le coronavirus félin de type II, qui provoque une diarrhée jaune, bénigne mais assez résistante aux traitements symptomatiques.

Les entérites sont éventuellement liées à des insuffisances organiques, notamment celles des reins, du foie, du pancréas, à des troubles hormonaux (hyperthyroïdie, diabète sucré) à des lymphosarcomes digestifs.

- Les entérites inflammatoires chroniques sont dues à l'infiltration de cellules inflammatoires dans l'intestin.

D'origine inconnue, mais vraisemblablement immunitaire, elles sont favorisées par des traitements antidiarrhéiques mal adaptés. Les corticoïdes et des régimes hypoallergéniques guérissent ces entérites, mais les rechutes sont fréquentes.

Mis à part les trois parasites cités précédemment, coccidies, giardias, trichures, le chat peut être infesté par d'autres parasites intestinaux, principalement par un protozoaire, *Toxoplasma,* et par deux vers, un ténia, *Dipylidium*, et un ascaris, *Toxocara.*

Dipylidium, comme tous les ténias, a un hôte intermédiaire, la puce, et un hôte définitif – en l'occurrence le chat – dans lequel il devient adulte et produit des anneaux contenant des œufs. Les anneaux sortent en dehors des défécations et se présentent, frais, sous forme de petits vers blancs de quelques millimètres de long ; secs, ils ressemblent à des grains de riz miniatures qui restent collés sur les poils de la région anale. Seule une infestation massive risque d'entraîner des troubles qui se traduisent par une augmentation de l'appétit.

Toxocara est un ascaris qui atteint principalement les chatons par l'intermédiaire de la mère, au moment de la tétée. Le cycle dans l'organisme est assez complexe. Les larves infestantes s'enkystent dans les muscles, puis passent dans les vaisseaux, le cœur, les poumons (où elles provoquent éventuellement une bronchopneumonie), la trachée, l'œsophage, l'estomac (à ce stade, elles peuvent apparaître dans les vomissures sous forme de vers enroulés sur eux-mêmes, longs d'une dizaine de centimètres), et enfin l'intestin, où elles deviennent adultes et pondent. Une contamination importante chez le jeune l'expose à un retard de croissance, à un ballonnement abdominal (« ventre de batracien »), exceptionnellement à une dysenterie. Les larves migrent assez facilement chez l'homme, où elles peuvent être à l'origine de troubles hépatiques, pulmonaires, nerveux ou oculaires. Les selles des chats infestés étant contaminantes, il est indispensable de traiter les animaux, surtout s'ils sont en contact avec des enfants.

Le foie ▸ Les affections du foie sont les hépatites. Après les avoir décrites, nous citerons les grandes causes d'ictères (jaunisses). Mis à part les tumeurs, qu'elles soient primitives ou secondaires (métastases de cancers), deux types d'hépatites touchent le chat : les stéatoses et les cholangiohépatites.

- Les stéatoses hépatiques sont dues à l'accumulation anormale de graisse dans le foie. Celle-ci empêche le bon fonctionnement de l'organe, qui devient volumineux, friable et jaunâtre (foie gras). En cas de stéatose importante, il arrive que le taux d'ammoniac dans le sang augmente sensiblement, ce qui provoque des troubles nerveux (encéphalopathie hépatique). Les causes de cette affection

Des avancées thérapeutiques

Une amélioration importante vient d'être observée dans le traitement du diabète du chat. Les chercheurs se sont en effet rendu compte que l'insuline destinée aux traitements des chiens convenait à nos amis félins, mais que son mode et son rythme d'administration devaient être spécifiques.

sont multiples (diabète sucré, intoxications, anorexie chronique, gestation) ou idiopathiques (d'origine inconnue). L'obésité favoriserait l'apparition de la stéatose, au cours de laquelle le chat devient anorexique et peut rapidement mourir. Le traitement passe par la suppression de l'agent pathogène s'il a été déterminé, par une réhydratation, par une alimentation forcée et par l'administration d'hépatoprotecteurs comme méthionine, arginine ou choline.

- Les cholangiohépatites correspondent à une atteinte infectieuse et inflammatoire des voies biliaires et évoluent vers une cirrhose. Les symptômes n'en sont pas spécifiques : diminution de l'appétit ou anorexie, abattement, fièvre, amaigrissement, vomissements, déshydratation, ictère. Seuls des examens de laboratoire permettent d'établir un diagnostic. L'évolution de la maladie dépend de son stade. Les causes en sont mal connues. Des infections des voies biliaires sont parfois mises en évidence ; éventuellement, une pancréatite y est associée. Le traitement passe par la correction des désordres physiologiques (réhydratation, alimentation adéquate) et l'administration d'antibiotiques et de corticoïdes pendant une longue période (au minimum trois semaines).
- L'ictère est la coloration jaune entraînée par une accumulation anormale dans l'organisme de pigments biliaires, qui proviennent de la transformation de l'hémoglobine. Quelle qu'en soit la cause, il finit toujours par avoir une répercussion sur le foie et les reins : à partir d'une certaine concentration, en effet, ces pigments passent dans l'urine. L'ictère est soit préhépatique, c'est-à-dire provoqué par une production trop importante de pigments biliaires, en particulier lors d'anémies hémolytiques, soit hépatique, c'est-à-dire dû à une pathologie du foie (hépatites, tumeurs), soit posthépatique par obstruction des voies biliaires extrahépatiques (calculs, tumeurs, inflammation, fibrose).

Régime alimentaire conseillé lors d'une pancréatite

150 g de viande maigre (volaille, poisson)
2 cuillerées à soupe de lait en poudre écrémé
1 œuf dur
100 g de légumes
En cas d'hépatite, on remplace une partie de la viande par du fromage blanc.

Le pancréas ▸ Il est formé de deux glandes étroitement imbriquées : l'une produit une hormone, l'insuline, qui contrôle la glycémie, c'est-à-dire le taux de glucose dans le sang, l'autre sécrète du bicarbonate et des enzymes digestives, et peut être sujette à des affections spécifiques, les pancréatites.
Leur fréquence est souvent sous-estimée, car elles sont difficiles à diagnostiquer, même au vu d'analyses de laboratoire. Elles risquent toutes de provoquer un diabète par contact avec les cellules produisant l'insuline. Une affection aiguë se caractérise par des vomissements, de l'anorexie, de la fièvre et une douleur abdominale ; les cas graves s'accompagnent d'un état de choc (hypotension, ralentissement du cœur, diminution du volume sanguin), de déshydratation, de troubles cardiaques et de troubles de la coagulation, pouvant tous entraîner la mort. Les causes, sauf si elles sont traumatiques, demeurent généralement inconnues ; l'hypothèse la plus fréquemment retenue est celle d'un reflux du contenu intestinal dans la glande.
Il n'existe actuellement pas de traitement spécifique ; il consiste souvent en antibiotiques et en anti-inflammatoires, et doit s'accompagner de l'atténuation de l'état de choc et d'une diète d'au moins trois jours.
Les pancréatites chroniques, qui résultent de crises aiguës de faible ampleur et à répétition, sont pour la plupart subcliniques (leurs symptômes demeurent trop faibles pour être perçus) ; elles n'aboutissent qu'exceptionnellement à l'insuffisance pancréatique, qui se traduit par une mauvaise digestion, une augmentation de l'appétit et de la diarrhée (les siamois y sont plus sujets que les autres chats).

L'appareil locomoteur

Le squelette ▸ Les chats, d'un naturel vagabond et acrobatique, sont sujets aux fractures ; celles-ci, une fois appareillées, se ressoudent habituellement en trois à cinq semaines. Les tumeurs osseuses demeurent rares et découlent généralement d'un cancer. Les pathologies du squelette tiennent essentiellement à des troubles de l'ossification, souvent liés à des déséquilibres alimentaires.
La chatte allaitante peut présenter une ostéomalacie, c'est-à-dire une déminéralisation simple du squelette, correspondant à un passage trop abondant de minéraux dans le lait.
Le rachitisme, carence en vitamine D chez le petit en croissance, entraîne une déformation du squelette. Mais, grâce à la synthèse de cette substance sur le pelage et à son absorption par le chat lors de sa toilette, cette maladie demeure exceptionnelle.

Une radiographie permet de diagnostiquer les éventuelles fractures et certaines pathologies du squelette.

L'ostéofibrose, due à un apport trop important de phosphore par la viande et les céréales, est encore aggravée par un abus de vitamine D. Elle atteint principalement les chatons âgés de deux à quatre mois, provoquant une fragilisation des os. Ses conséquences sont bien connues : fractures spontanées et déformation des membres, mais surtout de la colonne vertébrale et du bassin, entraînant une constipation qui peut évoluer vers une occlusion. Les siamois y semblent prédisposés. Le traitement consiste à administrer du calcium et à supprimer toute nourriture comportant des céréales et de la vitamine D.

Les hypercalcifications sont dues à un excès en vitamines A et D, que le foie cru contient en grande quantité. Elles se traduisent par une minéralisation des tendons et des ligaments, d'abord au niveau de la colonne vertébrale (ce qui empêche le chat de faire sa toilette), puis dans tout le corps, causant alors une ankylose généralisée et douloureuse.

Les muscles ▸ Chez le chat, la pathologie musculaire est dominée par les traumatismes, en particulier les morsures, suivies d'abcès, source fréquente de grosses pertes de tissu musculaire.

Une seule myopathie héréditaire est bien connue : c'est la « spasticity » du rex devon, qui apparaît entre deux et quatre mois. Elle se manifeste d'abord par des troubles de la posture et du maintien et évolue vers la mort. Les éleveurs, par sélection, s'efforcent d'éliminer les chats à risque.

L'appareil respiratoire

Les rhinites (inflammations du nez) sont dominées par la présence du coryza. Les trachéites simples sont pour la plupart dues à un coryza.

Les affections broncho-pulmonaires ▸ Elles touchent peu le chat ; chez le jeune, certaines souches de calicivirus et de *Chlamydia*, agents du coryza, provoquent cependant parfois des pneumonies.

- Les tumeurs primitives restent rares ; en revanche, les tumeurs secondaires, tout particulièrement consécutives au cancer de la mamelle, sont nettement plus fréquentes.
- Les affections parasitaires, en nombre réduit, sont déclenchées par deux types de vers : des ascaris et *Aelurostrongylus*, dont l'adulte vit dans les bronchioles terminales et dont la prolifération donne de la dyspnée (difficulté respiratoire) et de la toux.
- L'asthme du chat est une entité pathologique bien connue et fréquente ; il apparaît en général chez des individus d'âge moyen ou âgés ; il se traduit par une apparition brutale de dyspnée et de toux. Son origine demeure inconnue ; mais on suppose

qu'il est dû à des réactions allergiques déclenchées notamment par des germes provoquant des infections chroniques sans symptômes. Il est traité par des corticoïdes.

- L'œdème du poumon peut, comme chez toutes les espèces, être dû à une insuffisance cardiaque importante. Il se caractérise par de la toux puis de la dyspnée, avec éventuellement des expectorations rosées. Dans certains cas, il évolue rapidement vers la mort.

Les pleurésies ▸ Chez le chat, les affections de la plèvre ont trois causes principales.

- Les traumatismes : morsures (surtout de chien), plombs de chasse, chocs avec fracture de côtes. Lorsque la cavité pleurale est ouverte vers l'extérieur (pneumothorax), une insuffisance respiratoire s'installe rapidement.
- Les tumeurs médiastinales (le médiastin, par où passent l'œsophage, la trachée, l'aorte..., sépare les deux poumons) sont pour la plupart des lymphosarcomes ; lorsqu'elles sont volumineuses, elles compriment les poumons et créent une insuffisance respiratoire.
- Les épanchements pleuraux (accumulation de liquide dans les plèvres), qui, s'ils sont importants, causent eux aussi insuffisance respiratoire et dyspnée, ont des origines multiples : un hémothorax (épanchement de sang) dû à un traumatisme ou à des troubles de la coagulation généralement consécutifs à une intoxication ; un chylothorax (épanchement de chyle, la lymphe issue de l'intestin) pouvant être d'origine traumatique, infectieuse ou tumorale ; un pyothorax (épanchement de pus) lors d'infections de la plèvre, très souvent post-traumatiques ; un hydrothorax (épanchement de liquide sans inflammation) provoqué par une cardiopathie ou une tumeur, notamment par un lymphosarcome ; un exsudat (épanchement de liquide avec inflammation) lié à une tumeur ou à une péritonite infectieuse féline.

Lorsqu'un épanchement pleural se produit, il est nécessaire de le ponctionner pour le résorber et, si possible, d'en traiter la cause.

La pathologie du diaphragme ▸ Il n'existe qu'une seule pathologie fréquente du diaphragme : la hernie diaphragmatique, déchirure qui se produit lors d'un traumatisme et qui, si elle est trop accentuée, laisse passer les organes abdominaux dans le thorax. Elle est cause de dyspnée et éventuellement d'une pathologie liée à la position anormale des organes abdominaux. Le traitement est exclusivement chirurgical.

Il est intéressant de parvenir à repérer le siège d'une pathologie respiratoire : une rhinite provoque des éternuements ; une trachéite ou une bronchite, de la toux ; une pneumonie, une pleurésie ou une hernie diaphragmatique, de la dyspnée. Cependant, une rhinite, une trachéite ou une bronchite obstructives peuvent elles aussi être à l'origine de dyspnée.

L'appareil urinaire

Les néphrites ▸ D'un point de vue pratique, il vaut mieux appeler insuffisances rénales ces affections du rein.

- Les insuffisances rénales aiguës (IRA) correspondent à l'effondrement brutal de la production d'urine (oligurie et anurie). Elles causent une accumulation rapide des déchets dans l'organisme, en particulier de l'urée et de la créatinine ; leur concentration dans le sang permet d'ailleurs d'évaluer la gravité de l'affection. Les IRA sont prérénales, rénales ou postrénales. Les IRA prérénales sont dues à une insuffisance du filtrage du sang par le rein. Elles ont pour origine soit une hypovolémie (diarrhée, vomissement, hémorragie, brûlure), corrigeable par une perfusion, soit une insuffisance cardiaque au stade terminal, qui entraîne un effondrement du flux sanguin. Les IRA rénales sont provoquées par l'impossibilité du rein à sécréter normalement l'urine. Un désordre immunologique, une infection rénale ou une intoxication en sont le plus souvent la cause, et le traitement vise à la faire disparaître. Les IRA postrénales sont liées à l'obstruction mécanique des voies excrétrices ; des tumeurs mais surtout une lithiase urinaire en sont responsables. Mis à part le traitement spécifique à chacune d'elles, toutes les IRA doivent recevoir un traitement symptomatique qui consiste à essayer de relancer la sécrétion urinaire en injectant des diurétiques (en particulier du furosémide), à pratiquer une dialyse péritonéale pour éliminer les toxines de l'organisme, à corriger l'acidose (acidification nocive du milieu intérieur) qui s'installe rapidement et à éviter une hyperkaliémie (trop élevée, la kaliémie, taux de potassium dans le sang, est particulièrement toxique pour les cellules cardiaques).
- Les insuffisances rénales chroniques (IRC) entraînent progressivement une altération de la fonction rénale correspondant à des lésions irréversibles d'au moins 70 % du rein. L'IRC provoque une augmentation de la soif, une diminution puis une perte de l'appétit, un amaigrisse-

Les vomissements peuvent également être causés par une insuffisance rénale.

ment, de l'anémie (un rein normal sécrète une hormone stimulant la formation des globules rouges) et, en période terminale, des vomissements, de la diarrhée et des ulcères buccaux. Les urines sont diluées (d'où le besoin accru de boisson) et contiennent des protéines, ce qui aggrave le déficit alimentaire dû à la perte de l'appétit. L'analyse sanguine permet de constater une augmentation de l'urée (plus de 0,5 g/l), de la créatinine (plus de 15 mg/l), du phosphore, et une baisse des globules rouges. L'IRC est due au dépôt dans les reins de protéines empêchant la filtration de l'urine ; il se produit ensuite des réactions cicatricielles qui réduisent la taille du rein et le bossellent. Ces protéines sont soit des amyloïdes (sans structure apparente, plus fréquentes chez les abyssins), soit des complexes immuns (agrégats d'anticorps et d'antigènes). Dans le premier cas, les causes sont familiales, dans le second, elles sont liées à des infections chroniques (leucose, péritonite infectieuse féline, métrite…). Il n'existe pas de traitement médical de l'IRC. Seules des mesures diététiques s'imposent : diminuer l'apport protéique, maintenir un apport calorique normal en rendant les repas plus alléchants pour compenser la diminution de l'appétit (une action capitale mais difficilement réalisable), augmenter l'apport vitaminique, ajouter parfois des anabolisants pour combattre l'anémie et la fonte musculaire et des diurétiques doux pour augmenter la prise de boisson. Il existe enfin des malformations rénales congénitales, notamment la maladie polykystique (plus fréquente chez le persan), au cours de laquelle se développent des kystes rénaux pouvant devenir volumineux ; cette affection évolue vers une insuffisance rénale. Notons cependant que le dépistage de la PKD est désormais rendu possible par le biais d'une échographie.

Les cystites ▸ Cliniquement, ces affections de la vessie se traduisent par des mictions (émissions d'urine) fréquentes, impérieuses et douloureuses ; l'urine est alors émise en petites quantités et peut se colorer en rose par la présence de sang. Deux signes caractéristiques permettent aux maîtres de diagnostiquer une cystite chez leur chat : d'une part, l'animal urine souvent et dans des endroits inhabituels, comme s'il devenait sale ; d'autre part, il se lèche fréquemment la région uro-génitale pour atténuer la sensation de brûlure qu'il éprouve.

Certaines cystites sont strictement infectieuses, notamment chez la chatte après ses chaleurs ; dans ce cas, elles se traitent avec des antibiotiques ou des antiseptiques urinaires. Des infections répétitives doivent faire penser à une malformation congénitale de la vessie, qui se diagnostique par la radiographie et se corrige chirurgicalement.

Régime alimentaire conseillé lors d'un SUF (sur cinq ou six jours)

500 g de viande de bœuf dégraissée cuite
125 g de foie cru
1 tasse de riz
2 à 3 verres d'eau
1/2 cuillerée à café de chlorure de calcium

La plupart des cystites ont des causes plus complexes : c'est le syndrome urologique félin (SUF). Le SUF peut toucher tous les chats, mais il est cependant plus fréquent et plus grave chez le mâle castré obèse. Les symptômes ressemblent d'abord à ceux d'une cystite banale ; ils s'aggravent ensuite rapidement en raison de l'obstruction de l'urètre (situé entre la vessie et le méat urinaire), qui provoque une anurie partielle ou complète ; la vessie gonfle et devient très dure et douloureuse. L'insuffisance rénale aiguë s'installe et conduit rapidement à la mort.

L'apparition du SUF est due à trois types de facteurs.

- Les facteurs déterminants : une diurèse (volume d'urine produit) réduite et une quantité importante de minéraux, surtout le magnésium et le phosphore, provoquent la précipitation de sels minéraux – surtout de la struvite, sel phosphomagnésien – sous forme de boue. Ces conditions se trouvent réunies lorsque le chat mange des croquettes de mauvaise qualité (faible humidité et teneur élevée en végétaux, riches précisément en phosphore et en magnésium).
- Les facteurs favorisants : d'une part, une infection bactérienne ou virale qui, par inflammation, provoque la formation de débris et de mucus s'agglomérant avec la boue minérale ; d'autre part, une urine basique, qui facilite l'infection bactérienne et la précipitation de struvite. Cette constatation met une fois encore l'accent sur l'importance des repas fractionnés.
- Le facteur aggravant : le diamètre de l'urètre. Sa petitesse favorise son obstruction par le mucus, ce qui explique la fréquence et la gravité plus élevées du SUF chez le chat castré.

Il faut différencier le traitement d'urgence, qui consiste à lever l'obstacle par sondage ou, en cas d'impossibilité, par la création chirurgicale d'un nouveau méat urinaire en amont du bouchon et à traiter l'insuffisance rénale aiguë, et le traitement de fond, indispensable afin d'éviter les rechutes. Ce dernier a pour but d'éliminer l'infection avec des antibiotiques, et l'inflammation à l'aide d'anti-inflammatoires, d'acidifier les urines grâce à une alimentation appropriée ou à des médicaments, d'augmenter l'envie de boire en ajoutant du sel de cuisine aux aliments, de diminuer l'apport en magnésium et en phosphore en donnant des protéines animales de bonne qualité et une faible quantité de végétaux. Il faut donc préparer à la maison des repas appropriés ou acheter des aliments industriels fabriqués spécialement. Cependant, malgré un bon traitement de fond, administré suffisamment longtemps (deux mois), puis un retour à un régime normal sans les défauts d'origine, les rechutes sont fréquentes.

La peau

Les dermatoses parasitaires ‣ Les chats sont victimes de plusieurs types de parasites.

- Les teignes sont dues à des levures. Chez le chat, 96 % d'entre elles sont provoquées par *Microsporum canis*, contagieux du chat au chat et à d'autres espèces, en particulier au chien et à l'homme (surtout les femmes et les enfants). Chez le chaton, la teigne se présente généralement sous forme de plaques dépourvues de poils, à l'emporte-pièce, non prurigineuses (n'entraînant pas de démangeaisons), qui guérissent spontanément, alors que d'autres apparaissent ailleurs. Elle se traduit aussi par des lésions croûteuses au niveau de la face ; éventuellement, elles s'accompagnent d'une inflammation et de prurit. Certains chats sont porteurs sains (sans symptômes), ce qui implique qu'il faut, en cas de teigne, traiter systématiquement tous les animaux vivant avec l'individu atteint. La thérapeutique classique se fonde sur la prise d'un antibiotique spécifique (griséofulvine) pendant six semaines.

Les autres mycoses cutanées sont rares.

La gale est due à l'infestation du tégument par des acariens.

- La gale notoédrique, cutanée, débute au niveau de la tête ; elle provoque un épaississement de la couche cornée de l'épiderme. Très contagieuse pour l'homme et le chien, elle est cependant devenue très rare en France.
- L'otacariase, autre type de gale, est la cause la plus fréquente des otites externes du chat. Très prurigineuse, elle risque d'entraîner des troubles neurologiques, notamment de l'équilibre, et se manifeste extérieurement par une production importante de cérumen de couleur noirâtre. Exceptionnellement, elle s'étend à d'autres parties du corps.

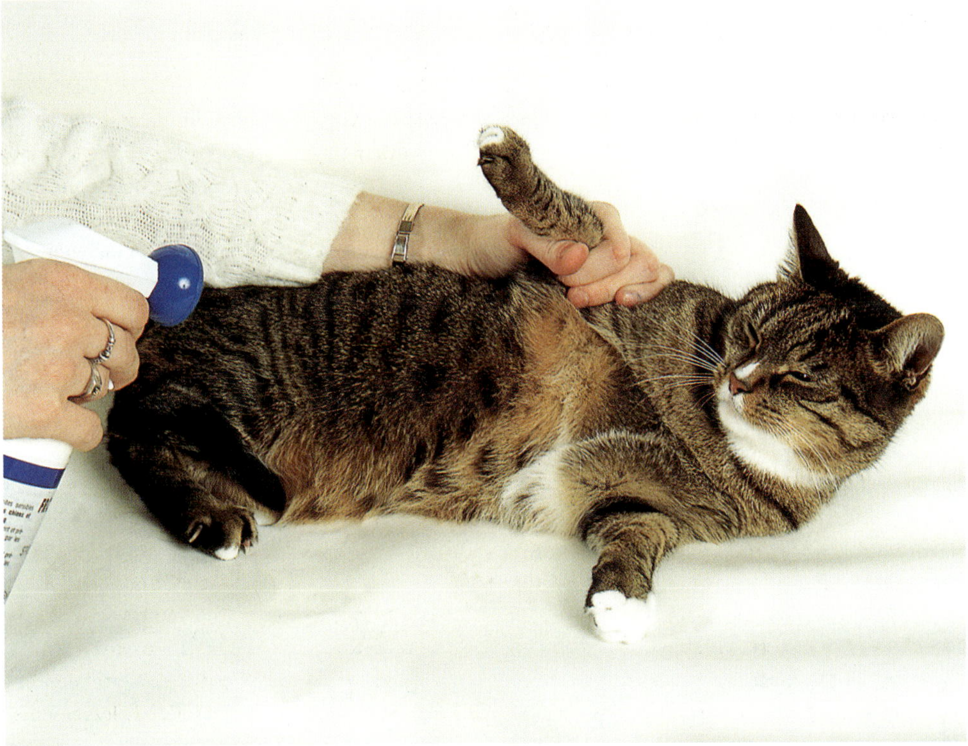

Si votre chat est infesté de puces, traitez-le localement et n'oubliez pas de faire de même pour son environnement.

Le traitement des gales se fait soit localement (avec de l'amitraz), soit par voie générale (avec de l'ivermectine).

- La cheyletiellose est provoquée par un acarien vivant à la surface de la peau. Elle frappe les jeunes chats de moins de un an, surtout lorsqu'ils ont le poil long comme le persan, et donne du prurit, du squamosis (pellicules) ; si elle s'aggrave, elle est à l'origine de croûtes, de rougeurs et d'une perte de poils. Les lésions se situent surtout sur la tête et le tronc. La plupart des antiparasitaires externes agissent efficacement.
- La démodécie est déclenchée par un acarien qui s'installe surtout dans les follicules pileux. Rare chez le chat, elle se déclare souvent lorsqu'il existe une maladie débilitante sous-jacente (immunodépression, diabète). Elle se caractérise par des dépilations diffuses ou localisées, surtout sur la tête, pratiquement sans prurit.
- Les attaques d'aoûtats, larves de couleur orangée d'acariens qui vivent dans le sol et se nourrissent de sang à la fin de l'été et au début de l'automne, provoquent une irritation très importante. Aux endroits où les larves s'implantent (tête, oreilles, doigts, zone périnéale), leur salive agit de façon très désagréable. Lorsqu'elles sont encore sur place, le diagnostic est évident. Un traitement à base d'anti-inflammatoires locaux et généraux fait disparaître les symptômes.
- La pulicose, ou infestation par les puces, est fréquente chez le chat. La plupart du temps, elle reste modérée mais, lorsqu'elle se développe, elle donne du prurit. Certains animaux présentent une hypersensibilité à la salive des puces et développent des lésions eczémateuses. Le diagnostic se fait facilement en recherchant les parasites ou leurs excréments (noirs à l'origine, ils deviennent rougeâtres lorsqu'ils sont dilués dans l'eau). Le traitement utilise les insecticides. Il faut savoir qu'environ 10 % seulement des puces qui parasitent un animal se trouvent rassemblées sur lui à un moment donné ; les autres le quittent et reviennent. Cela explique l'inefficacité des produits instantanés (en poudre ou en aérosol) et la nécessité absolue de traiter l'environnement.

Les dermatoses eczémateuses ▸ Elles se présentent sous trois formes principales :

- l'alopécie, c'est-à-dire la chute des poils ;
- la dermatite miliaire féline, ou eczéma arénacé, qui se présente sous forme de rougeurs et de petites croûtes (de 1 à 2 mm) sur tout le corps, avec une localisation privilégiée le long de la colonne vertébrale ;
- le complexe granulome éosinophile. Il regroupe trois entités : l'ulcère, situé surtout au niveau de la

Hypersensibles à la salive de puce, certains chats développent des lésions eczémateuses.

lèvre supérieure ; la plaque éosinophile, surélevée, dépilée, avec de l'exsudation (suintement), cause d'un prurit intense ; le granulome linéaire, formé de lésions nodulaires, jaunâtres ou rosées, disposées en ligne, et situé surtout à l'arrière des cuisses.

La plupart de ces dermatoses ont pour origine des allergies et s'accompagnent de prurit. Les chats atteints sont particulièrement sensibles aux parasites cutanés (surtout les puces), à certains aliments, aux allergènes saisonniers... Le traitement s'attache à faire disparaître les symptômes (par les corticoïdes ou l'acétate de mégestrol) et à supprimer l'allergène, dans la mesure où il a été découvert et à condition que cela soit possible.

Les autres dermatoses ▸ On peut en distinguer quatre.

- Les alopécies ont bien d'autres causes que l'eczéma. L'alopécie psychogène est provoquée par le léchage trop important d'un chat anxieux. L'alopécie de fin de gestation, d'allaitement ou de castration est donc d'origine hormonale ; contrairement aux alopécies par léchage, où l'on peut voir ou sentir les poils cassés à la base, les zones dépilées sont complètement glabres. Si, pendant la période de reproduction de la chatte, l'alopécie vraie demeure rare, la calvescence (diminution de la densité du poil), touchant surtout le ventre et les cuisses, est très fréquente. L'alopécie partielle périauriculaire se situe en avant des oreilles et n'a pas de caractère pathologique. L'acné féline apparaît sur le menton, qui présente une calvescence avec des petites croûtes noires, et qui peut gonfler et devenir légèrement douloureux. Cette affection bénigne est cependant récidivante et se traite avec des antiseptiques et des antiséborrhéiques. La séborrhée de l'organe supracaudal se situe sur le dessus de la queue, au niveau du tiers antérieur de celle-ci. Elle atteint presque exclusivement les chats mâles non castrés. Les poils sont peu fournis, collés et gras. Elle se traite par des antiséborrhéiques ; la castration la fait disparaître.
- La dermatite solaire des oreilles affecte leur bord supérieur lorsqu'elles ne sont pas pigmentées. Elles sont alors rouges, douloureuses et sujettes à l'ulcération. Cette affection est en fait une réaction allergique au soleil ; si le chat y est sensible, il est donc conseillé de le garder à l'ombre et de l'enduire d'une crème « écran total ». Chez les individus très atteints, il faut amputer les oreilles car les lésions se cancérisent facilement.
- Les dermatoses infectieuses découlent presque toujours des lésions provoquées par les bagarres entre chats. Elles regroupent des infections superficielles déclenchées par des coups de griffes et des abcès sous-cutanés.
- Les tumeurs cutanées les plus fréquentes sont des épithéliomas faisant suite à la dermatite solaire et des fibrosarcomes, tumeurs cancéreuses dues à un

virus. Celles-ci se présentent au début sous forme de nodules durs adhérant à la peau et qui peuvent devenir extrêmement volumineux. On les rencontre surtout chez les chats âgés de plus de huit ans. Elles ne métastasent qu'exceptionnellement, mais leur récidive est relativement fréquente après leur ablation chirurgicale.

Les glandes endocrines

La nymphomanie ▸ Elle est provoquée par une sécrétion trop forte et sur une période trop longue d'œstrogènes ovariens.

Le diabète sucré ▸ C'est l'augmentation de la glycémie (taux de glucose dans le sang), habituellement contrôlée par l'insuline produite par le pancréas. Le diabète se déclare surtout chez les chats gras, voire obèses, et se manifeste par une polyphagie (augmentation de l'appétit), une polyurie (augmentation de la quantité d'urine), une polydipsie (augmentation de la soif, conséquence de la polyurie), accompagnées d'un amaigrissement. En phase terminale, le diabète provoque de l'anorexie, des vomissements, puis un coma évoluant vers la mort.

Certains chats diabétiques présentent des troubles nerveux qui se traduisent par une faiblesse musculaire, en particulier au niveau de l'arrière-train ; dans des cas extrêmes, ils prennent un aplomb plantigrade. Le diagnostic se fait par analyses de sang et d'urines. Normalement, celles-ci ne contiennent pas de glucose : la glycémie à jeun est alors comprise entre 0,70 et 1,10 g/l. Les individus chez lesquels elle atteint 1,30 à 1,80 g/l sont considérés comme prédiabétiques ; leur traitement relève des sulfamides hypoglycémiants pris par voie orale et d'un régime hyperprotéique et hypoglucidique. Ce stade est cependant rarement diagnostiqué.

L'hyperglycémie et donc la perte urinaire de glucose provoquent des perturbations du métabolisme des graisses et entraînent une stéatose hépatique, une augmentation du taux de cholestérol dans le sang et l'existence de cétonurie (présence dans les urines de corps chimiques proches de certains sucres tel le fructose). Ces troubles annexes ont leur importance car le chat connaît parfois une hyperglycémie de stress qui s'élève jusqu'à 3 g/l et fait penser à tort à un diabète. De même, il peut souffrir d'un diabète transitoire lié à une pancréatite. Le traitement consiste en une injection journalière d'insuline retard, dont la quantité est adaptée progressivement en fonction des mesures de la glycémie et de la glycosurie. Les corticoïdes et l'acétate de mégestrol à doses fortes et prolongées favorisent le passage du stade prédiabétique au stade diabétique.

L'hyperthyroïdie ▸ Elle est causée par la sécrétion trop importante d'hormones par la thyroïde. Elle atteint les chats âgés et est due à une tumeur de la glande, le plus souvent un adénome (tumeur bénigne). Elle provoque un amaigrissement, une polyphagie, une hyperactivité, une tachycardie (augmentation du rythme cardiaque) avec apparition d'une cardiomyopathie hypertrophiante, des selles molles jusqu'à devenir diarrhéiques et, en phase terminale de l'anorexie, des vomissements et de la faiblesse musculaire. Le diagnostic est établi grâce à l'injection d'une hormone stimulant la sécrétion thyroïdienne : avant la piqûre, l'hormone thyroïdienne a une concentration normale ou supérieure à la normale ; après, elle ne connaît pas d'augmentation car la thyroïde atteinte est insensible aux stimulations. Le traitement se fait par administration de médicaments antithyroïdiens. Il est possible de retirer la glande au cours d'une intervention chirurgicale, mais ceci comporte des risques certains.

Les yeux

Les atteintes de l'orbite ▸ Elles sont peu fréquentes et liées surtout aux traumatismes, à l'origine d'un hématome. Le principal symptôme est une exophtalmie (œil poussé à l'extérieur de l'orbite), qui se double d'une congestion des paupières, de la conjonctive et de la région orbitaire, et d'un strabisme (le chat louche). La vision est menacée par la compression et l'étirement du nerf optique. Deux affections plus rares se traduisent par des signes identiques : les abcès, qui s'accompagnent en outre de fièvre, et les tumeurs ; dans ce dernier cas, les différents symptômes apparaissent progressivement.

Les affections des paupières ▸ Elles sont très nombreuses.

- Le colobome de la paupière supérieure est un défaut de son développement. Le traitement consiste à calmer l'irritation qui en résulte et à corriger la malformation par la chirurgie.
- L'entropion, c'est-à-dire l'enroulement vers l'intérieur de la paupière, affecte surtout la paupière inférieure. Le frottement des poils engendre une irritation et des lésions de la conjonctive et de la cornée. La plupart du temps, il ne tient qu'à une prédisposition congénitale qui se révèle lors d'une atteinte douloureuse de l'œil (kératite, conjonctivite…), provoquant un blépharospasme (fermeture spasmodique des paupières). La correction se fait au cours d'une opération, mais il est nécessaire d'y associer un traitement spéci-

fique de l'affection originelle. Les persans sont prédisposés à l'entropion.

- Les blépharites, inflammations des paupières, relèvent des mêmes causes que les affections dermatologiques, mais les infections bactériennes sont ici plus fréquemment en cause.
- Les conjonctivites, inflammations des conjonctives, extrêmement fréquentes, ont des causes très nombreuses : traumatismes, allergies, affections du globe oculaire (kératite, uvéite, glaucome, affection orbitaire, blépharite...) ou coryza. Les traitements, en général à base de collyres instillés localement, doivent être adaptés à la cause.
- La procidence de la membrane nictitante se constate fréquemment. Cette membrane, appelée couramment troisième paupière, est normalement effacée dans l'angle interne de l'œil. Son extériorisation est due à des causes locales – douleurs provoquées par une conjonctivite ou une kératite – ou générales – déshydratation, cachexie (maigreur extrême), diarrhée, affections nerveuses (rage, dysautonomie), médicaments tranquillisants.
- Les kératites sont des affections de la cornée, organe fragile, qui cicatrise mal car il n'est pas directement irrigué par les vaisseaux sanguins. Leur origine est souvent un ulcère qui provoque un œdème (cornée bleuâtre) et une réaction cicatricielle, avec apparition de vaisseaux sanguins pouvant compromettre la vision ultérieure par la formation d'une taie. Les ulcères sont à l'origine d'une autre complication : la perforation de la cornée.

Quelle que soit la cause de la kératite, elle doit être traitée localement, par des collyres, des antibiotiques pour lutter contre l'infection ou les surinfections, un cicatrisant cornéen, éventuellement de l'atropine pour éviter les spasmes douloureux, une substance anticollagénase pour éviter l'agrandissement de l'ulcère, des larmes artificielles et des anti-inflammatoires pour empêcher une réaction cicatricielle trop importante.

- Les kératites traumatiques, essentiellement dues à des coups de griffes, et par conséquent courantes, s'accompagnent souvent de perforations. Lorsque la plaie est étendue, la chirurgie (en particulier la suture de la cornée) et l'administration d'anti-inflammatoires et d'antibiotiques par voie générale doivent être associées au traitement local. Les résultats sont souvent spectaculaires.
- Les kératites herpétiques sont provoquées par un des agents du coryza. Les ulcères qui se forment à cette occasion présentent au début un aspect ponctiforme ou en carte géographique. On associe au traitement habituel des anti-herpétiques locaux.
- La kératite éosinophilique touche le chat adulte, généralement sans aucune autre atteinte éosinophilique (éosinophilie sanguine, diarrhée éosinophilique, complexe granulome éosinophile). Le point de départ, situé à la périphérie de la cornée, présente des vaisseaux néoformés ou du tissu granuleux entouré d'une large zone œdématiée associée à une conjonctivite. Le traitement est local, à base de corticoïdes, et général, à l'aide de corticoïdes et d'acétate de mégestrol. Il se révèle généralement efficace, mais il faut veiller aux possibles rechutes.
- Les kératites mycosiques sont rares et se produisent après un traitement local prolongé à base de corticoïdes et d'antibiotiques.
- Le séquestre cornéen, ou nécrose cornéenne, est une mortification d'une zone de la cornée. Son origine est inconnue, mais il tient sans doute à une prédisposition congénitale, en particulier chez les persans et les siamois, associée à une irritation cornéenne chronique. Autour du séquestre se produit une forte inflammation de la cornée. Le traitement passe par l'élimination du facteur irritant jusqu'à la disparition spontanée du séquestre (mais elle peut réclamer plusieurs années) ou par son ablation chirurgicale.
- Les uvéites sont les inflammations de l'uvée, qui comprend l'iris et la choroïde, tapis pigmentaire situé derrière la rétine. Leurs symptômes sont variables : œdème et néovascularisation de l'iris, avec l'apparition d'une coloration rosée, dépôt de caillots de sang dans la chambre antérieure de l'œil située entre la cornée et l'iris, myosis figeant ce dernier en « petite pupille ». L'iris peut alors adhérer en avant de la cornée ou, en arrière, au cristallin. Ces lésions de l'iris provoquent souvent un glaucome évoluant vers la cécité. Le traitement associe des anti-inflammatoires locaux et généraux à des collyres favorisant une mydriase (grande pupille), en particulier à l'atropine ; des antibiotiques sont nécessaires si on suspecte une infection bactérienne ; éventuellement, il faut y ajouter le traitement spécifique du glaucome.

Les uvéites découlent souvent de traumatismes ou de maladies générales : toxoplasmose, leucose, péritonite infectieuse féline, infection par le virus d'immunodéficience féline.

- Le glaucome est dû à une hypertension intraoculaire, c'est-à-dire une augmentation anormale de la pression de l'humeur aqueuse. Chez le chat, il fait en général suite à une uvéite. Si son évolution

Dans certains cas, le frottement des poils engendre des irritations et des lésions de la cornée et de la conjonctive.

est chronique, l'œil devient souvent plus gros que la normale (buphtalmie), et la perte de la vision est rapide et irréversible. Le traitement utilise un collyre permettant de contrôler la pression intraoculaire (par exemple le maléate de timolol), un diurétique et des corticoïdes locaux et généraux ; parfois, il faut extraire le cristallin.

- La cataracte (opacification du cristallin) congénitale est exceptionnelle chez le chat. Les cataractes de vieillissement ou liées au diabète sucré sont rares.
- La luxation du cristallin, antérieure ou postérieure, est son affection principale. Libéré de ses attaches, celui-ci tombe en avant, contre l'iris, ou en arrière au contact du corps vitré. La luxation du cristallin est le résultat de glaucomes, d'uvéites ou de traumatismes. La seule thérapeutique consiste à l'extraire par la chirurgie.

Les maladies de la rétine ▸ On en compte quatre.

- Les rétinites sont souvent associées aux choroïdites (inflammations de la choroïde), et leur diagnostic n'est souvent établi que tardivement.
- Les hémorragies rétiniennes sont éventuellement provoquées par des anémies importantes ou par une hypertension sanguine, souvent associée à une insuffisance rénale chronique. Les lésions évoluent vers des complications cicatricielles ou vers le décollement de la rétine. Dans ce cas, le pronostic de la cécité est presque certain.
- Les dégénérescences rétiniennes centrales sont rares et n'entraînent qu'une baisse d'acuité visuelle centrale ; elles correspondent à une dégénérescence des cônes. La plupart sont d'origine inconnue ; on a cependant mis en évidence des cas liés à une nourriture à base d'aliments industriels pour chiens, pauvres en taurine.
- L'atrophie rétinienne diffuse touche quant à elle toute la rétine, avec dégénérescence des cônes et des bâtonnets. Cette affection à caractère héréditaire se constate chez les persans et les abyssins.

Les panophtalmies ▸ Elles affectent tout le globe oculaire. En général, elles apparaissent à la suite d'un traumatisme perforant. Elles touchent aussi les chatons sphynx : ils ont en effet, lorsqu'ils naissent, les yeux ouverts, et ceux-ci s'infectent dans les voies génitales de la mère. Ces affections se traduisent par une buphtalmie (œil plus gros que la normale). L'administration massive d'antibiotiques ne suffit souvent pas à éviter l'ablation totale de l'œil (énucléation).

Les tumeurs ▸ Les tumeurs des paupières, relativement fréquentes, sont très souvent cancéreuses. Elles affectent surtout les chats dont le bord des paupières n'est pas pigmenté. Les tumeurs intra-oculaires peuvent être le résultat d'un processus cancéreux. Sous leur forme primitive, ce sont pour la plupart des mélanomes, cancéreux ou non, de l'uvée.

Pathologie de la reproduction

L'infertilité du mâle ▸ Elle se traduit par diverses formes.

- L'ectopie testiculaire est la situation anormale d'un testicule dans l'aine ou l'abdomen. Le chat est monorchide lorsqu'un seul testicule se trouve dans les bourses, ou cryptorchide lorsque aucun des deux n'est apparent. Bien que rare (environ 4 ‰), cette affection est la première cause de stérilité. Le testicule mal placé a une température un peu plus élevée que s'il se trouvait dans les bourses, ce qui empêche la maturation des spermatozoïdes. L'ectopie est toujours diagnostiquée assez tardivement, car le testicule est difficile à palper chez le jeune chaton et peut se déplacer jusqu'à l'âge de quatorze semaines. Contrairement à d'autres espèces, chez le chat l'ectopie d'un testicule n'entraîne pas sa cancérisation.
- L'infection par le virus de la panleucopénie chez le nouveau-né interrompt parfois le développement testiculaire.
- Une anomalie du nombre des chromosomes sexuels entraîne aussi une stérilité. Le cas des chats écaille de tortue, noir et orange, ou tricolores, noir, orange et blanc, a été bien étudié ; on compte parmi cette population environ un mâle stérile pour trois mille individus. Tous les mammifères possèdent un couple de chromosomes sexuels, qui détermine leur sexe, XX chez la femelle, XY chez le mâle ; chez le chat, la couleur noire et la couleur orange sont liées au chromosome X, et il ne peut y avoir qu'une couleur par chromosome X ; un chat mâle qui a la couleur orange et la couleur noire présente donc une anomalie de son caryotype (ensemble de paires de chromosomes) car il possède deux chromosomes X ; cela entraîne un développement génital incomplet et par conséquent la stérilité.
- Les affections de la prostate et les tumeurs testiculaires sont rares et interviennent très peu sur la fertilité.
- Les refus ou les échecs de saillie se constatent assez souvent lorsque le chat n'est pas dans son environnement ou s'il est inexpérimenté (ils se produisent aussi chez la chatte, mais beaucoup moins fréquemment, avec parfois un arrêt des signes de chaleurs). En général, un peu de patience suffit à corriger ces troubles du comportement.
- La libido du mâle est inhibée par la douleur, en particulier par celle que provoquent la présence d'anneaux de poils autour du pénis chez les chats à poil long et les calculs urétraux (un arrêt des saillies pendant au moins deux mois est souhaitable après une intervention chirurgicale sur l'urètre).
- L'infertilité totale ou relative du mâle peut tenir à une mauvaise qualité du sperme due à une inflammation des bourses par de l'eczéma ou à une blessure entraînant une hausse de la température des testicules, à des saillies trop nombreuses (plus de quatre jours consécutifs), à l'âge (mâle de moins de un an ou trop âgé).

L'infertilité de la femelle ▸ Les anomalies génitales de la femelle sont rares. Cependant, tous les organes génitaux (vulve, vagin, utérus, ovaires) peuvent connaître un développement anormal, habituellement décelé par une exploration chirurgicale.

- L'anœstrus (absence de cycle ovarien) est relativement fréquent. Il faut commencer par différencier un anœstrus ou une pseudo-gestation normaux ou provoqués par une castration ou une injection de progestatif, toutes deux ignorées, d'un anœstrus pathologique, souvent lié à des kystes ovariens ou à des lésions utérines. Un anœstrus sans lésions associées qui se prolonge trop est éventuellement traité par l'injection d'hormones stimulant les ovaires.
- Les métrites glandulo-kystiques de la paroi utérine sont assez inhabituelles chez la chatte. Elles sont dues à un épaississement de la surface interne de l'utérus, avec formation d'amas kystiques qui sécrètent une substance muqueuse et entraînent une surinfection. Les symptômes évoquent une intoxication : abattement, anorexie, souvent polyurie, polydipsie, déshydratation et, lorsque le col est ouvert, pertes purulentes. Dans ce dernier cas, on peut tenter un traitement médical en provoquant la vidange utérine et en donnant des antibiotiques. En cas d'échec, il faut pratiquer un acte chirurgical (avec castration et ablation de l'utérus). Ces métrites se rencontrent chez des chattes d'âge moyen ou élevé n'ayant eu que peu ou pas de portées et ayant reçu une contraception orale pendant une longue période.
- Les kystes ovariens méritent une place particulière car ils constituent la cause la plus courante d'infertilité chez la chatte. Leur fréquence augmente avec l'âge et varie selon les races (elle est plus grande par exemple chez les siamoises). La plupart des kystes découlent de follicules mûrs (ensembles formés par l'ovule, cellule reproductrice de la femelle, et les cellules qui l'entourent) qui ont persisté et dégénéré. Plus ou moins gros, en nombre variable, ils affectent un ovaire ou, le

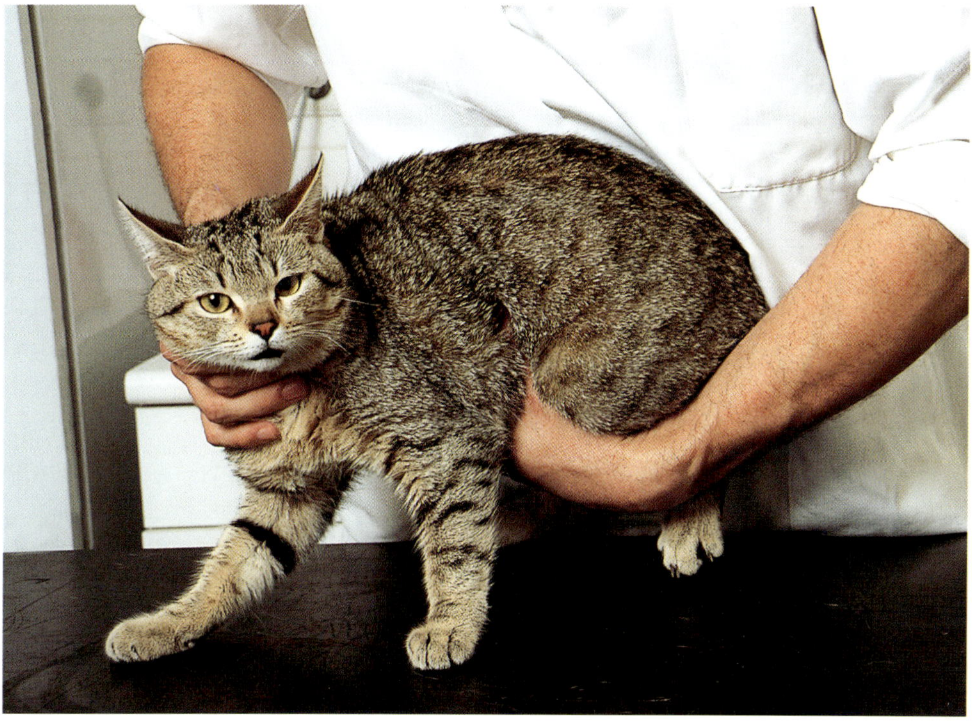

Les kystes ovariens constituent la cause la plus courante d'infertilité chez la chatte.

plus souvent, les deux ; la façon dont ils se forment n'est pas connue. Tantôt ils ne produisent pas d'hormone femelle (œstradiol) et provoquent un anœstrus, tantôt au contraire ils en sécrètent et induisent la nymphomanie. Celle-ci, fréquente chez les siamoises, se traduit par des symptômes de chaleurs violents et continus ; il ne faut pas la confondre avec l'hyperœstrie (chaleurs normales se succédant sans interruption), fréquente elle aussi chez les siamoises. Dans le cas de kystes sécrétants, les symptômes permettent d'établir un diagnostic, qui peut être confirmé par le dosage de l'œstradiol (supérieur à 2 pg/ml). Le traitement médical utilise des progestatifs ; le traitement chirurgical consiste à « éplucher » les ovaires ou à stériliser la chatte : cette dernière solution représente le seul moyen d'éviter les récidives possibles.

Pathologie de la gestation

Mort fœtale et avortement ▸ Cette pathologie se rencontre relativement souvent chez la chatte et se manifeste par des symptômes extrêmement variés. Ils sont souvent inexistants si la mort fœtale survient très précocement. Si la gestation est plus avancée, des pertes plus ou moins sanguinolentes apparaissent, accompagnées éventuellement de débris de fœtus ou de fœtus entiers morts qui sont soit normaux, soit momifiés (déshydratés), soit emphysémateux (putréfiés). Les chatons nés avant le cinquante-sixième jour de gestation ne sont pas viables ; avant le soixantième jour, ils sont prématurés.

Les avortements, sauf en cas d'infection, n'affectent pas l'état général de la chatte et surviennent habituellement entre la quatrième et la septième semaine. La mort d'un fœtus n'est pas toujours suivie d'un avortement et ne met pas forcément en danger les autres chatons de la portée : même si quelques pertes sanglantes surviennent, la gestation se poursuit normalement. Enfin, il arrive, rarement toutefois, qu'un fœtus momifié ne soit pas expulsé lors de la mise bas.

La mort fœtale est due à des virus (ceux du coryza, de la leucose, de la péritonite infectieuse féline et de la panleucopénie), à des bactéries, à un parasite (le toxoplasme) ou à d'autres facteurs mal déterminés.

- La rhinotrachéite, une forme de coryza, peut provoquer entre la cinquième et la sixième semaine de gestation des avortements qui sont toujours accompagnés, chez la mère, de symptômes de coryza.
- La leucose est à l'origine d'infertilité, de résorption fœtale (mort du jeune fœtus, dont les tissus disparaissent dans l'utérus), d'avortements à partir de la troisième semaine et de néomortalité (mort du chaton peu de temps après la naissance).

- La péritonite infectieuse féline semble être en cause dans certains cas d'infertilité, d'avortements en fin de gestation, suivis souvent d'infections utérines et de mortalité néonatale.
- La panleucopénie infectieuse, quand elle atteint la chatte en cours de gestation, provoque des avortements, de la néomortalité, des anomalies du développement du cervelet des petits.
- Les bactéries provoquant une infection utérine empêchent le développement normal du fœtus, qui meurt.
- La toxoplasmose entraîne chez le chaton dont la mère est contaminée dans le dernier tiers de la gestation de l'anorexie, de l'asthénie, de l'incoordination et la mort. Le cas demeure rare.

D'autres causes sont moins bien déterminées. Cependant, chez une chatte, des avortements à répétition au même stade de gestation, sans aucune autre raison décelable, doivent faire penser à un manque d'hormone de gestation ; on peut alors lui administrer un traitement de substitution, commencé une semaine avant la date présumée de l'avortement et interrompu une semaine avant la mise bas. Il faut cependant éviter tout surdosage, qui risquerait de masculiniser les chatons femelles et de prolonger anormalement la gestation.

Pathologie de la parturition

Divers problèmes peuvent rendre difficile ou impossible la mise bas normale. Ce sont les dystocies, qui demeurent rares et concernent plus souvent les persanes que les femelles des autres races. Il faut envisager ce risque lorsque le chaton n'est pas né une demi-heure ou une heure après la rupture des enveloppes fœtales, ou lorsque les contractions ne sont pas efficaces deux à trois heures après l'expulsion d'un chaton. L'interruption accidentelle de la mise bas s'accompagne fréquemment de pertes vaginales qui deviennent progressivement rouge sombre.

Les dystocies d'origine fœtale ▸ Elles tiennent essentiellement à la déviation de la tête et à l'excès de volume du chaton, surtout fréquent lorsque la portée est peu nombreuse (un ou deux petits). La présentation par la nuque ou par l'arrière n'est pas anormale, mais, étant donné que le nouveau-né est expulsé plus lentement, il risque la mort s'il reste trop longtemps engagé dans le bassin. La présentation de deux chatons en même temps est rare.

Les dystocies d'origine maternelle ▸ Elles proviennent de l'étroitesse du bassin à la suite d'une fracture ou en raison du jeune âge de la chatte, fécondée lors de premières chaleurs précoces (quatre à cinq mois). Plus rarement, elles sont dues à une torsion de l'utérus (en général, une corne qui fait un quart de tour ou un tour), ou à une rupture utérine due à un traumatisme, ou encore, dans le dernier cas, à un traitement trop puissant destiné à renforcer les contractions. La cause la plus courante de dystocie maternelle est en effet l'atonie utérine, c'est-à-dire l'absence de contractions. Elle existe parfois naturellement : c'est l'atonie primitive, que connaissent souvent les primipares (chattes qui ont leur première portée) surtout lorsqu'elles ont plus de cinq ans, et les chattes âgées. Elle peut aussi s'installer en fin de mise bas lorsque celle-ci a été longue et difficile : c'est l'atonie secondaire. Il faut distinguer l'atonie du part languissant (mise bas au cours de laquelle les contractions sont peu nombreuses), fréquent chez les primipares.

Dans les deux derniers cas, on injecte de l'ocytocine, hormone provoquant la contraction de l'utérus et l'expulsion du lait hors des mamelles ; il faut répéter l'injection à raison de deux à trois unités toutes les demi-heures, l'urgence étant pour les chatons, pas pour la mère.

En cas d'échec de ce traitement, ou pour toutes les autres causes de dystocies, il faut pratiquer une césarienne, si l'on souhaite garder les chatons, ou une ovariohystérectomie (castration plus ablation de l'utérus), si on ne veut conserver ni les chatons ni le potentiel de reproduction de la chatte.

Pathologie du post-partum

Il s'agit des pathologies qui peuvent survenir après la mise bas.

Les problèmes d'adoption de la portée par la mère ▸ Ils sont rares lorsque la mise bas s'est bien déroulée, mais ils se rencontrent régulièrement après une césarienne, et exceptionnellement chez la femelle primipare dont l'environnement a été perturbé. S'ils se présentent, on peut donner des tranquillisants ou enduire les chatons avec du beurre naturel ou parfumé (tel le beurre de crevette), que leur mère finit par lécher.

Les infections de l'utérus ▸ Elles sont souvent liées à une mise bas difficile ou à la rétention d'un placenta. Les symptômes apparaissent rapidement : fièvre, arrêt de la lactation et pertes brunes. Le traitement doit être mis en œuvre rapidement. Il consiste en une antibiothérapie massive, en l'administration de médicaments provoquant des contractions utérines (ocytocine, dérivés de l'ergot de seigle), et éventuellement en une réhydratation.

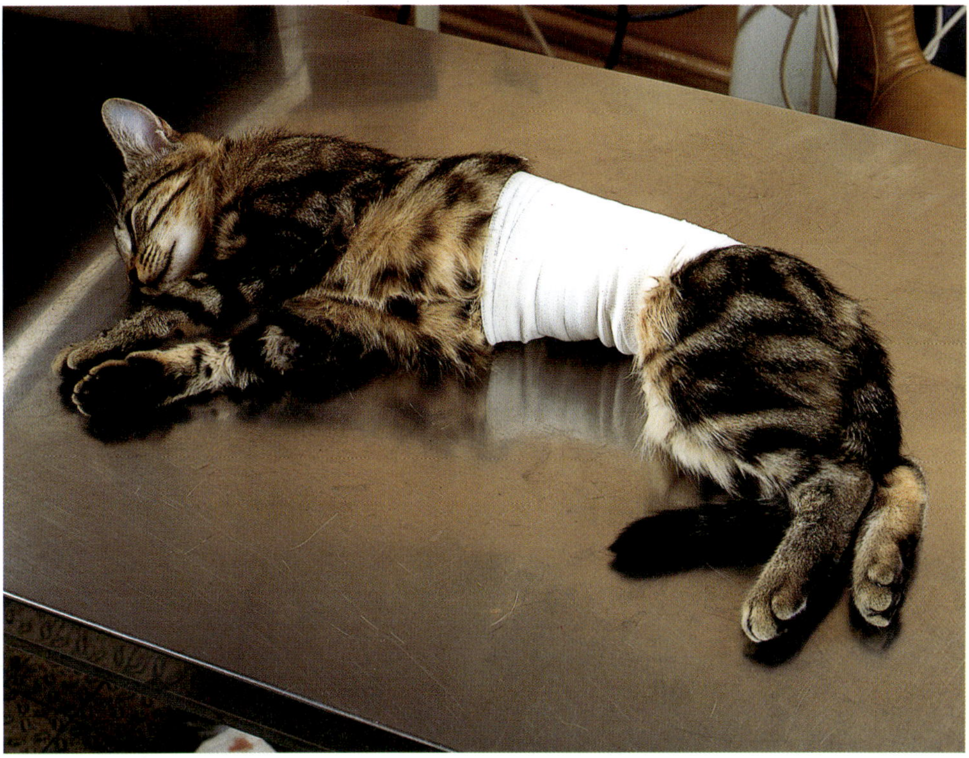

La castration est notamment pratiquée lorsque l'on décèle une tumeur mammaire chez la chatte.

Le succès intervient souvent dans les vingt-quatre heures ; sinon, on doit procéder à une hystérectomie (ablation de l'utérus). Afin de sauver la portée, il faut absolument nourrir artificiellement les chatons jusqu'au rétablissement de la mère.

La tétanie de la lactation ou éclampsie ▸ Elle se produit peu fréquemment. Elle se déclare deux à quatre semaines après la mise bas. Elle se traduit par de la tachypnée (accélération de la respiration), de l'ataxie (troubles de coordination des mouvements), puis par des spasmes musculaires qui évoluent en convulsions. Le coma s'installe ensuite, qui conduit à la mort. Ce trouble, qui peut toucher tous les mammifères, est la conséquence d'une hypocalcémie ; le traitement, urgent, consiste en injections intraveineuses de sels de calcium. Pour éviter les rechutes toujours possibles, il vaut mieux allaiter les chatons artificiellement, au moins en partie, et assurer un sevrage précoce.

Le prolapsus utérin ▸ C'est le retournement en « doigt de gant » de l'utérus, qui sort alors par la vulve. Il se constate la plupart du temps après une atonie utérine ou une mise bas difficile. Véritable urgence, il doit être réduit manuellement ; si cela n'est pas possible parce qu'il s'est produit depuis trop de temps ou que l'organe est trop endommagé, il faut pratiquer une hystérectomie.

Inflammations de la mamelle ▸ Elles peuvent survenir pendant la lactation.

La mortalité des chatons

97,2 % des portées arrivent à terme. Parmi elles, 10,5 % des chatons sont mort-nés. Sur les 89,5 % survivants, 2,6 % meurent entre une et trois semaines ; 4,6 % meurent entre trois et six semaines ; 3,9 % meurent entre six semaines et six mois ; 0,7 % meurent entre six mois et un an. Si l'on tient compte des mort-nés, au total 34,5 % des chatons disparaissent avant l'âge d'un an. Il s'agit donc d'un taux de mortalité important.

Les chatons orphelins

Il arrive qu'une chatte ne survive pas à la mise bas. Dans ce cas, entre autres soins, il faut maintenir les chatons à une température ambiante précise.

- de la naissance à sept jours : 31-34 °C ;
- de huit à quatorze jours : 27-29 °C ;
- de quinze à vingt-huit jours : 27 °C ;
- de vingt-neuf à trente-cinq jours : 24 °C ;
- au-delà : 21 °C.

L'allaitement artificiel

Si les chatons ont besoin d'un allaitement artificiel, il faut faire un sevrage précoce en respectant le calendrier suivant :

- à la naissance : huit tétées ;
- à une semaine : cinq tétées ;
- à deux semaines : quatre tétées ;
- à trois semaines : trois tétées ;
- à quatre semaines : deux tétées ;
- à cinq semaines : une tétée ;

Chaque jour, le chaton doit boire l'équivalent de 25 à 30 % de son poids en lait.

Pathologie mammaire

Les mamelles sont le siège de deux types d'affections : les infections et les tumeurs.

Les mammites ▸ Elles sont dues à une infection, habituellement par un staphylocoque ou un streptocoque. Elles évoluent très rapidement pour former des abcès qui peuvent entraîner la perte de la mamelle ; elles s'accompagnent d'une forte fièvre et d'un arrêt de la lactation. Des antibiotiques sont alors prescrits pour au moins dix jours. Les mammites se produisent soit spontanément peu de temps après la mise bas, soit, plus rarement, de une à trois semaines après, à la suite de traumatismes provoqués par les griffes des chatons.

Les tumeurs mammaires ▸ De n'importe quel type, elles apparaissent à tout âge, bien qu'on puisse les séparer en deux grands groupes. Les unes se forment chez les individus jeunes dont le développement dépend de la progestérone (hormone de gestation), chez les chattes après les chaleurs, et dans les deux sexes lorsqu'ils sont soumis à un traitement aux progestatifs (pilules anticonceptionnelles, acétate de mégestrol) ; elles sont parfois volumineuses et concernent toutes les mamelles. Les autres touchent les chattes plutôt âgées et sont toujours cancéreuses à partir de huit ans ; les métastases (tumeurs secondaires), lorsqu'elles existent, se situent par ordre de fréquence décroissante dans les poumons surtout et, très loin après, dans le foie et dans le squelette ; elles se développent parfois même chez les chattes castrées. Le traitement consiste en l'ablation chirurgicale de la tumeur, la castration, si elle n'a pas déjà été pratiquée, et éventuellement l'arrêt du traitement aux progestatifs.

Pathologie du système nerveux

On distingue classiquement les affections cérébrales, médullaires et périphériques (atteignant les nerfs). Quant aux affections traumatiques accidentelles, elles sont les mêmes que chez les autres espèces.

Les encéphalites ▸ Les affections du cerveau du chat ont des origines très variées : congénitales, infectieuses, toxiques et tumorales.

- Les encéphalopathies congénitales sont des dysfonctionnements ou malformations métaboliques existant aussi chez d'autres espèces. Il existe un cas particulier : l'atteinte du fœtus par le virus de la leucopénie infectieuse, qui se produit lorsque la mère est atteinte au cours de la gestation. Les symptômes se déclarent sur tous les chatons de la portée entre un et trois mois et se traduisent par des troubles du déplacement : tremblements, ataxie, dysmétrie, hypermétrie (mouvements non coordonnés, inadaptés ou trop importants) ; ils sont dus à une hypoplasie (défaut de développement) du cervelet.
- Les encéphalopathies infectieuses provoquent des modifications du comportement (peur, agressivité) ou de la vigilance (excitation ou dépression), des convulsions, éventuellement une paralysie des membres de la face, de la mâchoire, de la déglutition ou de l'œil.
- Les encéphalites d'origine virale sont nombreuses : la maladie d'Aujeszky, dont le symptôme le plus caractéristique mais inconstant est un prurit (démangeaison) démentiel de la face, qui provient de la consommation de viande crue de porc malade, la rage, la péritonite infectieuse féline, la leucose, l'infection par le virus d'immunodéficience féline.
- Les encéphalites d'origine bactérienne sont pour la plupart causées par la propagation d'une infection proche (otite, angine, infection de l'œil).
- Les encéphalopathies parasitaires sont dominées par celles que provoque la toxoplasmose.

On rencontre aussi quelques cas de *Larva migrans* d'ascaris (larve dont les migrations dans l'organisme sont anormales).

- Les encéphalopathies toxiques, en raison du métabolisme du chat, peuvent survenir même avec des doses faibles de substances nocives, qui sont nombreuses. Les intoxications par les insecticides, le métaldéhyde (tue-limaces dont certains chats sont friands) et l'aspirine sont particulièrement fréquentes.

À cette catégorie se rattachent l'encéphalose hépatique et l'encéphalite par carence en vitamine B1, ou thiamine.

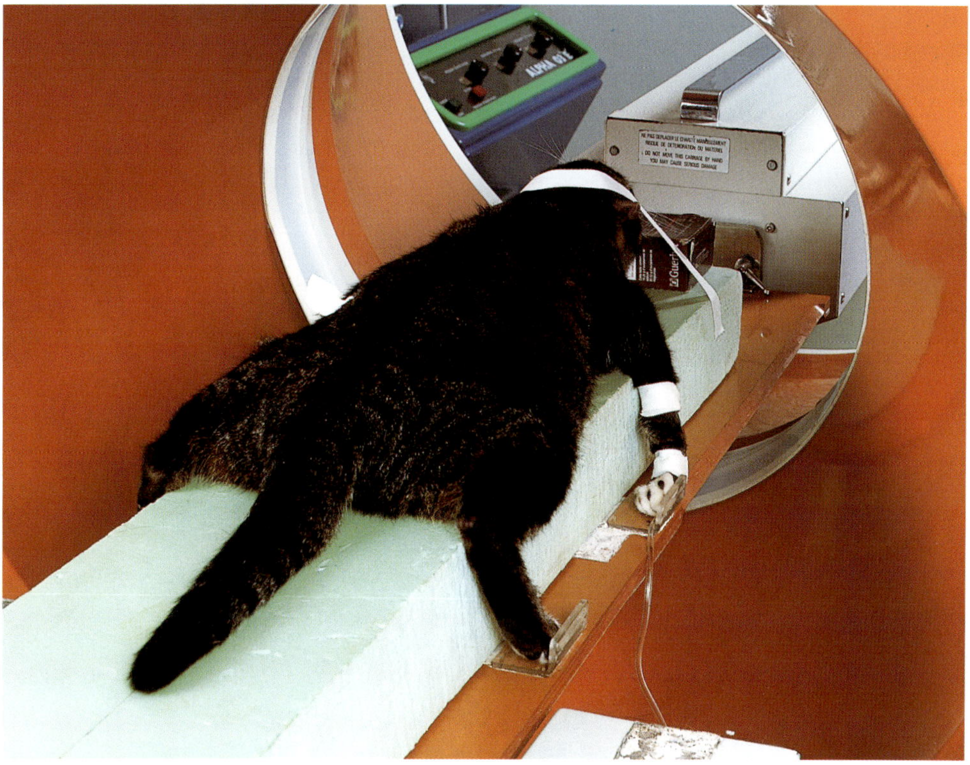

Outre les troubles causés par des traumatismes accidentels, les hernies discales sont assez fréquentes chez le chat.

Les affections médullaires ▸ Les affections de la moelle épinière se traduisent par une parésie (semi-paralysie) ou une paralysie en arrière de la lésion. Contrairement aux troubles locomoteurs dus à des lésions cérébrales qui atteignent un seul côté, les lésions médullaires provoquent des symptômes symétriques. Outre les troubles causés par des traumatismes accidentels, les hernies discales sont assez fréquentes. Elles sont essentiellement cervicales chez le jeune et lombaires chez le chat âgé ; le canal rachidien, espace compris entre le corps et les arcs vertébraux, étant grand par rapport au diamètre de la moelle, ces hernies entraînent généralement des symptômes légers de compression, qui sont traitables par des anti-inflammatoires.

Les neuropathies périphériques ▸ Elles sont dominées par la neuropathie diabétique et la dysautonomie féline.

- La neuropathie diabétique est provoquée par une hyperglycémie, responsable d'un ralentissement de la conduction de l'influx nerveux.
- La dysautonomie féline est une affection décrite récemment (1982), comparable à celle qui touche l'homme, le chien et le cheval, et dont la fréquence semble augmenter. Elle est due à une dégénérescence des ganglions du système nerveux autonome (innervant et contrôlant les contractions et les sécrétions des viscères). Dans 80 % des cas, elle évolue en quelques semaines vers la mort. D'origine inconnue, elle se traduit par une diminution de l'appétit, une dysphagie (difficulté à déglutir), des vomissements, des régurgitations (les aliments sont rejetés avant même d'avoir atteint l'estomac), une constipation, une procidence du corps clignotant (extériorisation de la troisième paupière), une mydriase (pupille dilatée), une sécheresse du nez, de la bouche et des yeux.

Le diagnostic se fonde essentiellement sur ces symptômes ; l'auscultation décèle en outre de la bradycardie (lenteur anormale du rythme cardiaque) ; la radiographie met en évidence une dilatation de l'œsophage (mégaœsophage), de l'estomac, de l'intestin (avec rétention de matières fécales, en particulier au niveau du côlon), de la vessie (avec rétention d'urine). Le traitement, symptomatique, ne change pas l'issue de la maladie.

Les grandes maladies infectieuses

Le coryza ▸ Il se caractérise par de la fièvre intermittente, puis par une inflammation des voies respiratoires hautes (nez, larynx, trachée), de la conjonctive et de la cavité buccale, sans que ces différentes régions soient nécessairement atteintes en même temps ; d'autres symptômes peuvent intervenir, surtout chez les chatons : 80 %

des cas sont provoqués par l'herpesvirus félin de type I et par un calicivirus, de 5 à 20 % par *Chlamydia psittaci*. D'autres agents sont mis en cause mais avec une fréquence si faible que nous ne les détaillerons pas.

- La rhinotrachéite infectieuse féline est due à l'herpesvirus félin de type I. La gravité des symptômes dépend de l'état de résistance du chat ; les formes les plus aiguës se rencontrent chez les chatons, au moment du sevrage, lorsque l'immunité assurée par la mère disparaît. Cette maladie entraîne de la fièvre, une rhinite avec des éternuements et du jetage (écoulement nasal) qui devient rapidement purulent par surinfection, une inflammation bucco-pharyngée qui provoque de l'anorexie, une conjonctivite très vive, purulente, qui se double de kératite, et une trachéite donnant de la toux. L'incubation se fait en deux à six jours ; la mort peut survenir par anorexie et déshydratation, et la kératite conduit parfois à la perte de la vision. La phase aiguë dure en général de deux à trois semaines et évolue soit vers une guérison apparente, soit vers une rhinite chronique avec jetage purulent. 80 % des chats atteints restent des porteurs chroniques, souvent sans symptômes, et peuvent excréter du virus (ce qui s'accompagne de symptômes) surtout après un stress, de deux à quatre jours après celui-ci. La transmission se fait directement de chat excréteur à chat réceptif, le virus étant peu résistant en milieu extérieur.
- La calicivirose est due à un calicivirus. Il existe, contrairement à l'herpesvirus, plusieurs souches virales, à l'origine de symptômes plus ou moins sévères. La forme aiguë se produit chez les chatons au même moment que la rhinotrachéite. La calicivirose se traduit par de la fièvre, une conjonctivite sans kératite, une rhinite, des ulcérations buccales caractéristiques à « l'emporte-pièce ». Les tout jeunes chatons peuvent souffrir, en cas de souches très virulentes, de trachéo-bronchite, de pneumonie, de diarrhée, de douleurs ; ces formes graves évoluent parfois vers une mort rapide mais, d'une façon générale, les symptômes sont moins sévères que ceux de la rhinotrachéite. Là aussi, la plupart des sujets atteints restent porteurs chroniques, avec éventuellement une conjonctivite séreuse (écoulement clair) et une gingivite ; ils excrètent à partir de l'oropharynx le virus qui, en phase subaiguë, provoque alors de la toux. Le calicivirus est plus résistant en milieu extérieur, et une transmission indirecte est possible.
- La chlamydiose est provoquée par *Chlamydia psittaci*, parasite intracellulaire. Elle se manifeste principalement par une inflammation purulente et un gonflement important de la conjonctive, fréquemment sur un seul œil avant d'atteindre l'autre. D'autres symptômes seraient associés à la maladie : éternuements, écoulement nasal séreux et, chez les nouveau-nés, pneumonies et écoulements génitaux chez la femelle. Il existe des formes chroniques avec épaississement de la conjonctive. *Chlamydia*, assez fragile, ne résiste qu'une semaine au maximum en milieu extérieur ; la contagion se fait donc surtout par contact. La chlamydiose est plutôt une maladie atteignant les chats vivant en communauté.

Le traitement des coryzas est d'abord symptomatique. En phase aiguë, il faut assurer l'hygiène en ôtant les croûtes du nez, nettoyer les yeux, nourrir et hydrater le malade. Un traitement anti-inflammatoire et antibiotique local et général, accompagné si besoin d'inhalations pour dégager le nez et lutter contre l'anorexie, permet de combattre les surinfections et les gênes rhino-bucco-pharyngées. Le traitement spécifique comprend des médicaments antiherpétiques pour la rhinotrachéite, des antibiotiques (essentiellement des tétracyclines) pour la chlamydiose. Concernant la calicivirose, l'utilisation de médicaments à base d'interféron laisse présager de sérieux espoirs. Le traitement des formes chroniques est le même que celui pratiqué

Si les yeux d'un chaton présentent une inflammation, une infection par le coryza peut être soupçonnée.

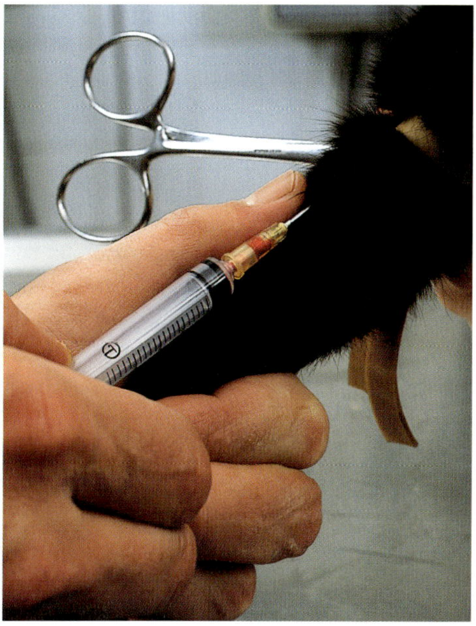

Les diagnostics des maladies infectieuses s'appuient en grande partie sur la recherche des anticorps sanguins.

en phase aiguë, mais sur une longue durée, avec des taux de réussite assez décevants.

La prévention passe par l'isolement des malades, la vaccination fréquente de tous les chats vivant en communauté et, pour les chatons nés de mère infectée, un sevrage précoce. La vaccination contre le virus de la rhinotrachéite et celui du calicivirus doit être effectuée entre la sixième et la huitième semaine du chaton. Un rappel a lieu un an après la première inoculation. Comme de nombreux vaccins, ce dernier n'est pas fiable à 100 % mais il atténue considérablement les effets de la maladie.

L'immunodéficience féline virale ▸ C'est le sida (syndrome d'immunodéficience acquise) du chat, provoqué par un virus typiquement félin, le FIV (*feline immunodeficience virus*), proche du HIV (*human immunodeficience virus*).

Ces deux virus sont des rétrovirus de la famille des lentivirus. Outre les lentivirus de l'homme et du chat, on en connaît chez le singe, le mouton, la chèvre, le cheval et les bovins. Pour comprendre le déroulement de la maladie, il faut connaître le mode tout à fait particulier de reproduction des rétrovirus. Il s'agit de virus à ARN ; lorsqu'ils pénètrent dans la cellule, ils synthétisent de l'ADN qui s'intègre aux chromosomes de cette dernière et qui se comporte comme un gène ; tantôt celui-ci s'active et produit de l'ARN viral puis du virus, tantôt il reste en sommeil. Les rétrovirus, très fragiles en milieu extérieur, se transmettent difficilement d'un individu à un autre. Le FIV attaque et détruit en phase active les cellules souches des lymphocytes T responsables de l'immunité. Ce mode de reproduction et d'action rend impossible le passage d'un virus d'une espèce à une autre.

La maladie se déroule toujours en quatre phases.

- Le stade I se situe juste après l'infection et se limite à une fièvre légère qui dure de quelques jours à quelques semaines, et à une adénopathie (grosseur anormale des ganglions lymphatiques) qui reste présente de deux à neuf mois. Certains chats déclarent, à ce stade, des infections cutanées et intestinales qui guérissent après traitement.
- Le stade II, sans symptômes mais contagieux, dure de un à cinq ans.
- Les stades III et IV sont caractérisés par une adénopathie et de la fièvre, et durent quelques mois.
- Le stade V, ou stade du sida, se manifeste, selon une fréquence décroissante, par des infections secondaires ou opportunistes, c'est-à-dire spécifiques aux organismes immunodéprimés (environ 50 % des chats), des troubles chroniques vagues (33 %), des lymphosarcomes (10 %) et divers troubles neurologiques (5 %). Le chat devient sensible à tous les germes, même peu pathogènes, ce qui le conduit vers la mort en un à six mois.

Les infections secondaires se présentent notamment sous forme de gingivites, de stomatites, de rhinites, de conjonctivites, d'entérites chroniques et d'abcès récidivants. Les infections opportunistes sont principalement l'hémobartonellose, la péritonite infectieuse, la cryptococcose, la candidose (deux mycoses), la toxoplasmose, enfin l'extension de maladies parasitaires de la peau. Les troubles chroniques sont la fièvre, la perte d'appétit et de poids, l'anémie, en particulier auto-immune. Les lymphosarcomes se développent en principe lorsque le chat est aussi atteint de leucose ; il peut souffrir par ailleurs de tumeurs de la moelle. Les problèmes neurologiques se présentent sous forme de troubles du comportement (hypo- ou hyperagressivité), perte de l'habitude du toilettage, etc.).

Du stade I au stade IV, sauf éventuellement lors du stade terminal, des anticorps sont produits contre le virus, et il existe, au moins potentiellement, une excrétion du virus. Ce dernier est essentiellement inoculé par morsure, ce qui explique que la maladie se rencontre essentiellement chez les chats mâles non castrés et vivant en liberté. Certains chats sont doublement infectés par le virus du FIV et celui de la leucose féline (FeLV) et décèdent dans un temps très court après l'apparition des premiers symptômes.

Comme les sujets positifs sont infectés à vie, il faut les tenir à l'écart de leurs congénères, les stériliser et ne pas les laisser sortir. Le diagnostic se fonde sur la recherche des anticorps sanguins. Un chat qui révèle des anticorps est infecté à vie. Dans la mesure où ils ne sont pas contaminés, les chatons nés d'une mère FIV positive naissent avec des anticorps d'origine maternelle, ils sont donc positifs. Lorsque ces anticorps sont éliminés, ils se négativent ; c'est là le seul cas connu de négativation. En raison de son mode de reproduction, le virus n'est en effet jamais éliminé de l'organisme. Les chercheurs fondent également en grande partie leurs espoirs sur l'utilisation des interférons.

La leucopénie ou panleucopénie infectieuse féline ou typhus du chat ▸ La leucopénie est due à l'infection par un parvovirus. Celui-ci présente plusieurs caractéristiques qu'il faut prendre en compte pour expliquer la maladie : il se montre très résistant en milieu extérieur (trente minutes à 76 °C et plusieurs mois à température modérée), il a une affinité particulière pour les cellules à multiplication active (tube digestif, ganglions, moelle osseuse) et il continue d'être excrété pendant plusieurs mois par les animaux infectés et guéris. Cette affection grave évolue souvent vers la mort, dans 90 % des cas chez les jeunes.

L'incubation est courte (de dix-huit à vingt-quatre heures) ; les symptômes débutent brutalement par une forte fièvre (40 °C et plus), par un abattement profond, puis apparaissent des vomissements jaunâtres et mousseux, accompagnés, après un jour ou deux, de diarrhée très liquide, éventuellement teintée de sang, provoquant une déshydratation rapide ; à ce stade, la température baisse pour, éventuellement, atteindre un niveau inférieur à la normale. La leucopénie (nombre anormalement faible de globules blancs) s'installe dès les premiers symptômes et dure une semaine, si le chat n'est pas mort avant ; plus elle est importante (valeurs inférieures à 3 000 globules blancs/mm^3), plus les chances de survie diminuent.

Les formes bénignes se rencontrent chez les adultes réceptifs et les chatons lorsque la souche infectante est peu virulente ; elles se manifestent par une hyperthermie passagère et de l'anorexie, associées à une leucopénie modérée et parfois à une diarrhée.

Les formes inapparentes sont très fréquentes, car la plupart des chats adultes, même non vaccinés, ont une immunité spontanée. Chez les chattes en cours de gestation, la leucopénie infectieuse provoque soit des avortements, soit l'ataxie cérébelleuse (troubles de la coordination motrice dus à une atteinte du cervelet) des chatons ; cette forme particulière de la maladie, provoquée par une hypoplasie du cervelet, touche en général toute la portée. Le diagnostic, assez facile, est confirmé par la numération des globules blancs.

Il n'existe pas de traitement spécifique ; il ne peut être que symptomatique : réhydratation, antibiothérapie, traitement des vomissements et de la diarrhée. La prévention passe par la désinfection avec de l'eau de Javel et par la vaccination ; il est conseillé de vacciner les chatons à l'âge de six à huit semaines et d'effectuer un rappel lors des treize mois. Il est également prudent de ne pas utiliser des vaccins à virus vivant chez la femelle en gestation, car ils pourraient, par un reste d'activité pathogène, provoquer des avortements et de l'hypoplasie cérébelleuse.

La leucose féline ▸ Elle est donnée par le FeLV (*feline leukemia virus*), un rétrovirus de la famille des oncovirus, qui peuvent provoquer des tumeurs et une issue fatale. Parmi les chats infectés, certains deviennent porteurs chroniques et, chez eux, la maladie peut s'activer à tout moment. Il faut distinguer deux formes de cette affection, non tumorale et tumorale.

- La forme non tumorale présente différents aspects : anémie, leucopénie (nombre trop bas de globules blancs), pancytopénie (conjugaison des deux symptômes précédents), dépression du système immunitaire avec atrophie du thymus chez les chatons à la naissance et immunodépression chez l'adulte, qui entraîne de nombreuses maladies secondaires (les mêmes que celles qui sont favorisées par l'immunodépression provoquée par le FIV). La leucose entraîne aussi des néphrites, des avortements, des uvéites, des lésions articulaires.

Les interférons, sources d'espoir

Utilisés depuis une quinzaine d'années en médecine humaine pour leurs propriétés antivirales, les interférons, protéines produites naturellement dans l'organisme, présentent des vertus antivirales, antiprolifératives et immunomodulatrices. Forts de ces constatations, les chercheurs-vétérinaires viennent de fabriquer des interférons d'origine féline utilisables chez le chien et le chat. Les premiers essais concernent le virus de la leucose féline (FeLV), associé ou non au virus de l'immunodéficience féline (FIV) et à la calicivirose féline. Les résultats sont très encourageants et offrent de nouveaux espoirs aux maîtres de chats souffrant d'infections virales.

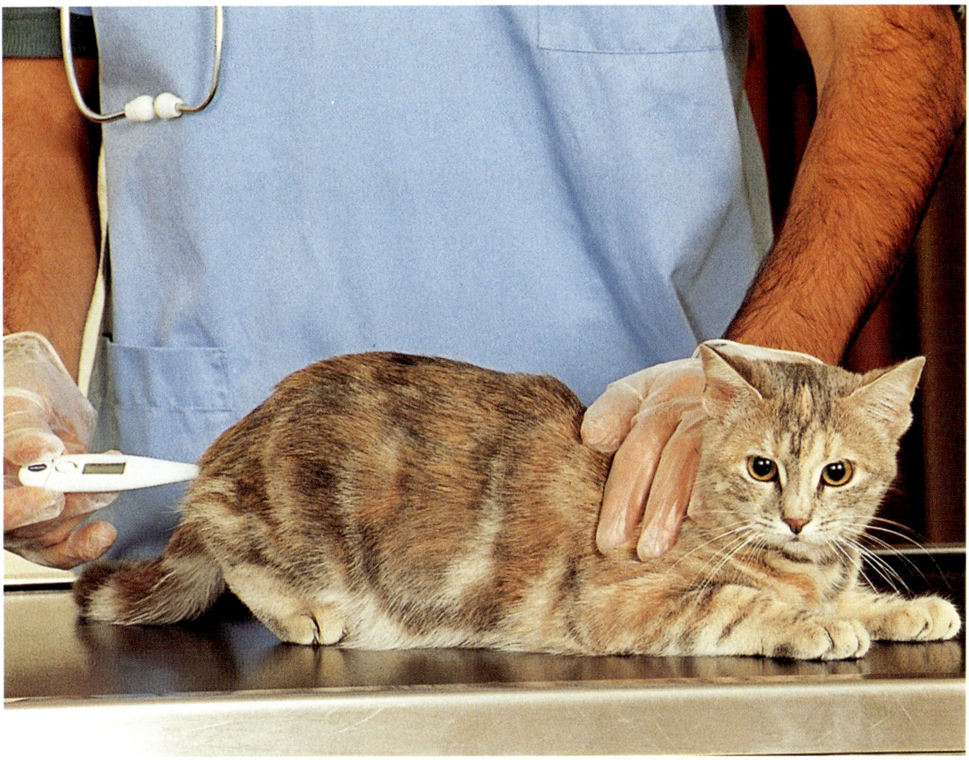

Les symptômes de la leucopénie, ou typhus du chat, commencent le plus souvent par une forte fièvre.

- Les formes tumorales sont soit des leucémies, qui demeurent rares, soit des lymphosarcomes (tumeur des ganglions), dont les symptômes varient suivant leur emplacement ; les plus fréquents sont médiastinaux, mésentériques et rénaux.

Les deux formes de la maladie s'accompagnent éventuellement de troubles nerveux et induisent une immunodéficience ; le chat devient de ce fait prédisposé à toutes sortes d'infections.

Le diagnostic se fonde sur l'observation des symptômes et sur la recherche d'une protéine virale, la P27, se trouvant dans le sang et les sécrétions. Contrairement au cas d'une infection par le FIV, les chats porteurs chroniques sont négatifs et cette protéine circulante n'existe que chez un tiers des chats malades présentant une forme tumorale. Il est donc conseillé d'effectuer deux tests sanguins à trois mois d'intervalle.

La leucose est plus contagieuse que l'infection par le FIV. La transmission se fait par toutes les sécrétions : salive, urine, larmes, écoulement nasal, lait, sécrétions génitales, cellules reproductrices… Il faut donc absolument isoler les sujets positifs. La vaccination – surtout pour les chats qui sortent et pour ceux qui fréquentent des congénères en exposition, en élevage, en pension… –, doit avoir lieu à l'âge de six à huit semaines. Un rappel doit être effectué à l'âge de treize mois, puis tous les ans. Sachez que de nouveaux vaccins viennent d'être mis au point : les vaccins à vecteur viral vivant, dans lesquels un virus non pathogène apporte à l'organisme les éléments déclenchant une réaction de forte immunité cellulaire et humorale. Des essais à base d'interférons sont également effectués.

La péritonite infectieuse féline ▸ La PIF est une infection par le coronavirus félin de type I (FIPV ou FECV). Le virus se libère essentiellement dans les excréments des animaux malades, des porteurs sains et des excréteurs intermittents. Il passe par la voie orale et se réplique ensuite dans l'épithélium intestinal. Soit l'infection se limite à l'intestin, déclenchant alors une entérite bénigne, soit elle se généralise et déclenche une PIF exsudative ou de forme sèche, ce qui reste toutefois assez rare.

- La forme exsudative se manifeste par une accumulation de liquide dans la cavité pleurale (thoracique) ou abdominale, parfois dans les deux. Cet épanchement liquide a la consistance glaireuse du blanc d'œuf et a généralement une couleur ambrée ; il est associé à des granulomes sur la plèvre ou le péritoine. Les symptômes varient selon l'emplacement du liquide : dyspnée s'il est thoracique, gonflement abdominal, parfois très important, en cas d'ascite.

- Dans la forme sèche, les symptômes dépendent des organes où se forment les granulomes : ictère hépatique pour le foie, néphrite pour les reins, uvéite pour l'œil, encéphalite ou atteinte médullaire pour le système nerveux.

Le diagnostic est difficile. Le test sérologique met en lumière la présence d'anticorps dirigés vers ces deux coronavirus. Mais il ne précise pas de quel coronavirus il s'agit, si le chat est contagieux en permanence et s'il risque de développer la maladie. Les symptômes permettent avant tout de suspecter l'infection et il est nécessaire de procéder à deux prélèvements pour déterminer si le taux d'anticorps est en croissance. Le diagnostic n'est certain que si le taux d'anticorps est élevé (à partir de 1/32 dans les épanchements, et forte suspicion à partir de 1/256 dans le sang) ou s'il augmente en cours de maladie. Récemment, un nouveau test, le PCR, est apparu sur le marché. Ce dernier met en évidence une infection actuelle par l'un des deux coronavirus. Il est effectué sur les selles et évince les excréteurs chroniques.

La prévention de cette maladie se fait par l'isolement des animaux atteints, une bonne hygiène et l'éviction du stress.

La rage ▸ C'est une maladie due à un rhabdovirus. Commune à tous les mammifères, y compris l'homme, elle se transmet uniquement par la salive, généralement inoculée lors d'une morsure. La durée de l'incubation varie en moyenne de quinze à soixante jours. Le virus n'agit que sur le tissu nerveux, et les symptômes sont ceux d'une encéphalite et d'une myélite (atteinte de la moelle épinière) : modifications du comportement avec accès de fureur, sensibilité cutanée, apparition de paralysie, en particulier du pharynx et du larynx, qui empêche l'animal d'avaler sa salive (il bave) et qui produit des variations du timbre de la voix. L'évolution conduit à la mort en deux à dix jours.

Les symptômes et le mode de vie (vagabondage dans une zone où sévit la rage) aboutissent à un prédiagnostic qui est confirmé par des examens pratiqués dans des laboratoires agréés. La prévention est régie par la loi. La vaccination, absolument obligatoire pour les animaux qui se rendent en expositions, qui vivent où qui se rendent dans un département infesté ou à l'étranger, est annuelle. La primo-injection a lieu à l'âge de trois mois.

La toxoplasmose ▸ C'est une infection due au parasite *Toxoplasma gondii*. Cette maladie rare n'a qu'une incidence grave : son influence sur le développement nerveux du fœtus humain. Certaines formes peuvent se manifester chez l'homme atteint de sida lors de la maladie provoquée par le HIV. Le parasite se multiplie selon un cycle asexué existant chez tous les mammifères, dont le chat, et chez les oiseaux, et il possède un cycle sexué uniquement chez le chat. Dans le cycle asexué, la contamination se fait par la consommation de viande infestée ; mais l'hôte n'émet pas de parasites, parasites qui s'enkystent dans les muscles. Dans le cycle sexué, la contamination se fait là aussi par consommation de viande (en particulier celle des petits rongeurs, véritables réservoirs du parasite) ; les parasites infestants se multiplient dans l'intestin et ressortent dans les selles des chats.

En principe, la toxoplasmose ne s'accompagne pas de symptômes, bien qu'il y ait quelquefois des cas d'encéphalite, d'uvéite ou de rétino-choroïdite. Le chaton peut être contaminé dans l'utérus de sa mère. Les animaux atteints présentent souvent des troubles immunitaires liés à une infection par le FIV, le FeLV ou le coronavirus de la PIF. Une femme enceinte vivant avec un chat ne doit pas le laisser sortir afin qu'il n'aille pas chasser et manger des proies infestantes. Il faut alors le nourrir d'aliments industriels pour éviter qu'il ne se contamine avec de la viande fraîche, et faire fréquemment nettoyer son plat de propreté par une autre personne. Si la future maman n'est pas immunisée, elle doit redoubler de vigilance.

Les zoonoses ▸ Le plaisir de posséder un animal familier est parfois altéré par le fait que, outre leur affection, nos compagnons partagent aussi parfois avec nous leurs affections. Cependant, les maladies transmissibles du chat à l'homme demeurent relativement rares et, dans la plupart des cas, facilement contrôlables à condition de respecter un minimum de règles d'hygiène.

Parmi les maladies que le chat peut nous donner se trouvent les parasitoses, et surtout l'ascaridose, transmise par les œufs d'ascaris, vers intestinaux contenus dans les selles des chats contaminés. Ces œufs deviennent infestants pour l'homme et surtout pour l'enfant après deux semaines en milieu extérieur. Le passage régulier de l'aspirateur, l'interdiction pour le chat d'entrer dans la cuisine et, pour les très jeunes enfants, d'accéder à sa litière suffisent donc à contrôler l'affection. En revanche, les bacs à sable des jardins publics sont potentiellement dangereux, d'autant plus qu'ils sont fréquentés par des chats errants, ceux-là mêmes qui sont le plus souvent parasités parce qu'ils ne sont pas suivis médicalement. Dans l'immense majorité des cas, l'affection demeure inap-

En cas de rage, le pharynx et le larynx se paralysent et empêchent l'animal d'avaler sa salive.

parente, mais en France, pour quelques centaines d'enfants par an, elle donne quand même lieu à une visite chez le médecin.

Les enfants peuvent également attraper le ver solitaire du chat, par l'intermédiaire des puces que ce dernier héberge parfois. Pour se contaminer, il faut en effet qu'ils avalent une puce (engluée dans la confiture d'une tartine, par exemple), elle-même parasitée par les vers de l'animal. Les troubles ne sont jamais plus importants qu'une simple parasitose intestinale.

La toxoplasmose est plus inquiétante ; pratiquement tous les chats l'attrapent en chassant de petites proies (souris et autres rongeurs sauvages) entre l'âge de six mois et un an. Après leur première contamination, ils éliminent des ookystes infectants pour les herbivores et les humains. Après cette primo-infection, ils ne sont plus dangereux pour l'environnement : ils sont immunisés même s'ils se recontaminent à la chasse. L'affection chez l'être humain est peu grave, sauf pour le fœtus, chez qui le parasite entraîne presque toujours des affections neurologiques ou oculaires. La femme enceinte dont les examens sérologiques obligatoirement effectués en début de grossesse sont positifs a déjà été contaminée par le toxoplasme, et son bébé est à l'abri ; en revanche, s'ils sont négatifs, la future maman doit prendre des précautions. Il ne s'agit cependant pas pour elle de s'interdire de toucher son chat, surtout s'il est adulte (seul le chaton à l'âge du sevrage risque de faire une primo-infection), s'il ne sort jamais et ne mange pas la même nourriture que ses maîtres. En revanche, elle ne doit absolument pas consommer de viande insuffisamment cuite, et notamment pas de mouton. Le gigot est en effet le principal vecteur de la toxoplasmose chez l'homme ! Les autres viandes cuisant en principe plus longtemps, les ookystes qu'elles renferment éventuellement sont détruits. Pour éviter tout danger, l'idéal, bien sûr, serait d'empêcher le chat de pénétrer dans la cuisine ou la salle à manger. Il faudrait aussi lui interdire de monter sur les tables, de flairer les aliments en cours de préparation ou simplement de lécher les reliefs des repas… Ces bonnes habitudes devraient s'acquérir dès le plus jeune âge !

L'anatomie du chat

Indispensable pour comprendre le fonctionnement normal du corps ou le dérèglement de ses mécanismes lors de la maladie, l'anatomie féline est ici traitée dans ses grandes lignes. Il nous était en effet impossible de procéder à une description systématique, nous avons donc choisi d'aller à l'essentiel.

La tête

La tête réunit les centres nerveux et la plupart des organes des sens. La face est courte et large par rapport au crâne. Les orbites, très vastes, dirigées vers l'avant, permettent une vision binoculaire. Les arcades zygomatiques, sortes de ponts osseux formant la base des joues, s'écartent largement du massif crânien pour laisser passer de puissants muscles masticateurs, notamment les muscles temporaux. Ces derniers prennent naissance de chaque côté du crâne pour s'insérer en bas sur la mandibule, ou maxillaire inférieur. Avec les muscles masséters, eux-mêmes fixés sur les arcades zygomatiques, les muscles temporaux contribuent à la fermeture étroite des mâchoires.

Les cavités nasales, largement ouvertes en avant, sont munies à leur entrée de cartilages donnant leur forme aux narines. Ces cavités sont presque

Coupe de la tête dans le plan médian

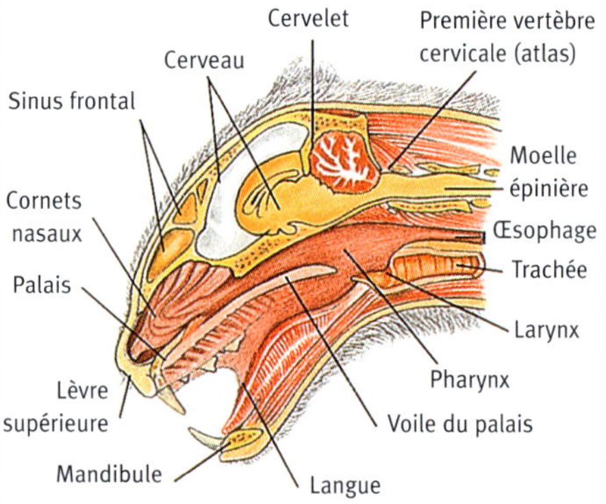

entièrement remplies par les cornets nasaux, formés chacun d'une lamelle osseuse très mince enroulée sur elle-même. Dans les replis serrés et compliqués des cornets recouverts d'une muqueuse riche en vaisseaux, l'air se réchauffe et s'humidifie avant d'entrer dans la trachée et les poumons. Lors des maladies respiratoires supérieures, c'est-à-dire à l'occasion des différents coryzas, la tuméfaction de la muqueuse autant que le mucus et le pus comblent facilement les interstices des cornets. Le chat doit alors respirer par la

Squelette du chat

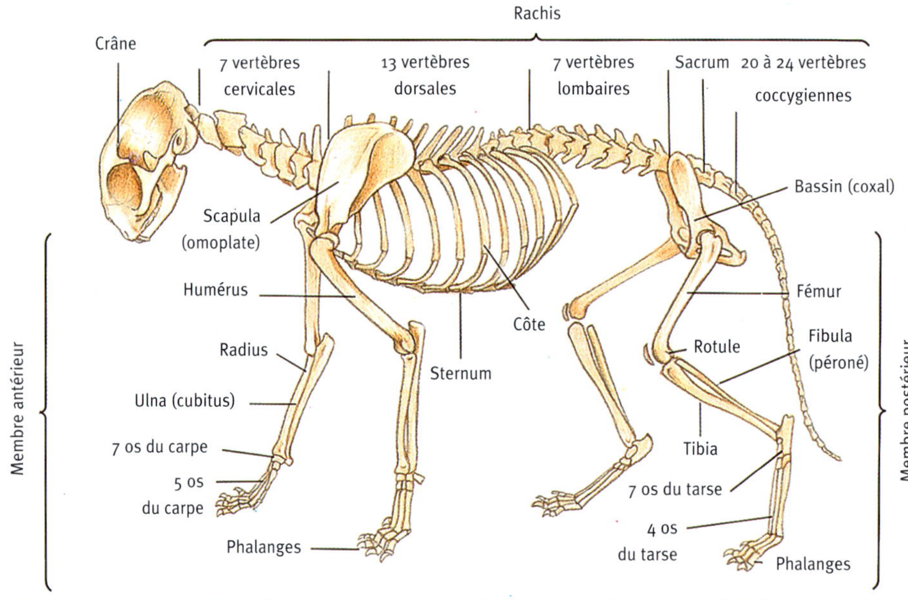

bouche. Les sinus sont des cavités occupant l'épaisseur des parois osseuses de la face. Remplis d'air, ils communiquent par des ouvertures avec les cavités nasales. Ils sont sujets aux mêmes infections que celles-ci, appelées sinusites.

La bouche et les dents

La bouche ▸ Elle est largement fendue. La muqueuse des joues, des lèvres et du palais porte parfois des taches noires ; cette pigmentation naturelle n'a rien d'anormal. Le palais est parcouru par cinq ou six crêtes transversales. La langue, mince et très mobile, est tapissée de papilles gustatives et de papilles cornées, coniques, à sommet dirigé en arrière, râpeuses sous le doigt. Cette texture de la langue en fait un précieux outil de toilettage : la robe des chats malades qui ne se lèchent plus prend en effet en quelques jours un aspect terne et sale. De chaque côté, sur la base de la langue, se trouvent les organes foliacés, agglomérats rouge sombre de follicules lymphoïdes, qui jouent un rôle dans les défenses immunitaires de l'organisme. Ces formations normales ne doivent pas être confondues avec des lésions de la langue, tels des ulcères.

À l'arrière, la langue est suspendue sous le crâne par deux chaînes osseuses parallèles, un peu à la façon du siège d'une balançoire. Cet ensemble d'os et d'articulations, appelé hyoïde, est repérable en palpant à droite et à gauche la gorge du chat. Ces os ne doivent pas être confondus avec des corps étrangers.

La denture ▸ Elle est totalement adaptée au régime carnivore. Les canines, longues et pointues, se révèlent d'autant plus efficaces que les dents voisines, incisives et premières molaires, sont petites. Les troisièmes molaires des mâchoires inférieure et supérieure – les carnassières – sont affûtées comme des lames de ciseaux et servent davantage à tronçonner

Tête osseuse du chat

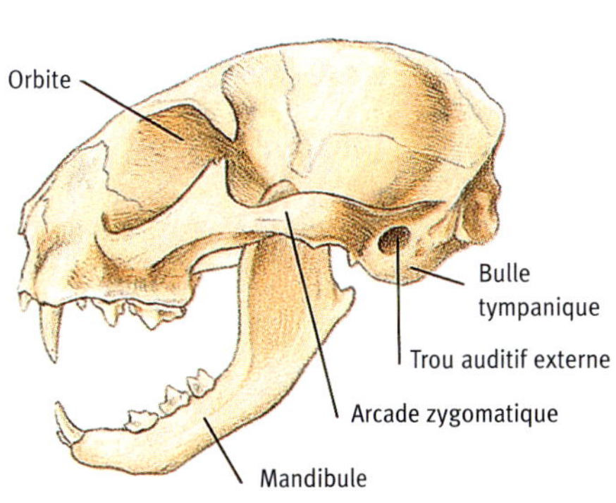

Denture du chat adulte (d'après R. Barone) : **dents gauches vues par leur face externe**

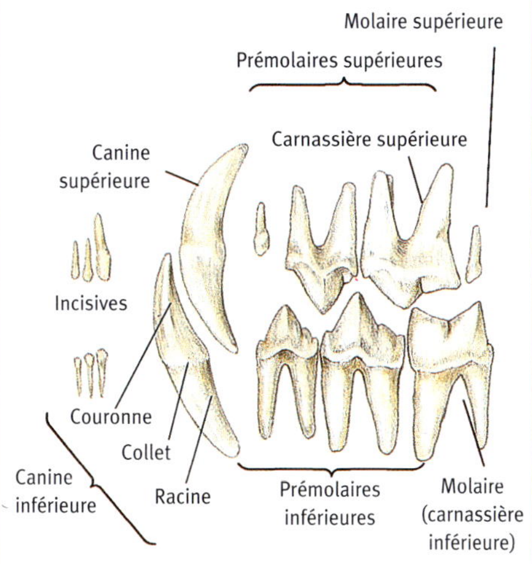

de gros morceaux de chair qu'à broyer les aliments. Les chatons naissent sans dents. La denture de lait commence à apparaître vers l'âge de deux à trois semaines et compte vingt-six dents, qui se répartissent ainsi :

• incisives supérieures	6
• canines supérieures	2
• molaires supérieures	6
• incisives inférieures	6
• canines inférieures	2
• molaires inférieures	4

Elle fait place à la denture d'adulte entre trois et sept mois, ce qui permet de disposer, pendant cette courte période, de quelques repères pour reconnaître l'âge du chat. Par la suite, les dents n'apportent plus d'indications sur ce point, car ni l'usure ni le dépôt de tartre ne constituent des critères fiables. Les premières dents de la mâchoire supérieure commencent à tomber vers l'âge de trois mois : d'abord les incisives du milieu, suivies par leurs voisines, puis par les incisives extérieures et enfin, vers cinq à six mois, par les canines. Les dents de lait, beaucoup plus petites, plus fines et plus pointues que celles de l'âge adulte, coexistent parfois pendant un certain temps avec celles-ci. La denture achève son développement à sept mois et compte alors trente dents réparties ainsi :

• incisives supérieures	6
• canines supérieures	2
• molaires supérieures	8
• incisives inférieures	6
• canines inférieures	2
• molaires inférieures	6

Coupe schématique de l'œil du chat

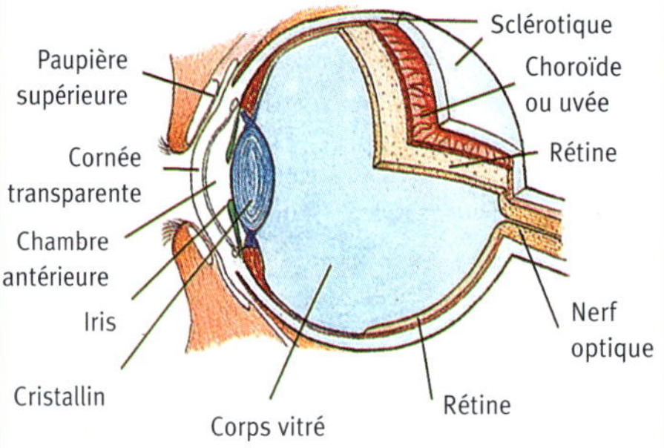

Les yeux

L'œil du chat est adapté à la vision nocturne et capte la moindre lueur.

La cornée ▸ À sa surface antérieure, il présente un vaste hublot par lequel pénètre abondamment la lumière : la cornée transparente. Le reste de la cornée forme une coque fibreuse presque sphérique : la sclérotique, dont la partie visible, à l'avant, représente le « blanc » de l'œil. Épaisse et solide, la cornée constitue la charpente extérieure du globe oculaire ; à l'arrière, une perforation livre passage au nerf optique.

L'iris ▸ Au travers de la cornée transparente apparaît l'iris. Son ouverture centrale, la pupille, module l'arrivée de la lumière vers la rétine en se fermant plus ou moins. Dans l'obscurité, la pupille se dilate totalement et devient circulaire. Sous un éclairage d'intensité moyenne, elle prend la forme d'une fente lenticulaire verticale et se contracte en un simple trait en plein soleil. L'iris peut conserver sa couleur bleue d'origine ou prendre une teinte variant du jaune à l'orange. Comme dans l'espèce humaine, un seul iris peut rester bleu : on parle alors d'yeux vairons ou impairs. Cette particularité n'affecte pas la vision. Les chats blancs aux yeux bleus sont en revanche fréquemment sourds : on note en effet une liaison entre le gène blanc dominant et une malformation de l'oreille interne. L'iris n'est que la portion visible d'une membrane riche en vaisseaux, la choroïde ou uvée, qui tapisse entièrement la face interne de la sclérotique. Au fond de l'œil, la choroïde, pigmentée de guanidine, réfléchit la lumière et donne aux yeux du chat leur prétendue phosphorescence dans l'obscurité.

La chambre intérieure ▸ L'espace compris entre la cornée transparente et l'iris forme la chambre antérieure de l'œil. Cette dernière est remplie d'un liquide, l'humeur aqueuse, parfaitement limpide à l'état normal et dont la pression, finement réglée, détermine le bon fonctionnement de l'œil.

Le cristallin ▸ Juste derrière l'iris se trouve une lentille de 12 à 13 mm de diamètre, le cristallin. Occupant plus du dixième du volume de l'œil, il est très gros par rapport à celui d'autres mammifères, en raison là encore de la large ouverture vers l'extérieur du globe oculaire. Sur son pourtour, le cristallin est fixé par des muscles qui, en se contractant, font varier sa convexité : il est ainsi capable d'accommodation, ce qui permet d'obtenir sur la rétine une image nette. La lumière, après avoir franchi successivement la cornée, la chambre antérieure, la pupille et le cristallin, passe au travers du corps vitré, masse de remplissage transparente, pour former sur la rétine une image renversée.

La rétine ▸ Appliquée à la choroïde, elle tapisse intérieurement le fond de l'œil. Sensible à la lumière, elle représente l'épanouissement du nerf optique qui transmet au cerveau les influx lumineux émis par deux sortes de cellules, les cônes et les bâtonnets. Les bâtonnets, responsables de la vision crépusculaire sous très faible luminosité, prédominent chez le chat, alors que les cônes, plus nombreux chez l'homme, permettent une bonne vision diurne. Il est possible d'examiner le fond de l'œil du chat pour s'assurer de la qualité de la vision. On dilate alors la pupille à l'aide d'un collyre spécial et l'on utilise une loupe. Les performances de cette dernière s'apparentent à celles d'un microscope, puisqu'une première image, grossie, est déjà fournie par la lentille naturelle que représente le cristallin.

Le globe oculaire ▸ Il est protégé en avant par les paupières, au nombre de trois chez le chat comme chez la plupart des vertébrés. La troisième paupière,

Chez le chat, l'ouverture pupillaire varie fortement selon la lumière.

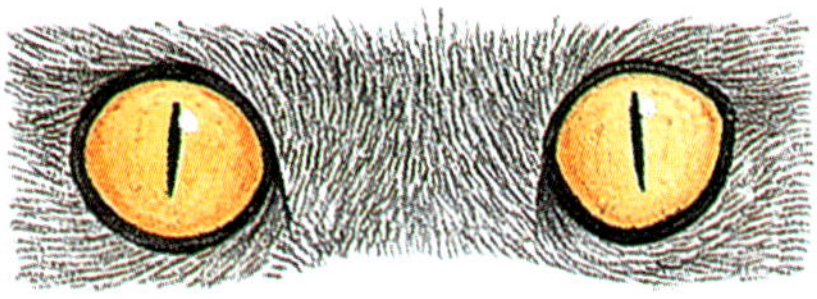
Lumière intense

Lumière modérée

Pénombre

ou membrane nictitante, d'un blanc nacré, se trouve dans le coin interne de l'œil. Une membrane transparente, la conjonctive, tapisse l'intérieur des paupières et la surface de l'œil. Elle est baignée en permanence par les larmes et nettoyée par le battement des paupières. Les larmes passent, au coin interne de l'œil, par deux trous minuscules, les points lacrymaux, par lesquels elles s'écoulent, au travers des conduits lacrymaux, jusqu'aux narines, qu'elles humidifient. Soudées à la naissance, les paupières ne s'ouvrent que vers le septième jour.

L'oreille

L'oreille du chat est composée d'une oreille externe, d'une oreille moyenne et d'une oreille interne.

L'oreille externe ▸ Elle comprend le pavillon et le conduit auriculaire jusqu'au tympan. Le pavillon, sorte de cornet cartilagineux triangulaire, est dressé, sauf chez certaines races où les oreilles, cassées, tombent à demi (scottish fold) ou s'incurvent (american curl). Fixés à leur base sur un disque cartilagineux, le scutum, très mobile grâce à de nombreux muscles, les pavillons bougent facilement. Ils permettent au chat de localiser rapidement un bruit ou d'exprimer des attitudes sociales, telle l'inquiétude, en couchant les oreilles en arrière. Le conduit auditif externe présente un troisième cartilage replié en tuyau et coudé en son milieu. Sa partie visible, verticale, se continue, après avoir formé un angle, par une section horizontale au fond de laquelle se trouve le tympan. Ce conduit externe est tapissé d'une peau glabre très riche en glandes sébacées qui produisent parfois un enduit gras et crémeux.

L'oreille moyenne ▸ C'est une cavité compliquée située à l'intérieur du crâne osseux, derrière le tympan. Elle contient la chaîne des osselets (marteau, enclume, étrier), qui transmet en les amplifiant les vibrations du tympan à l'oreille interne, ce qui accroît l'effet d'une caisse de résonance située dans la bulle tympanique. L'oreille moyenne communique avec la gorge par la trompe d'Eustache.

L'oreille interne ▸ L'oreille interne, où prend naissance, sur le limaçon, le nerf auditif, comporte aussi le vestibule et les trois canaux semi-circulaires, organes qui renseignent le chat sur la position de sa tête par rapport à la verticale et lui assurent son sens de l'équilibre. Ce nerf est plus justement nommé stato-acoustique pour rendre compte de ses deux rôles.

Coupe schématique de l'oreille du chat

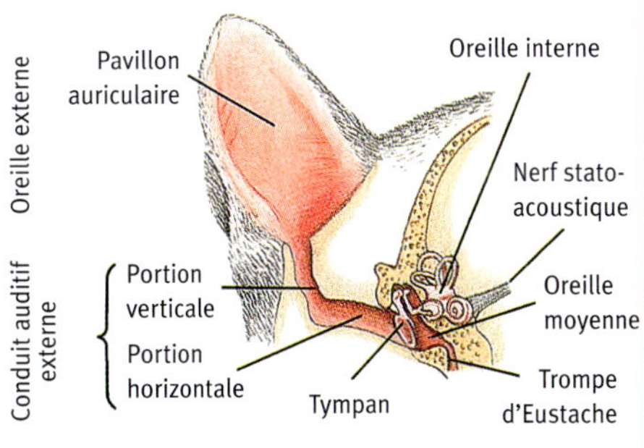

La colonne vertébrale

La colonne vertébrale, ou rachis, correspond à l'assemblage des vertèbres. Cette tige solide et flexible sert d'axe au squelette. Elle est creusée dans sa longueur par le canal rachidien, qui abrite la moelle épinière.

Les vertèbres cervicales ▸ Au nombre de sept, elles forment la charpente du cou. Elles sont suivies de treize vertèbres dorsales sur lesquelles s'articule un même nombre de paires de côtes qui, avec le sternum, constituent la cage thoracique. Les sept vertèbres lombaires contribuent, par leur longueur, à la souplesse du rachis. Trois vertèbres soudées forment le sacrum, articulé solidement à deux coxaux (*ilium ischium* et *pubis*) pour former un ensemble rigide, le bassin ou pelvis. C'est au niveau du bassin que les membres postérieurs ou pelviens impriment au rachis leur puissante impulsion.

Les vertèbres caudales ▸ Au sacrum, enfin, font suite vingt à vingt-quatre vertèbres coccygiennes ou caudales. Par sa longueur et sa mobilité, la queue offre au chat une sorte de balancier, aide précieuse lorsqu'il escalade les arbres ou se promène sur les toits. Chez certaines races, les vertèbres coccygiennes se déforment ou s'atrophient pour former une queue « nouée », comme celle de certains siamois, ou même disparaissent de façon héréditaire, comme chez le manx.

Sur l'ensemble de la colonne vertébrale, les ligaments reliant les vertèbres sont réduits au profit des muscles. Le rachis est donc plus flexible, ce qui explique que le chat courre par bonds successifs, le dos participant activement à la progression par des flexions et des extensions très marquées. Il ne galope pas à trois temps, au contraire du chien, dont le dos est plus rigide.

Le thorax

Limité par les parois costales et, en arrière, par le diaphragme, le thorax abrite les deux poumons, le cœur et les gros vaisseaux qui le desservent, ainsi qu'une partie de l'œsophage.

Les poumons ▸ L'air est apporté aux poumons par la trachée. Celle-ci se sépare, au-dessus du cœur, en deux grosses bronches qui, dans chaque poumon, se divisent à plusieurs reprises jusqu'à fournir les minuscules bronchioles qui débouchent sur les alvéoles pulmonaires. C'est là que s'effectue l'hématose, ou oxygénation du sang. On a pu évaluer pour chaque espèce animale la surface d'échange air-sang apportée par l'ensemble des alvéoles. Chez le chat, elle atteint 28 cm^2/g de poids contre 7 cm^2/g chez l'homme. Chaque poumon est enveloppé dans une sorte de sac à double épaisseur, la plèvre. Une première épaisseur adhère au poumon, tandis que l'autre reste solidaire de la paroi du thorax. Dans l'espace compris entre ces minces feuillets, une petite quantité de liquide facilite le glissement de la surface pulmonaire sur la paroi thoracique pendant les mouvements respiratoires. L'augmentation anormale de ce liquide comprime les poumons, ce qui se produit notamment lors d'une pleurésie exsudative.

Le cœur ▸ Ovoïde, il paraît presque couché sur la face supérieure du sternum, la pointe dirigée vers l'arrière. En avant, dans le médiastin, c'est-à-dire entre les plèvres droite et gauche adossées sur le plan médian, se trouvent des ganglions lymphatiques, les ganglions médiastinaux. Ils peuvent grossir démesurément lors d'un cancer lymphoïde hélas fréquent, le lymphosarcome.

Viscères thoraciques et abdominaux du chat

(vus en place après avoir retiré le membre antérieur, la paroi du tronc et le diaphragme)

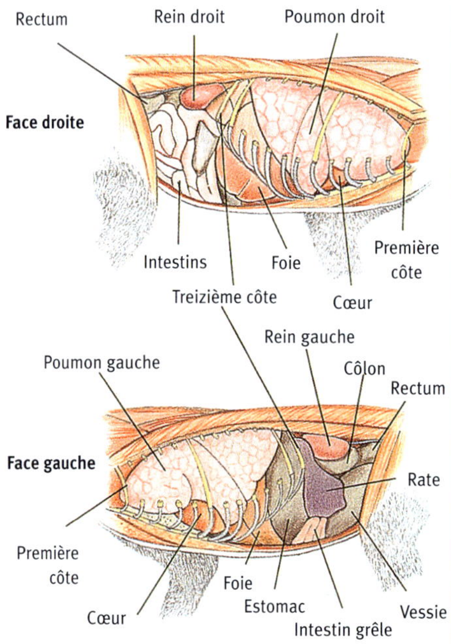

La digestion

Le chat est un carnivore strict. Ses organes sont adaptés à un régime riche et facilement digestible. Les dents sont faites pour saisir (incisives), tuer (canines), couper et déchiqueter (prémolaires et molaires) les aliments, qu'il ingère par fragments grossiers. Le brassage des aliments s'opère dans l'estomac qui, par conséquent, est volumineux ; sa sécrétion d'acide chlorhydrique est très abondante. Un début de digestion s'y effectue. La plus grande partie de la transformation des aliments en nutriments et toute l'absorption de ces derniers se font au niveau de l'intestin grêle. Les graisses ne sont assimilables que si elles sont émulsifiées par la bile. Les enzymes nécessaires à la digestion sont fournies par le pancréas et l'intestin lui-même ; elles ne sont actives qu'en milieu basique. La transformation du contenu stomacal, acide, en milieu basique se fait grâce au bicarbonate fourni par le suc pancréatique, sécrété en grande quantité. Les aliments ingérés étant riches et facilement digestibles, l'intestin grêle est très court, ce qui, en cas de diarrhée à ce niveau, provoque une dénutrition rapide.

Les enzymes digestives sont adaptées au régime carnivore. Elles ne permettent pas une bonne assimilation des aliments d'origine végétale ; l'amidon, notamment, ne peut être digéré que bien cuit et en quantité modérée. Une trop grande abondance de ces aliments diminue l'assimilation globale, ce qui provoque des fermentations, surtout dans le gros intestin, et des diarrhées. Cette fragilité nécessite des changements de régime progressifs (étalés sur trois à quatre semaines environ). Ceux-ci sont, de toute façon, limités en raison de la qualité alimentaire qu'exige le chat et de son appétence très faible pour les substances autres que des protéines d'origine animale (viande, poisson) et des graisses.

L'abdomen

La cavité abdominale est délimitée par les muscles abdominaux, les muscles sous-lombaires et le diaphragme ; vers l'arrière, elle communique avec la cavité pelvienne (le bassin). Elle contient, à l'avant, près du diaphragme, le foie, l'estomac, le pancréas et la rate ; dans la région sous-lombaire, à proximité du rachis, les reins, assez mobiles, les glandes surrénales et, chez la chatte, les ovaires ; près de l'entrée du bassin se trouve la vessie ; la région abdominale contient également la masse des intestins et, chez la femelle, l'utérus.

La plupart des viscères abdominaux sont contenus dans le péritoine, un sac dont l'organisation rappelle celle des plèvres : une face de ce sac se moule sur les organes et leurs vaisseaux nourriciers, tandis que l'autre s'applique à la paroi de l'abdomen. L'afflux de liquide dans le péritoine constitue l'ascite ou, s'il fait suite à une inflammation, la péritonite exsudative.

L'appareil digestif, constitué par l'ensemble des organes qui participent à la digestion, n'est pas entièrement contenu dans l'abdomen. Il commence en effet par la bouche et les glandes salivaires et se continue par le pharynx, vestibule de l'œsophage. Ce dernier, après un trajet dans le cou et le thorax, débouche, aussitôt après avoir traversé le diaphragme, dans l'estomac, une poche qui ne contient pas plus, chez le chat, de 350 ml. L'intestin fait suite à l'estomac. Il est très court, en raison du régime essentiellement carné de l'animal. L'intestin grêle a une longueur de 1 à 1,50 m, et le gros intestin de 20 à 40 cm. Le début de l'intestin grêle, le duodénum, reçoit les sécrétions de deux glandes annexes très importantes : la bile, produite par le foie et stockée dans la vésicule biliaire, et le suc pancréatique. Foie et pancréas font aussi office de glandes endocrines (ils déversent leurs produits dans le sang), indispensables entre autres à la régulation du taux de sucre sanguin.

Le gros intestin – côlon et rectum – reçoit les déchets de la digestion proprement dite, préalablement effectuée dans l'intestin grêle. Après avoir éliminé les divers restes de ces déchets, le gros intestin les expulse par l'anus.

Les organes génitaux et urinaires

L'appareil urinaire ▸ Il a pour rôle d'épurer le sang des déchets non volatils qui seront éliminés par les poumons. L'épuration urinaire regroupe à la fois la sécrétion et l'excrétion de l'urine. Les reins, organes pairs en forme de haricot, de coloration jaunâtre, pèsent chacun environ 20 g. Ils sécrètent l'urine. Cette dernière séjourne dans le bassinet rénal et l'uretère la conduit ensuite dans la vessie. Lors de la miction, une contraction vésicale la projette à l'extérieur par le tube de l'urètre. Chez la chatte, ce conduit débouche sur le plancher de la vulve, alors que chez le mâle il s'engage dans le pénis, où son diamètre se rétrécit, ce qui peut créer une obstruction si l'urine charrie des cristaux de phosphate.

L'appareil génital ▸ Il comprend les organes de la reproduction. Son anatomie, semblable dans les deux sexes au début de la formation embryonnaire, se différencie avant même la naissance. Toutes ses malformations s'expliquent donc par un désordre dans son développement. Les gonades produisent à la fois les hormones sexuelles et les gamètes, c'est-à-dire les cellules – ovules et spermatozoïdes – qui formeront un œuf lors de leur rencontre, après l'accouplement. Chez la chatte, les gonades sont les ovaires, masses en forme d'amande de 8 mm de long situées immédiatement en arrière du rein. Chez le mâle, ce sont les testicules, reportés sous l'anus, dans la région périnéale, et logés dans le scrotum. Ils apparaissent, au stade embryonnaire, au même endroit que les ovaires, puis se déplacent au travers de l'abdomen et de sa paroi vers le creux de l'aine jusqu'à gagner leur position définitive.

Appareil uro-génital d'une chatte vu de face

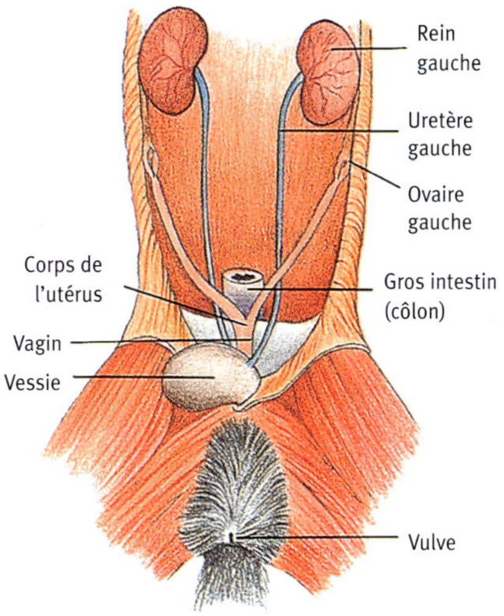

Organes génitaux et urinaires du chat mâle après ouverture du bassin
(d'après R. Barone)

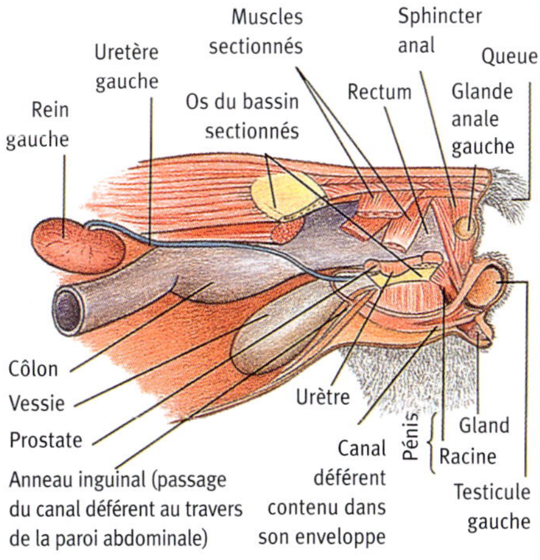

Dans certains cas, cette migration s'interrompt. Le testicule, arrêté dans l'abdomen, ne produit pas de spermatozoïdes, mais continue cependant à fabriquer l'hormone mâle, la testostérone. Le chat est dit cryptorchide (de *cryptos* : caché, et *orchis* : testicule). La castration, pour être complète, nécessite alors l'élimination du testicule abdominal.

Chez la femelle, les voies génitales commencent par les trompes utérines, conduits flexibles accolés aux ovaires, dont ils recueillent les ovules. C'est là qu'a lieu la fécondation proprement dite, l'union du spermatozoïde et de l'ovule. Chaque trompe s'abouche à une corne utérine, long tube de 3 mm de diamètre. Ce dernier connaît une considérable augmentation de volume au cours de la gestation puisqu'il abrite les fœtus et leurs annexes. Les deux cornes utérines se réunissent pour former un corps utérin très bref que le col sépare du vagin. Celui-ci s'ouvre à l'extérieur par la vulve.

Chez le mâle, les spermatozoïdes produits par le testicule progressent dans le canal déférent, tube qui, après avoir regagné la cavité abdominale, se joint à l'urètre. Le chat possède une prostate réduite, n'entourant pas complètement l'urètre, ce qui explique peut-être qu'elle ne soit jamais le siège de troubles. Le pénis est l'organe copulateur du mâle. Dirigé vers l'arrière, il comporte deux corps caverneux renforcés par un os pénien de quelques millimètres. Lors de l'érection, ces derniers se gonflent de sang, permettant l'accouplement et le dépôt du sperme dans les voies génitales de la femelle. L'extrémité du pénis, le gland, est hérissée de papilles cornées qui disparaissent après la castration. Le gland est protégé par un prépuce, repli de peau dont l'ouverture, un simple point, permet de différencier les chatons mâles des femelles. L'orifice vulvaire est une fente verticale.

La chatte possède habituellement quatre paires de mamelles, deux sur le thorax et deux sur l'abdomen. Elles s'accompagnent parfois d'une cinquième, située au pli de l'aine. Chez le mâle, à l'emplacement des mamelles se trouvent de minuscules papilles.

Les membres

Le membre antérieur ou thoracique a une ossature qui comporte, mis à part quelques particularités, les mêmes éléments que chez l'homme.

La clavicule

Elle se réduit à un vestige osseux, perdu au milieu des muscles mais visible sur les radiographies en avant de l'épaule. Ainsi, comme chez la plupart des mammifères quadrupèdes, le membre thoracique n'a pas d'attache rigide avec le tronc. Le thorax se trouve suspendu entre les deux membres antérieurs par les muscles dentelés. Cette disposition aide à la souplesse de l'amortissement sur les pattes avant. Notons au passage que la forme de la scapula (omoplate) et celle de l'humérus permettent de distinguer aisément les restes du chat de ceux du lapin, cela pour couper court aux confusions possibles dont on a, depuis la mère Michel, accusé bien des cuisiniers.

La main

Elle se compose du carpe (sept os – le poignet), de cinq métacarpiens (la paume de la main) et des phalanges (trois os pour chacun des quatre doigts). Sa musculature bien développée permet aux doigts de s'écarter, tandis qu'à l'intérieur du bras le jeu du radius sur l'ulna (cubitus) autorise les mouvements de rotation de la paume, tout comme chez l'homme. Il suffit de voir un chat jouer avec une souris ou grimper dans un arbre pour découvrir la grande variété des mouvements de la main chez cet animal.

Les doigts ▸ Le chat, digitigrade, repose à l'avant sur quatre doigts seulement. Le pouce, plus court, ne s'appuyant pas sur le sol. La face inférieure de la main porte des coussinets dermiques, ou tubercules plantaires, constitués de fibres élastiques et de tissu graisseux. Ils sont dépourvus de poils mais couverts d'un épiderme dur, corné, pigmenté ou non. Sensibles, les tubercules plantaires sont riches en terminaisons nerveuses. Ils renferment également de nombreuses glandes sudoripares eccrines : l'inquiétude rend les pattes du chat « moites » comme les mains de l'homme. Les coussinets plantaires laissent alors des traces humides bien visibles. La main compte sept coussinets dermiques : cinq digi-

Face inférieure de la patte antérieure droite

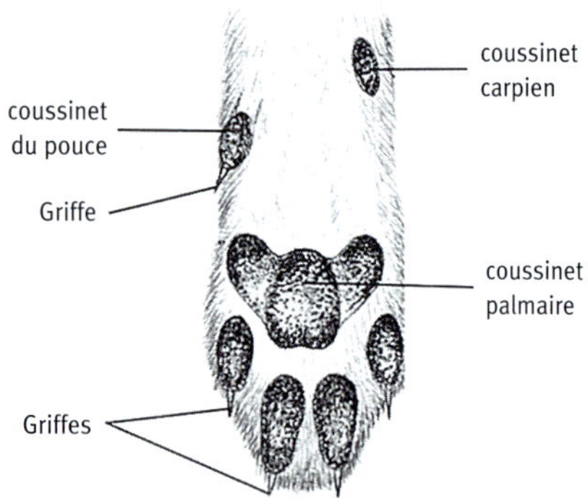

Le mécanisme de la « patte de velours »

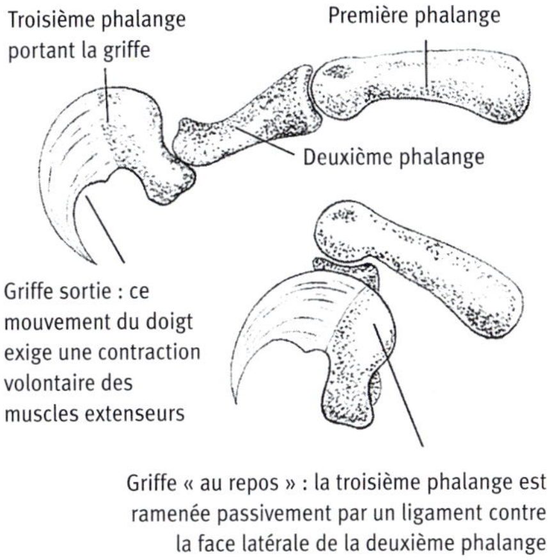

tés, un coussinet palmaire plus important en forme de cœur, et un coussinet carpien situé plus haut, au niveau du poignet.

Les griffes ▸ Chaque doigt est muni d'une griffe, étui corné coiffant la dernière phalange et fixé par le derme, appelé ici membrane kératogène car elle sécrète la corne. La pousse de la griffe produit des cônes imbriqués les uns dans les autres, aplatis latéralement, recourbés et à pointe acérée. Ils s'éliminent successivement grâce à l'usure ou lorsque le chat « fait ses griffes ». La corne superficielle tombe sous forme d'écailles, laissant apparaître la corne neuve, avec son extrémité effilée. Les griffes ne frottent pas sur le sol pendant la marche : elles sont rétractiles. Un ligament élastique réunit la face supérieure de la deuxième et de la troisième phalange de chaque doigt et fait basculer vers le haut la troisième phalange, qui se rétracte le long de la deuxième dans un repli cutané profond qui la dissimule. Les griffes ne sortent que lorsque les muscles fléchisseurs des doigts se contractent ; cette contraction volontaire permet au chat de jouer tantôt en griffant, tantôt en faisant « patte de velours ».

Le membre pelvien ▸ Le membre postérieur ou pelvien s'articule solidement au bassin : la tête du fémur s'engage dans une cavité hémisphérique : le cotyle. Les membres postérieurs, qui doivent se détendre lors du saut et de la course comme des ressorts, ont des mouvements latéraux beaucoup plus restreints que ceux des membres antérieurs. Le nombre des orteils est réduit à quatre, le premier doigt (pouce) ayant disparu. Aussi n'y a-t-il que cinq tubercules plantaires. Le rôle des griffes des membres postérieurs se limite à fournir un point d'appui au chat pendant ses escalades. Elles sont moins rétractiles, moins acérées et bien plus courtes que les griffes antérieures.

La peau

La peau du chat est souple, lâche, peu tendue sur le corps. Son épaisseur, très mince, varie selon les régions de 0,4 à 2 mm. Elle présente divers éléments : les poils proprement dits, les poils tactiles, les glandes sudoripares et sébacées, les sacs anaux et les griffes. Comme la peau, ces formations sont diversement colorées par des granules microscopiques, les mélanosomes, chargés soit d'eumélanine, responsable de la couleur noire, soit de phæomélanine, donnant la teinte orange. Par leur mélange ou leur dilution, ces mélanosomes produisent à eux seuls toutes les colorations. Le poil blanc est obtenu de deux façons : soit par l'absence totale de mélanosomes (c'est le cas des taches blanches de la « panachure »), soit grâce à une structure particulière du poil qui réfracte la lumière en donnant la sensation de blanc brillant malgré une concentration normale en mélanosomes. Dans ce dernier cas, la couleur blanche est génétiquement dominante.

Les poils sont produits dans de minuscules cavités cutanées, les follicules pileux, dans lesquels se déversent les sécrétions des glandes sébacées et des glandes sudoripares apocrines. Sur la base de certains poils s'insèrent des muscles microscopiques, dits arrecteurs, qui hérissent et gonflent la fourrure lorsque l'animal s'apprête au combat ou veut intimider un adversaire. Le chat possède trois sortes de poils : les

Schéma de la peau du chat

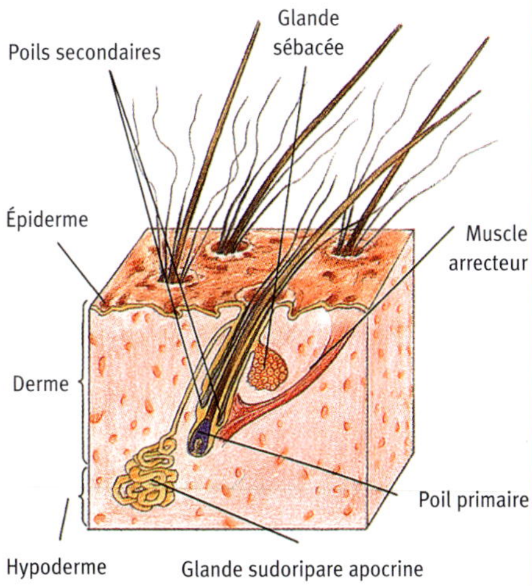

poils de bourre : les plus courts, ondulés et doux, forment le sous-poil ; les poils primaires ou jarres sont les plus longs ; les poils secondaires, de longueur moyenne, sont de dix à vingt-quatre fois plus nombreux que les poils primaires selon les régions du corps.

Le poil

C'est sur la couleur du poil et sur sa texture que la sélection a surtout agi pour former les nombreuses variétés de chats connues actuellement.

La couleur du poil

Les robes tabby ▸ Elles représentent le type sauvage dont tous les autres sont issus. C'est une couleur complexe, résultant de deux « patrons » (modèles génétiques) déterminés par deux ensembles de gènes. Le patron sous-jacent se nomme agouti. Il est caractérisé par un poil à base sombre et à pointe noire, séparé par une bande intermédiaire jaunâtre. Le second patron comprend les gènes tabby proprement dits, qui déterminent le dessin du pelage : rayures verticales, bandes longitudinales, taches ou robe unie comme chez l'abyssin.

Les robes à poil tipped ▸ Elles se caractérisent par des poils de couleur pâle dont l'extrémité est colorée d'une teinte plus franche : bleu, rouge, noir, etc. Les différences de tipping sont importantes pour les amateurs : un tipping très marqué porte le nom de smoke (fumé) alors qu'un tipping faible donne le chinchilla. Le patron colourpoint donne une couleur pâle sur le corps avec un poil moins clair sur les extrémités ou « points » : le nez, les oreilles, les pattes et la queue. Cette teinte foncée obéit à un mécanisme d'ordre thermique comme chez le siamois, l'himalayan, le balinais et le birman. Dans ces races, la couleur sombre des extrémités, ou acromélanisme, est attribuable à une enzyme dépendante de la température, transformant par oxydation les précurseurs de la mélanine en mélanine. À température élevée, le poil se colore légèrement, alors qu'aux températures plus basses il prend une teinte sombre. Le pelage des chatons est ainsi plus pâle à la naissance. Celui des chats entretenus dans des maisons chauffées ou vivant en zone tropicale reste également plus clair que chez les colourpoint passant l'hiver en plein vent sous nos latitudes. Après la tonte, lors d'interventions chirurgicales par exemple, le poil du corps repousse sombre, mais ne tarde pas à s'éclaircir.

Les robes multicolores ▸ Elles comprennent l'écaille de tortue avec ou sans adjonction de blanc. L'écaille de tortue primitive est un patchwork de noir et d'orange, mais les zones non orange adoptent souvent tout un éventail de colorations passant du chocolate au cinnamon, au blue et au lilac. Le patron écaille de tortue ne se rencontre que chez les femelles (ou très rarement chez des mâles anormaux porteurs de deux chromosomes X). Lorsqu'elles existent, les taches blanches ne s'organisent jamais selon une répartition définie pour des raisons génétiques et se disposent au hasard sur tout le corps.

La dilution maltaise ▸ C'est un caractère récessif. Elle dilue le noir en bleu (comme chez le chartreux), l'orange en crème, et le seal point du siamois en blue point. Chez les chats normaux à poil noir, de nombreux mélanosomes sont répartis uniformément le long du poil. Dans le poil des chats à dilution maltaise, ceux-ci s'agglomèrent en granules

Chez les rex, seul le sous-poil ondulé a persisté.

Chez les sphynx, on note une absence presque totale de poils.

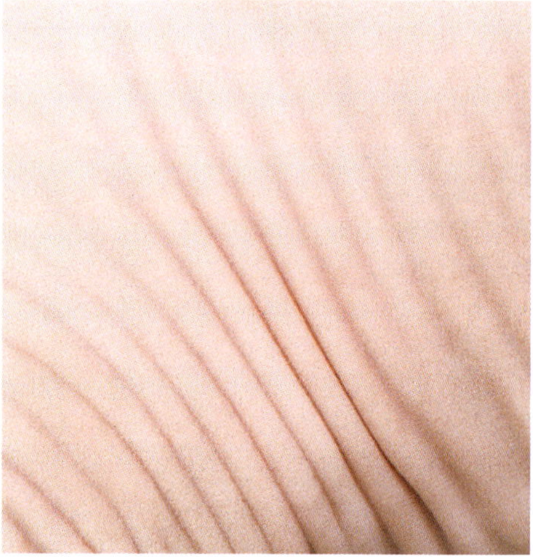

plus gros distribués irrégulièrement. La grande variété de teintes des races de chats actuelles vient de l'échange de caractères (ou mieux, d'allèles) entre les trois groupes primitifs : européen, persan et oriental. Jusqu'où ira donc cette diversification ? Certains clubs reconnaissent à ce jour plus de trois cents variétés de robe chez le persan !

La texture du poil

Chez un chat à poil court, les poils primaires, les plus longs, mesurent environ 4,5 cm, alors que la robe d'un persan d'exposition peut comporter des poils dépassant 12,5 cm. Le poil court est le type « sauvage » fondamental. Il est génétiquement dominant sur les nombreux autres types qui ont pu apparaître et dont la « félinotechnie » a fait la caractéristique de races nouvelles.

La mutation rex est définie par un poil bouclé et survient dans deux races majeures : le rex devon et le rex cornish.

Le poil peut être aussi très court, d'une finesse extrême, donnant au toucher la sensation du daim, comme chez le sphynx.

Enfin, la mutation wirehair (poil dur) se caractérise par un poil rêche, frisé irrégulièrement ou se terminant en crochet.

Les poils tactiles ou vibrisses sont raides et très longs. Les terminaisons nerveuses qui accompagnent leur racine en font des organes sensitifs, des sortes d'antennes : les moustaches et les sourcils du chat. On en trouve aussi sur les membres antérieurs, derrière le carpe (poignet).

Les glandes sébacées produisent une sécrétion huileuse, le sébum, qui forme à la surface de la peau un film qui l'empêche de se déshydrater. Répandu sur le poil, il lui donne souplesse et brillant. Les glandes sébacées sont plus nombreuses sous le menton, entre les doigts, près des jonctions de la peau avec les muqueuses ainsi que sur le dessus de la queue, où elles forment l'organe supracaudal.

Les glandes sudoripares sont de deux types, selon leur mode de sécrétion : apocrines, elles se répartissent sur le corps aux mêmes endroits que les glandes sébacées ; eccrines, elles se trouvent uniquement sur les coussinets plantaires. Chez le chat, les glandes sudoripares n'ont qu'un rôle insignifiant, car la sueur n'intervient pas dans le refroidissement du corps, comme chez l'homme ou le cheval.

Les sacs anaux sont deux poches de peau situées de part et d'autre de l'anus, au niveau duquel s'ouvre leur canal excréteur. Leur production, un liquide épais, brunâtre et nauséabond, a une signification sociale certaine.

Chez les chats à poil court, les poils les plus longs mesurent environ 4,5 cm.

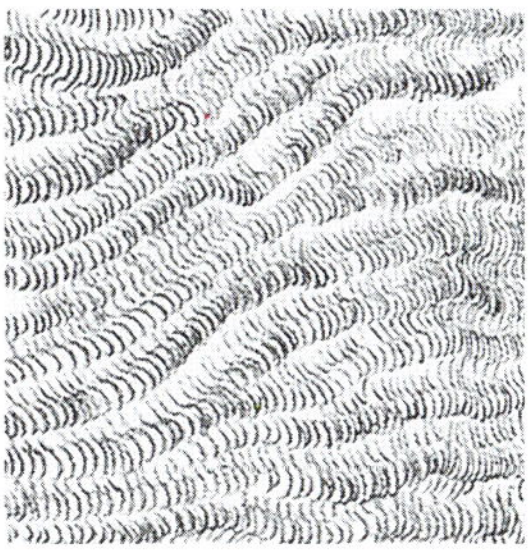

Rex : absence de jarre. Le sous-poil, ondulé, a seul persisté.

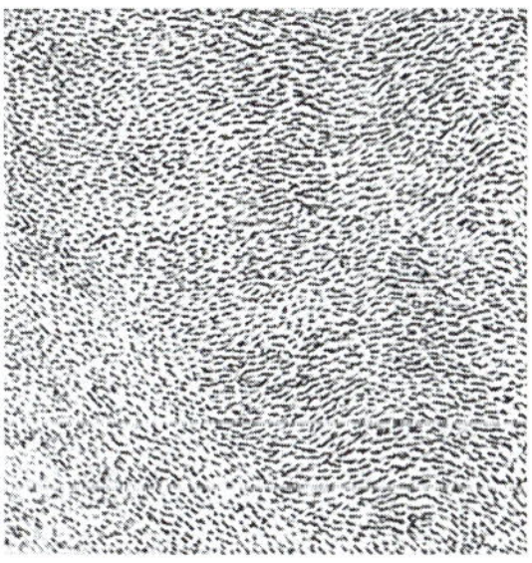

Sphynx : absence presque totale de poils.

Poil lisse (court ou long).

ALBUM DES RACES

◂ Maine coon

Présentation de l'album des races

À quoi ressemble le mau égyptien ? De quelle couleur seront mes chatons persans ? Y a-t-il des birmans red point ? D'où vient le chat nu ? Quelles sont les particularités du manx ? Que signifie mi-long ? Quand parle-t-on de gène dominant ? Que sont les gènes ? Qu'est-ce qu'un chat cobby ? Pourquoi ne peut-on pas marier un chartreux avec un korat ? Et quelle est l'origine de ce korat ? Voilà autant de questions auxquelles ce chapitre répond.
Avant d'ouvrir cet album des races, rappelons que les chats sont classés en Europe selon trois catégories de poils – les poils courts (les races y sont le plus nombreuses – chartreux, siamois, british et american shorthair, exotic, etc.) ; les poils mi-longs à la fourrure soyeuse et souple (birman, angora, maine coon, balinais, norvégien, etc.) ; et les poils longs, qui ne sont en fait qu'une seule race, le somptueux persan à la fantastique palette de couleurs. Au sein de chaque catégorie de poils, on distingue différentes catégories de morphologie : le type bréviligne ou cobby, le type médioligne (semi-cobby, semi-foreign, ou foreign) et le type longiligne ou oriental. Le lecteur se familiarisera avec tous ces termes, ces catégories et ces couleurs lorsqu'il aura fait connaissance avec ces dizaines de chats si différents, parfois si étranges et toujours très attachants.

Dans cet album, les races sont classées par ordre alphabétique afin de faciliter la recherche. Pour chaque race présentée, un cartouche indique :
- l'origine de la race ;
- un ordre de taille ;
- un ordre de poids (du minimum au maximum, mâle et femelle confondus) ;
- le type de poil ;
- le caractère.

Ainsi, le lecteur pourra d'un seul coup d'œil reconnaître les principales caractéristiques de l'animal.

Chaque fiche de race, illustrée de remarquables dessins et de photographies, comporte une première partie historique détaillant les origines de la race et qui permet de savoir quels chats sont intervenus dans sa sélection jusqu'à ce que celle-ci soit véritablement définie.
- Les **caractéristiques** renseignent d'abord sur le caractère du chat, information indispensable pour savoir comment l'éduquer. Puis elles indiquent au lecteur la fréquence et le niveau de difficulté de l'entretien et des soins à procurer à l'animal, et éventuellement les maladies auxquelles le chat peut être sujet. Enfin, ce paragraphe détaille les éventuelles particularités de la race.
- Pour chaque race reconnue comme telle par la fédération pour la gestion du Livre officiel des origines félines (en France, seule cette autorité est reconnue par le ministère de l'Agriculture pour définir les standards félins), un standard de référence, le standard LOOF, a été publié. Ainsi, le paragraphe intitulé **standard** détaille, de la tête à la queue, les caractéristiques du chat parfait pour une race donnée tel qu'elles sont mentionnées dans le standard officiel. Puis il définit les défauts du chat donnant lieu à des pénalités et/ou à des disqualifications lors des concours de beauté. Viennent ensuite les possibilités de mariage et le génotype de la race.
- Un tableau détaille l'**échelle des points du standard LOOF**. En effet, selon la race, le standard n'accorde pas la même valeur à la robe, à la couleur ou au caractère de l'animal... L'échelle des points, validée par les autorités compétentes, a été établie par les éleveurs et les juges de races félines ; elle est amenée à être révisée en fonction des modifications du standard, qui varie selon les évolutions morphologiques de la race, de la reconnaissance d'une nouvelle variété ou d'une nouvelle couleur.
- Des encadrés, viennent agrémenter chaque fiche de race, et soulignent un fait ou une anecdote marquants.
- Le symbole ci-dessous, décliné graduellement, donne des indications sur la difficulté et la fréquence de l'entretien et du toilettage du chat. Un pictogramme correspond à un entretien facile, deux pictogrammes à un entretien assez facile, trois pictogrammes à un entretien difficile.

Entretien

facile

assez facile

difficile

Notons que, même si le chat de gouttière ou chat de maison n'est pas un chat de race, nous avons choisi de le présenter dans cet album car il est de loin le chat le plus représenté dans l'Hexagone.

Clés visuelles pour mieux lire le chat

Les différents types morphologiques chez le chat

Le type bréviligne ou cobby

Le type bréviligne ou cobby est caractérisé par un corps massif, court et puissant, une ossature forte, une encolure épaisse et plutôt courte, une queue courte et épaisse, une tête ronde de face avec un profil concave, des pieds ronds.

Burmese, p. 132-133

Exotic shorthair, p. 151-152

Manx, p. 161-162

Persan, p. 173-175

Le type médioligne

Le type médioligne est caractérisé par un corps rectangulaire, une ossature solide mais sans excès, une encolure dégagée mais forte, une queue moyenne, une tête intermédiaire et équilibrée, des pieds ronds ou ovales. La terminologie anglo-saxonne a affiné cette description en la divisant en trois catégories intermédiaires classées de la plus lourde à la plus légère.

Semi-cobby

Format légèrement plus long que le cobby, avec une ossature forte.

American bobtail, p. 112-113

American shorthair, p. 116-117

Bombay, p. 128-129

British shorthair, p. 130-131

Burmilla, p. 134-135

Chartreux, p. 140-141

Chat sacré de Birmanie, p. 147-148

German rex, p. 153

Korat, p. 155-156

Pixie bob, p. 176-177

Ragdoll, p. 178-179

Rex selkirk, p. 184-185

Scottish fold, p. 188-189

Sibérien, p. 193-194

Singapura, p. 195-196

Turkish van, p. 209-210

Semi-foreign

Corps long, mais avec une ossature forte.

American curl, p. 114-115

Bengal, p. 122-123

Californian splangled, p. 136-137

Chat des forêts norvégiennes, p. 144-146

Européen, p. 149-150

Havana brown, p. 154

Laperm, p. 157-158

Maine coon, p. 159-160

Mau égyptien, p. 163-164

Munchkin, p. 165-166

Ocicat, p. 167-168

Rex devon, p. 182-183

Savannah, p. 186-187

Snowshoe, p. 197-198

Sphynx, p. 202-203

Tonkinois, p. 206-207

York chocolat, p. 211

Foreign

Le plus léger des formats médiolignes. La structure générale est fine et élégante sans être extrême.

Abyssin, p. 109-111

Angora turc, p. 118-119

Bleu russe, p. 124-125

Bobtail japonais, p. 126-127

Ceylan, p. 138-139

Ojo azules, p. 169-170

Sokoke, p. 199

Somali, p. 200-201

Thaï, p. 204-205

Le type longiligne ou oriental

Le type longiligne ou oriental est caractérisé par un corps long et tubulaire, une ossature fine, une encolure longue et dégagée du corps, une queue fine et longue, une tête triangulaire de face avec un profil convexe ou droit, des pieds ovales.

Balinais, p. 120-121

Oriental, p. 171-172

Rex cornish, p. 180-181

Siamois, p. 190-192

Chat de gouttière, p. 142-143

Le chat de maison ou chat de gouttière ne correspond pas à un standard précis et peut arborer toutes les morphologies.

La morphologie du chat

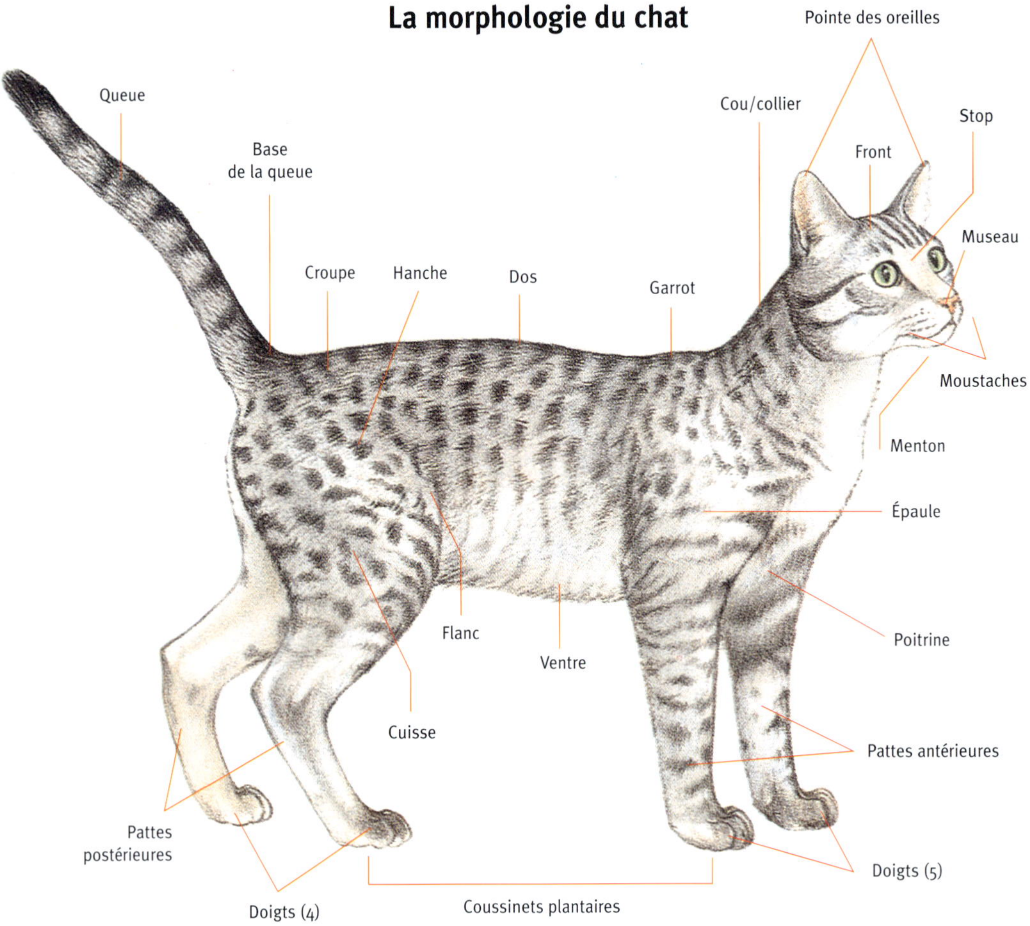

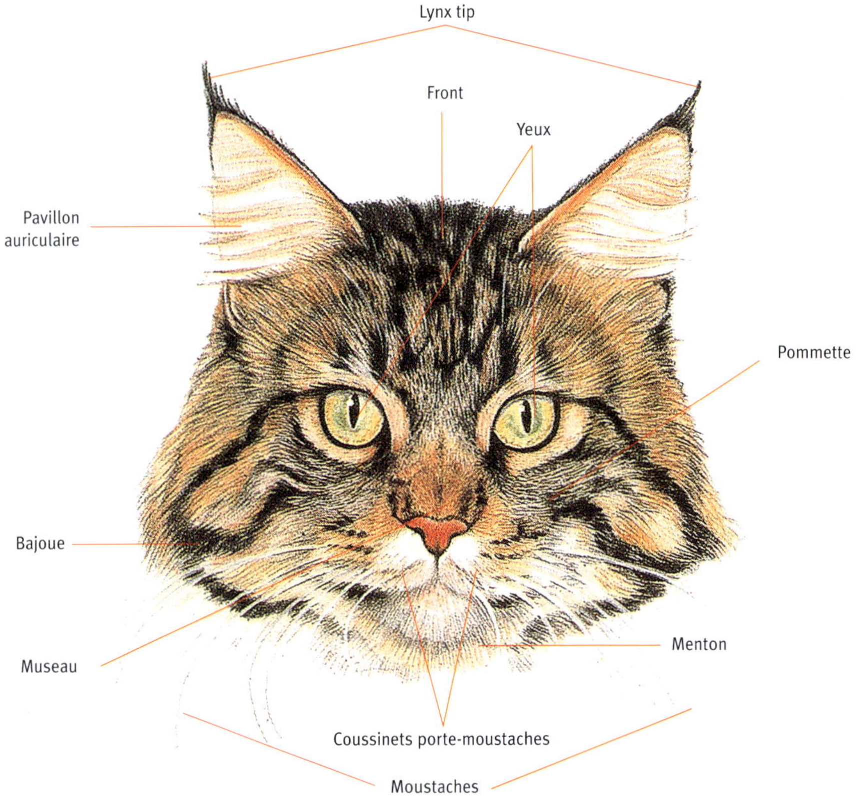

Abyssin

Origine : Asie ou Afrique
Taille : moyenne
Poids : 4 à 7,5 kg
Poil : court
Caractère : facile à vivre

Les origines de l'abyssin demeurent incertaines. Certains évoquent l'Asie du Sud-Est, le nord de l'Inde ou bien encore les bords du Nil et le comparent à la déesse Bastet. D'autres privilégient l'Abyssinie (actuelle Éthiopie), d'où serait originaire Zula, une chatte ticketée qui aurait été croisée avec un *Felis libycae*, un chat sauvage local, et ramenée en Angleterre dans les années 1870 par les soldats de lord Napier. Difficile de trancher. Une chose est sûre cependant, l'abyssin couleur lièvre, surnommé *bunny cat* (chat lapin) du fait de la couleur de sa robe, a conquis les cœurs britanniques dès la seconde moitié du XIXe siècle. Une petite femelle a même été présentée lors de la première exposition féline organisée en 1871 au Crystal Palace de Londres. Le premier standard de la race a été rédigé en 1889. La Cat Fanciers Association a reconnu la race en 1917, puis la Fédération féline française a fait de même en 1927. L'abyssin est aujourd'hui devenu l'un des chats à poil court préférés des Européens et des Américains.

CARACTÉRISTIQUES

› **Caractère :** intelligent, vif et curieux, l'abyssin s'intéresse à tout ce qui se passe dans la maison. Il est très attaché à son maître sans être trop envahissant. Facile à vivre, il demande toutefois beaucoup d'attention car il s'accommode assez mal de la solitude. C'est un grand charmeur qui s'exprime par petits roucoulements. Dynamique, il a besoin d'espace pour se développer dans de bonnes conditions et passe ses journées à jouer. Petite précision : comme il adore grimper, mieux vaut prévoir un arbre à chats !

› **Entretien :** l'abyssin est un chat vigoureux et robuste. Son poil court ne nécessite aucun toilettage particulier si ce n'est un brossage hebdomadaire pour ôter les poils morts. On peut aussi utiliser une peau de chamois pour faire briller sa robe aux reflets chatoyants. Avant un concours, il est recommandé de le baigner et de le shampouiner. Côté cuisine, pas de régime particulier. Il faut toutefois veiller à ce qu'il garde la ligne.

› **Particularités :** l'abyssin n'est pas réputé très prolifique ; on compte en moyenne trois ou quatre chatons par portée. Son évolution est assez lente et son ticking n'apparaît qu'après plusieurs semaines. Certains sujets sont atteints d'amyloïdose, une maladie génétique qui entraîne de graves problèmes rénaux, mais les éleveurs sérieux se mobilisent pour l'éradiquer en éliminant les reproducteurs porteurs.

STANDARD

› **Tête :** de longueur proportionnée au reste du corps, elle est dotée de contours arrondis de face comme de profil. Le crâne est légèrement arrondi, le front un peu bombé et le port de tête altier. Le profil montre une légère déclivité concave entre le front et le nez, sans rupture évidente.

› **Museau :** ses contours sont légèrement arrondis de face comme de profil. Il n'est ni pointu ni étroit. Le menton est plein, ni fuyant ni projeté en avant, avec une apparence arrondie. Des bajoues sont permises chez les mâles adultes.

› **Oreilles :** grandes, elles sont en alerte et modérément pointues (et idéalement pourvues de plumets). Larges et courbées à la base, elles sont pointées vers l'avant et donnent l'impression d'écouter. Les poils sur les oreilles sont courts et couchés ; la couleur est conforme à celle de la robe. L'empreinte de pouce est souhaitée sur le haut extérieur de l'oreille ; elle est surtout visible chez le lièvre.

› **Yeux :** légèrement en amande, ils sont grands, brillants et expressifs. Leur ouverture n'est ni orientale ni ronde. Ils varient du jaune au marron en passant par le vert dans toutes ses nuances, mais sont uniformes. Ils sont soulignés d'un trait de maquillage en accord avec la robe, lui-même souligné d'une zone de coloration plus claire.

› **Cou :** assez long, il est gracieux et ne rentre pas dans les épaules.

› **Corps :** moyennement long, il est souple et gracieux. Doté d'une musculature bien développée, il n'est pas massif et reste élégant. La cage thoracique est doucement arrondie et les flancs sont fins. Le dos légèrement arqué évoque un chat prêt à bondir.

› **Pattes :** elles sont proportionnellement minces, longues et bien musclées. Les tendons sont apparents.

› **Pieds :** ils sont ovales et compacts. Debout, l'abyssin donne l'impression de se tenir sur la pointe des pieds.

› **Queue :** elle est longue et effilée.

› **Robe et texture :** élastique au toucher, le poil est brillant et sa texture est fine. Assez court, il présente deux bandes ou plus, claires ou sombres : le ticking. Une coloration des pattes arrière, les « bottes », est appréciée. La robe doit porter le moins de marques possible. Le poil est couché sur le corps, et le sous-poil doit être chaud. Il est également plus long sur l'épine dorsale, se raccourcissant graduellement sur la tête, les flancs et les pattes.

› **Couleur :** la couleur de la robe est une des qualités essentielles de l'abyssin. Elle ne doit en aucun cas être terne et doit être le plus intense possible. Elle semble dotée d'une qualité rayonnante qui reflète la chaleur de ses couleurs. Le motif de la fourrure est génétiquement agouti. Le poil du ventre, de la poitrine, du cou et de l'intérieur des pattes n'est pas ticketé, mais la pigmentation de ces

Une ballerine à la robe chatoyante

Telle une ballerine sur la pointe des pieds, l'abyssin, chat à l'allure sauvage et royale, ressemble à un petit puma. Empreint d'élégance et d'harmonie, il est de taille moyenne et présente un fin développement musculaire. Il est souple et agile comme une panthère, et sa robe lumineuse reflète la chaleur de ses couleurs. Les mâles sont proportionnellement plus grands que les femelles, celles-ci ayant des os plus fins et étant habituellement plus actives que les mâles.

Échelle des points du standard LOOF

	Points
Tête	**30**
- profil : 5 - museau : 5 - crâne : 5 - oreilles : 5 - forme des yeux : 5 - cou : 5	
Corps	**35**
- torse : 10 - pattes et pieds : 10 - ossature : 5 - queue : 5 - musculature : 5	
Texture	**10**
Couleur et motif	**25**
- couleur : 10 - ticking : 10 - couleur des yeux : 5	

zones doit toutefois être homogène. Comme l'abyssin est un chat tabby, ses patons, son menton et le haut de sa gorge sont d'une couleur plus claire, plutôt crème que blanche, et ne sont jamais d'un blanc pur. Une bande de couleur plus sombre suit l'épine dorsale et accentue son apparence sauvage. Vingt-huit couleurs sont actuellement reconnues : lièvre, bleu, sorrel, fawn, chocolat, lilac, red (red génétique), lièvre tortie, bleu crème, chocolat tortie, lilac crème, sorrel tortie, fawn crème et toutes les couleurs de base avec le silver.

- **Condition :** c'est un chat alerte et vif.
- **Pénalités :** des défauts dans les couleurs ; une robe d'un ton froid, gris ou sableux, une couleur grise près du menton ou un sous-poil d'une couleur incorrecte ; un collier ouvert, des barres aux pattes, des taches ou des zones non ticketées (sous le corps, sur la poitrine et à l'intérieur des pattes), des barres tabby (attention, plus la couleur est dense et chaude et plus les marques ont tendance à être visibles) ; une robe terne ou à l'apparence pelucheuse ; un effet laineux ; une irrégularité de ticking (ticking inversé sur le corps, manque de ticking sur la tête et la queue) ; une tête avec un stop trop marqué ; une queue en fouet ; une couleur des yeux irrégulière et non franche pour les adultes ; une trop grande maigreur et un manque de tonus musculaire, une mauvaise ou faible condition physique.
- **Disqualifications :** un médaillon blanc ou du blanc n'importe où sur le corps ; un collier non ouvert ; un chat non agouti.
- **Mariages autorisés :** abyssin x abyssin, abyssin x somali.
- **Génotype d'un abyssin lièvre homozygote :** AA BB CC DD LL Ta Ta.

American bobtail

Origine : États-Unis
Taille : moyenne à grande
Poids : 3 à 9 kg
Poil : mi-long
Caractère : calme et excellent chasseur

Un petit lynx en fourrure d'hiver

L'american bobtail est un chat de taille moyenne, trapu et lourd. Il est bien en chair et musclé sans toutefois être gras. Sa queue est courte et sa robe est double, dense et hirsute. Il est plutôt rare en dehors des États-Unis.

La découverte de ce chat commence par une banale histoire de vacances. Autour des années 1965, la famille Sanders séjourne en Arizona près d'une réserve indienne. Elle remarque alors un chaton aux allures sauvages, doté d'une curieuse queue assez courte et remontée sur le dos. Elle l'adopte et le baptise Yodie. Puis c'est le coup de foudre avec Mishi, la siamoise de la maison. Peu de temps après, des chatons pointent le bout de leurs moustaches : certains sont noirs, les autres tabby ; certains ont la queue courte de leur père, les autres, la queue longue de leur mère. Les Sanders en font adopter une partie par des voisins et quelques-uns d'entre eux recouvrent même la liberté. C'est alors que la nature intervient : un chat crème point et blanc croise le chemin de l'un d'eux et des chatons colourpoint et blanc, dotés d'un appendice caudal assez court, voient le jour. Mindy Schultz, une voisine des Sanders, tombe sous leur charme et rédige une proposition de standard dans les années 1970. Elle les décrit à l'époque comme des chats colourpoint, avec une queue écourtée, en tire-bouchon, légèrement remontée sur le dos, présentant du blanc sur les pattes et le poitrail ainsi qu'une flamme sur le nez. La TICA (The International Cat Association) reconnaît la race en 1989.

CARACTÉRISTIQUES

› **Caractère :** débonnaire, calme, doux et patient, il accepte bien les autres animaux. Excellent chasseur, il court en puissance, c'est-à-dire vite mais pendant peu de temps. Il préfère se déplacer sur des terrains plats plutôt que de grimper aux arbres, mais les coussins douillets de la maison ont toujours sa préférence ! Il n'apprécie guère la solitude.

› **Entretien :** ce chat sain et robuste ne nécessite pas de soins particuliers. Un brossage plus soutenu est cependant recommandé lors de la période de mue à cause de son sous-poil épais.

› **Particularités :** comme pour le manx, sa queue écourtée est le résultat d'une mutation génétique due à un gène dominant. À l'origine, sa fourrure était courte, mais l'introduction des himalayans (persans colourpoint) lui confère aujourd'hui un poil mi-long assez dense et bien fourni.

STANDARD

- **Tête :** large, elle présente une puissante mâchoire et des contours arrondis.
- **Museau :** légèrement effilé, il est à peu près aussi long que large. Il peut être doté d'un léger stop et ses joues sont pleines. Le menton est plein et bien développé. De profil, le nez présente une douce incurvation entre les yeux.
- **Oreilles :** de taille moyenne, elles sont en alerte et placées bas sur la tête. Elles sont larges à la base, légèrement arrondies et ornées de plumets. Leur intérieur est bien fourni.
- **Yeux :** grands et larges, ils sont placés en biais par rapport à la base de l'oreille. Leur couleur est assortie à celle de la robe, mais n'entre en considération que dans le cas d'une égalité de type entre deux chats.
- **Cou :** de forme arrondie, il est de longueur moyenne et bien musclé. Il peut paraître court en raison de la collerette et des muscles puissants.
- **Corps :** de taille moyenne, il est semi-cobby, trapu et légèrement plus long que haut. Le dos est légèrement incurvé jusqu'à la base de la queue, son ossature est puissante et sa poitrine pleine et large. Les hanches sont fortes et la musculature puissante. Les mâles sont bâtis plus fortement, avec des épaules larges et une apparence musclée. Les femelles sont musclées mais conservent une élégance féminine. Elles sont plus petites que les mâles.
- **Pattes :** de taille moyenne, elles présentent une lourde ossature et une forte musculature. Les postérieures sont légèrement plus hautes que les antérieures.
- **Pieds :** ils sont larges et ornés de touffes de poils entre les doigts.
- **Queue :** courte, elle mesure de 2,5 à 10 cm. Elle est flexible, mais peut être noueuse ou recourbée tout en conservant un mouvement naturel. Elle est bien fournie en poils.
- **Robe et texture :** mi-long, le poil est dense, hirsute, avec beaucoup de sous-poil. Il est plus abondant sur le cou, la collerette, le ventre et la queue. Sa texture est rêche. Le poil de garde est épais.
- **Couleur :** toutes les couleurs sont reconnues.
- **Pénalités :** une queue trop longue ou trop courte qui affecte l'équilibre et l'apparence du chat ; une robe qui paraît plate sur le corps et trop soyeuse ; des os trop fins ou de type oriental ; un museau extrêmement court ; un nez trop stoppé ; des taches ou des médaillons blancs.
- **Disqualifications :** une absence de queue ; une queue de taille normale.
- **Mariages autorisés :** toutes les races sont autorisées, mais attention aux dégénérescences qui pourraient se transmettre à d'autres races.
- **Génotype d'un american bobtail seal point homozygote :**

BB Cs Cs DD II MB MB.

Échelle des points du standard LOOF

	Points
Tête	25
Oreilles	5
Forme des yeux	5
Corps	25
Pattes et pieds	5
Queue	5
Robe	15
Condition et équilibre	10
Couleur et motif	5

American curl

Origine : États-Unis
Taille : moyenne
Poids : 3 à 5 kg
Poil : court et long
Caractère : facétieux et équilibré

Des oreilles en forme de croissant de lune

Son nom le définit bien : *american* car le premier spécimen fut découvert aux États-Unis, et *curl* (boucle) car ses oreilles sont bouclées. Bien écartées de chaque côté du crâne, elles s'enroulent à l'envers vers le sommet de la tête, dessinant un croissant de lune. L'intérieur est abondamment garni de touffes de poils qui dépassent comme des antennes.

Le berceau de la race se trouve à Lakewood, dans le sud de la Californie. En 1981, une chatte de gouttière noire à poil mi-long et aux curieuses oreilles incurvées décide de s'installer chez Jo et Grace Ruga. Ces derniers la baptisent Shulamith. En décembre de la même année, elle met au monde quatre chatons. Deux d'entre eux présentent les mêmes oreilles étranges que leur mère. Une amie des Ruga veut alors faire reconnaître cette nouvelle race et présente Shulamith et ses descendants en exposition à Palm Springs. Juges, éleveurs et public sont enthousiasmés. La TICA enregistre officiellement l'existence de la race sous le nom d'american curl en 1985 et les premiers sujets arrivent en France en 1988. Malgré l'engouement des débuts, cette race est encore aujourd'hui assez rare.

CARACTÉRISTIQUES

› **Caractère :** si son allure clownesque rappelle un peu celle d'un lutin, l'american curl semble aussi en avoir le caractère : espiègle, intelligent, vif, drôle, curieux, très attaché à ses maîtres. Il est gentil, sociable, bien dans son corps et dans sa tête. Il apprécie la compagnie des enfants. C'est également un redoutable chasseur.

› **Entretien :** ses origines « gouttière » lui confèrent une santé solide. Il faut toutefois surveiller un peu ses oreilles et en nettoyer régulièrement l'intérieur avec une lingette imprégnée d'une lotion adaptée. Un brossage hebdomadaire suffit.

› **Particularités :** la particularité de la race, ce sont les oreilles retournées vers l'extérieur en arc de cercle régulier qui découlent d'une mutation spontanée dominante. Il suffit en effet que l'un des deux parents soit porteur pour que le chaton arbore ces étonnantes oreilles. Le cartilage de ces dernières ne s'incurve et ne se durcit qu'à partir du quatrième jour, et leur courbure définitive n'est obtenue qu'au quatrième mois. Environ 50 % des chatons naissent avec des oreilles droites : dans ce cas, ils ne peuvent pas concourir en exposition, mais ils possèdent toutefois un pedigree et participent à la reproduction. Contrairement aux scottish folds, on peut tout à fait croiser deux american curls aux oreilles pliées.
De taille moyenne, l'american curl est un chat bien équilibré, dense et d'un poids surprenant pour sa taille. Il ne pèse en effet que 3 à 5 kg quand il atteint sa complète maturité, vers l'âge de deux à trois ans.

STANDARD

- **Tête :** plus longue que large, elle ne présente pas de face plane. Sa taille est intermédiaire et le profil montre un nez droit et une douce courbe jusqu'en haut du crâne.
- **Museau :** il arbore des formes douces et ne présente pas de patons arrondis. Le menton est ferme, en ligne avec le nez.
- **Oreilles :** elles sont modérément grandes, droites et plus ou moins écartées. Larges à la base, elles s'incurvent vers l'arrière dans un arc régulier de 90° et plus mais ne devant pas dépasser les 180°. Leurs bouts sont arrondis et flexibles, et leur cartilage est ferme à la base. L'intérieur est doté de poils.
- **Yeux :** en forme de noix, ils sont modérément grands et espacés d'environ un œil. Il n'y a pas de relation entre leur couleur et celle de la robe, mais elle doit être uniforme. Ils sont bleus chez les point. Des couleurs plus vives et plus profondes sont préférées.
- **Cou :** il est de taille moyenne.
- **Corps :** de taille intermédiaire, il est rectangulaire et correspond à une fois et demie la hauteur au garrot. L'ossature n'est ni lourde ni fine, et la musculature est modérément forte et tonique.
- **Pattes :** ni lourdes ni larges, elles sont droites et leur musculature est ferme.
- **Pieds :** ils sont de taille moyenne et ronds.
- **Queue :** large à la base et effilée, elle est égale à la longueur du corps.
- **Robe et texture du poil court :** le poil est court, couché sur le corps. Sa texture est soyeuse et le sous-poil n'est pas développé. Les poils de la queue sont aussi courts que ceux du corps.
- **Robe et texture du poil long :** le poil est mi-long, plat et bien fourni sur la queue. Sa texture est soyeuse, le sous-poil est peu développé.
- **Couleur :** toutes les couleurs sont reconnues.
- **Pénalités :** des oreilles placées bas, asymétriques, avec frisures verticales, surface intérieure ridée ; un nez avec un stop ; une robe à la texture rêche ou laineuse, trop de sous-poil, une collerette importante chez les poils courts ; un corps tubulaire ou cobby, aux dimensions excessives ; des médaillons blancs.
- **Disqualifications :** une courbure extrême chez un chat adulte, où le bout de l'oreille touche le dos de l'oreille ou de la tête ; des oreilles molles à la base ou calcifiées ; des oreilles droites ou sévèrement dépareillées chez les adultes.
- **Mariages autorisés :** american curl poil court x american curl poil court, american curl poil long x american curl poil court, american curl poil long x american curl poil long.
- **Génotype d'un american curl bleu à poil long homozygote :** Ac AC BB CC dd II.

Échelle des points du standard LOOF

	Points
Tête	**15**
- profil : 5 - forme : 4 - taille : 2 - museau : 2 - menton : 2	
Oreilles	**30**
- degré de courbure : 10 - forme : 9 - taille : 5 - placement : 5 - poils dans les oreilles : 1	
Yeux	**10**
- forme : 3 - taille : 3 - placement : 3 - couleur : 1	
Corps	**30**
- forme : 10 - queue : 5 - pattes : 5 - pieds : 2 - musculature : 6 - cou : 2	
Robe et couleur	**15**
- texture : 6 - sous-poil minimal : 2 - longueur sur le corps : 4 - longueur sur la queue : 2 - couleur : 1	

American shorthair

Origine : États-Unis
Taille : moyenne à grande
Poids : 3,5 à 7 kg
Poil : court
Caractère : calme et équilibré

L'american shorthair, cousin du british shorthair et de notre européen, est arrivé sur le sol de l'Oncle Sam en compagnie des immigrants européens et notamment des célèbres Pères pèlerins du *Mayflower*. Il chassait les rats dans les cales des navires pleines de vivres. Les « importations » successives d'origines diverses lui ont permis de se reproduire sans consanguinité. Il s'est ensuite adapté à la rigueur du climat nord-américain et les éleveurs l'ont un tantinet « travaillé ». Fort heureusement, sa rusticité a été préservée et il demeure encore aujourd'hui le chat équilibré, puissant chasseur, qu'il était au début de sa carrière et de son arrivée en Amérique. D'abord appelé shorthair (poil court), puis domestic shorthair, l'american shorthair a été officialisé sous cette dénomination en 1966. Il a connu des hauts et des bas auprès du public et des éleveurs (mode oblige). Assez rare en Europe, la race est aujourd'hui très prisée au Japon et très populaire aux États-Unis. Le public apprécie son côté rustique et naturel allié à un caractère tranquille et équilibré.

CARACTÉRISTIQUES

› **Caractère :** l'american shorthair est un chat nature, équilibré, sociable et très attaché à son maître. C'est un redoutable chasseur : avec lui, les oiseaux ou les souris imprudentes ne sont pas à la fête. En appartement, il vaut mieux lui prévoir un bon arbre à chats.

› **Entretien :** un brossage hebdomadaire suffit. C'est un chat robuste et résistant qui ne présente aucun problème de santé particulier.

› **Particularités :** chat de travail par excellence, l'american shorthair allie la patience, la force et l'art de la chasse à un self-control absolu. Ses pattes puissantes et longues lui permettent de pratiquer le tout-terrain. Son museau robuste s'avance suffisamment pour faciliter la saisie d'une proie. Les mâchoires sont fermes, sûres, solides. Sa fourrure s'adapte à tous les climats : elle est assez serrée pour protéger du froid, de la pluie, du vent et des légères blessures, mais aussi assez courte et ferme pour ne pas s'emmêler ou s'accrocher dans les broussailles.

STANDARD

› **Tête :** de taille moyenne, elle est large avec des joues particulièrement bien développées chez le mâle. Le nez et la face sont moyennement courts, avec des yeux et des oreilles largement espacés. Le profil est marqué d'un stop adouci.

› **Museau :** moyennement court, il présente un aspect carré.

› **Oreilles :** dotées de poils courts, elles sont de taille moyenne. Elles sont larges à la base et espacées. Leurs bouts sont arrondis.

› **Yeux :** de forme arrondie, ils sont de taille moyenne à grande. Ils sont espacés, leur ouverture est arrondie et toutes les couleurs sont admises.

L'american wirehair

L'american wirehair est né d'une mutation génétique spontanée. Mis à part sa fourrure rugueuse, élastique et piquante au toucher (ses poils de garde sont crochetés à leur extrémité), qui apparaît au bout de quelques semaines, son standard se fond quasiment avec celui de l'american shorthair. L'american wirehair est apparu dans la région de New York en 1966. Le premier chaton mâle à poil dur s'appelait Adam. Tous ceux qui sont actuellement enregistrés sont ses descendants. Mais le gène wirehair est récessif ; par conséquent, seuls deux parents wirehairs, ou l'un wirehair et l'autre porteur de ce gène, peuvent assurer la continuité de la race, ce qui explique sa rareté. Il a été officiellement reconnu en 1978 aux États-Unis et les premiers sujets sont arrivés en France en 1972.

- **Cou :** il est court.
- **Corps :** de taille moyenne et puissant, il est constitué d'une poitrine et d'un arrière bien développés spécialement chez le mâle. Son ossature est forte. Il est bien arrondi et proportionné. Les mâles sont plus grands que les femelles.
- **Pattes :** de longueur moyenne, elles ont une forte ossature et une musculature robuste.
- **Pieds :** ils sont de forme ronde.
- **Queue :** de taille et de longueur moyennes, elle présente un bout arrondi. Elle est en harmonie avec l'ensemble du corps.
- **Robe et texture :** le poil est court, plat et régulier. Sa texture donne l'apparence d'une protection naturelle, lustrée.
- **Couleur :** toutes les couleurs sont reconnues sauf chocolate, lilac, cinnamon fawn ainsi que colourpoint.
- **Pénalités :** des oreilles longues et pointues ou rapprochées; une queue fine comme un fouet, trop courte et épaisse; une robe trop longue ou de texture pelucheuse.
- **Disqualifications :** des taches ou des médaillons blancs.
- **Mariages autorisés :** american shorthair x american shorthair, american shorthair x american wirehair.
- **Génotype d'un american shorthair silver classic tabby homozygote :** AA BB CC DD II LL tb tb.

Échelle des points du standard LOOF

	Points
Tête	15
Nez	5
Oreilles	5
Menton	5
Cou	5
Forme des yeux	5
Couleur des yeux	5
Corps	20
Queue	5
Pattes et pieds	10
Robe	10
- texture : 5 - longueur : 5	
Couleur	10

Angora turc

Origine : Turquie
Taille : moyenne
Poids : 2,5 à 5 kg
Poil : mi-long
Caractère : actif et sociable

Coqueluche de la cour

L'angora turc est l'une des plus anciennes races de chats de compagnie, appréciés non pas pour leurs talents de chasseurs de souris mais pour leur présence. Il faisait fureur à la cour du roi Louis XV et a même atteint le statut de cadeau royal. Les dames l'appréciaient pour sa belle fourrure douce et soyeuse et pour sa gentillesse. Il portait à l'époque le nom de chat d'Angora, ancien nom de la ville d'Ankara, d'où il est supposé être originaire. Les angoras blancs aux yeux vairons sont quasi vénérés en Turquie car, selon une légende, ils seraient la réincarnation de Mustafa Kemal, le libérateur du pays.

C'est dans les bagages d'un aventurier italien du nom de Pietro Della Valle que l'angora turc a quitté sa Turquie natale. Cela se passait entre 1620 et 1630. Séduit par ce chat à la fourrure longue incroyablement douce et soyeuse, Nicolas Claude Fabri de Pereisc en importa les premiers spécimens en France en 1631 et l'angora turc connut un beau succès à la cour du roi Louis XV. Hélas, cet engouement s'est ralenti au fil des années. L'apparition du persan dans les années 1880 a même failli lui être fatale et, après la Seconde Guerre mondiale, l'angora turc a pratiquement été en voie d'extinction. Le gouvernement a alors décidé de le considérer comme un trésor national et en a interdit l'exportation. Quelques spécimens, comme Yildiz et Yildizcik, ont cependant gagné les États-Unis à la fin des années 1950. La CFA (Cat Fanciers Association) a reconnu la race en 1973, et la FIFE (Feline International Federation) en 1988. Cette race demeure aujourd'hui assez peu répandue.

CARACTÉRISTIQUES

› **Caractère :** doté d'un physique à la fois athlétique et léger, l'angora turc est un grimpeur hors pair. Il est donc fortement conseillé de lui trouver un bel arbre à chats. C'est un chat actif et très éveillé, qui adore jouer avec l'eau. Il est très attaché à son maître. Très affectueux, il adore les câlins, mais, un brin indépendant, il choisit toujours son moment pour les caresses. Il a longtemps été considéré comme un chat assez agressif, difficile à manipuler, peu sociable... Il devait en fait ces traits de caractère à une mauvaise sélection et à une consanguinité trop poussée. Aujourd'hui, les choses ont bien changé. Sa sociabilité et ses bonnes manières en font un excellent compagnon.

› **Entretien :** son entretien est facile car son sous-poil est quasi absent. Un brossage hebdomadaire suffit. En période de mue, il est toutefois recommandé de le toiletter tous les jours. C'est un chat robuste.

› **Particularités :** l'angora turc est une sorte de paradoxe – une créature gracieuse parfaitement équilibrée, avec une robe fine et soyeuse dont le doux flottement contraste avec un corps fin mais ferme et musclé. Chez lui, l'élégance est plus importante que la taille : ce point doit être une priorité pour les jugements.

STANDARD

› **Tête :** de forme triangulaire et de taille petite à moyenne, elle s'affine sans exagération jusqu'au menton. Les mâles entiers arborent souvent des bajoues. Le profil est marqué par un dessus de tête plat et une délimitation entre le front et le nez placée juste sous l'œil.

› **Museau :** il est à peine arrondi, sans trop de pinch, dans le prolongement des lignes de côté. Le nez est droit et de taille moyenne et le menton est ferme, légèrement arrondi, perpendiculaire au nez.

› **Oreilles :** larges à la base et touffues, elles sont grandes, dressées et placées haut sur la tête. La largeur entre les deux oreilles correspond à celle du nez.

› **Yeux :** en amande, ils sont légèrement bridés vers le haut. Ils sont grands et uniformes. Toutes les couleurs sont reconnues.

› **Cou :** il est assez long, mince et gracieux.

› **Corps :** long, fin et musclé, de taille moyenne, il arbore une fine ossature alliée à une musculature ferme. Le torse est long et mince. Les épaules sont de la même largeur que les hanches. La poitrine est étroite et la croupe est un peu plus haute que les épaules. Les femelles adultes sont plus petites que les mâles adultes.

› **Pattes :** elles sont longues et hautes.

› **Pieds :** de forme ovale, ils sont petits et présentent dans le meilleur des cas des touffes de poils entre les doigts.

› **Queue :** longue et proportionnée au corps, elle présente une base large et s'effile pour terminer en panache.

› **Robe et texture :** le poil est mi-long. Sa texture est fine et soyeuse et le sous-poil est peu développé. Il est plus allongé au niveau de la collerette, des culottes et sous le ventre. Plus dense au niveau de l'estomac et de la poitrine, il peut présenter de légères frisures. Il est brillant. La robe située sur le corps et la collerette disparaît presque en été. La collerette se forme sur les sujets ayant atteint un an et demi à deux ans.

› **Couleur :** toutes les couleurs sont reconnues, sauf colourpoint.

› **Condition :** c'est un chat harmonieux, doté d'une gracieuse apparence. La combinaison de son long corps et de ses hautes pattes avec son cou et sa queue, sa tête et ses oreilles donne une impression de mouvement ondulant.

› **Tolérances :** chez les mâles à maturité, les bajoues sont tolérées. Les chatons et les jeunes chats peuvent ne pas avoir leur robe avant leur premier hiver. Les chatons peuvent avoir une bosse sur la fin du nez, et une légère déclivité de profil est autorisée chez les jeunes sujets.

› **Pénalités :** une allure grossière; une poitrine, des hanches ou des épaules larges; une lourde ossature, une queue trop courte; un break dans le profil.

› **Mariage autorisé :** angora turc x angora turc.

› **Génotype d'un angora turc blanc homozygote :** BB CC DD II WW.

Échelle des points du standard LOOF

	Points
Tête	**20**
- forme : 5 - profil : 5 - taille : 4 - museau : 2 - nez : 2 - menton : 2	
Oreilles	**12**
Yeux	**7**
Corps	**20**
- ossature : 7 - torse : 5 - musculature : 4 - taille : 4	
Cou	**6**
Pattes et pieds	**8**
Queue	**12**
Équilibre	**5**
Robe et couleur	**10**
- couleur : 5 - motif : 5	

Balinais

Origine : États-Unis
Taille : moyenne
Poids : 2,5 à 5 kg
Poil : mi-long
Caractère : très affectueux et très actif

En hommage aux danseuses

D'abord présentés sous le nom de siamois à poil long, ces siamois en robe du soir, au regard bleu profond et à la démarche ondoyante, ont par la suite été baptisés balinais en hommage aux danseuses de Bali. Leurs mouvements, empreints de grâce, s'apparentent en effet à la façon que ces belles jeunes femmes ont de danser.

À l'origine était le siamois et de temps à autre, dans certaines portées, un chaton aux poils plus longs, notamment au niveau de la queue, de la collerette et des culottes, pointait le bout de ses moustaches. Pour de nombreux éleveurs, il s'agissait là d'un vilain petit canard qu'ils écartaient immédiatement de leur sélection. Pour d'autres, au contraire, il représentait un miracle de la mutation. En fait, il n'était ni l'un ni l'autre, sinon le fruit de deux porteurs du gène « poil long » (c'est le cas de certains siamois qui ont pour lointain ancêtre un angora). Dans les années 1950, deux éleveuses américaines, Helen Smith et Marian Dorsey, s'y sont intéressées de plus près. La race a été reconnue en 1969 aux États-Unis et est parvenue en 1983 en France, où elle demeure encore aujourd'hui peu connue du grand public.

CARACTÉRISTIQUES

Caractère : même s'il présente de nombreuses similitudes avec son cousin le siamois, le balinais semble un peu plus posé et un peu moins excessif. Il est bavard, mais son miaulement est plus doux. Il est très attaché à son maître et n'hésite pas à exprimer sans cesse son affection. C'est un chat très intelligent. Un brin hyperactif, il a besoin de se dépenser et une famille avec enfants lui convient tout à fait. N'hésitez surtout pas à lui choisir un compagnon, car la solitude lui pèse. Attention également à sa gourmandise !

Entretien : sa mue n'est pas abondante et un brossage hebdomadaire suffit. La veille des expositions, il est indispensable de le baigner et de sécher sa robe pour lisser son poil.

Particularités : le balinais idéal est un chat svelte et raffiné, avec des lignes longues et effilées. Il est très souple, tout en étant fort et musclé. Du fait de sa robe plus longue, le balinais paraît avoir des lignes plus douces et un type moins oriental que l'oriental ou le siamois. Pourtant, lorsque sa robe est lissée, sa morphologie est semblable à la leur.

STANDARD

- **Tête :** de taille moyenne, elle forme un triangle aussi ouvert que possible, les oreilles très grandes la prolongeant en ligne droite. Le crâne est plat ou légèrement arrondi. Le profil est parfaitement droit, mais une très légère modification d'angle convexe au-dessus des yeux est tolérée. Le menton est en ligne avec le bout du nez.
- **Museau :** le balinais ne présente pas de pinch. Les joues sont plates, des bajoues sont autorisées chez les mâles adultes.
- **Oreilles :** elles sont grandes et larges à la base.
- **Yeux :** de taille moyenne, ils sont bien espacés. Ils sont en amande, de forme orientale et placés en biais, le coin externe de l'œil se trouvant au centre de la base de l'oreille.
- **Cou :** il est long, mince, gracieux, et ne rentre pas dans les épaules.
- **Corps :** de type oriental, il est de taille moyenne, long et tubulaire. Sa musculature est ferme et bien développée, son ossature est fine.
- **Pattes :** elles sont proportionnées et portent gracieusement la longueur du corps et son poids. L'ossature est fine, la musculature mince et ferme. Les pattes arrière sont plus longues que celles de devant. Les mâles tendent à être plus grands que les femelles.
- **Pieds :** de forme ovale, ils sont petits.
- **Queue :** longue et fournie, elle donne un effet de minceur, de panache et de longueur, en équilibre avec la longueur du corps.
- **Robe et texture :** le poil est mi-long. Sa texture est fine et soyeuse. Le sous-poil est léger et le poil est couché sur le corps. La fourrure est normalement plus courte autour de la tête et des épaules, sans collerette, avec un petit jabot.
- **Couleur :** toutes les couleurs du siamois sont reconnues.
- **Pénalités :** une tête ronde ou large ; un museau court ou large ; une déclivité du nez ; des yeux petits, ronds et sans inclinaison ; un corps court, de type massif, des pattes courtes et une ossature lourde ; une robe courte, une absence du panache de la queue ; un sternum apparent ; un manque de pigmentation des points.
- **Disqualifications :** une robe double définie ; un crochet apparent à la queue ; un strabisme.
- **Mariages autorisés :** balinais x oriental, balinais x siamois, balinais x mandarin, balinais x balinais.
- **Génotype d'une femelle balinaise chocolat tortie homozygote :** bb cs cs DD II OO' (XX).

Échelle des points du standard LOOF

	Points
Tête et oreilles	**25**
- profil : 6 - côtés, museau, (taille) : 7 - oreilles, (taille et placement) : 7 - menton : 3 - placement entre les yeux : 2	
Yeux	**10**
Corps	**15**
- musculature : 5 - taille et structure, cou : 5 - pattes et pieds : 5	
Queue	**5**
Robe	**25**
- longueur : 10 - texture : 10 - panache de la queue : 5	
Couleur	**15**
- robe : 10 - yeux : 5	
Équilibre	**5**

Bengal

Origine : États-Unis
Taille : moyenne à grande
Poids : 5,5 à 9 kg
Poil : court
Caractère : indépendant et très actif

Les fondatrices

En 1970, l'université de Californie proposa à Joan Mill de reprendre huit chattes issues de mariages entre des chats domestiques et des *Felis bengalensis,* et qui étaient nées dans le cadre d'un programme de recherche sur la leucose féline. Ce sont ces chattes de fondation, mariées à des siamois, des burmeses, des abyssins et des maus égyptiens, qui sont à l'origine de la race actuelle. Cette dernière est encore aujourd'hui très peu répandue en France.

Tout commença par un rêve, celui de Joan Mill, une étudiante en génétique qui rêvait de posséder un léopard domestique. Elle désirait en fait obtenir un chat domestique sociable au look sauvage, un petit fauve d'appartement. La jeune Américaine tenta alors un croisement entre un chat-léopard d'Asie, *Felis prionailurus bengalensis,* et une chatte american shorthair. Cela se passait en 1963. De nombreuses hybridations ont suivi et les éleveurs ont opéré une rigoureuse sélection pour qu'enfin le bengal devienne une race à part entière. Le premier sujet de la race Millwood Finally Found a été enregistré à la TICA en 1983 et le bengal est apparu en France en 1991.

CARACTÉRISTIQUES

› **Caractère :** de ses ancêtres sauvages, le bengal a conservé un caractère assez indépendant. Excellent chasseur, il apprécie étonnamment l'eau. Il aime aussi sauter et grimper. Il a besoin d'activité et donc d'espace. Lorsqu'ils jouent, les jeunes retrouvent les attitudes de la chasse et peuvent se montrer parfois assez ravageurs. Ils utilisent leurs jouets comme des proies et se servent très bien de leurs antérieurs. Les femelles ont la réputation d'être plus indépendantes et plus excessives. En général, le bengal n'est pas aussi vocal que certains chats d'autres races, mais sa voix, quoique discrète, rappelle étrangement celle du fauve. Votre choix doit être réfléchi, mais sachez que la sélection tend à le rendre de plus en plus facile à vivre.

› **Entretien :** doté d'une solide constitution, le bengal est d'un entretien facile et ne réclame ni plus ni moins d'attention que les autres chats. Ses besoins sont les mêmes, les vaccins sont identiques.

› **Particularités :** le but du programme d'élevage du bengal est de créer un chat domestique possédant des traits caractéristiques des petits chats sauvages, mais avec la sociabilité et le tempérament du chat domestique, critères que les juges prennent fortement en considération. Seuls les sujets de quatrième génération minimum accèdent au championnat, et les chats sauvages (F0 à F3) sont interdits en jugement. Lors des concours, le tempérament du bengal ne doit être ni agressif ni provocateur. N'importe quel signe de défi défini est en effet passible de disqualification.

STANDARD

› **Tête :** elle est large, avec des contours arrondis. Elle est assez petite par rapport au corps. Plus longue que large, elle est dotée d'un large nez et de patons proéminents. Le profil est légèrement convexe. Des bajoues sont autorisées chez les mâles adultes.

› **Museau :** il est plein et large, avec des patons et des pommettes hautes et prononcées.

› **Oreilles :** elles sont moyennement espacées, assez petites, avec une base large et des bouts arrondis. Elles sont portées de façon alerte, vers l'avant.

Échelle des points du standard LOOF

	Points
Tête	10
Oreilles	10
Yeux	5
Cou	5
Corps	10
Pattes et pieds	10
Queue	5
Robe	8
Couleur	8
Motif	20
Tempérament	9

- **Yeux :** de forme ovale, ils sont grands, bien espacés et placés légèrement en biais.
- **Cou :** épais et musclé, il est large par rapport à la tête mais en proportion avec le corps.
- **Corps :** il est de taille moyenne à grande, long et musclé. Il n'est pas de type oriental. Son ossature est robuste et n'est jamais délicate. Sa musculature est puissante et apparente, spécialement chez les mâles.
- **Pattes :** de longueur moyenne, larges et solides, elles ne sont jamais délicates. Leur musculature est puissante. Les pattes arrière sont légèrement plus hautes que les pattes avant.
- **Pieds :** de forme ronde, ils sont grands.
- **Queue :** de longueur moyenne, elle est épaisse et effilée avec une extrémité arrondie.
- **Robe et texture :** le poil est court. Celui des chatons peut être un peu plus long. Épais et brillant, il est exceptionnellement doux au toucher et donne l'apparence d'un léger reflet satiné.
- **Couleur et motifs :** tabby, brown spotted tabby, blue spotted tabby (tacheté), brown marble tabby, blue marble tabby (marbré), seal tabby point, blue tabby point sont reconnus.

Pour le motif tacheté, deux types de taches sont admis : les rosettes et les spots. Les rosettes sont préférées aux simples spots. Les taches doivent être disposées au hasard ou alignées horizontalement. Un contraste franc entre les taches et la couleur de base est très apprécié. Un front marqué de fortes bandes et des marques de mascara sont souhaités, ainsi que des épaules couvertes de marbrures et de raies. Le ventre doit être absolument taché.

Pour le motif marbré, des marques dérivant du gène blotched tabby forment des marbrures ressemblant à une coquille d'huître. La couleur de base doit être aussi large que les marbrures, qui sont plus condensées au centre. Les motifs sont disposés au hasard, donnant l'impression de marbre, si possible avec un flot horizontal quand le chat est étendu. La préférence doit être donnée aux robes présentant au moins trois tons : la couleur de base, la couleur des marques et la couleur intense soulignant ces marques. Le contraste doit être extrême, avec des formes distinctes et des bords francs. Le ventre doit absolument être tacheté.

- **Pénalités :** une impression de bandes verticales ; une répartition des taches non conforme à la robe.
- **Disqualifications :** un ventre non tacheté ; des coussinets non conformes à la couleur de base ; un manque de maquillage sur le nez ; des médaillons blancs en général ; un mauvais tempérament.
- **Mariages autorisés :** bengal x bengal, bengal x *Felis bengalensis* à condition que l'éleveur soit en conformité avec la loi et après autorisation des autorités administratives compétentes.
- **Génotype d'un bengal brown spotted tabby homozygote :** AA BB CC DD LL ts ts.

Bleu russe

Origine : Russie
Taille : moyenne
Poids : 3 à 5,5 kg
Poil : court
Caractère : calme et réservé

Le nebelung

Dans les années 1980, après divers croisements, un bleu russe à poil mi-long a vu le jour. Ses éleveurs l'ont baptisé nebelung, « créature de la brume ». Son standard correspond à celui du bleu russe, mis à part sa fourrure mi-longue. Il est également un peu moins timide. La race a été reconnue en 1987 par la TICA et ses rares représentants sont encore aujourd'hui élevés dans la patrie de l'Oncle Sam.
Génotype d'un nebelung blue homozygote : BB CC dd II.

L'origine du bleu russe demeure encore incertaine. Il semble admis, cependant, que des marins se rendant en Grande-Bretagne aient fait escale à Arkhangelsk, un port russe situé sur la mer Blanche, près du cercle polaire arctique, et aient embarqué un certain nombre de chats gris appréciés jusqu'alors pour leur fourrure chaude et imperméable. Cela se passait vers 1860. Le bleu russe a ensuite gagné le cœur de la reine Victoria et a participé à l'exposition féline du Crystal Palace en 1875. Présenté dans la catégorie des chats bleus, il a souvent été confondu avec le chartreux et le british. En 1893, Caren Cox importa d'Arkhangelsk un mâle et une femelle, ancêtres de tous les bleus russes, qu'elle baptisa Lingpopo et Yula. La race a été reconnue en 1912 et elle a fait son entrée dans les élevages français au cours des années 1980. Les éleveurs américains ont créé un chat plus léger et plus fin, au pelage plus clair, tandis que les anglais ont plutôt conservé son aspect original (chat plus court doté d'un pelage plus foncé). Le bleu russe est très populaire aux États-Unis et il est vénéré au Japon. En France, il est en concurrence avec le chartreux.

CARACTÉRISTIQUES

› **Caractère :** timide, réservé, facilement perturbé, le bleu russe aime le calme et se montre affectueux. Il n'a qu'un seul maître et peut l'attendre pendant des heures, immobile. Attentif, sociable avec les autres animaux, il a une voix douce et discrète. Il apprécie d'être manipulé avec délicatesse et ne supporte pas trop les enfants agités.

› **Entretien :** de nature robuste, il ne nécessite pas de soins particuliers. Un lustrage hebdomadaire suffit. Pour les expositions, il est conseillé de lui donner un bain la veille de la représentation.

› **Particularités :** sa caractéristique la plus remarquable est sans nul doute sa robe double, courte, soyeuse et dressée comme celle d'une loutre ou d'un castor. De couleur gris-bleu pour la variété la plus connue, avec une concentration argentée sur le poil de garde, la fourrure reflète la lumière, donnant au bleu russe un aspect poudré. Les coins légèrement retournés de sa bouche lui confèrent également une expression douce, comme souriante.

STANDARD

- **Tête :** anguleuse, elle présente sept faces planes. Le dessus du crâne est plat et étroit. Le profil est marqué par un nez droit et un front plat.
- **Museau :** de longueur moyenne, il ne présente pas de stop. Sa face est verticale et plate du bout du nez à la pointe du menton. Un mâle peut présenter des bajoues dès l'âge de la reproduction.
- **Oreilles :** plutôt grandes, elles sont presque aussi larges à la base que hautes. Leurs bouts sont légèrement arrondis. Placées en alerte, elles sont espacées et plutôt verticales. Elles sont recouvertes de poils courts et fins à l'extérieur, et la moitié de l'intérieur est fournie en poils.
- **Yeux :** plutôt grands, ils sont presque ronds, à peine ovales, et assez écartés.
- **Cou :** il est long et mince et peut paraître plus court en raison de la densité de sa fourrure.
- **Corps :** il est empreint d'élégance. De type foreign, il est long, souple et élancé et présente une fine ossature. Les mâles sont plus grands que les femelles.
- **Pattes :** longues et fines, elles ont une musculature ferme et souple.
- **Pieds :** ils sont ronds et petits.
- **Queue :** en harmonie avec le corps, elle est droite et s'affine depuis la base, plutôt épaisse, vers le bout, effilé.
- **Robe et texture :** le poil est court, fin et soyeux. Double et pelucheux, il est très dense.
- **Couleur :** la robe est uniformément d'un bleu (noir ou blanc) assez lumineux, avec une préférence pour une couleur claire. Le poil de garde présente une concentration argentée en bout de poil donnant à la fourrure un aspect brillant. Des marques tabby fantômes sont tolérées chez les chatons. Certaines de ces marques peuvent perdurer à l'extrémité de la queue. Le cuir du nez est gris charbon, les coussinets sont lilas. Pour les sujets blancs et les sujets noirs, la couleur des coussinets varie en fonction de la robe.

Les yeux sont d'un vert le plus vif possible. Les yeux des chatons changent vite du jaune au vert, mais la maturité de la couleur est rarement atteinte avant douze mois. Aux environs de quatre mois, un cercle vert peut apparaître autour de la pupille.

- **Pénalités :** un manque de menton ; des yeux pas parfaitement verts.
- **Disqualifications :** des taches blanches ; des yeux jaunes.
- **Mariages autorisés :** bleu russe x nebelung, bleu russe x bleu russe.
- **Génotype d'un bleu russe :** BB CC dd LL.

Échelle des points du standard LOOF

	Points
Tête	15
Cou	2
Oreilles	9
Yeux	10
Corps	15
Pattes	2
Pieds	2
Queue	5
Couleur	20
Robe	20

Bobtail japonais

Origine : Chine, Corée
Taille : moyenne
Poids : 2,5 à 4 kg
Poil : court et long
Caractère : zen et facile à vivre

Un porte-bonheur nippon

Au Japon, le bobtail est considéré comme un porte-bonheur. Des statuettes le représentant assis avec une patte levée sont fréquemment placées à l'entrée des magasins pour accueillir les clients et apporter la bonne fortune. La couleur dite mi-ke (blanc, noir et roux) alliée à de magnifiques yeux bleus est la plus appréciée ; les chats de ce type atteignent des prix astronomiques.

Voici un chat au nom trompeur. Le bobtail japonais est en effet originaire de Chine et de Corée. Il a été importé au pays du Soleil-Levant au xe siècle, par l'empereur Idi-Jo, soucieux de protéger ses manuscrits des attaques de rongeurs. Des peintures et des estampes japonaises datées d'au moins mille ans attestent sa présence. Les premiers sujets gagnent les États-Unis à la fin des années 1960. La race est reconnue en 1976 par le CFA et en 1990 par la FIFE. Très répandu outre-Atlantique, le bobtail japonais est aujourd'hui plutôt rare en France et au Japon.

CARACTÉRISTIQUES

- **Caractère :** le bobtail japonais est un chat très zen et plutôt joyeux. Il est facile à vivre et cohabite très bien avec les humains. Il est presque aussi bavard que le siamois et lorsqu'il est content il remue la queue, ce qui offre un spectacle assez étonnant. Son intelligence et son calme lui permettent de s'imposer en douceur
- **Entretien :** il ne nécessite pas d'entretien particulier, si ce n'est un brossage régulier. Il est doté d'une santé solide.
- **Particularités :** le bobtail japonais doit donner l'impression générale d'un chat de taille moyenne, avec des lignes et une structure osseuse longues et nettes. Ses yeux placés à l'orientale, ses pommettes saillantes soulignées par un pinch prononcé lui confèrent un air asiatique, toutefois différent de ceux des autres races asiatiques. Sa courte queue doit ressembler à celle d'un lapin, avec des poils allant dans toutes les directions comme un pompon, qui camoufle la structure des os. Elle est unique dans le monde félin. Elle provient d'une mutation génétique naturelle et lui vaut le surnom de chat-chrysanthème.

STANDARD

- **Tête :** longue et finement ciselée, elle s'inscrit dans un triangle équilatéral avec de légères courbes.
- **Museau :** ni pointu ni épaté, il est assez large et ses pommettes hautes et saillantes sont soulignées par un pinch prononcé. Le nez est long et bien défini. Il présente une légère déclivité au niveau des yeux ou au-dessous.
- **Oreilles :** elles sont grandes, droites et en alerte. Bien séparées, placées à angle droit sur la tête, elles ne sont pas évasées.

Yeux : ses yeux expressifs sont de forme ovale. Ils sont grands, larges et bien inclinés, surtout vus de profil. Le globe oculaire montre une courbe et ne doit pas être enfoncé dans les maxillaires ou dans le front.

Corps : il est long, droit et mince, et ses lignes sont nettes. Il est de taille moyenne et sa musculature est fine mais bien structurée. Les femelles peuvent être plus petites que les mâles. Quand le chat se relaxe, le dos est presque plat. De face, ses épaules étroites et ses pattes avant forment deux lignes rapprochées. Son ossature est mince et sa musculature est mince et ferme.

Pattes : elles sont longues et minces et ne sont cependant d'apparence ni délicate ni fragile. Les pattes arrière sont beaucoup plus longues que celles de devant, mais elles sont profondément angulées.

Pieds : ils sont de forme ovale.

Queue : de forme incurvée ou anguleuse, elle s'enroule tel un pompon d'environ 5 cm. Elle peut mesurer de 7 à 12 cm de la base au bout et doit présenter un minimum de deux courbures ou angles. Il est apprécié qu'elle reste souple.

Robe et texture : le poil est de longueur moyenne. Il est doux et fin et ne présente pas de sous-poil visible. Il s'apparente à celui du lapin.

Couleur : toutes les couleurs sont reconnues sauf colourpoint, chocolat, lilac, cinnamon et fawn. N'importe quelle couleur peut dominer, avec une préférence pour des marques franches et spectaculaires et des couleurs vives très contrastées. Le cuir du nez et des pattes doit s'harmoniser avec la couleur de la robe. La couleur des yeux est en harmonie avec celle de la robe ou peut être impaire. La couleur la plus appréciée est le mi-ke (blanc, noir et roux), couleur porte-bonheur au Japon.

Pénalités : une tête courte et ronde ; une construction trapue.

Disqualifications : une queue absente, trop droite, trop détachée du corps, pas suffisamment en pompon.

Mariages autorisés : bobtail japonais à poil court x bobtail japonais à poil long, bobtail japonais à poil court x bobtail japonais à poil court.

Génotype d'un bobtail japonais tricolore homozygote : BB CC DD LL MB MB OO' SS XX.

Échelle des points du standard LOOF

	Points
Tête	20
Type	30
Queue	20
Couleur et marques	20
Robe	10

Bombay

Origine : États-Unis
Taille : moyenne
Poids : 2,5 à 5 kg
Poil : court
Caractère : doux et gourmand

Patience et persévérance

Nikki Horner a tout d'abord croisé un burmese avec un chat de maison tout noir, mais elle n'a pas obtenu le résultat escompté. Elle a ensuite utilisé un american shorthair noir, et il lui a fallu pas moins de douze générations et autant d'unions successives entre burmese et american shorthair pour que les chatons aient enfin la fourrure ultracourte que Nikki espérait.

Nikki Horner, célèbre éleveuse de persans installée dans le Kentucky, rêvait d'obtenir un burmese noir, une sorte de mini-panthère d'appartement. Pour ce faire, elle croisa, après quelques tentatives infructueuses, une chatte burmese zibeline avec un american shorthair noir aux yeux cuivrés. Cela se passait en 1958 et la race fut reconnue et admise en championnat par les clubs à partir de 1976. La France a accueilli sa première femelle en 1989. Malgré son succès outre-Atlantique, le bombay reste très confidentiel dans l'Hexagone, mais les sujets sont de grande qualité. Le bombay doit son nom au léopard noir des Indes.

CARACTÉRISTIQUES

- **Caractère :** de la panthère, le bombay n'a que l'apparence. C'est en effet avant tout un chat affectueux, d'une douceur extrême. Il est très facile à vivre et s'adapte plutôt rapidement aux changements. C'est un bon chasseur, il est actif et curieux. Par contre, il supporte assez mal la solitude et il est doté d'un solide appétit…
- **Entretien :** il ne demande aucun entretien particulier si ce n'est des caresses. C'est un chat sain et robuste.
- **Particularités :** noir, tout est noir chez le bombay mis à part ses yeux or ou cuivre qui brillent de mille feux. Sa robe, comme sa peau, est en effet d'un noir de jais intense de la racine à l'extrémité du poil. Les médaillons et les taches ne sont pas acceptés. Sa fourrure est si courte, si lisse, si plate, si près du corps qu'elle rappelle le cuir souple du chevreau.

STANDARD

- **Tête :** elle est agréablement arrondie, sans aucune face plane. Vue sous tous les angles, elle semble en fait être inscrite dans un cercle. De profil, le stop ne doit pas être un break : l'arête du nez est légèrement busquée, formant deux courbes consécutives, celle de la tête et celle du museau. Le bout du nez est légèrement arrondi, complétant la rondeur de la tête. Le menton doit être ferme et rond.

- **Museau :** la face est pleine, en harmonie avec un museau rond, court à moyen.
- **Oreilles :** elles sont de taille moyenne, larges à la base et légèrement arrondies au bout. Elles sont bien espacées sur un crâne arrondi, placées en alerte et légèrement inclinées vers l'avant. Une légère alopécie entre la paupière supérieure et l'intérieur de l'oreille est tolérée.
- **Yeux :** ils sont grands et bien espacés. Leur ouverture s'aligne sur la base de l'oreille. Leur ligne supérieure légèrement droite est placée en oblique, tandis que leur ligne inférieure est arrondie.
- **Cou :** de taille moyenne, il est plutôt court.
- **Corps :** de taille moyenne, il est cobby à semi-cooby. C'est un chat bien musclé, lourd pour sa taille, avec une poitrine ouverte, ample et arrondie.
- **Pattes :** elles sont de taille moyenne, massives, proportionnées au corps.
- **Pieds :** de taille moyenne, ils sont arrondis.
- **Queue :** elle est de taille moyenne, proportionnée au corps. Elle s'amincit régulièrement vers l'extrémité.
- **Robe et texture :** le poil est court et couché sur les flancs. Il présente une texture moyenne à fine, douce et brillante comme du satin. Le plus court possible, il est noir de jais jusqu'à la racine. Des tolérances sont acceptées pour la couleur et la texture de la robe des chatons et des jeunes chats jusqu'à l'âge de deux ans.
- **Couleur :** noir uniquement. La couleur des yeux se situe entre le cuivre et le doré, avec une préférence pour le cuivre. Les couleurs les plus profondes et les plus brillantes sont privilégiées.
- **Pénalités :** une ossature fine, de type léger ; une queue longue ; des surfaces planes sur le front ; un profil présentant notamment un nez retroussé ; un front fuyant, des yeux ronds ou en amande.
- **Disqualifications :** des médaillons blancs ou des taches ; le cuir du nez et des coussinets non noirs ; un break de type trop « exotic shorthair » ; un museau inadéquat résultant d'un profil plat ou d'un nez fuyant ; des yeux et/ou un menton protubérants ; un défaut de mâchoires ; un problème de crâne chez un adulte.
- **Mariages autorisés :** bombay x bombay, bombay x burmese zibeline uniquement.
- **Génotype d'un bombay homozygote :** BB CC DD LL.

Échelle des points du standard LOOF

	Points
Tête et oreilles	**30**
- rondeur de la tête : 10 - profil : 10 - oreilles : 5 - menton : 5	
Yeux	**20**
- placement et formes : 10 - couleur : 10	
Corps	**30**
- corps : 20 - queue : 5 - pattes : 5	
Robe	**20**
- texture : 15 - couleur : 5	

British shorthair

Origine : Grande-Bretagne
Taille : moyenne à grande
Poids : 4 à 8 kg
Poil : court
Caractère : facile à vivre, calme

Le british longhair

Le british longhair présente le même standard que le british shorthair, mis à part sa robe qui est un peu plus longue et qui correspond sans doute à une retrempe un peu trop forte avec le persan. Il ne doit cependant absolument pas ressembler à ce dernier sous peine de disqualification. Une variété à poil long, le celtic, vient également d'être admise.

Si l'on en croit la légende, l'histoire des british shorthairs remonterait à la plus haute antiquité. Scota, épouse du général Gasthelos, aurait en effet emporté ses chats alors qu'elle fuyait avec son mari après l'engloutissement des troupes du pharaon dans la mer Rouge. Ils auraient fait escale un temps au Portugal (royaume de Brigantium), et les chats s'y seraient multipliés. Leurs descendants auraient poursuivi le voyage vers une île, Scota, qui deviendra Scotaland, et enfin Scotland. Là, ces chats auraient vécu à l'état sauvage pendant très longtemps, et ce n'est qu'à la fin du XIXe siècle qu'Harrison Weir aurait entrepris d'en faire l'élevage. Ils ont été exposés pour la première fois au Crystal Palace en 1871 sous l'appellation de « chats de maison anglais ». Le premier club a été créé en 1901 et l'engouement pour les poils longs a bien failli leur être fatal. À l'origine, les british shorthairs étaient essentiellement gris-bleu et ressemblaient aux chartreux. Cette ressemblance a d'ailleurs entraîné des croisements entre les deux races, à tel point que, dans un premier temps, la FIFE n'en a reconnu qu'une seule. Depuis 1977, les deux races sont à nouveau distinctes et il est interdit de les croiser. Le british est aujourd'hui devenu le chat national britannique.

CARACTÉRISTIQUES

› **Caractère :** ce gros nounours paisible, parfait exemple du flegme britannique, est très équilibré. Doté d'un caractère assez égal, il est peu émotif et plutôt facile à vivre. Il est sociable avec ses congénères et les chiens, tout en étant un peu indépendant. C'est un chat très affectueux, mais non envahissant. S'il s'adapte très bien en appartement, il ne dédaigne jamais une partie de chasse.

› **Entretien :** robuste, le british ne nécessite pas de soins particuliers. Il faut toutefois surveiller la gourmandise des chatons. Un brossage hebdomadaire suffit sauf en période de mue, où il est recommandé de le brosser tous les jours.

› **Particularités :** les premiers british shorthairs présentés étaient bleus et ont longtemps été assimilés aux chartreux. Les éleveurs se sont ensuite attachés à les différencier. Ils les ont notamment mariés à des persans, ce qui a permis d'obtenir un poil plus épais et fourni, d'alourdir leur corps et d'arrondir leur tête. Aujourd'hui, toutes les couleurs sont admises. Le bleu est le plus apprécié, mais le blanc plaît beaucoup et les bicolores sont eux aussi en vogue.

STANDARD

- **Tête :** de taille moyenne à grande, elle est large avec des contours bien arrondis quel que soit l'angle sous lequel on la regarde. En forme de pomme, elle se différencie de celle du chartreux.
- **Museau :** vu de haut, son museau s'inscrit dans un cercle. Les joues sont pleines, le nez est court et large avec une bonne incurvation, mais sans break. Il paraît ainsi petit et droit. Il est dans l'alignement du menton, bien ferme.
- **Oreilles :** larges à la base et arrondies au bout, elles sont de taille moyenne et assez espacées.
- **Yeux :** de forme ronde, ils sont bien ouverts et assez espacés par la largeur du nez.
- **Cou :** il est court, trapu et musclé.
- **Corps :** de taille moyenne à grande, il est de type semi-cobby, puissant et bien musclé. Les épaules sont larges et les hanches ont la même largeur. La poitrine est bien développée. L'ossature est forte et moyennement lourde.
- **Pattes :** dotées d'une robuste musculature, elles sont de longueur moyenne à courte, légèrement moins longues que le corps. Leur ossature est moyennement lourde et forte.
- **Pieds :** ils sont ronds.
- **Queue :** correspondant au deux tiers de la longueur du corps, elle est épaisse à la base et s'affine légèrement jusqu'à un bout arrondi.
- **Robe et texture :** le poil est court, épais, serré, pelucheux et dense, donnant l'apparence d'une protection naturelle. Il est légèrement plus long que celui des autres poils courts et n'est pas couché sur le corps.
- **Couleur :** toutes les couleurs sont reconnues, le bleu étant la plus traditionnelle. Une couleur intense et brillante est préférée pour les yeux.
- **Pénalités :** une robe longue ou souple ; un manque de sous-poil ; une ossature délicate ; un crâne plat ; un stop trop marqué ; une marque tabby pour les selfs.
- **Disqualifications :** des médaillons blancs ; une apparence « exotic shorthair ».
- **Mariages autorisés :** british shorthair x british shorthair, british shorthair x british longhair, british shorthair x scottish fold , british shorthair x highland fold (les produits de ces deux derniers mariages seront classés en scottish ou highland fold s'ils ont les oreilles pliées et en british s'ils ont les oreilles droites ; ils doivent impérativement posséder au moins dix-huit british shorthairs parmi leurs trente ancêtres pour accéder au livre).
- **Génotype d'un british shorthair bleu et blanc homozygote :** BB CC dd LL SS.

Échelle des points du standard LOOF

	Points
Tête	15
Cou	5
Oreilles	5
Yeux	10
Nez	5
Corps	20
Pattes et pieds	5
Queue	5
Couleur	10
Robe	15
Condition	5

Burmese

Origine : Birmanie
Taille : moyenne
Poids : 3,5 à 6,5 kg
Poil : court
Caractère : bavard et joueur

Des origines anciennes

Les illustrations d'un recueil de poésie du XIVe siècle témoignent de la présence du burmese à la cour du royaume de Siam. Une légende rapporte que ce dernier vivait aux côtés de moines birmans et qu'il était considéré comme un animal sacré. Mais sa véritable naissance date de 1930, de la rencontre de Won Mau, la belle tonkinoise à l'étrange robe marron, avec le major Thomson dans les rues de Rangoon.

Rares sont les races de chats dont l'origine est aussi bien connue. Tous les burmeses ont en effet pour ancêtre une tonkinoise nommée Wong Mau. C'est le major Thomson, médecin de l'armée des États-Unis, qui l'a ramenée à San Francisco en 1930. Wong Mau ne remporta pas alors un franc succès à côté des siamois aux yeux bleu saphir qui faisaient rage à l'époque. Le major Thompson la croisa ensuite avec un siamois seal point appelé Tai Mau. Certains chatons sont nés siamois, d'autres tonkinois. C'est après le remariage des enfants tonkinois entre eux ou d'un mâle tonkinois avec Wong Mau, la mère, que la race burmese a vu le jour. Cela ne s'est pas fait sans mal, car les éleveurs de siamois et les clubs ne voulaient pas de croisements, craignant que l'hybridation ne donne des chatons de couleurs et de types « bâtards ». Mais les généticiens ont découvert que les gènes tonkinois et siamois étaient bien différenciés. Les deuxième et troisième mariages, dont sont issus les burmeses, ont en effet donné une robe de formule génétique originale. La race a officiellement été reconnue en 1936 et les premiers sujets sont arrivés en France en 1956. Les burmeses restent confidentiels dans l'Hexagone et sont aujourd'hui plus appréciés dans les pays anglo-saxons.

CARACTÉRISTIQUES

› **Caractère :** le burmese, assez extraverti, est vif et intelligent. De son ancêtre siamois il a hérité le goût pour le bavardage, avec toutefois une voix un peu moins rauque. C'est un excellent compagnon et il est très joueur. Les jeunes sont un brin turbulents. Le burmese aime le confort, sa maison, et il est fidèle à ses maîtres. Il ne supporte pas la solitude et adore participer à la vie de la famille.

› **Entretien :** c'est un chat robuste et sain. Un brossage hebdomadaire suffit.

› **Particularités :** les Britanniques ont importé leurs premiers burmeses en 1947. Ils ont choisi de conserver un type modéré, avec une tête triangulaire, et ont beaucoup travaillé les couleurs. Pendant ce temps, les Américains se sont attachés à « typer », à changer légèrement la morphologie des représentants de la race en la dotant de quelques rondeurs, afin qu'elle se distingue complètement des autres et ne ressemble plus ni au longiligne siamois ni au tonkinois intermédiaire.

STANDARD

› **Tête :** de taille moyenne, elle est agréablement arrondie, sans aucune face plane, qu'elle soit vue de face ou de profil. La face est pleine, avec un espace entre les yeux s'affinant légèrement jusqu'au museau, court et bien développé. De profil, le stop ne doit pas être un break.

- **Museau :** large, court et bien développé, il s'inscrit avec le crâne dans une forme arrondie. Les joues sont pleines et rondes, le menton est fort et arrondi.
- **Oreilles :** elles sont de taille moyenne, bien espacées sur le crâne arrondi, en alerte et légèrement inclinées vers l'avant. Elles sont larges à la base et un peu arrondies au bout.
- **Yeux :** ils sont grands et bien espacés. Leur ouverture s'aligne sur la base des oreilles. La ligne supérieure est légèrement droite et placée en oblique, tandis que la ligne inférieure est arrondie.
- **Cou :** il est court et bien développé.
- **Corps :** de taille moyenne, cobby à semi-cobby, il est bien musclé et offre une apparence compacte. La poitrine est large, très ouverte et ample. Les épaules et les hanches sont de même largeur. Il est doté d'une très solide ossature et d'une puissante musculature, et son poids est tout à fait étonnant pour sa taille. Le train arrière est plus haut que les épaules. Une taille plus grande est autorisée chez les mâles.
- **Pattes :** elles sont en proportion avec le corps. De longueur moyenne, elles sont musclées et massives.
- **Pieds :** ils sont ronds et de taille moyenne.
- **Queue :** elle est droite et de longueur moyenne. Épaisse à la base, elle s'affine jusqu'à un bout légèrement rond. Elle n'est pas en fouet.
- **Robe et texture :** très courte, la fourrure est fine, très lustrée, unie et soyeuse.
- **Couleur :** zibeline, bleu, chocolat, lilac, red, crème, zibeline tortie, blue crème, chocolat tortie, lilac crème sont reconnus. La couleur doit être intense, profonde jusqu'à la racine. Il ne doit pas y avoir de smoke ni de barres. La coloration doit présenter un dégradé important du dessus du dos au ventre, avec les extrémités plus foncées. La couleur des yeux se situe entre le cuivre et le doré, avec une préférence pour le cuivre. Les couleurs les plus profondes et les plus brillantes sont privilégiées.
- **Pénalités :** des yeux ronds ou en amande ; des yeux cerclés de vert ; une ossature trop légère ; un corps trop long, trop oriental ; des pattes trop hautes ; des marques tabby sur les pattes (sauf pour les jeunes).
- **Disqualifications :** des yeux bleus ; des yeux verts ; des médaillons blancs et des taches ; un poil terne ; un problème de crâne chez les adultes.
- **Mariages autorisés :** burmese x burmese, burmese x tiffany, burmese (zibeline uniquement) x bombay.
- **Génotype d'un burmese zibeline homozygote :** BB Cb Cb DD LL.

Échelle des points du standard LOOF

	Points
Tête et oreilles	**25**
- rondeur de la tête : 5 - profil : 8 - espace entre les yeux : 4 - placement et taille des oreilles : 6 - menton : 2	
Yeux	**10**
- placement et forme : 5 - couleur : 5	
Corps et queue	**25**
- corps : 15 - pattes et pieds : 5 - queue : 5	
Robe	**10**
- longueur : 4 - texture : 4 - brillance : 2	
Couleur	**25**
Condition	**5**

Burmilla

Origine : Grande-Bretagne
Taille : moyenne
Poids : 4 à 7 kg
Poil : court
Caractère : énergique, bavard

Une pure merveille

Le burmilla n'apparaît qu'exceptionnellement en exposition ; rares sont en effet les éleveurs, tant en Europe qu'aux États-Unis, qui s'y intéressent. Réunir chez un même chat le bon type, la bonne texture de fourrure, la teinte des yeux du burmese et la couleur du chinchilla, réussir en quelque sorte le mariage de l'or et de l'argent, représente un véritable tour de force. Mais, lorsque le pari est gagné, quelle merveille !

Ce chat, également appelé burmese silver, est une variété rare, d'une couleur délicate, apparue chez la baronne Miranda von Kirchberg en 1981. Il est issu d'un croisement accidentel entre un persan chinchilla silver et une burmese lilas, d'où son nom de burmilla. C'est une sélection très délicate et les chatons sont assez rares. Le club de race a été créé outre-Manche en 1984 et la race a été reconnue par la FIFE en 1994. Elle est aujourd'hui peu représentée en France et très appréciée en Grande-Bretagne, en Scandinavie et en Australie.

CARACTÉRISTIQUES

› **Caractère :** le burmilla est un chat plutôt agréable à vivre, mais un peu bavard. C'est un mixte entre le burmese et le persan. Du premier il a hérité l'énergie, du second la sagesse.

› **Entretien :** sa courte fourrure exige peu de toilettage. Chat robuste, il ne connaît pas de problèmes de santé particuliers.

› **Particularités :** le burmilla est une variété extrêmement difficile à travailler, car elle doit épouser le type très net du burmese. La couleur or des yeux est difficile à obtenir avec le gène argent de la robe. Les marques tabby représentent un défaut grave dans le standard ; or elles sont malheureusement fréquentes dans la couleur argent. De même, la fourrure doit être lisse, douce, plate, brillante, comme chez le burmese, alors que la couleur argent donne fréquemment une fourrure assez dense et un poil assez épais.

STANDARD

› **Tête :** de taille moyenne, elle est agréablement arrondie, sans face plane, qu'elle soit vue de face ou de profil. La face est pleine, avec un espace important entre les yeux, s'affinant légèrement jusqu'au museau, court et bien développé. De profil, le stop ne doit pas être un break : l'arête du nez est très busquée, formant deux courbes consécutives, celle de la tête et celle du museau.

› **Museau :** court, large et bien développé, il s'inscrit avec le crâne dans une forme arrondie. Le menton est fort.

Oreilles : de taille moyenne, elles sont bien espacées sur le crâne arrondi. Elles sont en alerte, légèrement inclinées vers l'avant, larges à la base et un peu arrondies au bout. Elles sont recouvertes de poils courts et clairsemés à l'intérieur.

Yeux : ils sont grands et bien espacés, leur ouverture s'alignant sur la base des oreilles. La ligne supérieure est légèrement droite et placée en oblique, tandis que la ligne inférieure est arrondie.

Cou : il est court et bien développé.

Corps : semi-cooby, il est assez compact et arrondi. Il présente une poitrine très large, très ouverte et ample. Les épaules et les hanches sont de même largeur. Le train arrière est plus haut que les épaules, ce qui confère au burmilla la démarche typique du burmese. Son ossature semble très solide et sa musculature est puissante. Son poids est étonnant pour sa taille. On admet une taille plus grande chez les mâles.

Pattes : de longueur moyenne, elles sont proportionnées au corps et à la queue. Leur ossature est moyenne et leur musculature est forte.

Pieds : ses pieds sont ronds et de taille moyenne.

Queue : de taille moyenne, elle est épaisse à la base et s'affine jusqu'à un bout légèrement rond. Elle n'est pas en fouet.

Robe et texture : très court, le poil est fin, lustré, uni et soyeux. Un dégradé va du plus foncé sur le dos au plus clair sur les flancs. Le dessous du cou et du ventre est blanc et on note un tipping tout en finesse, sans marques tabby.

Couleur : les dix couleurs du burmese sont admises, avec le gène silver shaded ou chinchilla. Pour les yeux, toutes les nuances de vert le plus intense possible sont acceptées, avec un bon maquillage.

Condition : le burmilla doit faire preuve d'une parfaite condition physique et d'une excellente musculature. Il ne doit pas présenter de signes d'obésité, de faiblesse ou d'apathie.

Pénalités : des yeux ronds ou en amande ; des yeux or ; une ossature trop légère ; un corps trop long ; des pattes trop hautes ; un corps de type trop oriental ; des marques tabby sur les pattes (sauf pour les jeunes).

Disqualifications : des yeux bleus ; un médaillon blanc et des taches ; un poil terne ; un problème de crâne chez les adultes.

Mariages autorisés : burmilla x burmese, burmilla x burmilla.

Génotype d'un burmilla black silver tipped homozygote : AA BB CC DD Wb Wb.

Échelle des points du standard LOOF

	Points
Tête et oreilles	**25**
- rondeur de la tête : 5 - profil : 8 - espace entre les yeux : 4 - placement et taille des oreilles : 6 - menton : 2	
Yeux	**10**
- placement et forme : 5 - couleur : 5	
Corps et queue	**25**
- corps : 15 - pattes et pieds : 5 - queue : 5	
Robe	**10**
- longueur : 4 - texture : 4 - brillance : 2	
Couleur	**25**
Condition	**5**

Californian spangled

Origine : États-Unis
Taille : moyenne
Poids : 3,5 à 7,5 kg
Poil : court
Caractère : énergique et sociable

Nom d'un chat !

L'étymologie du nom de ce chat est simple : *spangled* est un terme d'ornithologie signifiant « plumage tacheté » et *californian* fait référence à la région où vit son créateur. Il est également appelé american california spangled cat.

Le californian spangled a vu le jour grâce à Paul Casey, scénariste à Hollywood, qui, émerveillé par les beaux léopards qu'il avait découverts lors d'un voyage en Tanzanie, rêvait d'en obtenir une réplique miniature... et domestique. Quelques éleveurs se sont alors lancés dans de nombreux croisements. La généalogie du californian spangled compte entre autres des siamois de type ancien, des americans et des british shorthairs pour muscler le corps, des abyssins afin de développer l'allure de léopard et une lignée de chats errants d'Égypte et d'Asie pour l'aspect un peu primitif et le gène sauvage responsable des taches ornant la robe. Ces recherches se sont étalées sur quinze ans. La race a été lancée en 1986 et demeure aujourd'hui très rare.

CARACTÉRISTIQUES

- **Caractère :** intelligent, le californian spangled est réputé pour sa nature sociable et affectueuse. Il est énergique mais ne présente pas d'agressivité. Véritable athlète, c'est un excellent chasseur.
- **Entretien :** c'est un chat sain et équilibré. Il ne nécessite pas de toilettage spécifique, si ce n'est un petit coup de brosse en caoutchouc pour ôter les poils morts et un lustrage à la peau de chamois.
- **Particularités :** véritable petit léopard de salon, le californian spangled est athlétique, équilibré, svelte et tout en muscles, avec une touche d'élégance et d'harmonie. La première impression qu'il donne doit être, sans contestation possible, celle d'un chat spotted, à l'allure de chasseur. Il crée aussi l'illusion d'être plus grand qu'il n'est. Les mâles, plus lourds, plus musclés que les femelles, pèsent de 6 à 7,5 kilos ; les chattes, elles, de 3,5 à 5 kg.

STANDARD

- **Tête :** de longueur et de largeur moyennes, elle est assez sculptée et ornée de pommettes saillantes. Son profil traduit une légère déclivité entre le front et le nez, le crâne est arrondi.
- **Museau :** il est plein, bien développé et ses patons sont proéminents. Le menton et les mâchoires sont forts et pleinement développés.
- **Oreilles :** de taille moyenne, elles sont placées bien haut sur la tête. Leur base et leur hauteur sont presque de taille égale, leurs bouts sont arrondis.

Yeux : moyennement grands, en forme d'amande, ils sont ouverts et bien espacés. Placés en oblique, ils sont accentués par les pommettes.

Cou : de forme cylindrique, il est moyennement long et musclé.

Corps : doté d'une musculature bien développée, de cuisses solides, il est long, assez fin et porté bas lorsqu'il adopte la position du chasseur. Son ossature est longue et haute lorsqu'il s'étire. Il peut également paraître plus lourd qu'il n'est.

Pattes : les pattes arrière, fortement angulées au niveau du coude, donnent une démarche caractéristique. Leur ossature est forte et longue sans être massive, et leur musculature est puissante et bien développée au niveau des cuisses.

Pieds : de taille moyenne, ils présentent des doigts tactiles et bien développés.

Queue : de longueur moyenne, elle est de même épaisseur de la base au bout.

Robe et texture : le poil est court et couché sur le dos, les flancs, le cou et la face. Il est légèrement plus long sur la queue et sous le ventre.

Couleur : patron spotted tabby uniquement, black silver, blue silver, brown tabby et blue tabby sont reconnus. Des taches recouvrent le dos et les flancs, et de fines raies s'étendent du dessus du crâne aux épaules. Les taches sont rondes, carrées ou triangulaires et doivent être bien séparées. Un seul collier est permis et doit être dentelé. Une ligne non brisée descend des épaules aux aisselles. Une bande foncée et bien définie orne le haut de chaque patte avant. La queue, de taille moyenne et bien fournie, finit par trois anneaux noirs et le bout doit être noir ou bleu. La couleur des yeux varie d'or à marron.

Pénalités : un type trapu ; un manque d'ossature et de musculature ; une queue longue ; des oreilles pointues ; une cage thoracique osseuse ou étroite ; des yeux verts ; des marques blanches aux doigts ; un manque de motifs standards ; un manque de contrastes ; des raies excessives ; un mauvais caractère.

Disqualifications : une apparence marbrée ; un crâne allongé ou raccourci ; une queue claire au bout ; des rondeurs à la tête ; un museau étroit et pointu ; un menton et des mâchoires pas assez développés ; un manque évident de musculature.

Mariage autorisé : californian spangled x californian spangled.

Génotype d'un californian spangled bronze spotted tabby homozygote : AA BB CC DD LL ts ts.

Échelle des points du standard LOOF

	Points
Tête	**20**
- profil : 5 - forme : 5 - pommettes : 5 - menton, mâchoires : 5	
Yeux	**5**
Oreilles	**5**
Tête	**5**
Cou	**20**
- conformation : 10 - musculature : 5 - taille : 5	
Queue	**6**
Pattes	**6**
Pieds	**5**
Motifs	**20**
- distribution : 10 - contraste : 10	
Robe	**8**

Ceylan

Origine : Sri Lanka
Taille : moyenne
Poids : 3 à 3,5 kg
Poil : court
Caractère : sociable et affectueux

Un retour aux sources

Afin de préserver son caractère et d'empêcher un éloignement trop marqué du chat initial, le club de race recommande aux éleveurs d'introduire toutes les quatre ou cinq générations de nouveaux sujets d'origine, qui seront pourvus d'un certificat authentifiant leur lieu de naissance et approuvé par le club. Seuls les chats reconnus par le club de race pourront servir à la reproduction avec pedigree.

Cette race naturelle est originaire du Sri Lanka, autrefois appelé Ceylan, d'où son nom. Elle est certainement très ancienne, mais elle n'est parvenue en Europe qu'en 1984 dans les bagages du docteur Paolo Pellegatta. Un club de race a été créé en Italie en 1988 et la race a été reconnue en 1993.

CARACTÉRISTIQUES

- **Caractère :** ce chat sociable s'habitue très bien à la vie en appartement. Il est très affectueux, mais garde toujours ses distances avec les personnes étrangères à la famille.
- **Entretien :** sa courte fourrure ne nécessite aucun toilettage particulier. C'est un chat doté d'une bonne santé.
- **Particularités :** le ceylan est une race naturelle et doit présenter toutes les caractéristiques physiques et comportementales des chats qui vivent sur l'île. Le standard a été établi à la suite d'observations et de descriptions des phénotypes des chats nés sur l'île et de leurs descendants.

STANDARD

- **Tête :** de dimension moyenne, elle est bien proportionnelle au corps. Le profil forme une ligne douce légèrement concave entre le front et le menton. Le front est assez aplati, le crâne est légèrement arrondi.
- **Museau :** légèrement arrondies, les joues ne sont pas proéminentes. Le menton est fort.
- **Oreilles :** elles sont de taille moyenne à grande. Placées haut sur la tête, elles sont rapprochées, assez larges à la base, bien ouvertes vers l'avant, et leurs bouts sont arrondis. Le bord extérieur est presque vertical par rapport aux joues et aux coins extérieurs des yeux. Elles sont marquées d'une empreinte de pouce plus foncée. Des plumets sont acceptés.
- **Yeux :** ils sont assez grands, ouverts, placés légèrement en oblique et maquillés. La ligne supérieure est en forme d'amande, et la ligne inférieure arrondie confère au ceylan une expression de vivacité. Leur couleur varie de jaune à vert.
- **Corps :** moyen et compact, avec un ventre arrondi, il présente une fine ossature et une musculature développée.
- **Pattes :** elles sont bien musclées. Les antérieures sont plus courtes que les postérieures.

- **Pieds :** ils sont ronds.
- **Queue :** elle est assez courte et s'effile vers un bout arrondi.
- **Robe et texture :** le poil est ras, court, fin et soyeux. Il n'est pas élastique.
- **Couleur :** brown ticked, red ticked, brown tortie ticked, blue ticked, crème ticked, bleu crème ticked sont les couleurs reconnues. Chaque nuance de base est acceptée. La couleur plus foncée couvre le dos et s'éclaircit vers le ventre. Seul le motif ticked est accepté. Il peut y avoir un ou deux colliers ouverts ou fermés. La queue est annelée. Le haut des pattes peut présenter de petits spots. Selon la saison, des marques fantômes peuvent apparaître sur le ticking du dos, mais elles ne sont pas appréciées. Des bottes arrière sont souhaitées.
- **Pénalités :** des oreilles ouvertes à l'extérieur, trop placées sur le côté ; des yeux trop proéminents et arrondis ; aucune rayure tabby ; des nœuds marqués et visibles sur la queue. Comme il s'agit d'une race naturelle d'origine asiatique, on peut tolérer, mais on pénalise, la présence de petits nœuds surtout sur le bout de la queue. Le but du club est de sélectionner pour la reproduction les sujets ne présentant pas ce défaut.
- **Disqualifications :** des taches blanches.
- **Mariage autorisé :** ceylan x ceylan.
- **Génotype d'un ceylan brown ticked tabby homozygote :** AA BB CC DD Ta Ta.

Échelle des points du standard LOOF

	Points
Oreilles	20
Yeux	15
Tête	15
Corps	25
Texture	10
Couleur et motif	15

Chartreux

Origine : France
Taille : moyenne à grande
Poids : 3 à 7,5 kg
Poil : court
Caractère : équilibré et indépendant

Quel succès !

Baptisé aussi bleu américain, malte ou encore auvergnat, le chat des chartreux, ou plus simplement chartreux, doit beaucoup à Colette, qui l'a largement évoqué dans ses œuvres et notamment dans *la Chatte*, faisant naître ainsi un grand intérêt pour la race. Ce fut également le compagnon de Joachim Du Bellay et du général de Gaulle. Jean Simonnet, président du Club du chat des chartreux, a largement contribué à cette vogue en publiant plusieurs ouvrages consacrés à la race.

Voici le chat français par excellence, et il fait partie de l'une des races les plus anciennes. Parmi les nombreuses légendes qui l'entourent, l'une dit que les moines chartreux le possédaient déjà en 1558 et l'élevaient pour son aptitude à la chasse : il protégeait ainsi des rongeurs leurs silos de blé et leurs réserves. En réalité, ce chat originaire de Turquie ou d'Iran est arrivé à bord de bateaux marchands il y a près de quatre cents ans et a été longtemps exploité pour la pelleterie : on vendait sa fourrure, teintée et rasée, en la faisant passer pour de la loutre. Il doit son nom à la couleur de sa robe, proche d'un tissu vendu au XVIIIe siècle appelé pile des chartreux. Il n'a pratiquement subi aucun changement morphologique depuis cette lointaine origine, ce qui est tout à fait rare dans le monde de l'élevage en général.
Ses premiers éleveurs – réellement attachés à sa beauté et non plus au commerce de sa fourrure – sont les sœurs Léger, dans les années 1930. Elles ont en effet décidé de sauvegarder la race à partir de sujets trouvés à Belle-Île-en-Mer et lui ont ainsi donné ses lettres de noblesse. D'autres ensuite ont croisé des chartreux et des persans bleus, afin d'obtenir un bleu plus pâle, des yeux plus or et une ossature plus puissante. Ces hybridations expliquent sans doute pourquoi la race a été confondue et assimilée au british shorthair dans les années 1970. Fort heureusement, le chartreux a retrouvé depuis 1989 sa véritable identité et demeure le chat de race à poil court préféré des Français.

CARACTÉRISTIQUES

Caractère : le chartreux, chat rustique, robuste, équilibré, est un chasseur vif et redoutable. Assez indépendant, calme, père tranquille, il apprécie peu les manipulations. Très attaché à ses maîtres, aux enfants et surtout à sa maison, il est facilement enclin à la paresse, au laisser-aller… à moins qu'un rongeur n'ose approcher.

Entretien : un étrillage hebdomadaire est nécessaire pour sa fourrure laineuse. La mue est importante. C'est un chat robuste et rustique.

Particularités : bien que grand, le chartreux, chat rustique non cobby, est extrêmement souple et agile. Les mâles sont souvent plus grands que les femelles, et plus lents à maturité. La texture de la robe, sa couleur et celle des yeux dépendent de l'âge du sujet. Ses qualités de puissance, d'intelligence et de sociabilité, qui lui ont permis de survivre sans aide pendant des siècles, doivent être évidentes en exposition et faire l'objet d'une rigoureuse sélection.

STANDARD

- **Tête :** elle est grande, large et arrondie, en trapèze inversé. Le profil, légèrement concave, se termine par un nez droit et large. Le front présente un espace étroit et plat entre les oreilles. Les mâchoires sont puissantes.
- **Museau :** il est étroit par rapport à la tête, mais il n'est pas pointu. Les bajoues placées bas sont bien développées chez les mâles adultes. Les patons sont bien développés.
- **Oreilles :** de taille moyenne, elles paraissent plus petites en raison de la taille de la tête. Elles sont placées haut sur la tête et sont en alerte. Étroites à la base, elles sont ensuite légèrement arrondies.
- **Yeux :** ses grands yeux expressifs sont arrondis et modérément espacés.
- **Cou :** il est fort, court et lourd.
- **Corps :** robuste, il est grand et bien proportionné, mais jamais gros. Les épaules sont grandes et musclées, avec une poitrine bien développée qui donne une apparence de solidité et de massivité. L'ossature est forte, la musculature dense et puissante.
- **Pattes :** de longueur moyenne, elles sont droites, robustes et musclées. La partie supérieure de la patte est moyennement musclée chez les femelles, et peut être plus lourde chez les mâles adultes.
- **Pieds :** ils sont ronds ou largement ovales et petits.
- **Queue :** elle est plus épaisse à la base, de longueur modérée, s'effilant légèrement au bout.
- **Robe et texture :** le poil est de longueur moyenne à courte et sa texture est dense. Il peut être légèrement laineux et relevé, en raison d'un sous-poil bien fourni.
- **Couleur :** n'importe quel gris-bleu, uniforme jusqu'à la base, avec un sous-poil fourni. Une couleur uniforme et claire est préférée aux couleurs ombrées. Le cuir du nez est gris ardoise, les lèvres sont bleues et les coussinets rose taupe. On tolère des barres et des anneaux à la queue chez les chats de moins de un an. La couleur des yeux varie de jaune à orange.
- **Pénalités :** un stop ; un nez retroussé ou romain ; un museau long et lourd ; des yeux en amande ou trop rapprochés.
- **Disqualifications :** des yeux verts ou des cercles verts ; des médaillons blancs.
- **Mariage autorisé :** chartreux x chartreux.
- **Génotype d'un chartreux homozygote :** BB CC dd LL.

Échelle des points du standard LOOF

	Points
Tête	**15**
- forme : 4 - taille : 3 - profil : 3 - museau : 3 - nez : 2	
Oreilles	**10**
- forme : 3 - taille : 2 - placement : 5	
Yeux	**10**
- forme : 3 - taille : 2 - couleur : 5	
Corps	**20**
- forme : 5 - taille : 5 - musculature : 5 - ossature : 5	
Cou	**4**
Queue	**4**
Pattes	**6**
Pieds	**2**
Robe	**14**
- longueur : 4 - texture : 10	
Couleur	**15**
- uniformité : 8 - brillance : 7	

Chat de gouttière ou chat de maison

Le chat de maison, c'est le chat de gouttière, le chat de ferme, le chat de la SPA, celui qui n'a pas d'origine connue, pas de pedigree. En fait, il se trouve bel et bien à la base de toutes les races existantes, puisque celles-ci ne sont dues qu'à des mutations, des mariages savants, des sélections. Ce chat de maison, que l'on appelle à tort européen, a su traverser les siècles et les guerres, résister aux maladies et à la bêtise humaine grâce à son intelligence et à sa faculté d'adaptation. Il est ainsi aisément passé du statut de chasseur de souris à celui de chat de compagnie.

À l'inverse de l'européen, le chat de maison, trouvé, adopté au hasard d'une rencontre, ne possède pas d'arbre généalogique et cela ne l'empêche pas de tenir une grande place dans les expositions, surtout aux États-Unis. Il concourt ainsi dans une classe à part et tout lui est permis : toutes les longueurs de poil, toutes les couleurs et leurs innombrables combinaisons, toutes les longueurs et les formes de queue, toutes les formes et les couleurs d'yeux. Ici, seule la nature dicte sa loi. Un juste équilibre, une parfaite présentation et un grand naturel sont cependant de rigueur. Le chat doit en effet paraître tout à fait à l'aise, avoir une fourrure saine, etc. Pour le reste, le choix du juge reste très personnel. Les visiteurs des expositions apprécient beaucoup les chats de maison, ces « sans pedigree », parce qu'ils ne présentent pas d'extrême dans un type ou dans un autre, mais aussi parce qu'ils ressemblent souvent à leur propre chat ou à celui du voisin, tout en étant uniques.

Chat des forêts norvégiennes

Origine : Norvège
Taille : moyenne à grande
Poids : 3 à 7,5 kg
Poil : mi-long
Caractère : équilibré et facile à vivre

Légendes scandinaves

De nombreuses légendes scandinaves évoquent un grand chat à la queue longue et épaisse. Thor, le plus puissant des dieux, ne serait pas arrivé à le soulever, et Freya, déesse de l'amour et de la fécondité, aurait conduit un char tiré par des chats similaires... Le chat des forêts norvégiennes, aussi considéré comme le chat des elfes, est le héros de contes pour enfants où il arbore les traits d'un chat-fée qui exauce tous les souhaits.

Chat des forêts norvégiennes, norsk skogkatt, norwegian, etc. Que d'appellations pour ce rustique chat nordique devenu chat national en Norvège ! Ses origines sont aussi mythiques que mystérieuses. Les Vikings auraient en fait rapporté du Proche-Orient des chats angoras, à la fois compagnons de voyage, utiles chasseurs de rongeurs et porte-bonheur de l'équipage. Ces derniers se seraient ensuite peu à peu adaptés à la nature du pays et à son rude hiver. Leur fourrure aurait épaissie, serait devenue double, les protégeant efficacement contre le froid. Solidement charpentés, bien équilibrés, ils seraient devenus de bons marcheurs et d'habiles grimpeurs, qualités qui vont de pair avec celles des chasseurs. Les premiers skogkatts ont ainsi vécu à l'état sauvage dans les régions forestières. De chats des bois, ils sont ensuite devenus chats de ferme et on en trouvait en Norvège, en Finlande et en Suède. Vers 1930, des éleveurs norvégiens ont débuté un programme de sélection pour le conserver et allier sa rusticité à la beauté de sa fourrure. La FIFE a reconnu la race en 1977 (cinq ans après la Norvège) et la France a accueilli ses premiers sujets en 1982. Les Américains les ont, de leur côté, magnifiquement travaillés. Encore confidentiel il y a une dizaine d'années dans l'Hexagone, le chat des forêts norvégiennes est aujourd'hui devenu l'une des valeurs sûres de l'élevage français.

CARACTÉRISTIQUES

› **Caractère :** compagnon attachant, doux, équilibré et calme, le chat des forêts norvégiennes est doté d'un caractère facile et s'adapte à toutes les situations. Il est très sociable avec ses congénères, avec les chiens et les enfants. Joueur et grimpeur averti, il s'avère être un redoutable chasseur et il vaut mieux prévoir un arbre à chats et de l'espace. Il aime l'eau et il est tout à fait capable, si besoin est, d'attraper des poissons pour se nourrir. Il n'apprécie pas beaucoup la solitude. Sa voix est douce, comme sa présence, discrète mais constante.

› **Entretien :** malgré sa fourrure dense, son toilettage ne présente pas de difficultés majeures. Son poil très lisse fait en effet rarement des nœuds. Les poils plus épais qui couvrent le dos assurent une véritable imperméabilité. En hiver, le sous-poil est extrêmement épais, long, laineux, et il est nécessaire de le brosser régulièrement. Son entretien doit être quotidien en période de mue. C'est un chat sain et robuste.

› **Particularités :** lors d'un concours, il faut penser à tenir compte de la saison, car la longueur et la densité du poil varient beaucoup en fonction de la température. En été, seuls les poils de la queue, les touffes des oreilles et celles qui sont implantées entre les doigts subsistent. Le chat des forêts norvégiennes aime avant tout le grand air. Sa rusticité bien conservée lui permet de s'adapter à toutes les situations et à des températures basses. Il sait subvenir seul à ses besoins. Il n'atteint sa maturité que vers l'âge de quatre ou cinq ans.

STANDARD

› **Tête :** elle s'inscrit dans un triangle équilatéral et sa taille est en proportion avec celle du corps. Le front est légèrement arrondi. Le nez est droit et sans incurvation.
› **Museau :** il suit la ligne de la tête, triangulaire, sans pinch. Le menton est ferme.
› **Oreilles :** de taille moyenne à grande, elles sont bien ouvertes et placées en prolongement du triangle. Leur base est large et les bouts sont légèrement arrondis. Les lynx tips sont souhaités mais pas obligatoires. La fourrure interne s'étend sur le coin interne des oreilles.
› **Yeux :** moyennement grands, en amande et placés en oblique, ils sont moyennement espacés.
› **Cou :** de longueur moyenne, il est fortement musclé.
› **Corps :** massif sans être gros et d'une longueur modérée, il s'inscrit presque dans un grand carré. Tout en muscle, il a une ossature substantielle, une poitrine pleine et une circonférence considérable. Les mâles sont plus grands et plus imposants.
› **Pattes :** elles sont de longueur moyenne à longue, en proportion avec le corps. Les postérieures sont plus longues et la croupe est plus haute que les épaules. Les cuisses sont très musclées et l'ossature est forte.
› **Pieds :** ils sont grands et ronds, avec de longs poils entre les doigts.
› **Queue :** épaisse, fournie et ébouriffée, elle est aussi longue que le corps. Elle s'affine vers le bout.
› **Robe et texture :** la fourrure est double. Le sous-poil duveteux donne une impression de lourdeur et de profondeur, et il est couvert par des poils de garde imperméables, longs et lustrés, qui poussent à partir du dos et tombent sur les flancs. De texture grossière, la fourrure est irrégulière, plus courte sur les épaules, et s'allonge progressivement sur le corps. Une collerette courte du dos au cou, une fourrure de mouton au centre et un jabot bien fourni constituent sa collerette. Les

Échelle des points du standard LOOF

	Points
Tête	**20**
- forme et taille : 10 - profil : 5 - museau et menton : 5	
Oreilles	**5**
- forme et taille : 2 - placement : 2 - fourrure et touffes : 1	
Yeux	**5**
Corps	**25**
- forme et taille : 5 - ossature et musculature : 10 - pattes et pieds : 10	
Queue	**10**
Robe, couleur et marques	**25**
Condition et apparence	**10**

culottes sont bien fournies et ébouriffées. Les jeunes doivent attendre l'âge de six mois pour développer le poil de jarre. Des différences saisonnières sont permises. En été, sa robe est plus courte et manque de jabot. Comme le chat des forêts norvégiennes est originaire d'une région froide, on prendra en considération la qualité de sa fourrure avant sa couleur.

› **Couleur :** toutes les couleurs sont reconnues, sauf colourpoint, chocolat, lilac, cinnamon et fawn. Les couleurs acceptées pour les yeux sont le vert-or ou les variations de vert ou d'or. Le bleu et les yeux impairs sont acceptés chez les chats blancs et les particolores.

› **Condition et apparence :** c'est un chat alerte, ferme, musclé et bien proportionné. Les mâles sont plus grands et plus imposants. L' ossature est substantielle, sans obésité ni maigreur.

› **Pénalités :** des boutons, des médaillons et des taches blanches dans toutes les couleurs ; des pattes longues ou courtes non proportionnelles au corps ; un corps cobby ou extrêmement long ; un nez avec un break ; une tête ronde ou carrée ; de petites oreilles ; une queue courte ; une ossature délicate et des yeux petits ou ronds.

› **Mariage autorisé :** norvégien x norvégien.

› **Génotype d'un norvégien brown classic tabby et blanc homozygote :** AA BB CC DD II SS tb tb.

Chat sacré de Birmanie

Origine : France
Taille : grande
Poids : 4,5 à 9 kg
Poil : mi-long
Caractère : calme et posé

Malgré son nom, le chat sacré de Birmanie ou birman est une création bien française. Il est fort probable que ce soit une mésalliance entre un persan et un siamois ganté qui soit à l'origine de la race. Cela se passait dans les années 1920, dans la région de Nice. Manou de Maldapour et un peu plus tard Dieu d'Arakan, femelle et mâle seal point, sont devenus à cette époque de véritables vedettes d'exposition, et petit à petit les éleveurs ont introduit de nouvelles couleurs. La Seconde Guerre mondiale a failli être fatale à cette race, qui a été relancée avec quelques apports persans. En 1950, ce chat botté au regard bleu profond a été baptisé sacré de Birmanie pour éviter la confusion avec le burmese, dont le nom est la forme anglaise du mot birman. Il a été exporté dans les années 1960 aux États-Unis puis en Grande-Bretagne. Il est aujourd'hui devenu l'un des chats favoris du public et des rings français.

CARACTÉRISTIQUES

› **Caractère :** avec sa voix douce et son tempérament de feu sous une enveloppe de soie, le birman est très fidèle et attaché à son maître. Membre à part entière de la famille, bon chasseur, il dispose d'un excellent équilibre tant physique que psychique. Il a un regard tendre, calme, posé, imposant.

› **Entretien :** un brossage hebdomadaire suffit, sauf pendant la mue, où un toilettage quotidien est recommandé. Son poil abondant ne fait pas de nœuds et rend son entretien facile.

› **Particularités :** les pattes avant présentent des gants blancs, et les pattes arrière des gants blancs qui se prolongent par des éperons. Ces gants et ces éperons sont de préférence bien symétriques et réguliers.

STANDARD

› **Tête :** de taille moyenne, elle est large et arrondie vue de face, et vue de profil légèrement plus longue que large. De son profil légèrement incurvé se détachent un nez romain, de longueur moyenne et aux narines peu espacées, et un menton bien développé formant une ligne perpendiculaire avec la lèvre supérieure.

› **Museau :** il est de longueur moyenne et les bajoues sont lourdes. Les joues sont pleines, les pommettes sont hautes et proéminentes.

› **Oreilles :** de taille moyenne à grande, elles sont modérément écartées et presque aussi larges à la base que hautes. Les bouts sont arrondis.

Une déesse d'or aux yeux de saphir

La plus belle légende du monde félin commence en Birmanie, dans le temple des Chats, qui accueillait dit-on cent félins blancs… Il y a des siècles, les Khmers dédièrent ce temple de Lao Tsun à une belle déesse d'or aux yeux de saphir, Tsun Kyan Kse, qui veillait à la transmigration des âmes. Mun Ha, un prêtre très respecté, méditait souvent devant sa statue et Sinh, un beau chat blanc, se tenait toujours à ses côtés. Une nuit, Mun Ha fut tué par des pillards. À l'instant de sa mort, Sinh se posa sur la tête du prêtre, face à la déesse. Immédiatement, sa fourrure blanche devint aussi dorée que la radieuse lumière émise par Tsun Kyan Kse. Celle-ci lui transmit aussi ses yeux bleus ; les quatre pattes du chat, son masque et sa queue virèrent au brun velouté de la terre ; seules les parties de son corps en contact avec le défunt restèrent blanches, rappelant la pureté du maître. Le matin suivant, les cent chats blancs du temple prirent les mêmes couleurs que Sinh. Dès lors, ces animaux furent protégés : ils étaient sacrés.

Échelle des points du standard LOOF

	Points
Tête	**30**
- tête : 15 - oreilles : 5 - yeux : 5 - couleur des yeux : 5	
Corps	**30**
- corps : 15 - pattes : 5 - pieds : 5 - queue : 5	
Robe	**10**
Couleur	**30**
- corps : 5 - points : 10 - gants : 10 - éperons : 5	

- **Yeux :** ses grands yeux presque ronds sont bien écartés.
- **Cou :** de taille moyenne, son cou est bien musclé. Il est relativement court.
- **Corps :** de taille moyenne à grande, il est moyennement long et massif. Le dos, régulier, présente une forte ossature et une musculature ferme.
- **Pattes :** elles sont de longueur moyenne, en proportion avec le corps. L'ossature est forte et la musculature importante.
- **Pieds :** ils sont ronds et fermes.
- **Queue :** elle est de longueur moyenne, en proportion avec le corps.
- **Robe et texture :** le poil, mi-long, a une texture soyeuse. Une lourde collerette est souhaitable, spécialement chez les mâles. Les changements saisonniers sont également à prendre en considération dans le jugement de la longueur de la robe.
- **Couleur :** seal, blue, chocolat, lilac, red, crème, seal tortie, bleu crème, chocolat tortie, lilac crème, seal tabby, blue tabby, chocolat tabby, lilac tabby, red tabby, crème tabby, seal tortie tabby, bleu crème tabby, chocolat tortie tabby, lilac crème tabby, seal smoke, blue smoke, chocolat smoke, lilac smoke, red smoke, crème smoke, seal tortie smoke, bleu crème smoke, chocolat tortie smoke, lilac crème smoke, seal silver tabby, blue silver tabby, chocolat silver tabby, lilac silver tabby, red silver tabby, crème silver tabby, seal silver tortie tabby, bleu crème silver tabby, chocolat tortie silver tabby, lilac crème silver tabby sont les couleurs reconnues. Les yeux sont d'un bleu le plus profond possible. Les pattes avant ont des gants blancs se terminant en ligne droite à la jonction entre le pied et la patte. Les pattes arrière ont des gants blancs remontant en ligne droite à l'arrière et se terminant en pointe à peu près au centre du talon (éperons). Une régularité entre la hauteur des gants avant et arrière est souhaitable. Les coussinets sont roses ou de la couleur de base du chat.
- **Pénalités :** un manque de gantage ou d'éperon ; des taches de couleur sur les gants ou les éperons.
- **Disqualifications :** un pied non ganté ; du blanc sur le masque (« goutte de lait » au menton), les oreilles et la queue.
- **Mariage autorisé :** sacré de birmanie x sacré de birmanie.
- **Génotype d'un birman seal mackerel tabby point homozygote :** AA BB cs cs DD II SS tm tm.

Européen

Origine : Europe continentale
Taille : moyenne à grande
Poids : 6 à 8 kg
Poil : court
Caractère : débrouillard et attachant

L'européen est en Europe continentale l'homologue du british shorthair en Grande-Bretagne et de l'american shorthair aux États-Unis. Contrairement aux idées reçues, ce n'est pas un descendant du chat de gouttière. Il semble compter *Felis silvestris libyca*, petit félin sauvage d'Afrique du Nord, dans son ascendance. C'est une race à part entière qui s'est développée naturellement, sans avoir été soumise à des règles d'élevage, et elle répond désormais à un standard précis. Elle est reconnue depuis 1925 et a été homologuée par la FIFE en 1983.

Faute !

Qu'on se le dise, l'européen est un chat de race. Ses parents, ses grands-parents sont connus, répertoriés, sélectionnés, et ont obtenu un pedigree. Il est donc incorrect d'utiliser son nom pour désigner un chat de gouttière.

CARACTÉRISTIQUES

- **Caractère :** jusqu'à l'âge de trois ans, c'est un chat très dynamique et très actif, mais avec le temps il se calme et devient même un brin pantouflard. Il adore jouer et dispose d'une grande faculté d'adaptation et de débrouillardise. C'est aussi un excellent chasseur et, comme il est un peu indépendant, il est conseillé de le laisser venir à vous. Il exprimera alors sa reconnaissance par le biais de câlins et de ronronnements.
- **Entretien :** c'est un chat rustique à l'entretien facile. Un brossage hebdomadaire suffit.
- **Particularités :** l'européen est un chat robuste, souple et rustique. Son origine est naturelle et il ne doit pas être issu d'un métissage. Certes, il présente une anatomie proche de celle du chat commun domestique, mais il ne doit ressembler à aucune race déjà existante.

STANDARD

- **Tête :** elle est assez large et ronde, s'affinant vers le museau. Elle est plus longue que large. Le front et le crâne sont très largement arrondis.
- **Museau :** les joues sont bien développées, surtout chez les mâles, mais sans bajoues. La base du nez est bien définie, sans stop, avec une légère dénivellation. Le nez est droit, de longueur moyenne et d'égale largeur sur toute sa longueur. Le menton est ferme, sans pinch.
- **Oreilles :** elles sont de taille moyenne et légèrement arrondies aux extrémités. Elles peuvent également être ornées de plumets. Elles sont écartées et bien dressées. La hauteur correspond à la largeur de la base.

Échelle des points du standard LOOF

	Points
Tête	**30**
- forme : 10 - profil : 5 - front : 5 - menton, mâchoire : 5 - museau : 5	
Oreilles	**9**
Yeux	**10**
Cou	**2**
Corps	**20**
- forme : 10 - taille : 5 - musculature : 5	
Queue	**5**
Pattes	**10**
Texture-longueur	**10**
Couleur (marquage)	**4**

› **Yeux :** ils sont bien écartés, ouverts et placés légèrement en oblique.
› **Cou :** il est moyen et musclé.
› **Corps :** de taille moyenne à grande, il s'inscrit dans un rectangle moyen. Il est doté d'une forte ossature, d'une musculature puissante, d'une poitrine large et bien développée.
› **Pattes :** fortes et solides, elles sont de longueur moyenne et s'affinent vers les pieds. Elles sont en harmonie avec le corps.
› **Pieds :** ils sont ronds et fermes.
› **Queue :** de longueur moyenne, elle est de préférence forte à la base. Son extrémité est arrondie, en harmonie avec le corps.
› **Robe et texture :** le poil est court, dense et lustré. Il est couché sans sous-poil excessif.
› **Couleur :** toutes les couleurs sont reconnues sauf le chocolat, le lilac, le cinnamon, le fawn et le colourpoint. Toutes les couleurs des yeux sont acceptées, mais elles doivent être franches et uniformes.
› **Pénalités :** un manque de joues ; une ressemblance avec une autre race existante, en particulier le british shorthair et l'american shorthair.
› **Disqualifications :** des taches blanches chez les chats autres que particolores.
› **Mariage autorisé :** européen x européen.
› **Génotype d'un européen blue mackerel tabby homozygote :** AA BB CC dd LL tm tm.

Exotic shorthair

Origine : États-Unis
Taille : moyenne
Poids : 3 à 6,5 kg
Poil : court
Caractère : calme et gentil

Dans les années 1950, une éleveuse américaine désireuse de doter ses american shorthairs d'une ossature plus forte et d'yeux plus ronds entreprit de les marier avec des persans. Une autre qui souhaitait obtenir un persan chocolat décida de croiser sa persane avec un burmese. Certains chatons sont donc nés avec un air de persan, mais avec le poil court. De vrais nounours. L'avantage était que l'on conservait ainsi les qualités du persan et que l'on évitait les désagréments liés à sa longue fourrure. Après de multiples hybridations avec des burmeses, des american shorthairs, des british shorthairs, les éleveurs ont enfin obtenu un persan au poil court, au corps massif et à la tête ronde. La race exotic shorthair est maintenant bien fixée. Elle a été reconnue en 1967 aux États-Unis et a gagné l'Europe dans les années 1980.

Question de mariage

L'exotic et le persan sont en fait deux variétés appartenant à la même race. De nombreux éleveurs les marient ensemble pour conserver à l'exotic son type et sa fourrure mousseuse. Les autres croisements sont désormais inutiles ; ils feraient même régresser la race.

CARACTÉRISTIQUES

- **Caractère :** si l'exotic shorthair a pris le physique débonnaire du persan, il a adopté un peu de la vivacité et de la gaieté du poil court. L'ensemble donne un heureux mélange d'équilibre, de douceur et de gentillesse. Aimant plutôt le confort et le calme, il se montre moins indifférent que le persan, plus joueur aussi, plus actif et plus curieux. Il rappelle tellement le gros nounours rassurant de notre enfance qu'il doit le sentir et en joue ! Il ne supporte pas bien la solitude et il est très attaché à son maître.
- **Entretien :** un brossage hebdomadaire suffit, sauf en période de mue, où il doit être quotidien. Les yeux nécessitent un nettoyage fréquent.
- **Particularités :** le chat doit être musclé sans être gras et donner une impression de puissance. Bien équilibré physiquement, il est calme et facile à manipuler. Il n'atteint sa maturité que vers l'âge de trois ans et sa puberté est plutôt tardive.

STANDARD

- **Tête :** elle est ronde et massive, avec un crâne large formant un dôme. Elle est de taille moyenne à grande, en proportion avec le corps. Le profil est assez court, un stop est marqué entre les yeux. Le front, le nez et le menton sont en ligne droite.
- **Museau :** il est court, large et plein. Les pommettes sont pleines et puissantes, les joues larges et puissantes. Le menton est fort, plein, bien développé et s'inclut bien dans la face. L'expression est douce, les narines sont larges et ouvertes.

Échelle des points du standard LOOF

	Points
Tête	**35**
- type : 15 - menton : 5 - nez : 5 - joues, pommettes : 5 - oreilles : 5	
Yeux	**10**
Corps	**25**
- ossature : 8 - forme et taille : 7 - musculature : 5 - pattes et pieds : 5	
Queue	**5**
Robe et couleur	**20**
Condition et équilibre	**5**

› **Oreilles :** elles sont petites, presque rondes mais pas trop ouvertes à la base. Quoique espacées et placées bas sur la tête, elles s'incluent bien dans le contour de la tête.

› **Yeux :** ronds, grands et bien espacés, ils doivent être expressifs et d'une couleur conforme à celle de la robe. Une couleur intense et profonde est préférée.

› **Cou :** il est court, épais et massif. La tête paraît encastrée dans les épaules.

› **Corps :** il est cobby et de taille moyenne à grande. Les hanches et les épaules sont d'égale largeur. L'ossature est robuste, la musculature ferme et bien développée. Le dos est court et la poitrine profonde.

› **Pattes :** elles sont courtes et droites. Leur ossature est robuste et leur musculature bien développée.

› **Pieds :** ils sont ronds et courts.

› **Queue :** elle est épaisse et courte mais en proportion avec le corps et portée bas.

› **Robe et texture :** le poil est court, mais légèrement plus long que celui des autres poils courts. La texture est douce, dense, pelucheuse et aérée.

› **Couleur :** toutes les couleurs des persans sont reconnues.

› **Condition :** l'ensemble du corps doit afficher une parfaite harmonie.

› **Pénalités :** une tête longue et étroite ; un nez long ou romain ; un museau fin ; un prognathisme visible ; un brachygnathisme ; une malformation des mâchoires ; une légère asymétrie ; un front fuyant ; un pinch ; des oreilles grandes, pointées ou trop rapprochées ; une poitrine étroite ; un dos long ; un cou long et fin ; une queue trop longue ; des pattes trop hautes ou arquées ; des pieds ovales ; des doigts séparés ; une musculature insuffisante ; des yeux petits, en biais, pas assez ronds, trop rapprochés, de couleur trop pâle ; des narines pincées ; une fourrure flottante et couchée.

› **Disqualifications :** un manque global de qualité, des médaillons ou des taches ; une grave malformation des mâchoires ; une asymétrie trop prononcée ; une mauvaise condition.

› **Mariages autorisés :** exotic shorthair x exotic shorthair, exotic shorthair x persan.

› **Génotype d'un exotic shorthair blanc homozygote :** BB CC DD LL WW.

German rex

Origine : Allemagne
Taille : moyenne
Poids : 3 à 4,5 kg
Poil : court
Caractère : actif et sociable

C'est en 1946 qu'est apparu dans l'ex-Allemagne de l'Est, chez le docteur Scheuer-Karpin, un chat frisé qui donnait, quelle que soit la femelle à laquelle on le mariait, des chatons frisés. Ici, le gène mutant apparaissait donc dominant, alors que ceux du cornish et du devon sont récessifs. Il a été peu travaillé outre-Rhin, mais le professeur Étienne Letard, fasciné par cette robe d'astrakan, a importé deux sujets, dont l'un mourut à sa descente d'avion. Les deux scientifiques ont alors travaillé ensemble en mariant leurs chats à des européens (ils ignoraient que les Anglais faisaient de même). La race a été reconnue en 1982.

CARACTÉRISTIQUES

- **Caractère :** comme c'est un chat très rare, il est assez difficile de définir son caractère. Il semble actif, très sociable et très attaché à son maître.
- **Entretien :** son poil court, quasiment sans sous-poil, ne demande pas d'entretien particulier et c'est un chat peu fragile.

STANDARD

- **Tête :** arrondie, avec une bonne largeur entre les oreilles, elle est un peu plus longue que large. La base du nez est bien définie.
- **Museau :** il est massif et les joues sont bien développées.
- **Oreilles :** de taille moyenne, elles sont larges à la base. Les bouts sont légèrement arrondis. Le côté extérieur est couvert d'un pelage fin mais dense, le côté interne est légèrement couvert de poil.
- **Yeux :** grands, bien écartés et ouverts, ils sont placés légèrement en oblique.
- **Corps :** de taille moyenne, il n'est ni cobby ni longiligne. Il est robuste, fort et bien musclé. La poitrine est large et, de profil, elle doit être arrondie et puissante.
- **Pattes :** fortes et solides, elles sont de longueur moyenne.
- **Pieds :** ils sont légèrement arrondis.
- **Queue :** de longueur moyenne, elle est assez épaisse à la base et s'effile légèrement jusqu'au bout arrondi. Sa fourrure est abondante.
- **Robe et texture :** au toucher, le pelage doit être doux comme du velours. Il est court, pelucheux et nettement ondulé et bouclé. Son épaisseur varie entre une couverture fine et douce et une structure épaisse régulière.
- **Couleur :** toutes les couleurs sont reconnues, sauf chocolat, lilac, cinnamon, fawn et colourpoint. Toutes les couleurs des yeux sont acceptées, mais elles doivent être uniformes.
- **Mariages autorisés :** german rex x german rex, german rex x rex cornish, german rex x européen.
- **Génotype d'un german rex noir homozygote :** aa BB CC DD rr.

Rare

Le german rex est très rare, voire introuvable. Sa fourrure est extrêmement dense, plus longue que celle du rex cornish, frisant absolument partout, mais avec un crantage plus désordonné.

Échelle des points du standard LOOF

	Points
Tête	10
Oreilles	5
Forme des yeux	5
Couleur des yeux	5
Corps	15
Queue	5
Couleur de la robe	10
Texture de la robe	20
Frisure	20
Condition	5

Havana brown

Origine : Grande-Bretagne
Taille : moyenne
Poids : 2,5 à 4,5 kg
Poil : court
Caractère : timide et affectueux

Échelle des points du standard LOOF

	Points
Tête	15
Oreilles	5
Yeux	10
Corps et cou	20
Pattes et pieds	10
Queue	5
Robe et couleur - robe : 10 - couleur : 15	25
Condition	5
Équilibre	5

Une gueule carrée

La cassure fronto-nasale et celle du museau sont caractéristiques de la race. Le placement des oreilles donne l'impression d'un chat toujours en alerte. Il se tient haut sur ses pattes, son œil est vif et son corps ferme. Sa robe est lustrée. Toutes les parties de son corps sont en harmonie avec l'ensemble, qui doit être équilibré et présenter des lignes symétriques et élégantes.

La légende le voudrait originaire du Siam (Thaïlande), où il aurait protégé ses maîtres contre le mauvais sort. En fait, il est arrivé en Europe à l'instar des autres races d'Asie du Sud à la fin du XIXe siècle et a beaucoup souffert de la suprématie du siamois. Il a été recréé par les Anglais en 1950 à partir de siamois chocolat point et de chats domestiques noirs, et les premiers sujets sont partis aux États-Unis en 1956. Reconnue en 1964, la race est aujourd'hui très confidentielle en Europe.

CARACTÉRISTIQUES

- **Caractère :** n'aimant qu'un seul maître, un brin timide, le havana brown se laisse difficilement manipuler par un étranger. Il aime le calme et le confort. Il est assez extraverti mais pas aussi exubérant que le siamois. Il est aussi moins bavard et sa voix est plus discrète. C'est un véritable chat-chien.
- **Entretien :** un brossage hebdomadaire suffit pour sa fourrure courte et serrée. C'est un chat solide et robuste mais il n'aime pas trop le froid.

STANDARD

- **Tête :** proportionnelle au corps, elle est légèrement plus longue que large. Le profil présente une dénivellation marquée entre les yeux. Le nez et le menton sont placés en ligne droite. Le crâne est légèrement arrondi.
- **Museau :** le bout paraît presque carré. Le pinch est bien marqué derrière les patons et le menton est fort. Les bajoues sont autorisées chez les mâles adultes.
- **Oreilles :** grandes et arrondies au bout, elles sont espacées mais non évasées. Elles se dressent légèrement vers l'avant en alerte. Il n'y a pratiquement pas de fourrure à l'intérieur et il y en a très peu à l'extérieur.
- **Yeux :** de forme ovale, ils peuvent sembler grands mais ne sont pas globuleux.
- **Cou :** il est de longueur et de taille moyennes.
- **Corps :** ni trapu ni élégant, de taille et d'ossature moyennes, il affiche une musculature ferme.
- **Pattes :** plutôt longues, elles sont minces sans être trop fines.
- **Pieds :** ils sont ovales et compacts.
- **Queue :** peu large à la base, elle s'affine au bout. Elle est mince et de longueur moyenne.
- **Robe et texture :** le poil est court et doux au toucher.
- **Couleur :** seul le chocolat est admis. Les yeux peuvent adopter tous les tons et toutes les intensités du vert. Un changement de couleur est autorisé jusqu'à l'âge de un an.
- **Pénalités :** une absence de cassure au niveau du museau ; un manque de menton.
- **Disqualifications :** des taches blanches ; une mauvaise couleur des yeux.
- **Mariage autorisé :** havana brown x havana brown.
- **Génotype d'un havana brown homozygote :** bb CC DD LL.

Korat

Origine : Thaïlande
Taille : moyenne
Poids : 2,5 à 4,5 kg
Poil : court
Caractère : actif et réservé

Le korat, originaire de Thaïlande, est certainement arrivé en Angleterre dans les années 1880, en même temps que le siamois. Mais, contrairement à ce dernier, il a dû attendre une soixantaine d'années avant d'être admis et reconnu en exposition. Un couple de korats importé de Bangkok fut très apprécié outre-Atlantique et les Américains ont reconnu la race en 1966. Aujourd'hui assez répandu outre-Atlantique, le korat demeure très confidentiel en France.

CARACTÉRISTIQUES

- **Caractère :** doté d'une force physique étonnante, actif, intelligent, timide et assez réservé avec les étrangers, le korat a une voix très douce. C'est aussi un chat prudent, calme et très fidèle. Il n'aime pas le bruit ni l'agitation. Il est peu sociable avec ses congénères.
- **Entretien :** un brossage hebdomadaire suffit. Il ne présente pas de soucis de santé particuliers.
- **Particularités :** le korat est une race 100 % naturelle, il n'a jamais subi de croisements. Et, fait plus rare, il n'a apparemment pas changé depuis des siècles. Il présente toujours la même robe bleu-gris avec des reflets argentés et une tête en forme de cœur, comme en témoigne un recueil de poèmes du XIIIe siècle illustré par les artistes de la cour du roi de Siam.

STANDARD

- **Tête :** en forme de cœur, elle présente des lignes douces et courbes. Elle est large et les arcades sourcilières sont proéminentes, accentuant la forme de cœur. Le front est grand et plat, le profil bien défini. On note un léger stop entre le front et le nez.
- **Museau :** ni carré ni pointu, il complète la forme du cœur. La longueur du nez est en proportion avec la tête. Le menton et les mâchoires sont forts et bien développés. Des bajoues sont permises chez le mâle adulte.
- **Oreilles :** grandes, elles sont placées haut sur la tête, en alerte. Larges à la base, elles sont arrondies aux extrémités. La fourrure est éparse et courte à l'intérieur. Les poils externes sont extrêmement courts et serrés.
- **Yeux :** ils sont grands par rapport à la face. Ils sont bien arrondis lorsqu'ils sont ouverts, avec une inclinaison asiatique quand ils sont complètement ou à moitié fermés. Ils sont bien séparés.
- **Cou :** il est de taille et de longueur moyennes, conforme à la taille du chat.
- **Corps :** de taille moyenne, il est semi-cobby. Sa musculature est forte mais élégante. Les femelles sont plus petites et plus délicates.
- **Pattes :** sa longueur est proportionnelle au corps. Les pattes avant sont légèrement plus courtes que celles de derrière. Leur ossature est moyenne.

Messager du bonheur

Le korat doit son nom actuel à une province thaïlandaise. Son nom d'origine, si-sawat, signifie prospérité. Gardien des temples, il était en effet considéré comme un porte-bonheur dans son pays natal. Il symbolisait l'abondance des récoltes et la richesse. Encore aujourd'hui, on offre en cadeau de mariage un couple de ces chats.

Échelle des points du standard LOOF

	Points
Tête	**18**
Oreilles	**7**
Yeux	**18**
Cou	**2**
Corps	**15**
- forme : 10 - taille : 2 - musculature : 3	
Queue	**3**
Pattes	**3**
Pieds	**1**
Robe	**13**
- longueur : 4 - texture : 9	
Couleur	**20**

- **Pieds :** ils sont ovales.
- **Queue :** de longueur moyenne, elle est moyenne et plus épaisse à la base, s'effilant vers un bout arrondi.
- **Robe et texture :** le poil est court, fin, satiné et couché sur le corps. Il s'incline sur l'épine dorsale lorsque le chat bouge.
- **Couleur :** seul le bleu est reconnu. Le poil, d'un gris-bleu spécifique, est clair à la racine, foncé au milieu et argenté. Pour les yeux, un vert lumineux est préféré. Les chatons et les jeunes chats jusqu'à deux ans peuvent avoir des yeux allant de l'ambre au vert. La couleur définitive n'apparaît qu'à la maturité.
- **Pénalités :** des petits yeux ; des médaillons blancs ; une tête étroite ou peu d'espacement entre les yeux.
- **Disqualifications :** toute couleur autre que le bleu ; des taches blanches ; des doigts blancs ; un manque de type ; une trop grande élégance.
- **Mariage autorisé :** korat x korat.
- **Génotype d'un korat :** BB CC dd LL.

Laperm

Origine : États-Unis
Taille : moyenne
Poids : 3,5 à 5,5 kg
Poil : court et mi-long
Caractère : curieux et facile à vivre

Tous les laperms sont des descendants de Curly, une femelle découverte en 1982 dans l'Oregon par Linda Koehl, fondatrice de cette race rare. Ils sont issus d'une mutation génétique spontanée, apparue dans les deux longueurs de poils. Le gène frisé est un gène dominant. La TICA a reconnu la race en 1996.

CARACTÉRISTIQUES

- **Caractère :** c'est un excellent chasseur. Le laperm est plutôt curieux et facile à vivre. Il est assez calme et sûr de lui.
- **Entretien :** il est recommandé de le peigner régulièrement pour éviter la formation des nœuds.
- **Particularités :** la fourrure est douce et ondulée sur tout le corps, y compris sur la queue. Elle peut varier en fonction de la saison et de l'âge du sujet. Événement unique en son genre, une fois dans sa vie, le laperm, particulièrement lorsqu'il s'agit d'un chaton, perd tous ses poils et devient tout nu. La nouvelle fourrure est en général frisée, ce qui fait que les chatons nés avec une fourrure raide peuvent être frisés à la repousse.

STANDARD

- **Tête :** elle est de forme triangulaire avec des contours arrondis. Sa taille est moyenne par rapport au corps. Le profil présente un léger stop et le nez est moyennement long et large, avec une légère courbe concave. Le crâne, comme le dessus de la tête, est arrondi. Les joues sont hautes.
- **Museau :** il est moyennement proéminent. Les patons sont bien prononcés et le menton est ferme.
- **Oreilles :** de taille moyenne, elles sont larges à la base et présentent des bouts arrondis. Elles sont en continuité avec les contours de la tête et légèrement évasées. L'intérieur est bien fourni et bouclé au fond de l'oreille, des plumets sont souhaités.
- **Yeux :** grands, expressifs et en forme d'amande, ils sont moyennement espacés. Il n'y a pas de relation entre la couleur des yeux et la couleur de la robe.

Laperm poil long

Le laperm poil long présente le même standard que le laperm poil court, mis à part son manteau au poil mi-long. La texture de sa robe est douce et bouclée, de densité fine, et le sous-poil est lourd. Une collerette est acceptée chez les adultes. L'intérieur des oreilles et les moustaches peuvent être frisés.

Échelle des points du standard LOOF

	Points
Tête	**20**
- profil : 5 - museau et menton : 5 - taille et forme : 10	
Oreilles	**5**
Yeux	**5**
Corps	**25**
- torse : 10 - pattes et pieds : 5 - cou : 5 - queue : 5	
Couleur et patron	**10**
Fourrure	**35**
- texture et longueur : 10 - ondulation : 25	

- **Cou :** de longueur moyenne, il affiche un port élégant.
- **Corps :** de taille moyenne, il est de type semi-étranger. Le poids est surprenant pour la taille. L'ossature est moyenne, mais il est bien musclé.
- **Pattes :** de longueur et d'ossature moyennes, elles bénéficient d'une bonne musculature. Les pattes avant sont plus courtes que les pattes arrière.
- **Pieds :** de taille moyenne, ils sont ronds.
- **Queue :** longue, en proportion avec le corps, elle est effilée et recouverte d'une fourrure ondulée.
- **Robe et texture :** le poil est court. Sa texture est douce, soyeuse et ondulée sur le dos et le ventre. Sa densité est fine et le sous-poil est modéré.
- **Couleur :** toutes les couleurs et toutes les divisions sont reconnues.
- **Pénalités :** pas de poils dans les oreilles ; pas de boucles sous les oreilles ; des poils longs.
- **Disqualifications :** des pattes courtes ; un corps fin et carré.
- **Mariages autorisés :** le livre est ouvert tant qu'il n'y a pas assez de sujets.
- **Génotype d'un laperm lilac point homozygote poils courts :** aa bb cs cs dd LL.

Maine coon

Origine : États-Unis
Taille : grande
Poids : 4 à 10 kg
Poil : mi-long
Caractère : doux et sociable

Le maine coon est le résultat du mariage des premiers angoras importés par les marins anglais avec des chats semi-sauvages des forêts du nord-est des États-Unis. En ce sens, il s'agit bien du premier chat dit de race de ce pays. Les fermiers nord-américains ont toujours su reconnaître et utiliser les atouts et les capacités de ce remarquable chasseur. En préservant ce doux géant à l'allure de lynx paisible, ils ont en fait aidé, sans le vouloir, à la conservation de la race. Inscrit en exposition dès 1860, le maine coon a connu un grand succès, mais la concurrence avec le persan a bien failli lui être fatale. Il a été reconnu en 1976 et est revenu sur le devant de la scène au début des années 1980. Il est aujourd'hui fort apprécié dans l'Hexagone.

CARACTÉRISTIQUES

› **Caractère :** on a coutume de dire que le maine coon est un doux géant et cela reflète bien la réalité. Malgré son gabarit impressionnant, c'est en effet un chat qui rassure, une force tranquille qui se laisse manipuler sans problème. Sociable, il est très présent dans la vie de ses maîtres, mais apprécie également une certaine indépendance. C'est un chasseur hors pair et, comme il a besoin de se dépenser, mieux vaut prévoir un arbre à chats. Sa voix est particulièrement discrète.

› **Entretien :** son entretien est aisé car son sous-poil léger ne fait pas de nœuds. C'est un chat rustique et sain.

› **Particularités :** la race s'est développée naturellement, et seuls les plus forts ont survécu. Le maine coon s'est ainsi forgé un instinct de survie lui permettant de subsister dans des conditions extrêmes. Il s'accommode en effet de tous les climats et des sols les plus difficiles. Il possède une force assez exceptionnelle. Ses pattes, longues mais puissamment musclées, se terminent par des pieds qui rappellent des mains : leurs doigts, très allongés et bien écartés, ont une étonnante capacité de préhension. C'est un solide chasseur. Sa maturité est longue. Il lui faut attendre l'âge de trois ou quatre ans pour devenir pleinement adulte. C'est, avec le ragdoll, le plus grand des chats de race.

STANDARD

› **Tête :** de taille moyenne à grande, elle est moyennement large par rapport à la longueur. Le profil présente une légère inclinaison concave.

› **Museau :** il est rectangulaire et les pommettes sont hautes et proéminentes. Le front est légèrement bombé, le menton est ferme, fort en ligne avec le nez et la lèvre supérieure. Les joues sont fermes.

Un ancêtre raton laveur !

Une légende lui prête pour ancêtres un raton laveur (*racoon* en anglais) et un chat sauvage des forêts du Maine. Ce qui ne manque pas de faire sourire les généticiens ! Une autre histoire rapporte que le maine coon aurait un peu de sang français : la reine Marie-Antoinette aurait en effet confié ses angoras au marquis de La Fayette lorsqu'il partit combattre lors de la guerre d'Indépendance. Une fois arrivés en Amérique, ces chats auraient oublié leur haute origine et se seraient unis à des chats locaux. En anglais, son nom signifie raton du Maine, en raison de la ressemblance de sa robe avec celle du raton laveur et de sa région d'origine, l'État du Maine.

Échelle des points du standard LOOF

	Points
Tête	**25**
Oreilles	**10**
Yeux	**5**
Corps	**20**
- forme et taille : 10 - ossature : 5 - musculature : 3 - cou : 2	
Pattes et pieds	**10**
Queue	**10**
Robe	**15**
- longueur : 10 - texture : 3 - densité : 2	
Couleur	**5**

› **Oreilles :** très grandes, elles sont très larges à la base et un peu épointées. Elles sont placées haut sur la tête, avec une très légère inclinaison vers l'extérieur. Les lynx tips sont recherchés, mais facultatifs. Les poils internes s'étendent horizontalement sur l'extérieur.

› **Yeux :** grands et légèrement ovales, ils semblent ronds quand ils sont ouverts. Ils sont bien séparés et légèrement obliques, vers la base extérieure de l'oreille.

› **Cou :** de longueur moyenne à longue, il est légèrement arqué. Sa musculature est puissante.

› **Corps :** long, rectangulaire et musclé, il est grand, doté d'une lourde ossature et d'une puissante musculature.

› **Pattes :** elles sont assez hautes et forment un grand rectangle avec le corps. Leur ossature est solide, leur musculature ferme et tonique.

› **Pieds :** ils sont ronds, grands et bien touffus.

› **Queue :** elle est au moins aussi longue que le corps. Large à la base, elle s'effile au bout, avec une fourrure bien fournie.

› **Robe et texture :** le poil est de longueur irrégulière. Il est plus court sur les épaules et s'allonge graduellement. Le jabot et le ventre sont bien fournis. Le poil est rustique et tombe sur le corps. Le sous-poil est léger.

› **Couleur :** tous les motifs et toutes les couleurs sont reconnus sauf chocolat, lilac, cinnamon, fawn et colourpoint. Pour les yeux, toutes les nuances de couleur verte et/ou dorée sont acceptées, mais l'uniformité est obligatoire (bleus et impairs seulement pour les blancs).

› **Pénalités :** des patons trop ronds ; un menton mal formé ; un break ou un nez trop romain ; un manque de léger sous-poil ; des médaillons ou des taches ; un profil droit ; des oreilles trop espacées ; des pattes trop longues et fines ; des yeux inclinés, en amande ; le haut des yeux plat quand ils sont ouverts ; un manque de fourrure sur le ventre ; une queue courte ; une tête arrondie ; une robe régulière partout ; une ossature légère et fine ; une apparence frêle ; des oreilles rondes ou droites.

› **Disqualifications :** un corps trop trapu.

› **Mariage autorisé :** maine coon x maine coon.

› **Génotype d'un maine coon brown classic tabby et blanc :** AA BB CC DD II SS tb tb.

Manx

Origine : île de Man
Taille : moyenne
Poids : 3,5 à 5,5 kg
Poil : court
Caractère : fidèle et facile à vivre

L'île de Man, située entre l'Angleterre et l'Irlande, est célèbre dans le monde entier pour ses chats sans queue ! Ces animaux uniques, dont l'arrière-train évoque celui d'un ours, ont fait naturellement fleurir de nombreuses légendes. L'une d'entre elles raconte que les chats de l'île de Man ont été victimes des pirates et des soldats de l'Invincible Armada de Philippe II d'Espagne. Ceux-ci auraient coupé la queue des pauvres bêtes pour orner leurs chapeaux. En représailles, les chattes décidèrent de ne plus mettre au monde que des chatons sans queue ! Une autre fable, moins cruelle, parle d'unions interdites entre les chats et les lapins. Une autre encore dit que le chat arriva en retard sur l'arche de Noé et qu'il s'y faufila au moment où la porte se refermait : juste à temps pour être embarqué mais trop tard pour sauver sa queue, qui fut sectionnée ! L'absence de queue représente en fait une mutation naturelle et spontanée. Les chats vivant dans un espace restreint car l'île est petite, ils étaient consanguins. Le gène « sans queue », qui est dominant, a ainsi pu se perpétuer aisément. Le manx a beaucoup plu aux Britanniques, qui ont fondé un club dès 1901. Le premier champion, un silver tabby, se nommait Bonhaki. Devenue très populaire aux États-Unis et au Canada, la race est peu répandue en France.

CARACTÉRISTIQUES

Caractère : excellent chasseur, très vif, actif, rapide et typiquement « chat-chien » car très fidèle à son maître, le manx se promène volontiers en laisse. Patient avec les enfants, cohabitant facilement avec d'autres animaux, excellent compagnon, il accepte le dressage et apprend aisément certains tours.

Entretien : son entretien est facile. Il est d'une santé robuste et il peut facilement vivre jusqu'à une vingtaine d'années.

Particularités : Il existe en fait quatre catégories de manx.

- Le rumpy, le manx par excellence, ne possède pas de queue du tout.
- Le rumpy riser possède de une à trois vertèbres sacrées.
- Le stumpy possède de une à trois vertèbres caudales.
- Le longy, ou tailed manx, possède une queue normale ou noueuse.

Lorsque le gène responsable de l'absence de queue est présent chez les deux parents, il est létal. Pour cette raison, les éleveurs croisent toujours un chat sans queue avec un chat à queue.

Outre son absence de queue, le manx possède une autre particularité : sa démarche. En effet, lorsqu'il court, il a l'allure d'un lièvre. Ses pattes arrière très sensiblement plus longues que les antérieurs, ses cuisses musclées et son derrière rond expliquent cette étrange ressemblance.

Le cymric

Le cymric est tout simplement la version à poil long du manx. La race est assez récente dans le monde des expositions, où elle a fait son apparition dans les années 1960. Si le manx demeure rare, le cymric l'est plus encore. Il a suffi de marier deux manx porteurs du gène poil long pour le voir apparaître, et le standard est donc en tous points identique à celui de ses ascendants. Sa fourrure est longue, douce, soyeuse, double, avec un bon sous-poil. Elle s'accompagne d'une collerette fournie, de culottes importantes et de poils bien longs dans les oreilles.

Génotype d'un cymric brown mackerel tabby homozygote : AA BB CC DD II Mx mx tm tm.

Échelle des points du standard LOOF

	Points
Tête	**35**
- forme de la tête : 10 - nez : 4 - oreilles : 4 - cou : 4 - menton : 4 - forme des yeux : 4 - couleur des yeux : 5	
Corps	**20**
Pattes et pieds	**10**
Queue	**15**
Robe	**20**
- texture : 5 - longueur : 5 - couleur : 10	

STANDARD

› **Tête :** de taille moyenne, elle est ronde et légèrement plus longue que large. Le profil présente une légère déclivité du nez. Le front est modérément arrondi. Les patons sont ronds et bien développés. Les pommettes sont saillantes.

› **Museau :** il est ferme et très légèrement plus long que large.

› **Oreilles :** de taille moyenne, elles sont plutôt larges à la base et arrondies au bout. Elles sont bien espacées et peuvent être fournies.

› **Yeux :** ils sont grands et ronds. La couleur des yeux est conforme à celle de la robe mais ne doit être prise en compte qu'en cas d'égalité concernant les autres points.

› **Cou :** il est court et épais.

› **Corps :** de forme cobby, il est de taille moyenne. Il est doté d'une robuste ossature et d'une forte musculature. La croupe de forme ronde est plus haute que les épaules.

› **Pattes :** les pattes avant sont plus courtes que celles de derrière. Vue de l'arrière, les postérieures sont droites. Leur ossature est robuste et leur musculature est puissante.

› **Pieds :** ils sont ronds et de taille moyenne.

› **Queue :** elle est absente. On ne compte pas de pénalité pour un léger renflement de cartilage, à condition qu'il n'arrête pas la caresse entre les reins et la croupe.

› **Robe et texture :** le poil est court, épais et doux.

› **Couleur :** toutes les couleurs sont reconnues.

› **Pénalités :** des taches et des médaillons blancs ; des pattes arrière courtes ; des os fins ; un dos plat ; des genoux cagneux aux pattes arrière ; des oreilles placées droit sur la tête.

› **Disqualifications :** n'importe quelle difformité congénitale ; des faiblesses dans l'arrière-train causant une incapacité à se tenir debout ou à marcher ; un arrière-train trop étroit handicapant la marche.

› **Mariages autorisés :** manx rumpy/rumpy riser x manx stumpy ou longy, manx rumpy/rumpy riser x cymric stumpy ou longy, manx stumpy ou longy x cymric rumpy ou rumpy riser, manx rumpy/rumpy riser x british. Il ne faut surtout jamais marier deux sujets rumpy ou rumpy riser ensemble, car ce mariage ne donne pas droit au pedigree.

› **Génotype d'un manx mâle red et blanc :** aa BB CC DD LL Mx mx OO SS XY.

Mau égyptien

Origine : Égypte
Taille : moyenne
Poids : 2,5 à 5 kg
Poil : court
Caractère : réservé et affectueux

Mau signifie chat en égyptien. Nous voici devant un animal légendaire, le « chat des pyramides », déifié et adulé dans l'Antiquité. Le mau égyptien actuel ressemble étrangement à ses ancêtres si bien représentés sur les papyrus, les sculptures et les fresques de l'époque pharaonique. Quelle noblesse ! Rares sont nos félins qui peuvent se vanter d'un passé aussi glorieux. Avoir eu pour maîtresse la reine Cléopâtre ! Comme protectrice la déesse Bastet ! Pourtant, ce chat s'est perpétué très discrètement. En effet, c'est seulement en 1953 que Nathalie Troubetzkoï, princesse russe exilée en Italie, a ramené quelques sujets d'Égypte, dont la fabuleuse Baba, exposée à Rome en 1955. En 1956, elle a emmené ses trois maus aux États-Unis, et en 1957 Baba a été le premier de la race à être couronné champion. La CFA a reconnu la race dès 1977, la TICA a rédigé son premier standard en 1988 et la FIFE a reconnu la race en 1992. Elle est encore peu répandue en France et souvent confondue avec l'oriental spotted tabby créé par les Anglais.

CARACTÉRISTIQUES

Caractère : sain, robuste, équilibré, calme, voire timide, un peu craintif, très réservé, le mau est un chat fidèle et très affectueux avec son maître. Extrêmement agile, bon chasseur, il peut subvenir seul à ses besoins. Amical, il est de très bonne compagnie mais supporte mal la solitude.

Entretien : il est de santé solide et un brossage hebdomadaire suffit. Il faut toutefois éviter qu'il ne prenne froid.

Particularités : le mau égyptien est la seule race de chat domestique naturellement tachetée. Le silver présente une base argentée, pâle et lumineuse, en contraste avec des spots noirs. L'arrière des oreilles est rose grisâtre pointé de noir. Le nez, les lèvres et les yeux sont soulignés de noir. La gorge, le menton et les narines sont silver et paraissent blancs. Le cuir du nez est d'un rouge brique. Les coussinets sont noirs avec du noir autour des doigts et sur les talons. Le bronze affiche une base bronze bien chaude, se dégradant du chamois à l'ivoire sous le ventre, contrastant avec des spots brun foncé à noirs. Un sous-poil gris est toléré sur les épaules et sur les coudes. L'arrière des oreilles est rose fauve pointé de marron à noir. La gorge, le menton et les narines sont d'un blanc pâle et crémeux. Le cuir du nez est rouge brique. Les coussinets sont brun foncé à marron-noir, avec la même couleur entre les

À propos des motifs

On note un bon contraste entre la couleur pâle de base et les marques de couleur plus profonde. Le front présente le M caractéristique des tabby, l'œil est maquillé. Une deuxième ligne placée sous le maquillage s'estompe vers l'oreille, formant des spots le long de l'épine dorsale. Deux colliers ouverts sont remarqués. Des lignes droites bien distinctes partent du M sur le crâne, passent par le cou et deviennent des taches bien alignées sur la colonne vertébrale. Les marques sont plus étendues sur les épaules, pour faire la transition entre les lignes et les spots. Les pattes avant présentent des anneaux épais, qui peuvent être inégaux et ouverts. La queue est annelée, avec le bout noir. Le reste du corps est recouvert de taches de forme irrégulière, mais jamais alignées pour ne pas rappeler le mackerel.

Échelle des points du standard LOOF

	Points
Tête	**13**
- museau : 3 - crâne : 5 - profil : 5	
Oreilles	**5**
Yeux	**10**
Corps	**15**
- torse : 10 - queue : 5	
Pattes et pieds	**10**
Couleur	**15**
Robe	**7**
- longueur : 3 - texture : 4	
Patron	**25**

doigts et l'arrière des pattes postérieures. Le black smoke est doté d'une base argent lumineux sur un quart de la longueur du poil. Les spots colorés sur les trois quarts du poil sont gris anthracite et peu contrastés avec la base, mais nets. Le nez, les lèvres et les yeux sont soulignés de noir. La gorge, le menton et les narines sont silver. Les coussinets sont noirs, avec du noir autour des doigts et sur l'arrière des pattes postérieures.

STANDARD

- **Tête :** de longueur moyenne, elle est aussi longue que large. Ses contours sont légèrement arrondis, sans surface plane. Le profil présente une faible déclivité entre le nez et le front, sans break. Le front, légèrement arrondi, descend sur un nez étroit.
- **Museau :** moyennement arrondi, il n'est ni court ni pointu, mais en harmonie avec les courbes de la tête. Les joues ne sont pas pleines. Les mâles peuvent avoir des bajoues. Le nez est régulier en largeur comme en longueur.
- **Oreilles :** de taille moyenne à grande, elles sont modérément pointues et larges à la base. Elles sont très espacées et placées bien à l'arrière de la tête, très ouvertes ; le fond est bien visible. Elles sont couvertes de poils courts et couchés et les lynx tips sont possibles.
- **Yeux :** ses grands yeux ne sont ni ronds ni orientaux. Ils sont en amande et arrondis.
- **Cou :** il est arqué.
- **Corps :** de taille et de longueur moyennes, il est en équilibre entre trapu et élégant. Les épaules sont hautes et anguleuses. L'ossature est moyenne et la musculature bien développée.
- **Pattes :** de longueur moyenne, elles sont dotées d'une ossature moyenne et d'une musculature bien développée. Les pattes arrière sont plus longues.
- **Pieds :** ses petits pieds sont légèrement ovales, presque ronds, et ses pieds arrière sont dotés de très grands doigts.
- **Queue :** de longueur moyenne, elle est assez épaisse à la base et s'effile légèrement au bout.
- **Robe et texture :** fin, soyeux et élastique, le poil est de longueur moyenne, suffisamment long pour porter deux bandes de raies. Il est bien couché sur le corps.
- **Couleur :** le black silver spotted tabby, le bronze (brown spotted tabby) et le black smoke sont reconnus. Le mau égyptien noir n'a pas accès au pedigree. La couleur des yeux est vert groseille (vert lumineux) de préférence. L'ambre peut être accepté chez les chatons et les jeunes adultes.
- **Pénalités** : une tête ronde ou courte ; un museau pointu ; des joues pleines ; des petites oreilles ; des yeux ronds, petits ou orientaux ; un corps cobby ou oriental ; une queue courte ; des taches qui se touchent sur le corps ; des colliers non brisés.
- **Disqualifications :** un manque de taches ; une mauvaise couleur des yeux ; des médaillons ou des taches blancs ; une absence de ticking chez les silver ou chez les bronze.
- **Mariage autorisé :** mau égyptien x mau égyptien.
- **Génotype d'un mau silver homozygote :** AA BB CC DD II ts ts.

Munchkin

Origine : États-Unis
Taille : moyenne
Poids : 2,2 à 4 kg
Poil : court
Caractère : actif et sociable

La toute dernière nouveauté américaine pourrait être baptisée «chat-teckel». Il s'agit pourtant d'une race naturelle de chat de maison, dont la caractéristique tient à ses pattes très courtes. En fait, un changement spontané dans l'héritage génétique d'un chat a introduit un gène comparable à celui qui fait l'originalité des teckels, bassets, hounds et autres corgies. Le munchkin est ainsi un pur produit de la nature, l'homme n'est absolument pas intervenu dans son apparition. Le gène étant dominant, un chat qui le possède aura des chatons aux pattes très courtes. Le premier munchkin cat a été découvert par le grand public lors de l'exposition TICA du Madison Square Garden en 1991. Pourtant, dans les années 1930, des chats de ce type vivaient en Angleterre. Quatre générations d'entre eux furent d'ailleurs suivies par des vétérinaires en 1944. Peut-être ont-ils disparu pendant la guerre, comme bien d'autres races. Un munchkin fut cependant signalé à Stalingrad en 1953. La race a été reconnue en 1991. Les munchkins actuellement répertoriés sont originaires de Louisiane et descendent tous d'une femelle noire, Blackberry. La race a gagné la France en 1993 mais demeure confidentielle.

Un nom bien étrange

Quel nom étrange que celui de munchkin... Il s'agirait en fait d'une référence aux nains Munchkin du pays imaginaire d'Oz qui évoluaient dans le célèbre film de Victor Fleming *le Magicien d'Oz*.

CARACTÉRISTIQUES

- **Caractère :** actif, vif, joueur, le munchkin est très sociable et très affectueux avec son maître.
- **Entretien :** son entretien est facile et sa santé robuste. Il ne présente pas de problèmes de dos.
- **Particularités :** le munchkin se distingue par des pattes courtes, dues à une mutation dominante et spontanée qui a eu lieu à maintes reprises chez le chat domestique. Sa colonne vertébrale n'en est pas affectée : sa forme et sa flexibilité sont identiques à celles des autres chats. Si elles ne gênent pas sa mobilité, ses courtes pattes ne lui permettent cependant pas de sauter aussi haut que ses congénères.

STANDARD

- **Tête :** de taille moyenne et en proportion avec le corps, elle s'inscrit dans un triangle équilatéral avec des contours assez arrondis. Le profil et le crâne sont très légèrement arrondis. La base du nez est bien définie, sans stop, avec une légère dénivellation.
- **Museau :** le nez est droit, de longueur moyenne et d'égale largeur sur toute sa longueur. Le museau est mince et les joues peuvent paraître larges, spécialement chez les mâles. Le menton est ferme mais habituellement non proéminent.
- **Oreilles :** de forme triangulaire, modérément larges et ouvertes à la base, elles se tiennent sur les côtés tout en étant en alerte et droites.

Échelle des points du standard LOOF

	Points
Tête	**25**
- forme : 15 - oreilles : 5 - yeux : 5	
Corps	**50**
- cou : 5 - torse : 10 - pattes : 20 - pieds : 10 - queue : 5	
Robe	**10**
Couleur et marques	**5**
Condition et équilibre	**10**

Yeux : ses grands yeux en forme de noix sont bien espacés et très expressifs. Ils sont légèrement en biais.

Cou : de longueur moyenne, il est épais. Sa musculature est forte et développée.

Corps : de forme moyenne et de taille mi-longue, il présente un torse profond et modérément large. La poitrine est ronde et bien développée, et la cage thoracique légèrement bombée, de forme cylindrique, est prolongée par le ventre. L'ossature est moyenne et la musculature de moyenne à forte. Les épaules sont larges, placées bien en oblique, accentuant la courbe des pattes. Les omoplates peuvent paraître plus hautes que celles des autres chats mais ne doivent pas être proéminentes. Les femelles peuvent être plus petites que les mâles.

Pattes : leur ossature est moyenne et leur musculature forte. Elles sont courtes et doivent être le plus droites possible.

Pieds : de taille moyenne, ils sont ronds et compacts.

Queue : moyennement épaisse, elle s'effile vers un bout rond. Sa longueur est en proportion avec le corps, et elle est tenue haute et bien droite lors de la marche.

Robe et texture : court à mi-long, le poil est soyeux. La densité et les poils de garde sont moyens. On note également la présence d'une collerette.

Couleur : toutes les couleurs sont reconnues.

Condition : il doit être fort et bien musclé. Ses yeux doivent être brillants. Malgré la taille de ses pattes, le chat doit donner une impression d'équilibre. Sa vitalité doit être apparente.

Pénalités : des médaillons ou des boutons blancs ; une tonicité musculaire insuffisante ; une ossature trop épaisse des pattes ; des pieds qui pointent à l'intérieur ou à l'extérieur ; un dos qui oscille, une excessive déclivité devant les épaules (difformité pectorale) ; un trop grand creux entre les épaules ; un sternum bas et proéminent ; un type élégant ou type excessivement trapu ; des pattes ni cagneuses ni panardes.

Disqualifications : toute incapacité à marcher ou à se tenir normalement debout.

Mariages autorisés : munchkin poil court-pattes courtes x européen, munchkin poil long-pattes courtes x européen, munchkin poil court-pattes courtes x munchkin poil court-pattes hautes, munchkin poil court-pattes courtes x munchkin poil long-pattes hautes, munchkin poil long-pattes courtes x munchkin poil court-pattes hautes, munchkin poil long-pattes courtes x munchkin poil long-pattes hautes, munchkin poil court-pattes courtes x munchkin poil court-pattes courtes, munchkin poil long-pattes courtes x munchkin poil court-pattes courtes, munchkin poil long-pattes courtes x munchkin poil long-pattes courtes.

Génotype d'un munchkin red blotched tabby homozygote : AA CC DD TT OO ou OY.

Ocicat

Origine : États-Unis
Taille : grande
Poids : 2,5 à 6 kg
Poil : court
Caractère : vif et affectueux

Le mau égyptien, le bengal, le california spangled et le tout dernier-né, l'ocicat, répondent à un même désir des humains : vivre avec une copie miniature et domestiquée d'un félin sauvage. La naissance de l'ocicat est toutefois accidentelle au départ : dans les années 1960, un chaton tacheté prénommé Tonga, ressemblant à un bébé ocelot, issu d'un mariage entre un siamois chocolat point et une siamoise abbyssinian, attira l'intérêt de quelques éleveurs américains. C'est depuis devenu un savant mélange de siamois, d'abyssin, d'oriental spotted, d'american shorthair et de mau égyptien. Il doit son nom à la contraction d'ocelot et de cat. La TICA a édité son premier standard en 1988 et l'ocicat est arrivé en France en 1989. Populaire outre-Atlantique, il reste encore rare en Europe.

CARACTÉRISTIQUES

› **Caractère :** malgré ses allures de petit fauve et sa grande vitalité, ce chat est très sociable et ne supporte pas d'être éloigné de son maître. Il est fidèle et exclusif. Assez dominant avec ses congénères, il est curieux et joueur. Il a gardé la vivacité et la rapidité de l'abyssin tout en prenant la fidélité du siamois (sans la voix). L'american shorthair lui a légué aussi un peu de son caractère débonnaire. Une « cuisine » bien dosée, disent certains !

› **Entretien :** un brossage hebdomadaire et un lustrage à la peau de chamois suffisent à entretenir sa robe. Sa santé est robuste.

› **Particularités :** ce chat tacheté, puissant et athlétique, a une apparence sauvage. Sa robe est spécifique. Chaque poil, excepté ceux du bout de la queue, porte plusieurs bandes de couleur (ticking) ; quand ces bandes se rejoignent, elles forment des spots nets sur une base claire. Les spots ont l'extrémité foncée et la base claire. La couleur est habituellement plus claire autour des yeux, sur le menton et la mâchoire. La couleur de base, sauf le silver, doit être très chaude. Les marques de la face, des pattes et de la queue doivent être plus sombres que celles du corps.

STANDARD

› **Tête :** d'une taille en proportion avec le corps, elle est aussi longue que large et ses contours sont assez arrondis. De profil, son incurvation est visible mais douce. Le crâne est arrondi.

› **Museau :** bien défini, il est un peu carré et offre une bonne longueur de profil. Les mâchoires sont fermes et le menton est fort.

› **Oreilles :** modérément grandes, elles sont placées sur le côté et des lynx tips sont appréciés.

À vos marques

Un M tabby sur le front se prolonge sur le crâne et se brise en petites taches sur le cou et les épaules. Des marques de mascara existent autour des yeux et des joues. Des taches rondes courent sur l'épine dorsale des épaules à la queue, laquelle a des raies horizontales qui alternent avec des taches, et le bout sombre. Les pattes sont de préférence tachetées ou cerclées d'anneaux le plus brisés possible, comme les colliers. Les flancs présentent des taches non symétriques.

Échelle des points du standard LOOF

	Points
Tête	**20**
- crâne : 5	
- yeux : 5	
- oreilles : 5	
- museau : 5	
Corps	**30**
- torse : 10	
- taille : 10	
- pattes et pieds : 10	
Queue	**5**
Robe et couleur	**20**
- couleur de la robe : 5	
- texture : 5	
- contraste : 10	
Motifs	**25**

- **Yeux :** grands et en forme de citron, ils sont bien séparés et ouverts en biais.
- **Cou :** il est arqué.
- **Corps :** de forme et de longueur semi-foreign, il est grand et présente une importante musculature, d'apparence athlétique, et une ossature substantielle. Sa poitrine est profonde, et son dos est légèrement plus élevé vers l'arrière. Ses flancs sont réguliers.
- **Pattes :** moyennement longues, en proportion avec le corps, elles sont dotées d'une ossature substantielle et sont bien musclées.
- **Pieds :** ils sont ovales et compacts, en proportion avec le corps.
- **Queue :** légèrement effilée, elle est assez longue et moyennement mince, en harmonie avec le corps.
- **Robe et texture :** le poil est court et fin. Sa densité est épaisse et il est bien couché sur le corps.
- **Couleur :** dans le motif spotted tabby avec agouti : brown tabby, blue tabby, chocolat tabby, lilac tabby, cinnamon tabby, fawn tabby. Également avec le facteur silver tabby. Ces douze couleurs en colourpoint.

La couleur de base du point est identique à celles qui viennent d'être énumérées. Le corps doit être ivoire avec des marques fantômes (spotted) apparentes et un contraste plus net sur les points. Ses marques tabby doivent être franches et nettes. La couleur des yeux, sans relation avec celle de la robe, varie de l'or au vert, et on trouve du bleu chez les point, le plus intense possible. Une profondeur et une uniformité sont souhaitées.

- **Pénalités :** des taches allongées, mackerel, blotched ; des couleurs délavées, avec un manque de contraste.
- **Disqualifications :** des médaillons ou des taches blanches ; du blanc ailleurs que sur les yeux, le menton, la gorge et les narines.
- **Mariage autorisé :** ocicat x ocicat.
- **Génotype d'un ocicat chocolate spotted tabby homozygote :** AA bb CC DD LL ts ts.

Ojos azules

Origine : États-Unis
Taille : moyenne
Poids : moins de 5 kg
Poil : court et mi-long
Caractère : tendre et doux

Un nom de baptême espagnol pour un chat américain. Tout commence avec Cornflower, une chatte tortie découverte en 1984 au Nouveau-Mexique. Qu'avait-elle de si extraordinaire ? Tout simplement des yeux d'un bleu si foncé, si dense, que tous les siamois de la Création ne pouvaient qu'en être jaloux ! Comme, génétiquement, seuls les chats blancs, avec blanc ou colourpoint peuvent avoir les yeux bleus, il était tout à fait étonnant de découvrir cette petite tortie aux yeux bleus, qui plus est d'une qualité extrême. Des recherches ont révélé que ce gène était en l'occurrence dominant et de mutation spontanée, et tous les petits de Cornflower ont donc arboré de superbes yeux bleus. La TICA a rédigé son premier standard en 1984. C'est une race très rare.

Tout en douceur

L'ojos azules est empreint de douceur et de gentillesse. Il est alerte et aimable, et on ne note quasiment pas de différences physiques entre les mâles et les femelles.

CARACTÉRISTIQUES

- **Caractère :** c'est un chat doté d'un caractère doux et débordant de tendresse. Il est actif et très sociable.
- **Entretien :** les ojos azules entendent bien et ne louchent pas ! Si certains chats blancs aux yeux bleus sont sourds, aucun ojos azules n'a ce handicap. Si certains siamois louchent, aucun ojos azules n'a de strabisme. C'est un chat sain, ne présentant pas de fragilité particulière. Un brossage quotidien suffit pour les poils courts, et la quasi-absence de sous-poil chez les mi-longs favorise l'absence de nœuds.

STANDARD

- **Tête :** elle s'inscrit dans un triangle équilatéral. Les pommettes sont saillantes du fait de la cassure provoquée par les patons très proéminents. Le profil souligne un front légèrement arrondi, avec une légère incurvation.
- **Museau :** il est carré et le menton n'est ni proéminent ni fuyant, mais reste dans la ligne du museau et du nez.
- **Oreilles :** de taille moyenne, elles présentent des bouts arrondis. Elles sont portées relativement haut. Leur écartement correspond à leur largeur de base.
- **Yeux :** mis en valeur par l'ensemble de la tête, ils sont quasiment ronds sans être globuleux. Ils sont aussi grands que possible et bien séparés. La couleur des yeux est bleu clair ou bleu-gris, ni turquoise ni lavande. Les couleurs foncées sont préférées. Dans les yeux impairs, le centre de l'œil peut être or, cuivre ou vert.
- **Cou :** il est plutôt court.
- **Corps :** il est ovale, ni rond ni fuselé, ni trop long ni trop massif, et il est court. Il doit offrir une impression de souplesse et de grâce plutôt que de force ou de délicatesse.
- **Pattes :** elles sont bien proportionnées et forment un carré avec le corps. Les pattes avant, droites, sont légèrement plus courtes que celles de derrière, ce qui donne une ligne de dos qui s'élève doucement.

Échelle des points du standard LOOF

	Points
Tête et oreilles	15
Yeux	15
Corps	10
Pattes et pieds	10
Couleur/motifs	15
Robe	10
Queue	5
Proportions et équilibre	10
Condition	10

- **Pieds :** constitués d'une ossature moyenne à fine et modérément musclés, ils sont petits.
- **Queue :** elle est proportionnelle au corps.
- **Robe et texture :** le poil est court et doux, de texture soyeuse et brillante. Le sous-poil n'est pas très développé.
- **Couleur :** toutes les couleurs et tous les motifs de toutes les divisions sont possibles. Les particolores doivent avoir le bout de la queue blanc et les yeux bleus. Les unicolores blancs ne doivent pas être encouragés.
- **Tolérances :** des taches périphériques sont tolérées chez les solides, tabby, tortie et silver, à condition qu'elles soient situées au bout de la queue, sur le museau et sur les pieds. Le blanc ne doit pas, dans ces divisions, s'étendre sur la patte ou sur la poitrine ou l'abdomen.
- **Pénalités :** un chat trop svelte ou trop massif ; un museau pointu ; des yeux pâles, délavés, petits ou orientaux ; des taches distinctes sur l'abdomen ou la poitrine ; une fourrure trop duveteuse et trop pelucheuse.
- **Disqualifications :** des yeux non bleus ou non impairs ; une absence de blanc au bout de la queue chez les particolores, les colourpoint et les couleurs correspondantes ; un chat peureux.
- **Mariage autorisé :** ojos azules x ojos azules.
- **Génotype d'un ojos azules brown spotted tabby et blanc homozygote :** AA BB CC DD SS TT.

Oriental

Origine : Thaïlande
Taille : moyenne
Poids : 4 à 6,5 kg
Poil : court
Caractère : extraverti et possessif

Originaire de Thaïlande (le Siam d'autrefois), l'oriental est arrivé à la fin du XIXe siècle en Angleterre. Morphologiquement, rien ne le différencie du siamois. Seule la couleur du pelage et des yeux les distingue. Le siamois n'est coloré qu'aux extrémités et ses yeux sont bleus, alors que l'oriental est coloré sur tout le corps et a les yeux verts. Au fur et à mesure de son élevage, il est devenu de plus en plus longiligne et musclé. La race est reconnue depuis 1976 mais a longtemps été éclipsée par les beaux yeux bleus du siamois.

CARACTÉRISTIQUES

› **Caractère :** très vif et intelligent, curieux, bavard et un peu extraverti comme son cousin le siamois, l'oriental n'aime pas la solitude. Toujours en quête d'affection et d'attention, il règne en despote, en star qui sait s'imposer et en impose. Quelle fierté ! Quelle allure ! Quelle prétention, dira-t-on, chez ce grand comédien excessivement bavard ! Rien ne lui résiste, et on ne peut rien lui refuser. Sportif, il est aussi un chasseur habile aux gestes précis, aux muscles longs et secs de coureur de fond.

› **Entretien :** un brossage hebdomadaire suffit. Pour conserver à ce mannequin de haute couture toute son élégance, il faut lui assurer une alimentation aussi peu grasse que possible. Il est également un peu frileux.

› **Particularités :** l'oriental est sans doute le chat qui évoque le plus un chien. On pourrait dire, en effet, qu'il est le lévrier des chats, par sa finesse, son corps tout en longueur et son élégance ; il paraît même très maigre (mais ce n'est qu'une impression !). Envoûtant, impressionnant, original, donnant une impression de fragilité et de puissance à la fois, l'oriental n'est pas un chat de demi-mesures. Construit autour de lignes pures, d'angles nets, il paraît être le résultat d'un plan d'architecte. Sa maturité sexuelle est précoce (dès l'âge de neuf mois chez la chatte) et la reproduction ne pose aucun problème. Les mères sont attentives et élèvent parfaitement leurs chatons.

Échelle des points du standard LOOF

	Points
Tête	15
Oreilles	10
Yeux	15
Cou	5
Corps	15
Queue	5
Pattes et pieds	5
Robe	10
Couleur	10
Condition et équilibre	10

Le mandarin ou javanais

Le mandarin, appelé également javanais, est un oriental à poil mi-long issu de croisements entre des siamois et des balinais. Il est originaire des États-Unis et la TICA a rédigé son premier standard en 1998. Il est plus calme et plus mesuré que son cousin l'oriental. Son poil mi-long est fin et soyeux. Il est couché et le sous-poil est léger. Un poil plus court est autorisé au-dessus des épaules. Sa queue est longue et fournie, avec un effet de minceur et de panache, elle est proportionnelle à la longueur du corps. Du fait de son poil plus long, il paraît avoir des lignes plus douces et un type moins oriental que l'oriental ou le siamois. Pourtant, lorsque le poil est lisse, sa morphologie est la même. Toutes les couleurs de l'oriental sont reconnues. Son entretien est facile. Il est assez peu répandu.

Génotype d'un oriental à poil long noir homozygote : BB CC DD II.

STANDARD

- **Tête :** de taille moyenne, elle s'inscrit dans un triangle aussi ouvert que possible. Le crâne est plat. Le profil est parfaitement droit ; on tolère une très légère modification d'angle convexe au-dessus des yeux.
- **Museau :** il est fin et triangulaire. Le menton est en ligne avec le bout du nez. Il ne doit pas présenter de pinch. Les joues sont plates ; on autorise des bajoues chez les mâles adultes.
- **Oreilles :** elles sont larges à la base et grandes. Elles prolongent le triangle de la tête.
- **Yeux :** en amande et de taille moyenne, ils adoptent une inclinaison orientale vers le nez et une ouverture en ligne avec le centre de la base de l'oreille.
- **Cou :** il est long, mince et gracieux. Il n'est pas rentré dans les épaules.
- **Corps :** de type oriental, il est de taille moyenne. La musculature est ferme et bien développée, l'ossature fine. Il est également long et tubulaire. Les épaules et les hanches sont de même largeur.
- **Pattes :** dotées d'une fine ossature et d'une musculature mince et ferme, elles sont proportionnées et portent la longueur du corps avec grâce. Les pattes arrière sont plus longues que celles de devant.
- **Pieds :** ils sont petits et ovales.
- **Queue :** elle est longue, mince à la base, et s'effile jusqu'à une pointe très fine. Sa longueur est proportionnelle à celle du corps.
- **Robe et texture :** le poil est court, fin et brillant, bien couché sur le corps.
- **Couleur :** toutes les couleurs sont reconnues. Ses yeux sont d'un vert le plus profond possible. Des yeux impairs (vert et bleu) sont acceptés chez les particolores et les blancs ; des yeux bleus sont acceptés chez les blancs. Des yeux d'une couleur plus claire, des marques fantômes sur les couleurs solides sont tolérés jusqu'à l'âge de douze mois.
- **Pénalités :** une tête ronde et large ; un museau trop court ; une déclivité du nez ; une mauvaise occlusion des mâchoires ; un prognathisme ou un manque de menton ; des yeux petits et ronds ; un corps trop court et massif ; une fourrure imparfaite.
- **Disqualifications :** des yeux or ou cuivre ; un strabisme.
- **Mariages autorisés :** oriental x balinais, oriental x mandarin, oriental x siamois, oriental x oriental.
- **Génotype d'un oriental à poil court fawn homozygote :** bi bi CC DD LL.

Persan

Origine : Grande-Bretagne
Taille : moyenne à grande
Poids : 3,5 à 7 kg
Poil : long
Caractère : calme et discret

Le plus célèbre et le plus primé des chats de race, le persan, puise ses origines chez les angoras de Turquie, d'Afghanistan et de Perse (l'Iran actuel), mais c'est en Angleterre qu'il a véritablement été créé. Son élevage a débuté à la fin du XIXe siècle, et il est aujourd'hui assez éloigné de son type d'origine. Les premiers sujets ont été exposés au Crystal Palace de Londres en 1871 et la race a été reconnue en 1893. Les Anglais ont privilégié les corps massifs et les têtes rondes, alors que les Américains se sont attachés, dans les années 1930, à produire des chats de type bréviligne extrême appelé *peke face* (« face de pékinois »).

CARACTÉRISTIQUES

› **Caractère :** placide, facile à vivre, d'un calme olympien, le persan se satisfait parfaitement d'une vie en appartement. Il est sociable mais se montre parfois un peu réservé avec les étrangers. Discret, il est très attaché à son maître. Il supporte la solitude et savoure le calme. Il est bon de respecter son confort.

› **Entretien :** le toilettage d'un persan constitue une contrainte qu'il ne faut pas négliger. Il est en effet absolument nécessaire, impératif même, pour conserver à sa robe opulente toute sa beauté, de la démêler tous les jours et de la laver régulièrement. Les nœuds se forment vite, se resserrent et finissent par entraîner de la douleur : l'entretien de la fourrure devient alors impossible. Un brossage complet et bien fait crée d'ailleurs un moment de plaisir, de complicité, entre le chat et son maître. Les yeux, qui pleurent fréquemment, ont également besoin d'un nettoyage régulier avec une lotion adaptée.

› **Particularités :** la garde-robe du persan est extrêmement variée : toutes les couleurs de poil sont acceptées, du chinchilla, silver shaded ou golden, à l'écaille de tortue en passant par le colourpoint, soit près de trois cent cinquante combinaisons possibles. La robe tabby existe depuis le début, et du sang siamois coule dans les veines du colourpoint depuis les années 1920-1940. Sa fourrure est étonnamment épaisse et très longue. Le poil des chats de concours peut atteindre une longueur de 15 cm. Sa puberté est tardive (environ douze mois) et il n'atteint sa maturité que vers l'âge de deux ans. Ses mises bas sont assez délicates et sa prolificité assez faible.

Un chat de cour

C'est au début du XVIIe siècle qu'un certain Pietro Della Valle importa en Italie quelques angoras blancs. Ces chats, superbes, étaient réservés aux princes. Certains d'entre eux furent notamment offerts aux grands de France, et le roi Louis XV lui-même avait un persan angora blanc. Cet accueil aristocratique reste attaché au persan, synonyme de luxe, de coussins de soie, de confort calme et douillet. Avec le temps, il a gagné d'autres salons, plus démocratiques, mais sans perdre de sa majesté !

Échelle des points du standard LOOF

	Points
Tête	**35**
- type : 15 - menton : 5 - nez : 5 - joues et pommettes : 5 - oreilles : 5	
Yeux	**10**
- forme et taille : 5 - couleur : 5	
Corps	**25**
- ossature : 8 - forme et taille : 7 - musculature : 5 - pattes et pieds : 5	
Queue	**5**
Robe et couleur	**20**
- Robe : 10 - Couleur : 10	
Condition et équilibre	**5**

STANDARD

› **Tête :** elle est ronde et massive, avec un crâne large formant un dôme, de taille moyenne à grande, en proportion avec le corps. Le profil court présente un stop marqué entre les deux yeux. Le front, le nez et le menton sont en ligne droite et son expression est douce, on parle alors de *sweet look*.

› **Museau :** il est court, large et plein. Les joues sont larges et puissantes, avec des pommettes pleines et puissantes et une parfaite occlusion des mâchoires. Le menton, fort, plein et bien développé, s'inclut parfaitement dans la face. Les narines sont larges et ouvertes, et le nez doit être aussi large que long.

› **Oreilles :** petites, presque rondes et pas trop ouvertes à la base, elles sont espacées et s'incluent bien dans le contour de la tête. Des poils longs sont visibles à l'intérieur.

› **Yeux :** grands et ouverts, ils sont ronds et espacés.

› **Cou :** il est court et épais.

› **Corps :** son corps cobby, de taille moyenne à grande, est ferme et présente une ossature robuste ainsi qu'une musculature ferme et bien développée. Le dos est court, les hanches et les épaules sont d'égale largeur.

› **Pattes :** elles sont courtes et droites. Leur ossature est robuste, leur musculature ferme et bien développée.

› **Pieds :** ils sont ronds et courts.

› **Queue :** en panache, elle est courte mais en proportion avec le corps.

› **Robe et texture :** le poil est long, doux, soyeux, épais et lustré. Des variations saisonnières sont acceptées.

› **Couleur :** toutes les couleurs sont reconnues. La couleur des yeux est conforme à celle de la robe, brillante.

› **Pénalités :** une tête longue ou étroite ; un nez long ou romain ; un museau fin ; un prognathisme visible ; un brachygnathisme, une malformation des mâchoires ; une légère asymétrie (bien que la nature ne permette jamais une symétrie parfaite) – une asymétrie manifeste (c'est-à-dire un nez de travers ou excentré) doit être pénalisée ; un front fuyant ; un pinch ; des grandes oreilles, pointées ou trop rapprochées ; une poitrine étroite ; un dos long ; un cou long et fin ; une queue trop longue ; des pattes trop hautes ou arquées ; des pieds ovales ; des doigts séparés ; une musculature insuffisante ; de petits yeux, en biais, pas assez ronds, trop rapprochés, de couleur trop pâle ; des narines pincées ; une fourrure mal préparée, avec des nœuds.

› **Disqualifications :** un manque global de qualité ; des médaillons ou des taches ; une grave malformation des mâchoires ; une asymétrie trop prononcée et une mauvaise condition.

› **Mariages autorisés :** persan x exotic shorthair, persan x persan.

› **Génotype d'un persan noir homozygote :** BB CC DD II.

Pixie bob

Origine : États-Unis
Taille : moyenne à grande
Poids : jusqu'à 10 kg chez les mâles
Poil : court ou mi-long
Caractère : calme et affectueux

Des doigts en plus

Certains pixie bobs sont polydactyles : ils peuvent en effet présenter six ou sept doigts sur le pied avant. Cette caractéristique se retrouve chez de nombreux chats de ferme américains.

Le pixie bob est un chat domestique qui possède une ressemblance avec un petit lynx d'Amérique du Nord, le bobcat. C'est une Américaine, Carol Ann Brewer, qui a débuté son élevage. L'histoire commence en 1985. Carol a adopté dans une ferme de l'État de Washington un chaton qui, une fois adulte, s'est transformé en un solide mâle tacheté à la queue de lynx. Elle a ensuite accueilli Keba et Maggie, issus de chattes de ferme et de pères inconnus. De leur union est né Pixie (elfe ou lutin en anglais). Craquant littéralement pour ce chat aux allures sauvages, l'Américaine a ensuite entrepris de trouver d'autres sujets susceptibles de descendre de mariages avec des lynx. Grâce à une rigoureuse sélection, la race a été reconnue en 1998 par la TICA et en 2002 par le LOOF. Elle est très confidentielle en France.

CARACTÉRISTIQUES

- **Caractère :** malgré son allure imposante, le pixie bob est un chat plutôt calme, confiant, docile et affectueux. Il est peu bavard et a tendance à se cacher en présence d'inconnus. Il est très attaché à son maître.
- **Entretien :** c'est un chat robuste. Même chez les poils mi-longs, l'entretien n'est pas astreignant. Il suffit de les brosser régulièrement, surtout lors de la mue, pour enlever les poils morts et leur éviter de les avaler.

STANDARD

- **Tête :** de taille moyenne à grande, elle est légèrement arrondie et adopte la forme d'une poire inversée. Le front est légèrement bombé jusqu'aux yeux, puis il s'incurve jusqu'à l'arête du nez. Ce dernier présente une légère bosse, il est de taille importante et légèrement convexe.
- **Museau :** il est large, avec un break bien défini, et il a de la profondeur. Ses patons sont charnus. Le menton est fort et forme un angle droit avec le bout du nez.
- **Oreilles :** de taille moyenne, elles sont larges. La base est profonde et les bouts sont arrondis. Des lynx tips et des marques de pouce plus claires à l'arrière des oreilles sont souhaités.
- **Yeux :** de taille moyenne, en forme de triangle doux, ils sont dotés de lourdes paupières qui lui confèrent un regard mi-clos. Le dessus de l'œil est maquillé d'une bande crème ou blanche et des lignes de mascara suivent le coin de l'œil jusqu'aux joues.
- **Cou :** il est court et puissant.
- **Corps :** de taille moyenne à grande, il possède une ossature solide et dense et une forte tonicité musculaire. Les femelles sont habituellement plus petites que les mâles. Les épaules sont proéminentes et la démarche est chaloupée. Un creux est visible derrière les épaules, suivi d'une légère courbe descendante vers les hanches. De taille moyenne, les hanches sont proéminentes et légèrement plus hautes que les

épaules. Les flancs sont profonds et puissants. La poitrine est large et bien développée. Des poches ventrales sont désirées.

- **Pattes :** elles sont longues et musclées, avec une forte ossature.
- **Pieds :** ils sont grands, longs, larges et charnus. Les phalanges sont importantes. Ils peuvent présenter jusqu'à sept orteils sur les pattes avant. Tous les doigts reposent sur le sol et sont dirigés vers l'avant.
- **Queue :** au repos, elle est portée bas. Elle est longue de 5 cm au minimum et descend jusqu'au jarret lorsque la patte est bien détendue. Une queue bien articulée est souhaitable.
- **Robe et texture :** le poil court ne colle pas au corps et est plus long sur le ventre ; il est doux et laineux, résilient au toucher. Le poil mi-long ne dépasse pas 5 cm ; il est semi-dense et un peu plus long au niveau du ventre, doux et assez près du corps. Dans les deux cas, la fourrure sur la face et la tête est très touffue, et les sourcils sont épais.
- **Couleur :** sa robe présente un patron spotted tabby, avec ou sans rosette. Le ticking atténue considérablement les marques. Des taches ornent le ventre et des spots sont disposés de manière aléatoire sur le corps. Les motifs sont plus visibles en été, lorsque la fourrure du pixie est plus courte. La couleur brown spotted tabby offre des nuances de marron plus ou moins claires, et des tons chauds sont les bienvenus. Les taches « mackerel cassé » sont également acceptées. La base du poil est grise et le ticking est inversé (les bandes plus claires sont placées à l'extrémité des poils). On a ainsi l'impression que la fourrure est saupoudrée de givre en hiver. L'intérieur du corps tend vers le crème, le menton et le dessous de l'encolure sont plus pâles, les coussinets et l'arrière des pattes jusqu'au jarret sont brun-noir ou noirs. Le bout de la queue est marron-noir. Le cuir du nez est de couleur brique. La couleur des yeux va du doré au noisette et le vert groseille est admis.
- **Pénalités :** une couleur de la robe du ventre trop foncée ; une fourrure plate ; un poil trop long chez les poils mi-longs ; une tête plate ; des hanches étroites, une absence de poche ventrale ; un médaillon blanc ; un menton ou un front fuyant ; une queue ne correspondant pas au standard ; des jarrets clos.
- **Disqualifications :** une ossature et une musculature insuffisantes ; un motif ou une robe ne correspondant pas au standard ; un manque de tacheture ou de motif dans la robe ; une collerette autour du cou chez les poils mi-longs ; un os de la queue plus court que la longueur de la première phalange du pouce (environ 2,5 cm) et une queue entière ; des yeux ronds.
- **Mariage autorisé :** pixie bob x pixie bob.
- **Génotype d'un pixie bob brown mackerel tabby homozygote :** AA BB CC DD TT.

Échelle des points du standard LOOF

	Points
Tête	**40**
- forme : 5 - oreilles : 5 - yeux : 10 - nez : 5 - menton : 5 - museau : 5 - profil : 5	
Corps	**40**
- torse : 5 - pattes : 5 - pieds : 10 - queue : 5 - ossature : 7,5 - musculature : 7,5	
Couleur et motif de la robe	**20**
- longueur : 3 - texture : 5 - motif : 6 - couleur : 6	

Ragdoll

Origine : États-Unis
Taille : grande
Poids : 4,5 à 9 kg
Poil : mi-long
Caractère : doux et affectueux

Un grand costaud

Le ragdoll dispute au maine coon les records de taille, de longueur et de puissance. Il s'agit en effet d'un animal très grand, très haut sur pattes, long et musclé. Il lui faut quatre ans pour atteindre son complet développement. Doté d'un très faible tonus musculaire, son corps est très flexible et adopte toutes sortes de positions. Il est également très peu sensible à la douleur.

Le nom du ragdoll, qui signifie « poupée de chiffon », lui va à ravir tant il est doux, docile, calme et débonnaire. La race est née en Californie au cours des années 1960. Joséphine, une persane blanche croisée à un sacré de Birmanie et appartenant à Ann Baker, mit au monde trois chatons à la tonicité musculaire très relâchée. L'éleveuse rapporta que les chatons étaient complètement insensibles à la douleur ! Ce qui bien évidemment était faux, mais cela permit d'attirer l'attention sur ses petits protégés. La race a été reconnue en 1971 aux États-Unis, en 1987 en Angleterre, et les premiers sujets ont gagné la France en 1986. Elle est assez confidentielle en France, mais elle est très répandue outre-Atlantique.

CARACTÉRISTIQUES

- **Caractère :** le ragdoll respire la gentillesse et la bonté. Malgré sa puissance, il ne montre jamais aucun signe d'agressivité ou d'impatience. Il est sociable avec ses congénères et avec les chiens, et se montre très affectueux avec ses maîtres. Il est très agréable à vivre, il s'adapte bien à la vie en appartement, mais déteste la solitude.
- **Entretien :** son poil mi-long nécessite un brossage régulier mais il ne s'emmêle pas. Le ragdoll ne demande pas de soins particuliers, mais il faut veiller à ce qu'il ne commette pas d'imprudences.
- **Particularités :** le ragdoll est exceptionnellement grand et lourd. Sa couleur n'est pas achevée avant l'âge de deux ans. C'est un chat solide et musclé, sans gras hormis sur le bas de l'abdomen. L'impression d'ensemble est celle d'une puissance maîtrisée. Sa robe suit bien les mouvements du corps. Le poil est plus long au niveau de la collerette, lui donnant l'aspect d'une brassière. Il est court sur la face et devient plus long du haut de la tête vers les omoplates et le dos, mi-long à long sur les flancs et sous le ventre. Sur les antérieurs, la fourrure est épaisse et courte à mi-longue. Sur les postérieurs, elle est mi-longue et épaisse. Des touffes de poils sont visibles entre les doigts.

STANDARD

- **Tête :** de taille moyenne, elle est large, assez triangulaire et légèrement arrondi. On remarque un espace plat entre les oreilles. Le profil présente une déclivité bien marquée, pouvant se poursuivre sur le nez. Le crâne est de taille moyenne.
- **Museau :** il est rond, de longueur moyenne, et le menton est bien développé.
- **Oreilles :** de taille moyenne à grande, elles sont larges à la base et légèrement penchées vers l'avant. Elles sont inclinées et leurs bouts sont arrondis. Elles prolongent la forme triangulaire de la tête.
- **Yeux :** ses grands yeux de forme ovale sont légèrement placés en biais. Ils ne sont pas orientaux et sont modérément espacés.
- **Cou :** il est court et très puissant.

Corps : il est grand, puissant et bien bâti, long et rectangulaire. Le poids du ragdoll est surprenant. Son ossature est lourde et sa poitrine pleine.

Pattes : de longueur moyenne, elles sont musclées et les postérieures sont plus hautes que les antérieures. L'ossature est forte.

Pieds : ronds et grands, ils présentent des touffes de poils entre les doigts.

Queue : elle est de même longueur que le corps. Assez épaisse à la base, elle est portée un peu plus haut que le niveau du dos.

Robe et texture : mi-longue, la robe est dotée d'un poil de garde mi-long et d'un sous-poil moyen. Sa texture est pelucheuse et soyeuse.

Couleur : seal, blue, chocolat et lilac et les catégories point, mitted et bicolore sont reconnus.

Chez les colourpoint, les oreilles, le masque, les pieds et la queue doivent être d'une couleur plus foncée et bien définie. Une coloration irrégulière est tolérée sur les sujets de moins de deux ans. La couleur du corps va de coquille d'œuf à blanc laiteux. Celle de la poitrine, de la collerette, du menton peut être un peu plus claire. De légères ombres sont permises sur le corps.

Chez les mitted, les pattes, sauf les pieds, les oreilles, le masque et la queue sont d'une couleur bien définie. Une flamme blanche sur le nez ou jusque entre les yeux est acceptée. Le menton doit être blanc. Les pieds avant sont blancs et de façon identique. Les pattes arrière sont entièrement blanches jusqu'au milieu des cuisses. Le blanc doit entourer entièrement les jarrets ; il ne doit pas comporter de tache de couleur. Sur le corps, une bande blanche de largeur variable s'étend depuis la collerette ; elle passe entre les pattes avant et sous le ventre jusqu'à la base de la queue. La couleur du dos est plus claire.

Chez les bicolores, les oreilles, le masque et la queue sont de couleur bien définie. Le masque présente un V renversé qui doit être aussi symétrique que possible et ne doit pas s'étendre au-delà des bords extérieurs des yeux. Le cuir du nez est rose. La poitrine, le ventre, les pattes et les pieds sont blancs. La couleur du corps est plus claire. Le blanc doit s'étendre jusqu'au-dessus des coudes à l'avant, et au-dessus des jarrets aux pattes arrière.

Les yeux sont bleus, le plus intense possible.

Pénalités : une queue courte ; des oreilles pointues ; des pattes courtes ; des marques sur le corps ; un nez romain. Pour les mitted, des taches foncées sur les gants blancs, une absence de bande blanche sur le corps. Pour les bicolores, du blanc sur les oreilles et sur la queue, des moustaches non blanches, de la couleur sur le ventre ou tout autre endroit qui devrait être blanc.

Disqualifications : toute couleur d'yeux autre que le bleu ; une robe courte ; des taches blanches pour les colourpoint ; une absence de menton blanc pour les mitted ; des taches foncées sur le masque blanc des bicolores.

Mariage autorisé : ragdoll x ragdoll.

Génotype d'un ragdoll seal point et blanc homozygote : BB Cs Cs DD II SS.

Échelle des points du standard LOOF

	Points
Tête	30
Type	30
Robe	10
Couleur et répartition	20
Pattes et pieds	5
Équilibre	5

Rex cornish

Origine : Grande-Bretagne
Taille : moyenne
Poids : 2,5 à 4,5 kg
Poil : court
Caractère : joueur et exclusif

Un chat à part

Son poil frisé sur tout le corps, en ondulations régulières, fait penser au travail d'un coiffeur. Ses moustaches et ses cils frisés, sa tête en forme d'œuf, longue mais sans face plane, toute en courbes, son regard unique, avec ses grands yeux assez ronds, tellement vifs et mobiles qu'ils expriment toujours l'étonnement ou l'interrogation, le tout allié à un tempérament d'acrobate et à la légèreté d'une gazelle, font assurément du rex cornish un chat hors du commun.

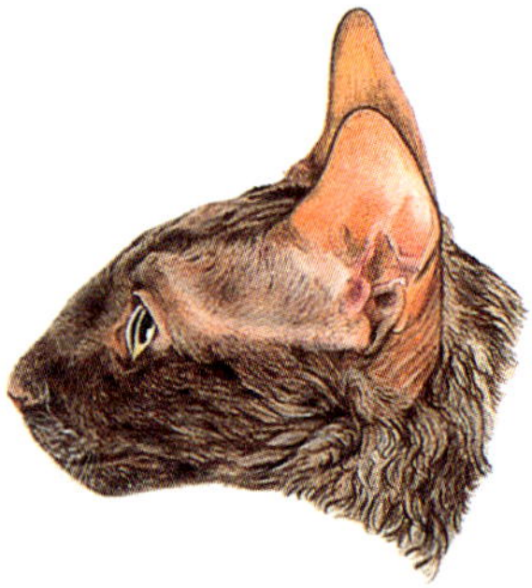

Ce chat quelque peu étrange ne vient ni de Vénus ni de Mars, mais tout simplement de Cornouailles. Son ancêtre, un mâle cream tabby baptisé Kallibunker, est né le 21 juillet 1950. Il est issu d'une portée de Serena, une chatte tout à fait ordinaire appartenant à Nina Ennismore, éleveuse de lapins frisés ou lapins Astrex. Intrigué, son vétérinaire lui demanda de le marier avec sa mère et, ô miracle, la mutation spontanée du poil fut confirmée, avec la naissance de deux chatons au poil ondulé comme celui de leur père. Le nom de la race fut vite trouvé : cornish pour Cornouailles et rex pour la frisure identique à celle des lapins du même poil.
L'un des descendants, Sham Pain, fut uni à des british shorthairs et à des burmeses afin d'éviter la consanguinité et de diversifier les couleurs. Les Américains importèrent sa sœur Lamorna Cove en 1957 et ils croisèrent ses petits avec des siamois, des orientaux et d'autres races à ossature fine. Ces derniers ont connu un grand succès.

CARACTÉRISTIQUES

› **Caractère :** équilibré, athlétique, chaud au toucher, acrobate dans l'âme, très joueur, voire un peu excentrique, le rex cornish possède une très vive intelligence et une vitalité qui se développent à la vitesse de l'éclair. Sa voix est perçante. Il a un appétit d'ogre malgré sa finesse, et fait preuve d'une tendresse à toute épreuve. Son amour est exclusif et il suit son maître partout.
› **Entretien :** un brossage hebdomadaire suffit. Sa mue est quasi inexistante. Il est un peu plus frileux que les autres chats, mais ne demande aucun entretien particulier.
› **Particularités :** le rex cornish anglais, à base de burmese et de british, est assez lourd et épais ; il a une tête plus triangulaire que longue et un profil assez droit, des oreilles assez espacées et de grands yeux. Le type américain, lui, est plus léger, plus aérien, avec une tête ovoïde typique, de gigantesques oreilles et une allure de coursier. Les femelles ont des chaleurs fréquentes et une bonne prolificité. À la naissance, le bébé rex cornish ressemble à une chauve-souris, avec ses oreilles immenses, ou à une araignée, avec ses grandes pattes fines ; nouveau-né, il est frisé comme un astrakan. Son développement est très rapide.

STANDARD

› **Tête :** de taille moyenne, elle est plus longue que large mais pas extrêmement longue. Le profil romain peut présenter deux plans : l'un comprenant le crâne et le nez, l'autre le nez et le museau. Le crâne épouse une forme d'œuf, notamment à l'arrière, ce qui renforce l'ovale.
› **Museau :** l'arête du nez est large et saillante. Le pinch et les patons sont définis et le menton est fort.
› **Oreilles :** caractérisées par leur taille, elles adoptent une forme conique. Elles sont haut placées sans pour autant être des oreilles d'âne.

- **Yeux :** de taille moyenne et de forme ovale, ils sont placés légèrement en biais.
- **Cou :** de longueur moyenne, il est long et mince.
- **Corps :** de taille petite à moyenne, il présente une cage thoracique pleine et profonde. Le dos est arqué comme celui d'un lévrier. Les hanches sont arrondies, plutôt lourdes, en proportion avec le reste du corps. Les mâles sont plus grands. L'ossature est très fine, la musculature ferme et puissante.
- **Pattes :** longues, elles possèdent une ossature très fine et une musculature ferme.
- **Pieds :** ils sont petits et ovales.
- **Queue :** elle est longue, fine et effilée de la base à l'extrémité. Sa fourrure est fine, dense et si possible crantée.
- **Robe et texture :** le poil est court, fin, doux et dense. Il est doté de crans profonds ressemblant à des vagues. Il s'apparente au velours sur la tête et les pattes.
- **Couleur :** toutes les couleurs sont reconnues. La couleur des yeux est conforme à celle de la robe.
- **Condition :** le corps est ferme et musclé, ni obèse ni maigre. L'abdomen est ferme. Les yeux sont clairs et brillants. La fourrure est bien lustrée. C'est un chat alerte et vif. Son apparence physique doit combiner une ossature fine et une musculature ferme, le tout avec harmonie. Ses hautes pattes, son dos arqué, sa cage thoracique profonde et ses hanches un peu lourdes lui confèrent une apparence athlétique.
- **Disqualifications :** la présence de poil de garde.
- **Pénalités :** une tête trop triangulaire ; des grandes zones nues, sauf sur les tempes et la queue.
- **Mariages autorisés :** rex cornish x californian rex, rex cornish x rex cornish.
- **Génotype d'un rex cornish black smoke et blanc homozygote :** aa BB CC DD II rr (SS).

Échelle des points du standard LOOF

	Points
Tête	**12**
- forme : 3 - profil : 3 - pinch : 3 - menton : 3	
Oreilles	**5**
Yeux	**5**
Cou	**5**
Corps	**15**
Queue	**4**
Pattes et pieds	**5**
Robe	**35**
- texture : 7 - densité : 8 - crantage : 20	
Couleur	**5**
Condition	**5**
Équilibre	**4**

Rex devon

Origine : Grande-Bretagne
Taille : moyenne
Poids : 2,5 à 4 kg
Poil : court
Caractère : clown et équilibré

Un véritable clown

Un lutin, un clown, un extraterrestre, un chat de dessin animé ! Oreilles de chauve-souris, fourrure de caniche ou de mouton, regard incomparable, intelligence vive : tel est le rex devon. Les chatons se développent rapidement et leur pelage ne prend son aspect adulte que vers l'âge de six mois.

En 1960, Beryl Cox trouva un curieux chat frisé près d'une mine abandonnée dans le Devonshire, en Grande-Bretagne. Son mariage avec une chatte tricolore donna naissance à un mâle frisé, tout comme son père, que l'on nomma Kirlee. Les Cox connaissaient bien les rex cornish, et ils marièrent leur jeune chat à plusieurs femelles de cette race. En toute logique, ils attendaient des portées entièrement frisées. Surprise... et déception : tous les chatons de Kirlee et des cornish portaient une fourrure désespérément plate. Mais cette tentative eut au moins le mérite de faire découvrir que les mutations donnant respectivement le frisé cornish et le frisé devon n'avaient rien de commun. Les deux gènes étaient donc différents (même s'ils donnaient pratiquement le même résultat), et récessifs. Fait rarissime, les Anglais venaient de découvrir deux nouvelles mutations spontanées. Au fur et à mesure des croisements, le devon et le cornish précisèrent chacun leur type. La race des rex devon fut officiellement reconnue en 1967 par la FIFE. La CFA et la TICA éditèrent un standard en 1988.

CARACTÉRISTIQUES

Caractère : le devon est un « caniche-mouton-clown » unique en son genre. D'humeur égale, attirant, intelligent, espiègle, joueur, attentif, agile et vif, il a un regard surprenant. Mais ce personnage de conte de fées séduit dès le premier abord par la douceur et l'originalité de son pelage. Sa voix est douce et discrète. Il déteste la solitude et il est très attaché à la famille. Un brin frileux, il s'épanouit en appartement.

Entretien : un brossage hebdomadaire suffit, mais il faut également lui nettoyer régulièrement les oreilles car elles produisent beaucoup de cérumen.

Particularités : la consanguinité, nécessaire au début pour conserver le gène mutant, apporta une forme lointaine de dystrophie musculaire, ou myopathie mitochondriale, appelée chez le devon gène spastic. La maladie se développe chez le chaton entre deux et quatre mois, mais un sujet porteur du gène peut ne jamais la déclarer, ce qui est le cas s'il ne l'a reçu que d'un de ses deux parents, car fort heureusement il s'agit d'un gène récessif. Soucieux d'endiguer cette maladie, les éleveurs se sont donc associés pour surveiller les lignées et ne sélectionner que les sujets sains.

STANDARD

Tête : assez petite, elle est plutôt courte et présente des angles inscrits entre des courbes. Le profil témoigne d'un stop marqué et le crâne est plat à partir du stop.

Museau : il est court, bien développé, avec des patons bien proéminents. Les pommettes sont très saillantes, avec un pinch très prononcé, et le menton est fort.

Oreilles : très grandes, elles sont très larges à la base et présentent des bouts arrondis. Elles sont placées très bas, sur les côtés de la tête, et leur base est presque horizontal, au niveau de la pommette. Elles sont recouvertes d'une fine fourrure à l'extérieur et d'un peu de poils à l'intérieur et sur le bout des oreilles. Les tempes sont souvent nues.

Yeux : grands et ovales, ils sont bien espacés et placés légèrement en biais. La couleur est conforme à celle de la robe.

Cou : de longueur moyenne, il est fin, légèrement arqué et sépare bien la tête des épaules.

Corps : de longueur moyenne, il est de type semi-cobby. La poitrine est large et ouverte, la musculature ferme et puissante. Les hanches sont assez fortes et le ventre est en forme de poire.

Pattes : d'ossature assez fine, elles sont longues, en particulier les postérieures.

Pieds : ils sont petits et de forme ovale.

Queue : longue, elle est fine et effilée. Elle est recouverte d'une fourrure courte et bien bouclée.

Robe et texture : le poil est court et fin, avec une frisure assez dense et désordonnée. Les moustaches sont assez rares et frisées.

Couleur : toutes les couleurs sont reconnues.

Pénalités : une tête étroite ou longue ; des oreilles petites ou haut placées ; une queue courte et nue ; une fourrure droite, hérissée ou rêche.

Disqualifications : des pattes antérieures faibles ; d'importantes zones nues ; des médaillons blancs.

Mariage autorisé : rex devon x rex devon.

Génotype d'un devon brown spotted tabby homozygote : AA BB CC DD re re ts ts.

Échelle des points du standard LOOF

	Points
Tête	**30**
- taille, forme : 5 - museau, menton : 5 - profil : 5 - yeux : 5 - oreilles : 10	
Corps	**30**
- torse : 10 - pattes et pieds : 10 - queue : 5 - cou : 5	
Robe	**35**
- densité : 10 - longueur : 5 - texture : 5 - crantage : 15	
Couleur	**5**

Rex selkirk

Origine : États-Unis
Taille : moyenne
Poids : 3 à 5 kg
Poil : court et mi-long
Caractère : sociable et affectueux

Une multitude de frisettes

Véritable peluche vivante, né d'une mutation naturelle et spontanée, le selkirk fait partie des rares chats dits frisés. Si le rex cornish ressemble à un lévrier et le rex devon à un extraterrestre, le selkirk, lui, évoque un chat normal qui serait passé un peu trop près d'une flamme. Il est frisé poil par poil, ce qui le fait ressembler encore davantage à un caniche. Ses trois poils (sous-poil, garde et jarre) donnent du volume à sa fourrure. Ses sourcils, ses moustaches et les poils de l'intérieur des oreilles sont également frisés ; aucune zone de son corps n'est glabre.

Ce « chat-mouton » est apparu en 1987 dans un refuge du Wyoming, aux États-Unis. Miss Pesto, pour ne pas la nommer, fut adoptée par Jeri Newmann, une éleveuse de persans installée dans le Montana. De son union avec Photo Finish, un persan noir, sont nés le 4 juillet 1988 six chatons, dont trois bouclés. Consanguinité oblige, puisqu'il s'agit du seul moyen pour fixer un type ou un gène, Miss Pesto fut unie un an plus tard à l'un de ses fils. Sur les quatre nouveaux chatons, trois se retrouvèrent couverts de jolies boucles. La race commença dès lors à exister et on la baptisa selkirk rex en raison de la proximité des monts Selkirk et de son poil frisé. Selon les généticiens, son gène est dominant (un seul parent selkirk suffit donc pour donner des chatons rex selkirk) ; unique et nouveau, il n'a rien à voir avec les autres gènes de frisure. Cette race demeure assez rare en Europe.

CARACTÉRISTIQUES

- **Caractère :** subtil mélange du persan débonnaire et calme et du chat de maison vif, curieux et intelligent dont il est issu, le selkirk a toutes les qualités d'un compagnon agréable et drôle. Il est sociable, tendre et affectueux. Il adore jouer.
- **Entretien :** le selkirk ne nécessite pas d'entretien particulier.
- **Particularités :** les chatons sont jugés seulement sur le type du corps et de la tête, car leur robe bouclée met deux ans à se développer. En fait, le chaton naît bouclé, puis ses boucles se défrisent pour se reformer vers l'âge de huit à dix mois.

STANDARD

› **Tête :** de taille moyenne, elle est ronde et large. Le front est rond et le crâne présente une courbe douce.
› **Museau :** il est court, carré et bien dégagé des joues. Ces dernières sont hautes et pleines.
› **Oreilles :** de taille moyenne, elles sont légèrement arrondies et bien espacées.
› **Yeux :** ses grands yeux sont ronds et bien espacés.
› **Cou :** il est court, épais et substantiel.
› **Corps :** de longueur moyenne, son corps est trapu, musclé, rectangulaire et lourd. Sa poitrine est pleine, sa musculature et son ossature sont fortes.
› **Pattes :** elles sont de longueur, d'ossature et de musculature moyennes. Les pattes antérieures sont légèrement surélevées.
› **Pieds :** ils sont grands et ronds.
› **Queue :** de longueur moyenne, elle est épaisse et présente un bout arrondi.
› **Robe et texture :** le poil n'est pas très court. Doux et pelucheux il est épais et ses boucles sont séparées. La fourrure est double et le sous-poil est épais. Le poil de garde est rêche. Le cou et la queue sont recouverts de boucles.
› **Couleur :** toutes les couleurs sont reconnues. La couleur des yeux est uniforme, en relation avec celle de la robe.
› **Pénalités :** une mauvaise fourrure chez un chat de plus de deux ans.
› **Disqualifications :** un break trop marqué.
› **Mariages autorisés :** selkirk poil court x selkirk poil long, selkirk poil court x selkirk poil court.
› **Génotype d'une femelle selkirk rex tricolore homozygote :** aa BB CC DD SS Se Se OO.

Échelle des points du standard LOOF

	Points
Tête	**32**
- rondeur et taille : 10 - museau : 10 - nez : 4 - yeux : 4 - oreilles : 4	
Corps	**25**
- torse : 10 - pattes et pieds : 10 - queue : 5	
Robe	**25**
- texture : 5 - densité : 10 - boucles : 10	
Couleur	**8**
- yeux : 3 - robe : 5	
Condition	**10**

Savannah

Origine : États-Unis
Taille : grande
Poids : 8 à 10 kg
Poil : court
Caractère : intelligent et doux

Une robe somptueuse

Ce grand chat longiligne et élégant, doté d'un long cou, est plein de grâce et bien équilibré. Ses couleurs sont exceptionnelles, avec d'étonnantes taches noires et des marques très foncées sur un fond doré ou orange. C'est une véritable réplique du serval des plaines d'Afrique.

Le savannah est le résultat d'un croisement entre un serval et un chat domestique. Le serval est un petit chat sauvage tacheté qui ressemble à un guépard miniature. Il vit en Afrique, où il est parfois très proche de la population. Il chasse, mange des petits rongeurs, des poissons et des oiseaux. Le but du programme d'élevage du savannah est de produire une race de chat domestique qui reflète les caractéristiques uniques du serval. Aujourd'hui, seuls les sujets de quatrième génération minimum accèdent au championnat et les chats sauvages (Fo à F3) sont interdits en jugement. La race a été reconnue en 1990 et demeure très rare.

CARACTÉRISTIQUES

- **Caractère :** la première génération de savannahs est affectueuse, intelligente et utilise le bac à litière. Elle montre peu ou pas de problèmes d'agressivité, contrairement aux F1, F2, F3 de la génération des bengals. Les sujets sont parfois timides devant les étrangers et cherchent très vite une place pour se réfugier si quelqu'un d'inconnu entre dans la maison. Dès les deuxième, troisième et quatrième générations, les savannahs ont toutes les qualités d'un chat domestique, ils sont doux, amicaux, affectueux et épanouis.
- **Entretien :** son entretien est facile et c'est un chat à la santé solide.
- **Particularités :** le serval est en fait le chat tacheté parfait pour un programme d'élevage d'hybrides. Il possède, comme le chat domestique, trente-huit chromosomes. Le serval, l'oriental et l'ocicat peuvent être utilisés pour produire des savannahs.

STANDARD

- **Tête :** légèrement plus petite que le reste du corps, elle est triangulaire et plus longue que large. Le haut est un peu arrondi et la mâchoire bien définie semble partir en pointe.
- **Museau :** il est très proéminent. Le nez est long et large et le menton est petit, ce qui ajoute à l'apparence sauvage du chat.
- **Oreilles :** toujours placées haut sur la tête, elles sont en alerte. La base est très large et la pointe légèrement ronde.
- **Yeux :** de forme ovale, ils sont légèrement en amande.
- **Cou :** il est épais, musclé et très long.
- **Corps :** presque oriental de forme, quoique plus épais, il est doté d'une épaisse ossature et d'une musculature proéminente mais en harmonie avec le corps. Vu de côté, le torse et le flanc forment un long rectangle. Vu de devant, le chat apparaît étroit : cela est dû à l'extrême longueur des pattes. Le thorax est long et très profond.
- **Pattes :** elles sont très longues et fines, mais puissantes.
- **Pieds :** ils sont petits, avec de longs doigts.
- **Queue :** elle est épaisse et mesure environ les trois quarts d'une queue moyenne de chat.
- **Robe et texture :** le poil est de longueur courte à moyenne.

Échelle des points du standard LOOF

	Points
Tête	10
Oreilles	15
Yeux	5
Corps	10
Pattes et pieds	15
Queue	10
Couleur	10
Fourrure	10
Motif	15

› **Couleur :** en catégorie traditionnelle, la division brown spotted tabby et noir, plus silver est reconnue. Les seules variations de couleur permises sont du doré à l'orange (fond) avec des spots très noirs. Sur le noir spotted, la bouche ainsi que le contour des yeux doivent être maquillés. Le museau, le menton, le ventre et la partie interne des pattes sont blancs. Le nez peut être rouge brique, d'un noir solide ou noir avec des lignes rouge clair ou rosé allant jusqu'au centre. Le motif est le patron spotted. Le savannah présente des taches d'un noir profond et ces dernières doivent être conformes au standard des chats spotted. Les yeux sont jaunes, verts, dorés et ambrés.

› **Condition :** il ne doit être ni provocateur ni agressif. N'importe quel signe d'agressivité est passible de disqualification.

› **Mariages autorisés :** savannah x savannah, savannah x ocicat, savannah x oriental.

› **Génotype d'un savannah brown spotted tabby homozygote :** AA BB CC DD TT.

Scottish fold

Origine : Écosse
Taille : moyenne
Poids : 2,5 à 6 kg
Poil : court
Caractère : gentil et affectueux

C'est en 1961 que Susie, une petite chatte aux oreilles repliées vers l'avant, fruit d'une mutation spontanée, a vu le jour en Écosse, dans la ferme des McRae. William Ross fut le premier à découvrir cette particularité et fit promettre aux McRae de lui garder le prochain chaton doté des mêmes oreilles si curieuses. Deux ans plus tard, Susie mit au monde deux chatons aux oreilles tombantes : un mâle, dont on perd la trace, et une femelle blanche, Snooks. Celle-ci partit donc vivre chez les Ross. Mariée à un british, elle eut à son tour deux chatons mâles, un roux tabby local et un blanc, Snowball. Ses maîtres décidèrent alors de faire reconnaître la race au GCCF sous le nom de chatterie Denisla. Mais l'apparition de malformations osseuses liées au gène responsable des oreilles pliées faillit causer sa perte lorsqu'en 1973, le GCCF décida de stopper les enregistrements. Son salut vint d'Amérique, où Neil Todd, une généticienne du Massachusetts, relança l'élevage en croisant les scottish folds avec des british shorthairs, des exotic shorthairs et des american shorthairs pour éviter les problèmes articulaires. L'introduction de persans dans certaines lignées donna également des scottish folds à poil long, appelés highland folds. Reconnu en 1979, le fold rencontre un franc succès outre-Atlantique.

Le highland fold

Le highland fold est issu de mariages entre des scottish folds et des persans et des exotic shorthairs. Il est apparu en 1987. Son standard est identique à celui du scottish, seules la longueur et la densité de sa fourrure diffèrent. Il ressemble à un hibou.

Mariages autorisés : highland fold x british poil court, highland fold x british poil long.

Génotype d'un scottish fold brown mackerel tabby et blanc à poil long : AA BB CC DD Fd fd II SS tm tm.

CARACTÉRISTIQUES

- **Caractère :** boule de tendresse à la tête pouponne qui appelle le câlin, le fold est la candeur et l'innocence mêmes. Assez lent, il se montre extrêmement gentil et attachant, bien équilibré, attentif, très présent. Il fait vraiment partie de la famille. Il a en outre une voix douce et calme. Vigoureux et résistant, il se révèle être un excellent chasseur.
- **Entretien :** un brossage hebdomadaire suffit. Il faut cependant le faire plus régulièrement lors de la mue. Il est recommandé de bien surveiller ses oreilles.
- **Particularités :** il arrive que les chatons issus de deux parents folds présentent des problèmes articulaires graves (ostéodystrophie). Les vertèbres de la queue se soudent et les articulations des pattes s'entourent anormalement de cartilage, ce qui finit par interdire la marche. Cette forme d'arthrite pourrait résulter du gène responsable également de la forme des oreilles. Le gène fold étant dominant, il suffit d'un seul parent porteur pour le transmettre. Pour éviter ces scléroses, le programme d'élevage est simple : il ne faut jamais marier deux folds à oreilles pliées ensemble. À la naissance, les oreilles sont plus ou moins droites ; elles ne se plient qu'à partir de l'âge de deux à trois semaines.

STANDARD

- **Tête :** elle est ronde, large, aux contours bien arrondis, avec un menton et une mâchoire fermes. Le crâne présente des contours arrondis.
- **Museau :** il est bien arrondi, tout comme les patons. Large, court et droit, il présente une bonne incurvation, mais sans cassure. Les joues sont rondes et des bajoues sont possibles chez les mâles.
- **Oreilles :** de taille petite à moyenne, elles sont pliées vers l'avant et les bouts sont arrondis. Leur emplacement met en évidence la rondeur de la boîte crânienne, comme une casquette. De petites oreilles bien pliées et des doubles pliures sont préférées à de grandes oreilles aux plis desserrés.
- **Yeux :** ses grands yeux ronds sont bien espacés. Ils sont séparés par un large nez. Leur expression est douce et étonnée.
- **Cou :** il est court et musclé.
- **Corps :** semi-cobby, il est de taille moyenne à grande. Les femelles sont légèrement plus petites. Les épaules, la poitrine et les hanches sont larges. L'ossature est moyenne et la musculature robuste. Le train arrière doit être souple lors de la manipulation.
- **Pattes :** dotées d'une ossature moyenne à solide, elles sont d'une longueur proportionnelle au corps. Elles doivent être très souples.
- **Pieds :** larges et arrondis, ils présentent des doigts compacts.
- **Queue :** épaisse à la base, s'effilant jusqu'à un bout arrondi, elle doit au moins correspondre aux deux tiers de la longueur du corps. Elle doit être très flexible et ne pas comporter de vertèbres soudées.
- **Robe et texture :** le poil est court mais légèrement plus long que celui des autres poils courts, et il n'est pas couché sur le corps. Sa texture est ferme, crissante, elle diffère un peu pour les couleurs autres que le bleu. Pelucheuse et dense, avec un bon sous-poil épais, la fourrure donne l'apparence d'une protection naturelle.
- **Couleur :** toutes les couleurs sont reconnues. La couleur des yeux est conforme à celle de la robe selon les critères appliqués aux persans.
- **Pénalités :** un break défini au nez.
- **Disqualifications :** une queue trop courte ; une queue qui manque de flexibilité en raison de vertèbres anormalement épaisses ou soudées ; un faciès proche de l'exotic shorthair, du chartreux ou de l'européen.
- **Mariages autorisés :** scottish fold x british poil court, scottish fold x british poil long. Les mariages scottish fold x scottish fold et scottish fold x highland fold sont interdits et ne donnent pas accès au pedigree. Le chaton oreilles droites issu d'un mariage scottish-fold x british sera classé en british s'il possède parmi ses trente ancêtres au moins dix-huit british. Dans le cas contraire, il sera classé en chat de maison et n'aura pas accès au livre.
- **Génotype d'un scottish fold blue cream tabby :** AA BB CC dd Fd fd LL OO' tb tb.

Échelle des points du standard LOOF

	Points
Tête	15
Oreilles	30
Yeux	15
Queue	20
Corps	10
Couleur	10

Siamois

Origine : Thaïlande
Taille : moyenne
Poids : 2,5 à 5,5 kg
Poil : court
Caractère : hyperactif et exclusif

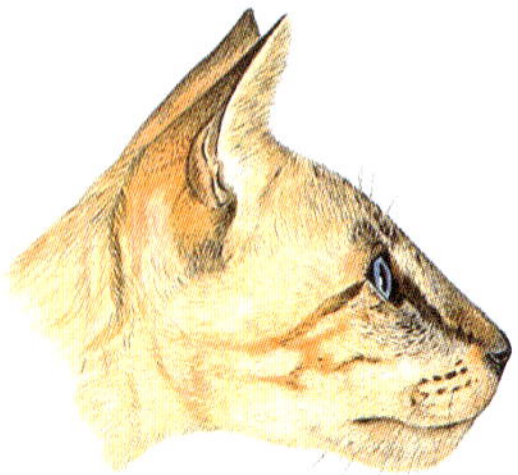

Un trésor royal

Les siamois sont venus d'Orient il y a plus de cent ans, mais leur origine exacte demeure inconnue. On dit qu'ils vivaient à la cour de Pragadipok, roi de Siam, qui les gardait jalousement et punissait de mort quiconque tentait de dérober un de ses félins. On dit également que les princesses, lorsqu'elles prenaient leur bain, enfilaient leurs bijoux sur la queue de leur chat favori qui, pour ne pas les perdre, en recourbait volontairement le bout. Recevoir en cadeau un siamois représentait alors un insigne honneur. À la mort du souverain, sa volonté de préserver cette race princière en ne laissant sortir aucun sujet du palais fut respectée. Bien entendu, cette histoire est discutée, et selon divers observateurs, des chats au corps clair et aux extrémités noires étaient jadis répandus dans une large partie de l'Asie. Il n'empêche qu'un Anglais, Owen Gould, prit un grand risque en soudoyant un gardien pour obtenir Pho et Mia, un couple de ces fameux chats royaux.

Les siamois Pho et Mia, importés sur le sol britannique par sir Owen Gould, consul d'Angleterre à Bangkok, furent exposés pour la première fois à Londres, au Crystal Palace, en 1885, et peu de gens résistèrent à leurs étonnants yeux bleus et à leur ligne élancée. Paris ne fut pas en reste. Un Français, Auguste Pavie, tenta la même périlleuse aventure. Il exporta illégalement un couple, dont il fit cadeau au Jardin des Plantes. Mais le stress, l'alimentation et surtout le climat si différent tuèrent les pauvres siamois. En 1890, la race gagna les États-Unis, où elle allait très vite devenir l'une des races félines les plus appréciées, et, bien des années plus tard, le prince de Siam ouvrit enfin les portes de sa chatterie. Le GCCF établit le premier standard en 1892, et le premier club de race anglais fut créé en 1901.
Les standards actuels, américains ou anglais, sont très éloignés de la description initiale de H. Weir publiée dans son ouvrage *Our cats and all about them*. Les traits se sont affinés, la tête est devenue triangulaire, la queue a perdu son nœud et le strabisme a quasiment disparu. Des différences demeurent entre le type américain (plus fin) et le type anglais, intermédiaire entre le type américain et l'ancien type plus massif et plus rond. La race est très répandue.

CARACTÉRISTIQUES

‣ **Caractère :** il a un regard franc et droit, un geste précis, calculé, une souplesse inégalable et une fidélité si sûre qu'il peut, s'il est délaissé, tomber malade. Ce chat au tempérament volcanique que l'on dit d'un seul maître est aussi celui de la famille. Le siamois adore les enfants, qu'il traite avec douceur et patience. Son charme est si grand, son intelligence si vive qu'il s'impose tout naturellement. Sa voix, désagréable pour ceux qui le craignent (elle est en effet stridente et grinçante), couvre une gamme de sons très étendue. On comprend parfaitement un siamois lorsque l'on vit en harmonie avec lui, car il « parle ». Ses yeux, aux bleus d'une infinie variété, expriment également tout ce qu'il souhaite dire. Sociable avec les autres chats, il les domine toutefois par sa vivacité. Bonnes mères, très attentives, les femelles sont aussi dites nymphomanes : elles sont en effet fréquemment en chaleur.

› **Entretien :** un brossage par semaine suffit.

› **Particularités :** les siamois naissent blancs, car le gène colourpoint fait partie de la série allélique albinos. Dès le cinquième jour, les points commencent à se marquer. Ce sont en fait les zones plus froides du corps qui se teintent. Un siamois qui vit à l'extérieur en hiver sera plus foncé qu'un siamois installé bien au chaud. Lorsqu'une blessure, un pansement, un rasage enlèvent une zone de poils, ceux-ci repoussent foncés et le restent jusqu'à la mue suivante. Un traitement aux antibiotiques ou certaines maladies peuvent donner du brindling, principalement sur le masque et la queue.

STANDARD

› **Tête :** elle est longue et triangulaire. Le profil est droit, sans une déclivité ou une élévation du centre du front au bout du nez et du bout du nez au menton. Il n'y a pas de break. Le front est plat ou légèrement convexe.

› **Museau :** il est fin et triangulaire. Le menton est fort, en ligne avec le nez.

› **Oreilles :** ses très grandes oreilles sont larges à la base, dans le prolongement du triangle.

› **Yeux :** de taille moyenne et en amande, ils présentent une inclinaison orientale vers le nez et une ouverture en ligne avec le centre de la base de l'oreille.

› **Cou :** il est long et mince. Gracieux, il ne rentre pas dans les épaules.

› **Corps :** de taille moyenne à grande, il est de type oriental, long et tubulaire. Les épaules et les hanches sont de même largeur. La musculature est ferme et souple, l'ossature est fine.

› **Pattes :** proportionnées pour porter la longueur du corps et son poids avec grâce,

Échelle des points du standard LOOF

	Points
Tête	**20**
- profil : 6 - menton : 6 - oreilles : 6 - espace entre les yeux : 2	
Yeux	**16**
- couleur : 6 - forme et taille : 6 - placement : 4	
Corps	**40**
- structure, équilibre, taille : 12 - musculature : 10 - cou : 4 - pattes : 4 - pieds : 2 - queue : 8	
Robe	**12**
- texture : 6 - longueur : 6	
Couleur	**12**
- corps : 6 - points : 6	

elles sont fines avec une musculature mince et ferme. Les pattes arrière sont plus longues que celles de devant.

› **Pieds :** ils sont petits et ovales.

› **Queue :** longue, elle est mince à la base et s'effile jusqu'à une pointe très fine. Sa longueur est équilibrée avec celle du corps.

› **Robe et texture :** le poil est court, fin et brillant. Il est bien couché sur le corps.

› **Couleur :** toutes les couleurs point sont reconnues. Une couleur uniforme est souhaitée pour le corps. Des ombres plus foncées sont tolérées chez les chats âgés. Dans tous les cas, il doit y avoir un contraste bien net entre la couleur du corps et celle des points (le masque, les oreilles, les pieds, la queue), qui doivent être le plus homogènes possible et exempts de taches. Une absence de barres sur les pattes et la queue est souhaitée, quelle que soit la couleur, sauf pour les tabby point. Il faut surtout prendre en considération l'intensité de la couleur des points. Chez les chatons, un développement lent et/ou incomplet de la couleur des points est autorisé. Un masque incomplet, des lunettes, des marques fantômes sur la queue et les flancs chez les chatons et les jeunes adultes sont tolérés jusqu'à l'âge de dix-huit mois.

› **Pénalités :** une tête ronde et large ; un museau trop court ; une déclivité du nez ; une mauvaise occlusion des mâchoires ; un prognathisme ou un rétrognathisme ou manque de menton ; des yeux petits et ronds ; un corps trop court et massif ; une fourrure imparfaite ; des spots sur le ventre et/ou sur les flancs ; un manque de pigmentation des points.

› **Disqualifications :** un corps maigre ; des taches blanches dans les points, sauf chez les particolores ; un strabisme.

› **Mariages autorisés :** siamois x balinais, siamois x mandarin, siamois x oriental, siamois x siamois.

› **Génotype d'un siamois cinnamon point homozygote :** bl bl cs cs DD.

Sibérien

Origine : Russie
Taille : grande
Poids : 4,5 à 9 kg
Poil : mi-long
Caractère : calme et intelligent

Le sibérien est certainement issu de croisements entre des chats domestiques importés en Ukraine et en Russie et des chats sauvages locaux. Les premiers individus dûment répertoriés sont Mussa, une femelle red tabby et blanc, et Tima, un mâle, achetés tous les deux sur le marché de Saint-Pétersbourg. Ils sont arrivés à Berlin en 1987, et Hans et Betti Schultz ont ainsi créé la chatterie Newskij. En avril 1990, cinq mâles et neuf femelles étaient répertoriés et répartis dans divers pays d'Europe de l'Ouest. La France a accueilli la race en 1991 et la FIFE l'a reconnue en 1997. Elle a gagné les États-Unis en 1990 et la TICA a édité son premier standard en 1998. Tous les pedigrees doivent désormais témoigner de l'ascendance russe des sujets.

CARACTÉRISTIQUES

Caractère : de ce grand chat massif et puissant se dégagent une force tranquille et un charme slave. Sa voix discrète est à l'image de sa légère timidité et de sa sensibilité aux bruits étrangers. Il est assez indépendant et doté d'une forte personnalité. Malgré son poids, il est agile, vif et bon chasseur.

Entretien : son entretien est facile. Un brossage hebdomadaire suffit hors période de mue.

Particularités : le moins que l'on puisse dire, c'est que sieur sibérien aime prendre son temps, son développement complet n'est en effet achevé qu'à l'âge de cinq ans. Sa fourrure épaisse et isolante et sa peau épaisse lui ont permis de supporter la rudesse du climat sibérien.

STANDARD

Tête : de taille moyenne, elle est large, en triangle, et ses contours sont arrondis. Le haut de la tête est plat, le front légèrement arrondi se prolonge par une courbe concave sur un nez dont le dessus est lui-même légèrement concave.

Museau : il est arrondi et modérément long. Le nez, large, prend place entre les yeux et s'affine vers le bout. Les joues sont bien développées, les moustaches sont longues, le menton est fort et arrondi.

Une remarquable alchimie

Comme son nom l'indique, le sibérien vient de Russie et l'on peut imaginer qu'un peu de Michel Strogoff, une pointe d'Yvan Rebroff, la souplesse de Serge Lifar et l'excentricité de Noureïev se retrouvent chez ce grand chat puissant. Heureusement, ni la vodka ni le caviar ne sont nécessaires à son alimentation ! Comme il fallait le différencier du norvégien et du maine coon, le sibérien a été croisé avec des persans pour acquérir de la rondeur et à quelques siamois d'ancien type pour ajouter à sa garde-robe de magnifiques yeux bleus et une robe claire : on le nomme alors neva mascarade.

Échelle des points du standard LOOF

	Points
Tête	**30**
- forme : 10 - taille : 5 - profil : 4 - oreilles : 4 - yeux : 5 - museau : 2	
Corps	**40**
- forme : 10 - taille : 15 - ossature : 5 - musculature : 5 - cou : 5	
Pattes et pieds	**5**
Couleur/motif	**10**
Robe	**15**
- longueur : 6 - texture : 7 - sous-poil : 2	

› **Oreilles :** moyennement larges, elles sont larges à la base et arrondies au bout. Elles sont modérément espacées et légèrement placées vers l'avant.

› **Yeux :** ses grands yeux sont de forme ovale. Ils sont bien séparés et légèrement placés en oblique. Leur couleur est sans relation avec celle de la robe. Chez les adultes, la couleur traditionnelle varie du vert au jaune, mais uniforme. Les yeux des neva mascarades sont bleus.

› **Cou :** moyennement long, il est arrondi, bien musclé, substantiel et épais.

› **Corps :** doté d'une forte ossature et d'une musculature robuste, il est modérément long, lourd et compact. Le dos est droit ou légèrement arqué. Le ventre ferme et le torse convexe apparaissent avec l'âge. La poitrine est bien arrondie et les hanches sont bien développées.

› **Pattes :** elles sont modérément longues. Les pattes arrière sont légèrement plus longues que celles de devant, mais cela ne se remarque pas lorsque le chat se déplace. Leur ossature est lourde et leur musculature puissante.

› **Pieds :** ils sont grands, ronds et des touffes de poils sur les doigts sont souhaitées.

› **Queue :** de longueur moyenne, elle est large à la base et s'émousse au bout. Elle est drapée par de longs poils épais.

› **Robe et texture :** moyen à long sur le corps, légèrement plus court sur les épaules et une partie de la poitrine, et plus long sur les parties basses, le poil est un peu rude ou rêche. La collerette est pleine et la robe est plus épaisse sur les épaules et sur la partie inférieure de la poitrine. Des vagues épaisses sont visibles sur le ventre. Le sous-poil est épais et diminue en été. Il est permis d'avoir une robe d'été.

› **Couleur :** toutes les couleurs sont reconnues, sauf chocolat, lilac, cinnamon, fawn. Les sujets colourpoint se nomment neva mascarade.

› **Condition :** l'apparence physique générale du chat doit refléter force et vigueur, avec une expression douce.

› **Pénalités :** des boutons, des taches et des médaillons ; un profil droit ; un museau étroit ou pointu ; des yeux en amande ; des grandes pattes ; un adulte trop léger.

› **Disqualifications :** un stop sur le nez.

› **Mariages autorisés :** sibérien x sibérien ; sibérien x neva mascarade.

› **Génotype d'un sibérien neva mascarade (sibérien point) seal smoke point homozygote :** aa BB cs cs DD II.

Singapura

Origine : Singapour
Taille : petite à moyenne
Poids : moins de 3 kg
Poil : court
Caractère : équilibré et affectueux

Originaire, comme son nom l'indique, de Singapour, ce chat, qui semble tout droit sorti de la jungle, est à la fois naturel et pur. Dans son pays, il vit dans les rues, voire les égouts et les caves. On dit en effet qu'il se cache le jour et se nourrit la nuit dans les poubelles des restaurants. Il a fait sa première apparition aux États-Unis en 1975, et a aussitôt reçu un très bon accueil. La TICA l'a reconnu en 1984 et la CFA en 1988. La race est arrivée en France et en Angleterre vers 1988-1989.

CARACTÉRISTIQUES

Caractère : serein, équilibré, posé, attentif, le singapura possède un timbre de voix très doux et modulé, bien qu'il n'en use pratiquement jamais. Ses grands yeux et ses expressions innocentes lui suffisent pour se faire comprendre. Rien ne résiste à son charme. À la chasse, il a la vivacité du judoka. Il adore les caresses et suit son maître partout.

Entretien : un brossage hebdomadaire suffit et il faut nettoyer régulièrement ses oreilles.

Particularités : le singapura est le plus léger et le plus petit des chats domestiques, et il est retenu comme tel dans le *Livre Guinness des records*. Aucun nanisme, cependant, chez cet animal parfaitement proportionné, d'apparence délicate, et dont le poids maximal atteint 3 kg. Les mâles sont plus grands que les femelles.

STANDARD

Tête : elle est petite et ronde. Les pommettes sont très haut placées. De profil, le crâne se prolonge par une douce courbe concave, sans break.

Museau : il est moyennement court et large. Le menton est bien développé, arrondi, ni fuyant ni projeté en avant. Des bajoues sont permises chez les mâles adultes.

Oreilles : grandes et en alerte, elles sont légèrement pointues et largement ouvertes à la base. Leur espacement est moyennement large. Elles sont recouvertes d'une fourrure brillante et colorée.

Yeux : ses yeux en amande sont grands et bien écartés. Ils ne sont ni protubérants ni enfoncés, mais semblent écarquillés. Ils sont accentués par un maquillage lui-même souligné par une ligne claire.

Cou : il est court et épais.

Corps : de moyen à petit, il est modérément trapu et musclé, solide mais élégant. Avec les pattes, il forme un carré avec le sol. La cage thoracique est arrondie et le dos est légèrement arqué.

Un chat miniature

Charme, grâce et discrétion de l'Orient, douceur et beauté un peu mystérieuse de l'Asie... Les qualificatifs élogieux ne manquent pas pour cette miniature faite chat, dont la robe tiquetée se pare de tons uniques de brun et d'ivoire. Voilà pourquoi, malgré sa taille très modeste, il occupe une grande place dans le monde félin. S'il est encore difficile à obtenir, le singapura a su conquérir le cœur du public, des éleveurs, des juges et des familles qui l'adoptent. La race est développée aux États-Unis et reste rare en France.

Échelle des points du standard LOOF

	Points
Tête	**20**
- oreilles : 8 - forme de la tête : 3 - forme du museau : 3 - largeur de l'œil : 3 - profil : 3	
Yeux	**10**
- taille et placement : 6 - forme : 3 - couleur : 1	
Corps, pattes et queue	**20**
- proportions et ossature : 5 - musculature : 5 - pattes et pieds : 4 - cou : 4 - queue : 2	
Robe et texture	**10**
Couleur et motif	**40**
- couleur : 15 - ticking : 15 - marques : 10	

- **Pattes :** épaisses et musclées à la base, elles ont tendance à s'effiler vers les pieds.
- **Pieds :** ils sont petits, courts et ovales.
- **Queue :** pas trop longue, elle est fine sans être mince et se termine par un bout arrondi.
- **Robe et texture :** le poil est fin et soyeux, ni laineux ni élastique, et couché sur le corps. Il porte des bandes de ticking bien contrastées. Il est plus long sur l'épine dorsale, où le ticking est plus intense. Des bandes noires ou brunes alternent avec des bandes ivoire. Le dessus de la tête, le dos et le dessus de la queue peuvent être beaucoup plus foncés, mais ils doivent être tiquetés. La face interne des quatre pattes présente des barres qui ne doivent jamais être fermées et peuvent être très légères. Sur la face, on distingue le M tabby, mais des lignes « puma » courbées, s'étendant des coins internes des yeux aux joues, sont préférées.
- **Couleur :** le brown ticked tabby est la seule couleur reconnue. Les yeux varient du vert doré à l'or, avec une préférence pour le vert. Ils doivent être brillants et de couleur uniforme. Le nez couleur brique porte un maquillage sépia sur le bord de la truffe.
- **Pénalités :** des petites oreilles ; des petits yeux ; une robe pelucheuse ou élastique ; des tons d'un gris froid ; une absence totale de barres à l'intérieur des pattes ; des colliers sombres ; des barres marquées sur l'extérieur des pattes avant ; des yeux protubérants ; un museau trop court ; un nez trop romain ; un manque de maquillage au nez ; un collier.
- **Disqualifications :** des colliers fermés et des bracelets circulaires aux pattes ; des barres sur la queue ; des médaillons blancs ou toute autre tache ; des yeux bleus de siamois ou aigue-marine ; le haut de la tête non ticketé ; pas de fourrure aux oreilles.
- **Mariage autorisé :** singapura x singapura.
- **Génotype d'un singapura :** AA BB Ccb DD LL Ta Ta.

Snowshoe

Origine : États-Unis
Taille : moyenne
Poids : 2,5 à 5,5 kg
Poil : court
Caractère : vif et proche de son maître

Le snowshoe a été « construit » de toutes pièces de l'autre côté de l'Atlantique dans les années 1960 par Dorothy Hinds-Daugherty, éleveuse à Philadelphie. Il est issu du croisement entre le siamois et l'american shorthair particolore. Il allie d'ailleurs la puissance musculaire et l'équilibre du second avec la grâce, l'élégance et le raffinement du premier. La race a été reconnue dans les années 1980 par la TICA et elle est encore aujourd'hui très peu répandue.

CARACTÉRISTIQUES

- **Caractère :** le snowshoe a hérité de ses ancêtres un caractère affirmé, aimable, doux. Vif, bon chasseur, tendre et fidèle, il recherche toujours la compagnie des humains.
- **Entretien :** un brossage hebdomadaire suffit.

STANDARD

- **Tête :** de longueur moyenne, elle s'inscrit quasiment dans un triangle équilatéral. Le crâne comme les contours de la tête sont légèrement arrondis. Le front, légèrement plat, et le nez, droit, forment deux lignes distinctes. Un break est juste perceptible entre la ligne du front et celle du nez.
- **Museau :** le menton est ferme. Le museau n'est ni extrêmement large, ni pointu, ni carré. Les pommettes sont haut placées mais non proéminentes.
- **Oreilles :** larges à la base, de taille moyenne à moyennement grande, elles sont légèrement arrondies au bout. Elles sont placées en alerte et continuent bien les lignes du visage. Leur fourrure est éparse.
- **Yeux :** de taille moyenne, ils s'inscrivent dans un ovale bien allongé. Ils sont placés un peu en biais, bien séparés et non protubérants. Ils doivent être brillants, pétillants, expressifs, et d'un bleu le plus intense possible.
- **Cou :** il est d'une longueur proportionnelle au corps.
- **Corps :** de taille moyenne, semi-élégant, il est ferme et moyennement long. Avec les pattes et les pieds, il s'inscrit dans un rectangle. La croupe est légèrement plus haute que les épaules et le dos est légèrement arqué. L'ossature et la musculature sont moyennes, non délicates, puissantes et non massives.
- **Pattes :** d'ossature et de musculature moyennes, elles sont d'une bonne longueur, en proportion avec le corps.
- **Pieds :** de taille moyenne, ils ont des bouts ovales.
- **Queue :** de taille moyenne à la base, elle s'effile légèrement au bout. Elle est d'une longueur proportionnelle au corps.
- **Robe et texture :** le poil est court à moyennement court. Il est lisse et couché. Le sous-poil est insignifiant et les changements saisonniers sont à prendre en compte.
- **Couleur :** dans les catégories mitted, colourpoint et bicolore, le seal, le blue, le chocolat et le lilac sont reconnus. Chez les colourpoint, on note un contraste entre les

Un siamois ganté de blanc

Le snowshoe (« chaussure de neige ») est né du désir de réunir sur un seul chat les points du siamois et les pattes gantées du chat sacré de Birmanie. Il ressemble à un fort siamois ganté de blanc. Les chatons naissent tout blancs, et il faut attendre l'âge de deux ans pour que la robe soit complètement aboutie.

Échelle des points du standard LOOF

	Points
Tête	**20**
- profil : 7 - forme : 4 - type : 1 - taille : 1 - oreilles : 3 - yeux : 4	
Corps	**30**
- type : 8 - forme : 3 - taille : 3 - cou : 2 - pattes : 6 - pieds : 4 - queue : 4	
Couleur	**35**
- motifs : 16 - points : 19	
Robe	**5**
Condition	**5**
Équilibre	**5**

points et le corps, qui s'éclaircit sur la robe, laquelle peut être ombrée ou très claire. La poitrine et l'estomac sont en général plus clairs. Le menton est blanc. La bavette est blanche sur la poitrine. Un collier autour du cou et du blanc sur l'estomac sont normaux. Le nez peut être blanc ou coloré, et le cuir de ton chair ou bariolé. Les pattes avant sont blanches, au maximum jusqu'à mi-pattes, les pattes arrière jusqu'à mi-cuisses. Chez les mitted, le corps et le museau sont colorés comme le point et le museau peut présenter un motif blanc, à l'exception d'un V complet ou partiel. Les motifs blancs ne peuvent pas excéder un tiers de la couleur du chat. Chez les bicolores, la robe est colorée comme celle du point, avec des motifs faciaux blancs qui ressemblent à un V complet ou partiel ; ils ne doivent pas dépasser les deux tiers de la couleur du chat. Pour les trois variétés, les coussinets peuvent être couleur chair ou bariolés.

› **Tolérances :** des couleurs plus foncées chez les chats plus âgés ; des couleurs plus claires ou non développées chez les chatons et les jeunes chats ; des bajoues pleines chez les mâles (plus pleines chez les femelles) ; une robe qui change avec les saisons.

› **Pénalités :** une tête extrêmement longue ; un museau trop large, trop pointé de taches ou extrême sous n'importe quel aspect ; des oreilles petites et arrondies ; des yeux arrondis, petits et très inclinés ; un corps court ou massif ; un corps très long, frêle et délicat ; une queue mince, une absence d'effilement ; des pattes nouées, des os fins ou non proportionnels au corps. Vu la nature capricieuse du facteur des taches blanches, des motifs irréguliers, des lacets colorés, des taches dans les motifs sont permis, mais ils ne doivent pas être trop visibles ni nuire à l'apparence générale du chat. On les pénalisera s'ils s'écartent trop du motif original.

› **Disqualifications :** une robe longue ; des yeux non bleus ; aucun point de couleur ou des points de couleur autre que les couleurs reconnues ; des motifs blancs obstruant complètement les points de couleur ; moins de quatre pattes blanches.

› **Mariage autorisé :** snowshoe x snowshoe.

› **Génotype d'un snowshoe seal point homozygote :** BB cs cs DD LL SS.

Sokoke

Origine : Kenya
Taille : moyenne
Poids : 3 à 5 kg
Poil : court
Caractère : actif et indépendant

Le sokoke a été importé du district de Sokoke, au Kenya. Jeni Slater, une Anglaise vivant en Afrique, a adopté les premiers sujets dans les années 1970 et l'une de ses amies, danoise, en a exporté quelques-uns dans les années 1980. La race, encore très rare, a été reconnue en 1992 au Danemark et homologuée par la FIFE en 1993.

CARACTÉRISTIQUES

- **Caractère :** c'est un chat actif et vif, qui aime se dépenser et qui adore grimper. Il s'habitue à la vie domestique tout en conservant son indépendance.
- **Entretien :** un brossage hebdomadaire suffit.

STANDARD

- **Tête :** elle paraît petite par rapport au corps car elle présente des angles modifiés. De profil, le sommet du crâne est presque plat et une courbe concave, courte et douce rejoint le nez. De longueur moyenne, le nez est large et son extrémité est assez abrupte.
- **Museau :** les pommettes sont hautes et bien définies. Les patons sont bien distincts, mais sans pinch. Le menton est fort et large, en ligne avec le nez.
- **Oreilles :** elles sont de taille moyenne, larges à la base. Les extrémités sont légèrement arrondies et des lynx tips sont souhaités. Elles sont placées moyennement haut et peu espacées.
- **Yeux :** grands, en forme d'amande, ils sont largement écartés et légèrement en oblique. Ils sont lumineux et expressifs.
- **Cou :** il est de longueur moyenne.
- **Corps :** moyennement long, il est svelte, bien musclé, avec une ossature solide. Le poitrail est bien développé et proéminent.
- **Pattes :** elles sont longues, sveltes et musclées. Les postérieures sont plus longues que les antérieures et bien anguleuses.
- **Pieds :** ils sont ovales.
- **Queue :** elle est moyennement longue, plus épaisse à la base qu'à l'extrémité.
- **Robe et texture :** le poil est très court, couché et luisant, mais non soyeux. Peu ou pas de sous-poil.
- **Couleurs :** seul le brown blotched tabby est accepté. Des poils agouti dans les parties colorées sont souhaités. La truffe est rouge brique, cerclée de la couleur des marques. Les coussinets sont noirs ou seal. Les yeux varient de l'ambre au vert clair et sont cerclés de la même couleur que celle des parties solides des marques.
- **Pénalités :** une tête trop orientale, un stop trop marqué, du pinch ; un cou court et épais ; un corps trop ramassé et un manque d'élégance.
- **Disqualifications :** un médaillon blanc ou du blanc n'importe où sur le corps, ailleurs que sur les narines, le menton et la gorge.
- **Mariage autorisé :** sokoke x sokoke.
- **Génotype d'un sokoke blotched tabby homozygote :** AA BB CC DD tb tb.

Chasseur d'insectes

Le sokoke vit depuis longtemps dans la forêt kenyane et passe son temps dans les arbres, où il adore chasser les insectes. Son nom d'origine est khadzonzo et il a même été baptisé african shorthair.

Échelle des points du standard LOOF

	Points
Tête	**15**
- profil : 5 - menton : 5 - oreilles : 5	
Yeux	**10**
Corps	**25**
- stucture : 10 - pattes et pieds : 5 - ossature : 5 - queue : 5	
Fourrure	**45**
- Couleur et dessin : 30 - Qualité de texture et longueur : 15	
Condition	**5**

Somali

Origine : États-Unis, Canada
Taille : moyenne
Poids : 3,5 à 5,5 kg
Poil : mi-long
Caractère : vif et curieux

Un renard d'appartement

Véritable renard d'appartement, le somali est tout simplement un abyssin à poil mi-long. Longiligne, élégant, il paraît cependant un peu plus lourd que son cousin avec sa fourrure longue et épaisse. Luisante, douce et lustrée, cette dernière lui confère en effet une allure majestueuse, tout comme son important jabot. Sa queue, longue, très fournie, bien portée, rappelle tout à fait celle du renard ou de l'écureuil.

Mary Maling, une éleveuse canadienne, voyait de temps à autre des chats à poil mi-long naître dans ses portées d'abyssins, souvenir de croisements avec des persans ou des angoras. Elle les écartait consciencieusement de ses lignées, jusqu'au jour où, séduite par ce chat à la queue d'écureuil, elle décida de s'y intéresser de plus près. Elle présenta l'un de ses sujets dans une exposition féline en 1963 et ce dernier connut un remarquable succès. Côté États-Unis, c'est Evelyn Magne qui entreprit une démarche identique et réussit à fixer le caractère poil mi-long. La race a été reconnue en 1978 outre-Atlantique, et les premiers sujets sont arrivés en France en 1979. Le somali a été homologué par la FIFE en 1982 et il connaît depuis un franc succès.

CARACTÉRISTIQUES

- **Caractère :** joueur, vigoureux, très intéressé par tout ce qui l'entoure, le somali est aussi extrêmement vif, musclé, intelligent, tout en étant très doux et facile à manipuler. Sa voix reste discrète. Il possède également d'excellentes aptitudes pour la chasse.
- **Entretien :** un brossage hebdomadaire suffit. Sa santé est solide.
- **Particularités :** il faut attendre la deuxième année pour être fixé sur la longueur du poil et la couleur définitive.

STANDARD

- **Tête :** de longueur proportionnelle à celle du corps, elle présente des contours arrondis vue de devant comme de côté. Le crâne est légèrement arrondi et le front un peu bombé. Le profil montre une légère déclivité concave entre le front et le nez, sans break évident. Le port de tête est altier.
- **Museau :** il présente des contours légèrement arrondis vu de face comme de profil. Il ne doit pas être pointu ni présenter de pinch. Le menton est plein, ni fuyant ni projeté en avant, avec une apparence arrondie. Des bajoues sont permises chez les mâles adultes.
- **Oreilles :** grandes, en alerte et modérément pointues, elles sont larges, courbées à la base et pointées vers l'avant. Des plumets sont souhaités. Les poils sont courts et couchés, et la couleur est conforme à celle de la robe. L'empreinte de pouce est souhaitée sur le haut extérieur, elle est surtout visible chez le lièvre.
- **Yeux :** légèrement en amande, ils sont grands, brillants et expressifs. Leur ouverture n'est ni orientale ni ronde. Ils sont soulignés d'un trait de maquillage en accord avec la robe, lui-même souligné d'une zone de coloration plus claire.
- **Cou :** assez long et gracieux, il ne rentre pas dans les épaules.

Corps : moyennement long, souple et gracieux, il est doté d'une forte musculature, bien développée, mais reste élégant et non massif. La cage thoracique est doucement arrondie et les flancs sont fins. Le dos est légèrement arqué et donne l'impression d'un chat prêt à bondir.

Pattes : elles sont proportionnellement minces, longues et bien musclées avec des tendons apparents.

Pieds : ils sont ovales et compacts. Lorsqu'il est debout, le somali paraît se tenir sur la pointe des pieds.

Queue : elle est longue et effilée.

Robe et texture : le poil est élastique au toucher, brillant, de texture fine et assez court. Il est couché sur le corps et le sous-poil doit être chaud. Il est plus long sur l'épine dorsale et se raccourcit graduellement sur la tête, les flancs et les pattes. Il présente deux bandes ou plus, claires ou sombres, appelées ticking. La présence de coloration des pattes arrière est appréciée, et il doit y avoir le moins de marques possible.

Couleur : lièvre, sorrel, bleu, fawn, chocolat, lilac, red, crème, lièvre tortie, bleu crème, chocolat tortie, lilac crème, sorrel tortie, fawn cream et toutes les couleurs de base avec le silver sont reconnus. La robe est dotée d'une qualité rayonnante, qui reflète la chaleur de ses couleurs. Le motif de la fourrure est génétiquement agouti. Le poil présente des bandes claires et foncées. Le poil du ventre, de la poitrine, du cou et de l'intérieur des pattes n'est pas ticketé, toutefois sa pigmentation doit être homogène. Comme c'est un chat tabby, ses patons, son menton et le haut de sa gorge sont d'une couleur plus claire, néanmoins, plutôt crème que blanche, et jamais d'un blanc pur. Une bande plus sombre suit l'épine dorsale et confère au somali un look sauvage. La couleur des yeux varie du jaune au marron en passant par le vert dans toutes ses nuances, mais elle est uniforme.

Condition : c'est un chat alerte et vif.

Pénalités : des défauts dans les couleurs ; une robe d'un ton froid, gris ou sableux ; une couleur grise près du menton ou un sous-poil d'une couleur incorrecte ; un collier ouvert ; des bandes aux pattes ; des taches ou des zones non ticketées sous le corps, sur la poitrine et à l'intérieur des pattes ; des barres tabby – attention, plus la couleur est dense et chaude, plus les marques ont tendance à être visibles ; une robe terne ou une excessive apparence pelucheuse ; un effet laineux ; des mauvaises couleurs ou une irrégularité de ticking ; des fautes de ticking et de motif ; un ticking inversé sur le corps, un manque de ticking sur la tête et la queue ; une tête avec un stop marqué ; une queue en fouet ; une couleur des yeux irrégulière et non franche pour les adultes ; une trop grande maigreur et un manque de tonus musculaire ; une mauvaise ou une faible condition physique.

Disqualifications : un médaillon blanc ou du blanc n'importe où sur le corps ; un chat non agouti.

Mariages autorisés : somali x abyssin, somali x somali.

Génotype d'un somali lièvre homozygote : AA BB CC DD II Ta Ta.

Échelle des points du standard LOOF

	Points
Tête	**30**
- profil : 5 - museau : 5 - crâne : 5 - oreilles : 5 - forme des yeux : 5 - cou : 5	
Corps	**35**
- torse : 10 - pattes et pieds : 10 - ossature : 5 - queue : 5 - musculature : 5	
Couleur et ticking	**25**
- couleur : 10 - ticking : 10 - couleur des yeux : 5	
Robe et texture	**10**

Sphynx

Origine : États-Unis, Canada
Taille : moyenne
Poids : 3,5 à 7 kg
Poil : chat nu
Caractère : intelligent et équilibré

Tout nu !

Voici sans doute l'un des chats qui ont fait couler le plus d'encre. Le chat le plus curieux qui soit, le plus laid pour certains, le plus étonnant pour d'autres. Semblant venu d'une autre planète, tel ET, il bouscule les sentiments de chacun et remet en question bien des idées reçues. Sa nudité représente bien sûr sa caractéristique la plus choquante et la plus extraordinaire. Cette peau de bébé, extrêmement douce, recouverte d'un très fin duvet, fait penser à la peau de chamois ou de daim. Attention, cependant : il arrive que des birmans ou des persans naissent nus mais, dans leur cas, le gène est une tare et ils meurent.

Si l'existence des chats nus est loin d'être une nouveauté, comme en témoignent de magnifiques gravures précolombiennes et les écrits du naturaliste allemand Johann Rudolph Rengger en 1830, tous les sphynx sont issus d'une portée de chatons découverte dans l'Ontario et adoptée par le Hollandais Hugo Fernandez au début des années 1970. Ce dernier travailla en grand secret son programme d'élevage et maria notamment le sphynx avec le rex devon. En 1984, Patrick Challain, président de l'ANF (Association nationale féline), devint le propriétaire de cinq chatons et introduisit la race dans l'Hexagone. Le succès en exposition fut immédiat. Aline et Philippe Noël participèrent au développement de la race. Les Américains commencèrent alors à s'y intéresser. Elle est toutefois assez confidentielle.

CARACTÉRISTIQUES

› **Caractère :** cocktail d'insolite, d'étrange, de tendresse, d'intelligence, de bravoure, d'espièglerie dans une enveloppe d'extraterrestre, le sphynx est fidèle comme un chien. Doté d'un regard presque humain, il a aussi une grande douceur, un équilibre fantastique et une santé de fer. À peine plus frileux qu'un autre chat, il a un appétit d'ogre : il doit en effet accumuler les calories nécessaires au maintien de sa température, qui est la même que celle des autres membres de l'espèce. Il adore les câlins.

› **Entretien :** le sphynx nécessite des soins quotidiens. Il faut le nettoyer tous les jours avec un gant de toilette, car c'est un chat qui sue beaucoup. Les bains ne sont toutefois pas conseillés. L'été, mieux vaut le protéger du soleil car il est sujet aux brûlures. En hiver, il a besoin d'aliments très énergétiques pour pallier son manque de fourrure. Il faut également lui nettoyer les oreilles de façon régulière.

› **Particularités :** la mutation du sphynx, naturelle et spontanée, est récessive (pour avoir des chatons sphynx, les deux parents doivent être eux-mêmes nus ou porteurs du gène). Elle n'a aucune incidence sur la vie du chat, qui ne souffre pas d'une fragilité particulière ni de tares. Le mariage entre sphynx ne présente d'ailleurs aucun inconvénient, ce qui n'est pas le cas pour d'autres races qui, tout en paraissant normales, ont des gènes qu'il convient de manipuler avec précaution.

STANDARD

› **Tête :** de taille moyenne, elle est plus longue que large. Le front est plat et un stop prononcé est distinct au niveau du nez. Les maxillaires sont proéminents.

› **Museau :** il est fortement arrondi, avec des moustaches distinctes et un menton ferme.
› **Oreilles :** très grandes, elles sont larges à la base et ouvertes. Elles sont placées à mi-distance entre le centre et le côté de la tête. L'intérieur est totalement nu, un léger toupet est permis à la base de l'arrière.
› **Yeux :** ses grands yeux sont écartés d'un œil l'un de l'autre et ressemblent à des citrons arrondis.
› **Cou :** de longueur moyenne, il est arrondi et bien musclé. Il forme un arc des épaules à la base du crâne, et il est spécialement puissant chez les mâles.
› **Corps :** de taille moyenne et de longueur moyenne à longue, il présente une large poitrine en tonneau. L'abdomen est plein, l'ossature est moyenne et la musculature forte et non délicate.
› **Pattes :** dotées d'une ossature moyenne et d'une musculature ferme, elles sont proportionnelles au corps. Les pattes arrière sont légèrement plus longues que celles de devant, qui sont un peu arquées.
› **Pieds :** de taille moyenne et de forme ovale, ils présentent de longs doigts, minces et bien séparés. Les coussinets sont plus épais que ceux des autres races.
› **Queue :** proportionnelle au corps, elle ressemble à un fouet ou à une queue de rat. La queue de lion est acceptable.
› **Robe et peau :** la texture de la robe s'apparente à celle d'une peau de chamois. Nu en apparence, le sphynx peut être recouvert de poils courts et fins, et une touffe de poils peut orner sa queue. Les moustaches sont éparses et courtes ou inexistantes. La peau est très ridée chez les chatons. Les adultes doivent garder autant de rides que possible, spécialement sur la tête, mais ces dernières ne doivent pas affecter les fonctions normales du chat.
› **Couleur :** toutes les couleurs sont reconnues. La couleur des yeux est conforme à celle de la robe, toutes les couleurs étant acceptées.
› **Pénalités :** une allure trop frêle, délicate, une ossature fine ; un profil trop droit ; une ressemblance avec une autre race ; des oreilles et des ongles malpropres.
› **Disqualifications :** les poils crantés du rex devon ou du rex cornish en période de mue ; une épilation ou un rasage évidents.
› **Mariage autorisé :** sphynx x sphynx.
› **Génotype d'un sphynx brown mackerel tabby et blanc homozygote :** AA BB CC DD hr hr SS tm tm.

Échelle des points du standard LOOF

	Points
Tête	**23**
- museau, menton : 5 - taille, forme : 5 - profil : 5 - pommettes : 5 - front : 3	
Oreilles	**5**
Yeux	**5**
Corps	**32**
- poitrine : 10 - abdomen : 10 - pattes, pieds : 5 - queue : 5 - cou : 2	
Nudité	**30**
- plis : 10 - texture : 15 - extrémité autorisée : 5	
Couleur et répartition	**5**

Thaï

Origine : Thaïlande
Taille : moyenne
Poids : 2,5 à 4 kg
Poil : court
Caractère : intelligent, extraverti

Un chat rustique

Le thaï est l'ancêtre de nos siamois actuels, auxquels il ne doit ressembler en aucune façon. De taille moyenne, il est rustique et rappelle les siamois de nos grands-parents. Alors que les lignes droites, les triangles, la finesse et l'élégance définissent le siamois actuel, le thaï, lui, est tout en cercles, en rondeurs, en puissance. Seules les couleurs sont les mêmes.

Alors que le siamois s'éloignait de plus en plus de son aspect d'origine, des éleveurs ont choisi d'effectuer un retour aux sources en retrouvant le premier type. Pour y parvenir, ils ont sélectionné les siamois les moins typés, ils les ont croisés avec des british shorthairs et des européens unis, et ont remarié les enfants à des siamois, toujours le moins typés possible. Ils ont alors obtenu le thaï.

CARACTÉRISTIQUES

- **Caractère :** bavard et extraverti, le thaï est doté d'une vive intelligence et d'une grande capacité d'apprentissage. Il peut se montrer très affectueux et, un brin excessif, être capable de grands élans d'amour envers son maître. Au fil des générations, les éleveurs s'attachent à lui assurer un caractère docile.
- **Entretien :** le thaï ne demande pas de soins particuliers. Il possède une santé de fer et il faut le brosser régulièrement pour conserver le brillant de son poil.

STANDARDS

- **Tête :** elle est triangulaire, avec des angles arrondis. De taille et de forme moyennes, elle est en proportion avec le corps. Le profil n'est pas droit, il doit y avoir une légère dénivellation, et le nez n'est pas court. Le front est modérément bombé.
- **Museau :** il est fort, tout comme les joues, qui sont accentuées chez le mâle.
- **Oreilles :** elles sont larges à la base et se terminent en arrondi. Leur implantation est basse et elles sont bien espacées.
- **Yeux :** en forme de citron arrondi, ils se placent dans l'alignement des oreilles.
- **Cou :** l'encolure est moyenne mais ferme, sans trop d'élégance.
- **Corps :** il est ferme et montre une force musculaire développée tout en restant élégant. La cage thoracique est arrondie.
- **Pattes :** de taille moyenne, elles sont bien musclées.
- **Pieds :** ils sont ovales et compacts.

- **Queue :** longue et effilée, elle est épaisse à la base.
- **Robe et texture :** le poil est court mais épais et couché.
- **Couleur :** seal point, blue point, chocolat point, lilac point, red point, cream point, seal tortie point, blue creampoint, chocolat tortie point, lilac cream point et les dix couleurs en tabby point sont reconnus. La couleur des points doit être dense, avec une robe le plus pâle possible. Les yeux sont d'un bleu qui se doit d'être dense. Des variantes entre le bleu pâle et le bleu foncé sont acceptées.
- **Pénalités :** des défauts dans les couleurs ; un manque de densité ; des taches de couleur autres que sur les points.
- **Disqualifications :** un médaillon blanc ou du blanc n'importe où sur le corps ; un caractère agressif et non manipulable ; un profil droit.
- **Mariage autorisé :** thaï x thaï.
- **Génotype d'un thaï seal point homozygote :** BB cs cs DD LL.

Échelle des points du standard LOOF

	Points
Tête	**30**
- profil : 5 - joues : 5 - crâne : 5 - oreilles : 5 - forme des yeux : 5 - cou : 5	
Corps	**35**
- torse : 10 - pattes et pieds : 10 - ossature : 5 - queue : 5 - musculature : 5	
Texture	**10**
Couleur	**25**
- robe : 10 - points : 10 - yeux : 5	

Tonkinois

Origine : États-Unis
Taille : moyenne
Poids : 2,5 à 5,5 kg
Poil : court
Caractère : intelligent et attaché à ses maîtres

Le charme d'antan

Dans le cas d'un mariage entre siamois et burmese, tous les chatons sont tonkinois, sans autre problème. En revanche, l'union de deux tonkinois donne une portée comptant un quart de burmese, un quart de siamois et une moitié de tonkinois. En outre, les siamois et les burmeses issus de ce type d'union ne correspondent pas au standard tel qu'il est actuellement défini. Cependant, le jeu en vaut la chandelle tant le tonkinois a de charme. De plus, il fait la joie des nostalgiques des siamois d'antan et des burmeses non typés, qui retrouvent en lui le chat de leur enfance. Après tout, n'est-il pas la re-création du siamois et du burmese originels ?

Naturel ? Non. Issu de savants calculs ? Non. Enfant du destin ? Oui, plus ou moins. En fait, le tonkinois tire surtout ses origines des complexités de la génétique et du hasard d'un mariage entre siamois et burmese. Mariées ensemble, ces deux races bien distinctes l'une de l'autre ont donné une troisième race que l'on a appelée tonkinois ! c'est le seul exemple de ce genre dans la gent féline. Longtemps ignoré, puis appelé siamois doré, le tonkinois a été admis comme race distincte, avec son propre standard, dans les années 1960. Populaire outre-Atlantique, il reste plus confidentiel en Europe.

CARACTÉRISTIQUES

- **Caractère :** chat intermédiaire par excellence, sans extrêmes, aux couleurs absolument délicieuses et uniques, le tonkinois présente les qualités du burmese et du siamois et semble en avoir oublié les petits défauts, le caractère bavard du premier tempérant sans aucun doute le caractère excessif du second. C'est un chat très intelligent et très vif. Moins exclusif que le siamois, il est cependant très attaché à ses maîtres et déteste la solitude.
- **Entretien :** un brossage hebdomadaire suffit.
- **Particularités :** dans l'ensemble, l'amélioration des races, c'est-à-dire le soin apporté à bien les typer et à les distinguer les unes des autres, a été bénéfique. Ce n'est pas le cas pour les tonkinois. En effet, à l'époque de leur création, les siamois étaient assez ronds, leurs yeux assez clairs, leur queue assez épaisse, comme leur ossature en général. Les burmeses, eux, étaient aussi épais mais moins ronds qu'à l'heure actuelle. Ils avaient également la tête moins ronde, les yeux plus pâles, les oreilles un peu plus grandes, le nez plus long. Ces deux chats se trouvaient ainsi beaucoup plus proches qu'aujourd'hui ; rien d'incompatible ne les séparait vraiment. Les tonkinois se trouvaient équilibrés, homogènes, et les siamois ou les burmeses issus de deux tonkinois retrouvaient chacun les caractéristiques de leur race. Ce n'est plus aussi simple aujourd'hui. Désormais, les types des races de base ont tellement changé, et ils s'opposent tellement, que le résultat des croisements devient aléatoire, surtout lorsqu'il s'agit de retrouver des siamois et des burmeses issus de deux tonkinois.

STANDARD

› **Tête :** de taille moyenne, elle est un peu plus longue que large et ses contours sont légèrement arrondis. De face, elle forme un triangle équilatéral avec ses oreilles. Le front légèrement bombé se poursuit par une courbe concave et se prolonge par un nez légèrement convexe.

› **Museau :** de longueur moyenne, il n'est ni pointu ni trop arrondi. D'une bonne largeur au niveau des mâchoires, il s'effile légèrement ensuite. Les pommettes sont hautes et légèrement planes, et on note la présence d'un break défini mais léger.

› **Oreilles :** elles sont légèrement plus longues que larges. De taille moyenne, elles présentent des bouts ovales et leur large base englobe bien les côtés et le dessus du crâne. Leurs poils sont très courts et couchés, et la peau peut être visible.

› **Yeux :** en forme d'amande et de taille moyenne, ils sont bien séparés. Ils sont placés en oblique et leur partie inférieure est légèrement arrondie.

› **Cou :** de taille et de longueur moyennes, il est plus musclé chez les mâles adultes.

› **Corps :** semi-foreign et non massif, il est de taille moyenne. Les mâles sont plus grands que les femelles. Le torse est de longueur moyenne et rectangulaire. La poitrine est moyennement large et s'arrondit légèrement sur le devant. L'arrière-train est un peu surélevé. L'ossature est de taille moyenne et élégante, ni lourde ni délicate. La musculature est solide et bien développée, avec des lignes athlétiques. Elle n'est pas massive, l'abdomen est ferme et les épaules sont assez musclées chez les mâles.

› **Pattes :** de longueur moyenne et d'une taille proportionnelle au corps, elles sont légèrement plus longues à l'arrière. Leur ossature est élégante et leur musculature modérément mince, sans massivité.

Échelle des points du standard LOOF

	Points
Tête	**25**
- face : 7 - profil : 7 - oreilles : 5 - forme des yeux : 6	
Corps et queue	**27**
- torse et cou : 14 - pattes et pieds : 7 - queue : 6	
Robe	**10**
Couleur	**28**
- corps et contraste : 10 - points, cuir du nez et coussinets : 8 - yeux : 10	
Condition	**5**
Équilibre	**5**

Pieds : de forme ovale, ils sont de taille moyenne.

Queue : sa taille correspond à la longueur comprise entre la croupe et les épaules. Plus large à la base sans être épaisse, elle s'effile légèrement au bout.

Robe et texture : le poil est court, fin, doux, soyeux et brillant. Il est épais tout en étant couché sur le corps.

Couleur : natural mink, blue mink, chocolat mink, lilac mink, red mink, crème mink, tortie mink, bleu crème mink, chocolat tortie mink, lilac crème mink, et les mêmes couleurs en point et en sépia sont reconnus. Le tonkinois mink présente une coloration des points plus soutenue sur une robe dans les mêmes tons mais un peu plus claire, qui s'éclaircit en descendant sous le ventre.
Les yeux sont aigue-marine chez les mink, bleus chez les point, or à jaune chez les sépia. Ils sont brillants, clairs, profonds et uniformes.

Tolérances : une couleur des yeux incomplètement développée à moins d'un an ; des barres sur la queue et sur le bas des pattes à moins de huit mois ; un corps plus foncé en raison de l'âge, à condition que les points restent définis chez les mink ; une tête plus arrondie chez les mâles adultes, à cause des bajoues ; une tête plus courte, plus ronde, de type plus compact chez les chatons.

Pénalités : des yeux ronds ; des marques sur le corps.

Disqualifications : une tête ronde avec des yeux ronds, protubérants ; un museau court et un stop trop marqué ; un type cobby ou oriental ; des yeux bleus ou jaunes chez les mink, verts ou jaunes chez les point ; des médaillons ou des boutons blancs ; une pigmentation incomplète ou absente sur le cuir du nez ; un problème de crâne, une fontanelle ouverte chez les adultes.

Mariages autorisés : burmese x siamois (= tonkinois première génération), tonkinois x siamois, tonkinois x burmese , tonkinois x tonkinois.

Génotype d'un tonkinois natural mink : BB cb cs DD.

Turkish van

Origine : Turquie
Taille : grande
Poids : 3 à 8,5 kg
Poil : mi-long
Caractère : vif et tendre

Originaire du lac de Van, situé à la frontière de la Turquie et de l'Iran, le turkish van est l'une des races les plus anciennes et l'une des rares à être 100 % naturelle. Le premier élevage est anglais et date de 1955 : c'est celui de Laura Lushington, qui a importé de Turquie deux couples de chats locaux. Ces derniers ont donné naissance à des chatons blancs présentant des marques rousses sur la queue et sur la tête. Ainsi est apparu le turkish van. La race a été reconnue en 1969 en Angleterre et en 1970 en France, mais elle reste aujourd'hui assez rare en Europe.

CARACTÉRISTIQUES

- **Caractère :** autrefois agressif, le turkish van est devenu aimable grâce au travail des éleveurs. Appelé aussi chat nageur car il ne craint pas l'eau, c'est un excellent compagnon, très fidèle. Fauve et tendre à la fois, il a besoin de se dépenser et ne dédaigne pas les séances de câlins.
- **Entretien :** l'entretien de la fourrure devra être régulier et minutieux, surtout en période de mue.

STANDARD

- **Tête :** au moins aussi longue que large, elle présente des côtés modifiés. Elle est plus large chez les mâles. Le profil est bien sculpté, avec une déclivité ou un léger break au niveau de l'œil. Le nez est légèrement busqué.
- **Museau :** il est arrondi et proportionnel à la tête. Le menton est arrondi et sa face n'est pas effilée. Les pommettes sont hautes, avec un très léger pinch.
- **Oreilles :** grandes, elles sont larges à la base et légèrement évasées.
- **Yeux :** ses grands yeux en forme de noix sont légèrement obliques.
- **Cou :** moyennement court et musclé, il est orné d'une collerette pleine chez les mâles adultes en hiver.
- **Corps :** d'une grande taille chez les mâles, il est massif et long. La poitrine est pleine et la musculature substantielle couvre bien l'ossature, qui est moyenne. Les hanches sont légèrement plus étroites que les épaules.

Ne les confondez pas

Une structure plus lourde, des pommettes hautes, une tête aux contours arrondis, une fourrure blanche ornée de quelques taches rousses sur la tête et le bas du dos ainsi qu'une queue colorée distinguent le turkish van de son cousin l'angora turc.

› **Pattes :** dotées d'une ossature moyenne et de muscles forts et bien dessinés, les pattes arrière sont plus longues que les pattes avant.
› **Pieds :** ils sont ronds, fermes et les doigts sont touffus.
› **Queue :** épaisse et musclée, en panache, elle est proportionnelle au corps.
› **Robe et texture :** mi long, le poil est doux et fin. En été, il est court, excepté sur la queue. En hiver, il est plein, plus long et plus doux.
› **Couleur :** noir et blanc, roux et blanc, crème et blanc, écaille de tortue et blanc, bleu crème et blanc, brown tabby et blanc, bleu tabby et blanc, red tabby et blanc, crème tabby et blanc, brown tortie tabby et blanc, bleu crème tabby et blanc sont reconnus. Les yeux sont or, bleus ou impairs.
› **Pénalités :** des taches mal réparties ; la couleur de la queue s'étendant sur le dos.
› **Disqualifications :** un manque de coloration soit sur la tête, soit sur la queue ; plus de trois taches sur le corps et les pattes.
› **Mariage autorisé :** turkish van x turkish van.
› **Génotype d'un turkish van auburn et blanc :** aa BB CC DD II OY SS.

Échelle des points du standard LOOF

	Points
Tête	15
Yeux	8
Oreilles	7
Corps	20
Pattes et pieds	10
Queue	10
Robe	30
- couleur : 5 - motif : 10 - texture : 15	

York chocolat

Origine : États-Unis
Taille : grande
Poids : 5 à 8 kg
Poil : mi-long
Caractère : énergique et joueur

Cette nouvelle race au poil mi-long vient des États-Unis et doit son nom à l'État de New York et à sa belle couleur brune. Les premiers chatons sont apparus naturellement en juillet 1983 dans la ferme de Janet Chiefari, située dans ledit État. Leurs parents étaient des chats de maison, sans origine connue. Le père était un chat noir à poil long, la mère une chatte noire et blanc également à poil long. En 1991, on dénombrait plus de cent chats de cette race qui, mariés entre eux, assuraient une descendance york chocolat à 100 %. Ce sont des ancêtres siamois anciens types communs aux deux parents de base qui auraient introduit le gène de couleur chocolat chez le york. Bien que ce dernier soit plus grand (un mâle adulte pèse de 7 à 8 kg), la structure de la tête comme celle du corps reflètent bien l'allure des premiers siamois. La race est peu répandue.

CARACTÉRISTIQUES

- **Caractère :** gai, vif, bon chasseur, agile, sain, le york chocolat est aussi un chat attentif aux désirs de ses maîtres. Il est passionné, énergique et joueur.
- **Entretien :** son brossage régulier ne présente aucune difficulté.

STANDARDS

- **Tête :** elle est quasiment ronde avec un profil légèrement incurvé. Le crâne, arrondi, n'est pas trop bombé. Il n'y a pas de break.
- **Museau :** il est de longueur moyenne et le menton est en ligne avec le nez.
- **Oreilles :** assez grandes, elles sont à peu près aussi larges à la base que hautes et elles sont presque pointues. La base englobe bien les côtés et le dessus du crâne, les parties extérieures sont recouvertes de poils courts et fins.
- **Yeux :** ils sont assez grands et bien écartés. Légèrement ovales, ils adoptent la forme d'un gros citron.
- **Cou :** il est long et mince, mais il semble court en raison de sa fourrure dense.
- **Corps :** long, il est médium, entre oriental et étranger. L'ossature est fine, la musculature souple et élancée. Les mâles sont plus grands que les femelles.
- **Pattes :** elles sont longues. L'ossature est fine, leur musculature ferme et souple.
- **Pieds :** ils sont petits et bien arrondis.
- **Queue :** longue et mince, elle est droite et s'affine jusqu'à un bout effilé.
- **Robe et texture :** fin, doux et soyeux, le poil est moyennement long sur le corps, avec une queue bien touffue. Une collerette est possible.
- **Couleur :** le chocolat et le lilac et ces mêmes couleurs en bicolore sont acceptés. La couleur des yeux varie de l'or au vert, mais elle est toujours uniforme.
- **Pénalités :** une tête et des yeux trop orientaux ; un menton faible ; un corps lourd.
- **Disqualifications :** n'importe quels taches ou médaillons blancs chez les unicolores.
- **Mariage autorisé :** york chocolat x york chocolat.
- **Génotype d'un york chocolat lilas et blanc homozygote :** aa bb CC dd SS.

Une robe chocolat

Sa couleur est pure dans les tons de brun (chocolat) et de lilac (gris légèrement rosé). Ces tons sont distribués avec du blanc chez les bicolores. Jusqu'à l'âge d'un an et demi, les chatons peuvent présenter des marques tabby (marques fantômes) ou une légère coloration du poil ressemblant à du tipping.

Échelle des points du standard LOOF

	Points
Tête	15
Oreilles	5
Yeux	20
Pattes et pieds	5
Queue	5
Couleur	30
Robe	20

Éléments de génétique féline

La génétique est la partie de la biologie qui étudie l'hérédité, la transmission des caractères des parents à leurs enfants. Le premier chercheur à s'y être intéressé est l'Autrichien Gregor Mendel. Il en a découvert les bases en travaillant sur des petits pois. Ses travaux datent du XIXe siècle.

Les cellules

La cellule est l'élément de base de tous les êtres vivants. À l'intérieur se trouve le noyau, qui abrite les chromosomes. Ceux-ci renferment les gènes, qui règlent le fonctionnement et l'élaboration de chaque individu. Chez le chat domestique, chaque cellule compte trente-huit chromosomes, soit dix-neuf paires identiques. Les cellules sexuelles, ou gamètes, n'ont quant à elles que dix-neuf chromosomes: dans le spermatozoïde, gamète mâle, le chromosome sexuel peut avoir deux formes, X ou Y; dans l'ovule, gamète femelle, on trouve toujours un chromosome sexuel X. L'union du spermatozoïde et de l'ovule forme un œuf primordial possédant deux fois dix-neuf chromosomes. La paire de chromosomes sexuels peut se composer de chromosomes XX (individu femelle) ou de chromosomes XY (individu mâle), selon que le spermatozoïde a apporté un chromosome X ou un chromosome Y.

Exemple suivant le carré de Punnett

Mâle / Femelle	X	Y
X	XX femelle	XY mâle
X	XX femelle	XY mâle

Les gènes ou allèles

Il s'agit des unités élémentaires de l'hérédité. Chimiquement, un gène dépend d'un enchaînement de bases nucléotidiques qui représente une portion de la molécule d'ADN. Les gènes servent au développement, et chacun d'entre eux régit un trait particulier.

Les gènes dominants ▸ Ils sont symbolisés par la majuscule A. Leur présence sur l'un des chromosomes de la paire est suffisante pour qu'ils soient émis et reçus.

Les gènes récessifs ▸ Ils sont symbolisés par la minuscule a. Pour s'exprimer, ils doivent être présents sur les deux chromosomes (aa: individu homozygote). Un gène récessif a pu être porté sans se manifester pendant plusieurs générations par des animaux hétérozygotes (aA).

Les polygènes ou gènes modificateurs ▸ Ces gènes, en interaction constante, modifient mutuellement leur expression. C'est la raison pour laquelle ils influencent fortement la formation des couleurs. Ils sont à l'origine des variations de motifs et de tons.

Les gènes masquants ou épistatiques ▸ Ces gènes en couvrent d'autres. Le blanc dominant, par exemple, masque l'eumélanine et la phæomélanine.

La pigmentation

La mélanine

Ce pigment est responsable de la couleur des poils et de la peau. Elle dépend d'une enzyme thermosensible appelée tyrosinase, ce qui induit que plus la couleur est foncée, plus cette enzyme est insensible à la chaleur. Ainsi, le noir est plus thermorésistant que le chocolat. Elle est produite par des cellules appelées mélanocytes, réparties dans l'épiderme et les follicules pileux. On distingue deux types de mélanine, l'eumélanine (série allélique B) et la phæomélanine (série allélique O).

Les granules d'eumélanine ▸ De forme sphérique, ils absorbent la quasi-totalité de la lumière. Il s'agit d'une mélanine à base de noir.

Les granules de phæomélanine ▸ De forme plus allongée, ovale, ils réfléchissent la lumière dans les zones rouge, orange, jaune. Il s'agit d'une mélanine à base de roux.

Densité de la pigmentation

Elle est régie par la paire d'allèles DD entraînant une pigmentation dense. La lumière est absorbée par l'ensemble de la surface et donne une couleur plus foncée, par exemple le noir, le chocolat, le cinnamon pour l'eumélanine, le roux pour la phæomélanine.

Dilution (ou maltesing)

Elle est régie par la paire d'allèles dd entraînant une pigmentation clairsemée. La lumière est moins bien absorbée et donne une couleur plus claire, par exemple le bleu, le lilas, le faon pour l'eumélanine, le crème pour la phæomélanine.

Allèle agouti

Le gène agouti A est responsable de la présence de rayures sur la robe. Le poil présente alternativement une bande claire puis une bande foncée, et se termine par une pointe foncée. Il est toujours accompagné d'un motif plus ou moins dominant appelé patron tabby. Cette série allélique est définie suivant le tableau ci-dessous.

T^a	**Ticked tabby (Abyssin)**
t^m	**Mackerel tabby**
t^s	**Spotted tabby**
t^b	**Blotched ou classic tabby**

Allèle non agouti

Le gène non agouti aa donne les couleurs unies. Il s'exprime par une vive production d'eumélanine. Cependant, il est pratiquement impossible d'obtenir une robe de couleur rousse ou crème unie (phæomélanine) car elle est affectée par le gène non agouti. Tous les chats roux ou crème présentent un motif tabby plus ou moins marqué.

Coloration unie de la robe

Elle est représentée génétiquement par l'allèle C, entraînant la coloration totale de la robe. Tous les chats unicolores (noir, bleu, chocolat, roux, etc.) font partie de cette catégorie, à l'exception des chats blancs, qui sont à ranger dans une série décrite plus loin. La dilution de cette coloration est régie par un certain nombre de gènes. Tout d'abord l'allèle cb dit sépia, qui atténue la couleur sur le corps (en dégradé) mais pas aux extrémités. La race qui illustre le mieux ce phénomène est le burmese. Ensuite l'allèle cs, déterminant le patron colourpoint, qui se limite exclusivement à une coloration des extrémités (oreilles, masque, pattes et queue). On le rencontre chez le siamois, l'himalayan, le balinais, etc. Le site ou locus correspondant sur l'autre chromosome de la même paire est alors occupé soit par un gène récessif (Aa), soit par le même gène (AA). L'union de ces deux allèles cb-cs a donné une autre coloration, le mink, caractéristique du tonkinois. Dans ce cas, il y a codominance entre ces deux gènes, ce qui signifie que le sépia ne domine pas le colourpoint et vice versa. Également dans cette série allélique, l'allèle ca permet l'albinisme aux yeux bleus, comme chez l'oriental blanc. Le gène c, lui, entraîne l'albinisme aux yeux rouges. Celui-ci est létal : sa présence entraîne inévitablement la mort du sujet.

Coloration de la robe avec blanc

Le gène appelé *white spotting* et représenté par la lettre S est responsable de la couleur avec motifs blancs plus ou moins étendus. Les zones blanches sont dans ce cas totalement dépourvues de mélanocytes. Cette coloration adopte plusieurs variantes comme celle du birman (gants et éperons blancs), les motifs bicolores, arlequin ou van (persan, british shorthair, etc.). Le gène S donne des yeux bleus ou impairs. Il est aussi responsable de la surdité de l'oreille située du côté de l'œil bleu.

La couleur blanche

Le blanc dominant est représenté par la lettre W. Il faut noter qu'il ne s'agit pas d'une couleur mais d'un caractère génétique masquant toutes les autres couleurs, motifs et patrons (épistasie). Le poil des chats porteurs de ce gène W réfléchit la lumière grâce à une structure particulière, ce qui rend invisibles les pigments qui s'y trouvent. Les chatons porteurs, eux, ont parfois une tache de coloration au sommet du crâne : elle a une grande importance car elle permet de connaître la vraie couleur de l'individu. Elle disparaît généralement vers l'âge de douze mois. Les yeux des chats à dominance blanche sont bleus, cuivre, verts ou impairs.

La couleur silver

Elle est due au gène de l'inhibition, qui contrôle l'absence de pigmentation jaune et influence la quantité de mélanine déposée au sommet du poil. La représentation de cette couleur est la lettre I. Les motifs tabby (ticked, mackerel, spotted et classic) sont présents sur cette série allélique, comme chez l'american shorthair silver classic tabby. On le rencontre également en tipped (le poil est de la couleur de base sur un huitième de sa longueur, et le reste argenté), comme chez le persan chinchilla. Le non agouti a avec le gène I donne la coloration smoke. La couleur des yeux pour les chats silver est or ou vert.

La pilosité

La fourrure du chat se compose de trois variétés de poils :

- Le sous-poil (duveteux et fin).
- Le poil de garde (un peu plus long et plus ou moins épais), véritable coussin contre les intempéries.
- Le poil de jarre (plus long), qui forme la couverture et donne l'aspect brillant ; c'est là que se trouve située la coloration de la robe.

Plusieurs gènes agissent sur la texture et la longueur du poil, ce qui explique certaines mutations.

Décomposition des séries alléliques

- **Série L**

L ▸ Poil court normal.

l ▸ Poil long (persan, birman, balinais, etc.).

- **Série Hr**

Hr ▸ Poil normal (chartreux, siamois, etc.).

hr ▸ Absence presque totale de poil (sphynx).

- **Série R**

R ▸ Poil normal.

r ▸ Absence de poil de jarre, le reste de la fourrure est court et ondulé (rex cornish, german rex).

re ▸ Les trois types de poils sont présents, mais la fourrure est courte et frisée (rex devon).

Wh ▸ Poil dur au toucher et court (american wire-hair).

wh ▸ Poil normal.

Mutations morphologiques

On appelle mutation toute altération ou modification soudaine du génotype, sans rapport avec l'ascendance du sujet. On a découvert chez le chat le gène curling Ac, qui est dominant et agit sur la forme des oreilles : celles-ci sont incurvées vers l'arrière du crâne et rigides, d'où le nom d'american curl.

Les oreilles repliées sur le devant du crâne, petites et arrondies, sont quant à elles dues au gène folding, qui a donné son nom au scottish fold, à poil court ou long.

Le caractère « anoure » (absence de queue) tient au gène dominant M. Sous sa forme homozygote, ce gène est létal : il empêche chez le fœtus le développement complet de la moelle épinière. Cette variété s'appelle le manx ou cymric (poil long), qu'il ne faut donc pas marier dans leur race mais plutôt à des british shorthairs.

Quelques mots utilisés en génétique

Allèles ▸ Série de gènes pouvant occuper un même locus sur les chromosomes d'une paire et déterminant les différentes modalités d'expression d'un caractère. Un locus détermine par exemple, selon les gènes qui l'occupent, la répartition de la couleur sur la peau : il s'agit de la série allélique C avec c, coloration de tout le corps, cb, patron du burmese, cs, patrons du balinais et du siamois, ca, albinos, chat blanc, etc.

Locus ▸ Endroit où se situe un gène donné sur son chromosome.

Génotype ▸ Potentiel des facteurs héréditaires d'un individu, exprimés ou non.

Les symboles génétiques

Type sauvage	Mutation
A : Agouti	a : Non agouti
Ac : Oreilles normales	ac : Oreilles incurvées
B : Noir, brun	b : Chocolat bl : Cinnamon cb : Sépia
C : Unicolore	Cs : Point cb cs : Mink
D : Pigmentation dense	d : Maltesing
Fd : Oreilles normales	fd : Oreilles recourbées
G : Doré	g : Non doré
Hr : Poil normal	hr : Absence de poil
i : Pigmentation normale	I : Inhibition
L : Poil court	l : Poil long
m : Queue normale	M : Absence de queue
o : Pigment normal	O : Roux lié au sexe
pd : Nombre de doigts normal	Pd : Polydactylie
R : Robe normale	r : Rex Cornish re : Rex Devon
s : Couleur normale (sans blanc)	S : White spotting
Ta : Tabby ticked	tm : Tabby mackerel ts : Tabby spotted tb : Tabby blotched ou classic
w : Couleur normale	W : Blanc dominant
wh : Poil normal	Wh : Poil dur

Phénotype ▸ Ensemble des caractères exprimés visibles et palpables.

Linkage ▸ Liaison de deux ou de plusieurs gènes dont les locus (ou loci) sont portés par un même chromosome. L'existence de gènes indissociables diminue évidemment le nombre de combinaisons de ces gènes avec d'autres lors des croisements. Un cas particulier de linkage est représenté par l'hérédité liée au sexe qui concerne les gènes portés par les chromosomes sexuels X ou Y.

Les couleurs du chat

Toutes les couleurs peuvent habiller pratiquement toutes les races. Seules les particularités propres à une race ou à une variété seront indiquées à la fin de chaque description générale.

Les couleurs de base

Noir (BB DD)

Le standard demande un noir de jais, uni, intense, sans ombre roussâtre, sans poil blanc ou gris. La réalité est tout autre, car le soleil et la salive roussissent une telle robe. Chez le persan, les chatons naissent avec une collerette grise, si claire parfois qu'on les confond avec des smoke (ce gris disparaît avec la mue) ; pour le jeune, il ne s'agit donc pas d'une faute. Chez l'adulte, la tête, les pattes, le dessus du dos et de la queue, qui ont le poil plus lisse et plus gros, sont d'un noir brillant, tandis que la collerette, les culottes et le ventre sont d'un noir plus mat (la fourrure y est plus laineuse). Les orientaux et les bombays, notamment, portent un noir de jais si intense qu'il paraît parfois bleuté. Les yeux sont or, sauf pour les orientaux, qui les ont verts. Le cuir du nez, les lèvres et les coussinets sont noirs.

Blue (BB dd)

La couleur la plus répandue dans le monde félin. En effet, presque toutes les races ont une variété de blue. La tonalité se modifie suivant la longueur et l'épaisseur de la fourrure, bien que le standard ne fasse aucune différence. Il demande un gris aussi clair que possible, tirant sur le lavande, uniforme, sans trace brunâtre ni marque tabby (comme pour le noir, le soleil et la salive ont un effet roussissant). Si les chatons naissent d'un bleu bien pâle, ils foncent peu à peu avec l'âge, surtout sur le dos, la tête et le dessus de la queue. Le bas des pattes, plus laineux, reste pâle. Les races à poil court ont une couleur de bleu plus régulière. Quelques marques fantômes tabby s'observent parfois chez les jeunes. Les yeux sont or, sauf chez les orientaux, le korat, le bleu russe, qui les ont verts. Le cuir du nez, les lèvres et les coussinets sont gris.

Chocolate (bb DD)

Cette couleur rare est très recherchée. Elle varie du marron-brun assez clair, brun noisette, grain de café, chocolat à croquer à chocolat au lait, tabac, le plus uni possible, sans marques fantômes. Chez les persans, les zones très poilues sont plus claires. Leurs yeux tendent vers le verdâtre. Cette couleur est plus répandue chez les orientaux et chez les havana brown. Sur les poils courts, le brun est plus foncé, mais bien brillant et lisse. Les yeux sont or à cuivre (persan, exotic, etc.) ou verts (oriental, havana brown). Le cuir du nez, les lèvres et les coussinets vont du rosâtre au brun clair.

Lilac (bb dd)

Couleur rare. Gris taupe, gorge-de-pigeon, beige rosé extrêmement pâle demandé, homogène, sans marque fantôme. Les persans lilac sont très pâles de couleur sur tout le ventre, la collerette et la queue. Leurs yeux tendent vers le verdâtre. Leur fourrure est dense et laineuse. Les orientaux lilac, aux yeux verts, ont souvent des marques fantômes et une couleur un peu foncée. Le cuir du nez, les lèvres et les coussinets sont rosâtres.

Cinnamon (bl bl DD)

Couleur rare, très chaude, attrayante (plutôt chez les orientaux). Brun-roux, cannelle. Le cuir du nez, les lèvres et les coussinets sont rosâtres.

Fawn (bl bl dd)

Couleur délicate, très pâle, pouvant paraître fade. Dilution du cinnamon, beige pâle, sable blond, à peine gris-rose. Les yeux sont or, noisette ou verts chez les abyssins et les somalis. Les yeux sont verts chez les orientaux. Le cuir du nez, les lèvres et les coussinets sont rosâtres.

Red (OO X ou Y DD)

Couleur très chatoyante. Le standard demande un roux foncé, uni, chaud, régulier, qui est génétiquement presque impossible à obtenir car le gène rouge et le gène uni (non agouti) s'accordent mal. Les marques tabby fantômes sont toujours importantes chez les red et les cream (phénomène d'épistasie). Il est rarissime de rencontrer un roux parfaitement uni. Il faut, à cette occasion, rappeler que le standard est un idéal de perfection, issu de l'imagination de l'homme d'après le travail de dame Nature, que l'on ne peut pas toujours modifier. Le roux, chez les persans, est plus foncé sur le dos, la tête, les pattes, le dessus de la queue (les poils y sont plus gros, lisses et brillants), alors que la collerette et le ventre sont plus pâles et mats (sous-poil laineux). Tous les tons de roux sont acceptés, mais le plus chaud et le plus foncé est toujours préféré. Les races à poil court présentent des marques fantômes plus visibles. Les yeux sont or, sauf chez les orientaux, qui les ont verts. Le cuir du nez, les lèvres et les coussinets sont roses.

Cream (OO dd)

Couleur rare dans la nature. Poudre de riz, houppette, ton très pâle de beige. Les marques fantômes sont nettement visibles. Couleur assez répandue chez le persan, qui naît très clair, si clair parfois qu'il peut paraître smoke. Il fonce avec l'âge, la lumière, la salive, la reproduction. La collerette, la queue, le jabot et le ventre sont alors franchement pâles, car le poil y est long, fourni et laineux. Le dessus de la queue et du dos, les pattes et la tête seront plus foncés car le poil y est plus court. Le standard demande un cream pâle, uniforme, régulier. Les persans de cette couleur ont une fourrure très laineuse, dense, qui s'emmêle rapidement. Les poils courts, eux, présentent des marques fantômes assez visibles. Les yeux varient de l'or à la couleur cuivre chez les persans et les british shorthairs. Les yeux sont verts chez les orientaux. Le cuir du nez, les lèvres et les coussinets sont roses.

Blanc

La couleur la plus difficile. Elle doit en effet demeurer pure, immaculée, ce qui n'est pas une mince affaire. La salive et les larmes (chez les persans typés) ont tendance à teindre la fourrure en brun-jaune, y compris les zones génitales, les pieds et les jarrets. Le blanc, on le devine, demande un entretien quotidien et minutieux. De nombreux chatons naissent avec une tache colorée sur la tête. Elle témoigne de la couleur dont ils sont génétiquement porteurs et disparaît avec l'âge ; pour le jeune, il ne s'agit donc pas d'une faute. Chez le persan, deux textures se rencontrent, l'une laineuse, épaisse, dense, s'emmêlant facilement, l'autre fine, soyeuse, souple, plus plate et près du corps. Les persans blancs peuvent avoir les yeux bleus, or ou impairs. Les orientaux blancs ont souvent une fourrure un peu longue ou épaisse. Leurs yeux peuvent être bleus, verts ou impairs. Le british, les american, l'exotic ont souvent une bonne texture, dense. En génétique, le blanc est considéré non pas comme une couleur mais comme un manteau couvrant masquant une autre couleur (phénomène d'épistasie). Il faut avoir recours au pedigree pour déterminer les couleurs possibles des futurs chatons d'un blanc. Le cuir du nez, les lèvres et les coussinets sont roses.

Les torties

Tortie (BB OO' DD)

Cette couleur étonnante, privilège des femelles, qui porte aussi le nom d'écaille de tortue, est une mosaïque de petites surfaces rouges et noires juxtaposées comme dans un puzzle. Ici, deux écoles s'opposent. Les Anglais exigent un mélange parfait et régulier du rouge et du noir, et les Américains acceptent une moins grande homogénéité. La robe idéale se compose d'un poil rouge, d'un poil noir, d'un poil rouge, d'un poil noir, etc. Le noir doit être lisse, de jais, dense, le rouge chaud et brillant. Quelques marques fantômes tabby peuvent se voir sur les torties plus roux que noirs. La fourrure est lisse, brillante, assez lourde, souple. Les yeux varient de l'or à la couleur cuivre, sauf chez les orientaux, qui les ont verts. Le cuir du nez, les lèvres et les coussinets sont rose et noir par taches.

Blue cream (BB OO' dd)

Dilution du tortie. Le rouge passe au crème et le noir vire au bleu. Les couleurs doivent être pâles dans les mêmes proportions et les mêmes répartitions que pour les torties. La fourrure est, cette fois, laineuse, épaisse, dense, mate, s'emmêlant facilement. Les yeux vont de l'or à la couleur cuivre, sauf chez les orientaux, qui les ont verts. Le cuir du nez, les lèvres et les coussinets sont rose et gris par taches.

Chocolate tortie (bb OO' DD)

Couleur très chaude, due au mélange de poils chocolat brun chaud et de poils roux. Fourrure lisse et brillante. Les yeux vont de l'or à la couleur cuivre, sauf pour les orientaux, qui les ont verts. Le cuir du nez, les lèvres et les coussinets sont tachetés de brun et de rose.

Lilac cream (bb OO' dd)

Subtil mélange de cream et de lilac, un beige rosé qui donne un ton sur ton des plus délicats. Fourrure laineuse, dense, mate. Les yeux vont de l'or à la couleur cuivre, sauf pour les orientaux, qui les ont verts. Le cuir du nez, les lèvres et les coussinets sont tachés de rose et de gris pâle.

Cinnamon tortie (bl bl OO' DD)

Couleur assez rare. Méli-mélo de caramel, cannelle, brun clair et roux, très ton sur ton. Les yeux vont de l'or à la couleur cuivre, sauf pour les orientaux, qui les ont verts. Le cuir du nez, les lèvres et les coussinets sont roses tachetés de gris brun pâle.

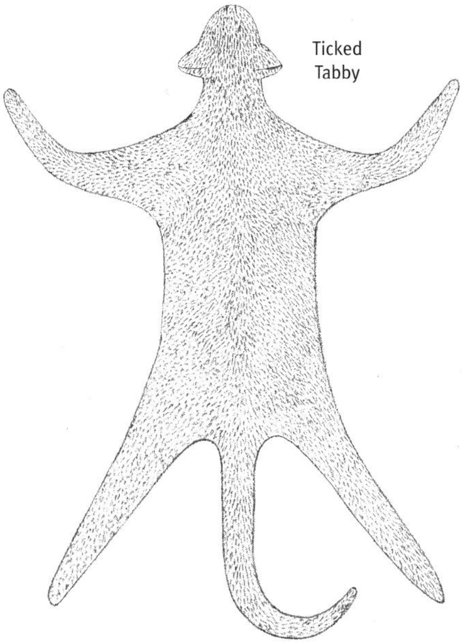

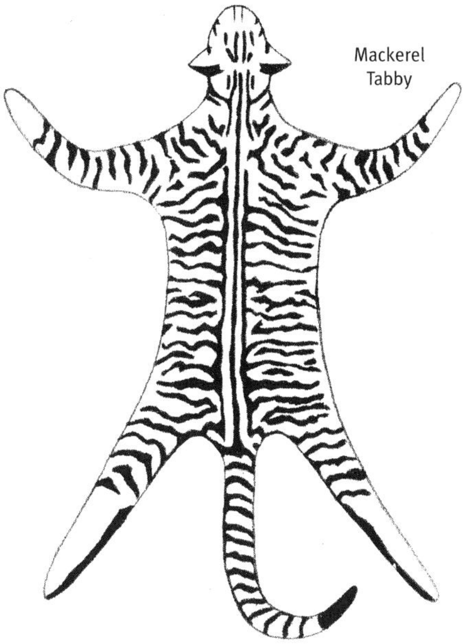

Fawn tortie (bl bl OO' dd)

Couleur très délicate et rare. Dilution du cinnamon tortie, qui passe au miel doré, tandis que le roux vire au crème. Les yeux vont de l'or à la couleur cuivre, sauf pour les orientaux, qui les ont verts. Le cuir du nez, les lèvres et les coussinets sont rose tacheté de rose taupe.

Tortie tabby ou torbie

Tous les torties précédemment décrits peuvent se rencontrer en tabby (mackerel, spotted, ticked, tipped, classic). Le mélange des couleurs reste le même mais par-dessus doivent s'inscrire le plus nettement possible les dessins tabby, que l'on distingue très difficilement, notamment chez les persanes en raison de leur poil long et épais qui dilue les motifs. Les marques sont plus nettes sur les pattes et la tête.

Silver tortie tabby ou silver torbie

Tous les torties tabby ou torbies porteurs du gène silver sont des silver torbies, aux couleurs splendides car vives et contrastées. Ils doivent réunir le mélange des couleurs (tortie), les dessins du tabby et le fond de robe silver blanc lumineux.

Les tabby

Quatre motifs tabby se retrouvent dans la grande majorité des races. Chez les persans, les dessins sont toujours plus dilués, plus diffus que chez les poils courts, en raison de la longueur, de la densité et de l'épaisseur de la fourrure, qui effacent légèrement le marquage. Les dessins sont plus nets sur la tête, les pattes et le long de la queue (les poils y sont plus ras). Les tabby existent dans toutes les couleurs ; seuls les motifs sont décrits ici. Quels que soient le motif et la couleur, il faut tendre au meilleur contraste entre les dessins et les zones unies.

Ticked tabby (ATa Ta)

La robe de l'abyssin en est le meilleur exemple. Chaque poil (sauf sur le ventre et à l'intérieur des pattes) est formé de barres de deux couleurs. L'une est dite jaune (brun clair, abricot, beige), l'autre peut être noire, blue, lilac, chocolate, cinnamon, etc. : le regard perçoit alors une bande jaune, une bande de couleur, une bande jaune, une bande de couleur, etc. La pointe du poil doit présenter la couleur dite de base (noir, blue ou chocolate, etc.) ; sa racine, au contraire, le jaune. Plus un poil compte de bandes, plus le ticking est bon et net. Le ventre et l'intérieur des pattes sont unis (apricot, cream, blue, etc.). Les anneaux à la queue, aux pattes et au collier, considérés comme des défauts chez l'abyssin, sont acceptés, voire nécessaires, pour les autres races ticked tabby (singapura notamment).

Tipped tabby

Ici, seule la pointe du poil porte une bande de couleur ; tout le reste est uni : apricot, silver, blue, etc. (chinchilla, silver shaded, golden). Tous les chats tabby présentent un menton de couleur crème pâle presque blanc, qui ne doit pas trop descendre sur le plastron. Il ne s'agit pas d'un défaut

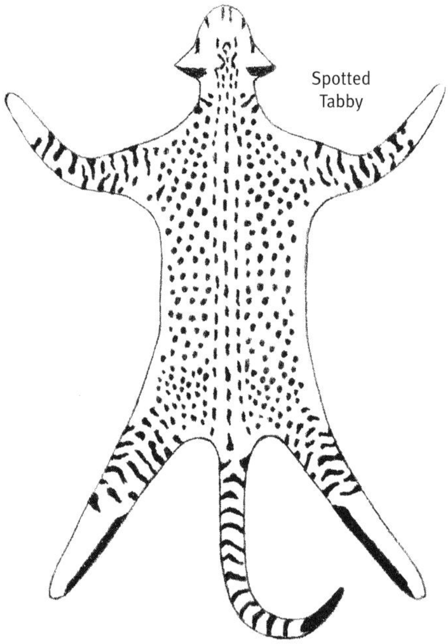

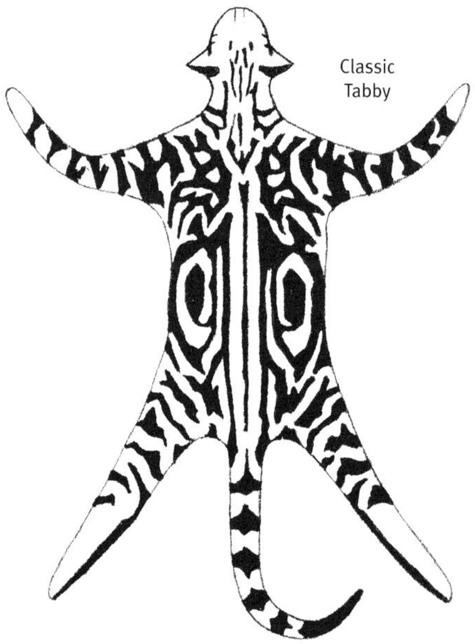

(cela permet même de reconnaître un red tabby génétiquement car il a le menton clair des tabby, alors qu'un red self avec des marques fantômes a le menton roux).
Yeux : voir chacune des races.
Le cuir du nez est soit uni de la couleur de base, soit rosâtre au centre cerné de la couleur de base.
Les lèvres et les coussinets sont de la couleur de base.

Mackerel tabby (Atm tm)

Les pattes et la queue sont annelées de traits fins et serrés, de même que les colliers. Le M frontal, les lignes du crâne et du cou, la colonne vertébrale sont continus, serrés, bien parallèles. Les flancs, les épaules et les cuisses présentent soit des rayures évoquant une arête de poisson, soit des lignes fines, régulières et parallèles. Le ventre est tacheté.

Spotted tabby (Ats ts)

Les pattes et la queue sont annelées de traits assez fins et serrés, de même que les colliers. Le M frontal, les lignes du crâne et du cou sont parallèles et serrés. La colonne vertébrale peut présenter soit des taches placées en ligne, soit des lignes parallèles. Les flancs, les épaules et les cuisses portent des

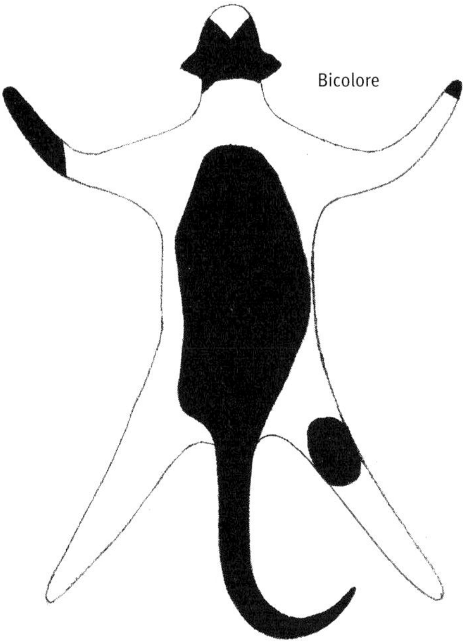

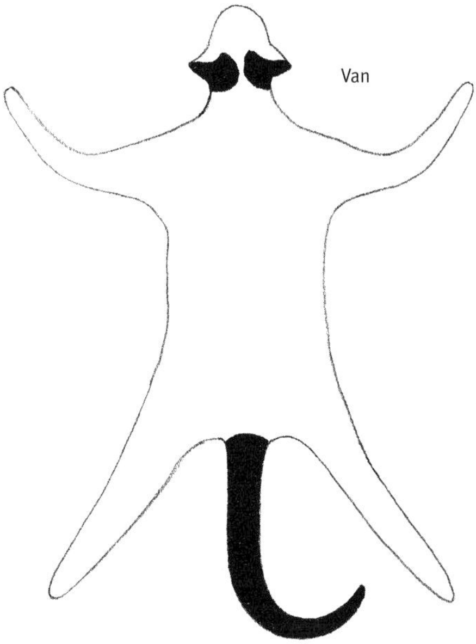

taches de tailles et de formes variables, mais il est préférable qu'elles soient rondes et régulières (comme celles de l'ocelot ou de la panthère). Elles doivent dans tous les cas être bien séparées, distinctes (il arrive qu'elles soient séparées mais alignées : on parle alors de mackerel tabby interrompu). Le ventre est tacheté.

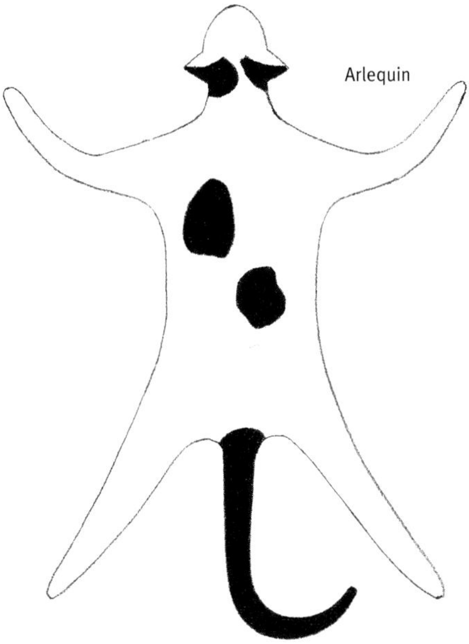

Arlequin

Classic tabby ou blotched tabby (Atb tb)

Les anneaux cernant la queue et les pattes sont larges, assez espacés. De larges colliers entourent le cou. Le M frontal, les lignes du crâne parallèles comme celles du cou sont larges. Les épaules portent des dessins en forme d'huître ou d'œil de bœuf. La colonne vertébrale présente trois bandes larges et parallèles de la base du cou à celle de la queue. Les flancs sont ornés de larges dessins en forme d'ailes de papillon déployées. Le ventre est tacheté.

Les particolores

Bicolore

N'importe quelle couleur (même tabby, silver, etc.) associée à du blanc. Les proportions de blanc et de couleur varient selon les standards, mais le minimum est d'un tiers de blanc pour deux tiers de couleur, le maximum étant de moitié-moitié.

Le blanc, même s'il est peu abondant, se trouve toujours sur les parties inférieures du corps (ventre, pattes, collerette). S'il est plus important, il remonte parfois jusque sur la face en un V inversé ou en rideau (la pointe commence au front, s'élargit sur le nez et finit au niveau de la bouche et des joues). Ce rideau ou V inversé forme un triangle. Une tache blanche est autorisée sur le dos, mais pas les poils colorés dans les zones blanches ni les poils blancs dans les zones colorées. Chaque couleur doit correspondre à la couleur de base, et le blanc doit être pur, immaculé.

Arlequin

Le principe est le même que pour le bicolore, mais avec cette fois beaucoup plus de blanc. Il ne concerne que la tête, la queue et trois taches distinctes sur le dos.

Van

Entièrement blanc. Seules la casquette et la queue sont colorées.

Calico ou tricolore ou écaille et blanc

Mélange chatoyant de blanc, de rouge et de noir, uniquement chez les femelles. La présence du blanc fait que les deux autres couleurs sont réparties en taches larges, nettes et distinctes (à l'inverse des torties, qui présentent le rouge et le noir très mêlés). Le noir doit être de jais, le rouge vif et uni.

Blue cream et blanc ou calico dilué et blanc

Cream et blue disposés comme chez les calico. Ils doivent être pâles et le blanc doit être pur, avec les trois couleurs bien séparées, nettes et distinctes.

Pour tous les particolores, le cuir du nez, les lèvres et les coussinets sont soit roses (à cause du blanc), soit de la couleur de base.

Les silver

Silver shaded (AA BB CC DD II Sh ShTa Ta)

Forme de tipping. Le poil est blanc argent lumineux de sa racine à 50 % maximum de sa longueur. Le reste, donc la pointe, est noir sur un huitième minimum à 50 % maximum. Cette variété est très répandue chez les persans en Europe et au Japon. Le contraste, très important, doit être net. Le masque semble saupoudré de cendres, les jarrets sont gris à noirs. Il faut que le tipping soit régulier, sans marque tabby distincte. Le dessus de la queue est bien sombre, les oreilles sont elles aussi tipped. Le ventre, l'intérieur des pattes, le jabot sont blanc lumineux. Le chat doit donner l'impression d'avoir été abondamment mais régulièrement saupoudré de poussière de charbon. Il est souvent difficile à distinguer d'un chinchilla (surtout s'il est jeune), car ils possèdent tous deux le même gène. Seuls des polygènes en ont fait des variétés différentes. Une même portée de chatons compte parfois des chinchilla et des silver shaded. Un chat adulte en pleine possession de sa fourrure d'hiver a un sous-poil long et épais. Il fait alors penser au chinchilla ; en été, au contraire, sans le sous-poil (qui est blanc), il paraît plus foncé et reprend son aspect de silver shaded. Les yeux sont vert émeraude, spécifique de ces variétés de silver. Le cuir du nez est brique, le maquillage cerclant les yeux et le nez de couleur noire.

Chinchilla (AA BB DD II Ch Ch Ta Ta)

Ce nom est celui d'un rongeur qui présente une fourrure noire sur fond blanc. Cette couleur est plus commune aux persans qu'aux poils courts. Le tipping donne l'impression d'être plus faible, car seul un huitième du poil est coloré de noir ; tout le reste est d'un blanc argent lumineux. Le contraste est à peine visible (surtout si l'animal est bien clair). Le chat paraît blanc, comme s'il avait été à peine saupoudré d'une très fine poussière de charbon. Ce tipping noir n'est présent que sur le dos, les flancs, la queue, le cou, les oreilles, la tête et la face, à peine marquée. Le ventre, le jabot et l'intérieur des pattes sont d'un blanc pur lumineux.

Si le chinchilla est un peu trop sombre, on le confond facilement avec un silver shaded (ils ont le même gène), de même qu'en été, s'il manque de sous-poil et que le tipping devient plus visible. Les polygènes et les éleveurs en ont fait une autre variété. Les yeux sont vert émeraude, spécifique de ces variétés de silver. Le cuir du nez est brique. Les lèvres et les coussinets sont noirs. Le maquillage est noir autour des yeux et du nez.

Silver ticked tabby (AA BB CC DD II Ta Ta)

Couleur très subtile où le noir et l'argent se suivent à intervalles réguliers. Chaque poil se compose de barres noires et de barres argent (blanc lumineux). Le gène inhibiteur a fait disparaître les bandes dites jaunes pour les remplacer par la couleur argent (voir ticking ou ticked tabby). Les yeux sont verts ou or, selon la race ou la variété. Le cuir du nez est noir ou brique. Les lèvres, les coussinets et le maquillage sont noirs. Tous les chinchilla, silver shaded, silver ticked peuvent exister en blue, chocolate, fawn, cinnamon, red, cream, tortie, blue cream.

Golden shaded (AA BB CC DD ii Sh Sh)

Cette couleur splendide se rencontre très rarement car le golden idéal est un fond de robe abricot très chaud, voire roux, sans aucune trace de gris (rarissime, sauf au Japon). Seul le bout du poil (sur un huitième à 50 % de sa longueur) est noir. Les yeux sont vert émeraude. Le cuir du nez est brique. Les lèvres, les coussinets et le maquillage sont noirs. Cette couleur ne se trouve pratiquement que chez les persans. Il naît parfois des golden dans des portées de chinchilla et de silver shaded.

Golden chinchilla (AA BB CC DD ii Ch Ch)

Comme chez le golden shaded, le fond de robe, abricot très chaud, ne porte aucune trace de gris. Seul le bout du poil est noir, sur un huitième de sa longueur.

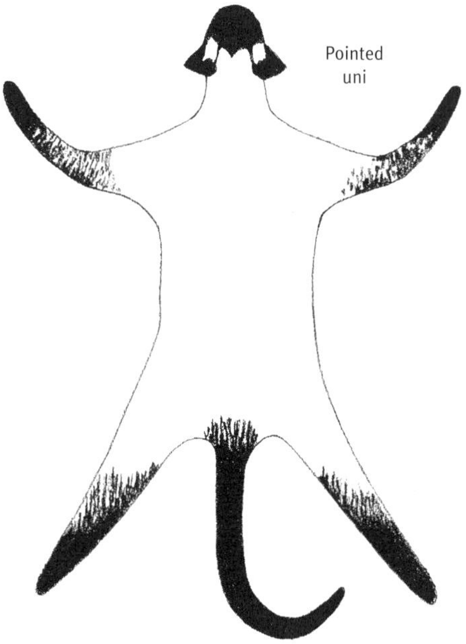

Les autres silver

Toutes les formes de tabby déjà étudiées peuvent se trouver en silver. Dans ce cas, les dessins restent strictement les mêmes, mais le fond de robe et les zones entre les dessins sont argentés, d'un blanc lumineux (le plus pur possible). Le contraste, très important, doit être absolument net, rendant ainsi les dessins plus distincts. Les silver tabby sont très appréciés, notamment le silver spotted et le silver classic, qui paraissent peints au pinceau. Le silver spotted tabby, le silver classic tabby, le silver mackerel tabby, le silver tipped tabby, le silver ticked tabby se rencontrent surtout chez les orientaux, le british, les american, les persans, le manx, le scottish, etc. Les yeux sont généralement verts, parfois or, selon la race et la variété.

Shell cameo

Le génotype d'un mâle homozygote est AA BB CC DD II Ch Ch OY Ta Ta (voir le chinchilla). Cette fois, la pointe du poil est rouge. Les yeux sont or à cuivre. Le cuir du nez, les lèvres et les coussinets sont roses.

Shaded cameo

Le génotype d'une femelle homozygote est AA BB CC DD II Sh Sh OX Ta Ta (voir le silver shaded). Cette fois, la pointe du poil est rouge. Les yeux sont or à cuivre. Le cuir du nez, les lèvres et les coussinets sont roses.

Cream shell/cream shaded cameo

Le génotype d'un mâle cream shell cameo est AA BB CC dd II Ch Ch OY Ta Ta. La pointe du poil est crème au lieu d'être rouge.

Shell tortie

Le génotype d'une femelle homozygote est AA BB CC DD II Ch Ch OO' Ta Ta. La pointe des poils, sur un huitième de leur longueur, est tortie, soit un mélange de rouge et de noir; tout le reste est blanc argent lumineux, bien contrasté. Les yeux vont de l'or à la couleur cuivre. Le cuir du nez, les lèvres et les coussinets sont rose tacheté de noir.

Shaded tortie

Le génotype d'une femelle homozygote est AA BB CC DD II Sh Sh OO' Ta Ta (voir le shell tortie). Mais ici, la pointe du poil est colorée sur un huitième à 50 % de sa longueur; le reste est blanc argenté. Le cuir du nez, les lèvres et les coussinets sont rose tacheté de noir. Tous ces torties peuvent être dilués, par exemple chocolate tortie, blue tortie, lilac tortie, etc.

Smoke

Le génotype d'un black smoke homozygote est aa BB CC DD II. Cette couleur se voit principalement chez les persans, où le contraste est plus remarquable à cause de la longueur du poil qui permet aux couleurs de s'exprimer correctement. Chaque poil en présente deux depuis sa pointe jusqu'à 50 à 80 % de sa longueur (noir, blue, red, cream, tortie, blue cream, fawn, cinnamon, chocolate, etc.). Le reste, jusqu'à la racine, est blanc argenté lumineux. Pour les juges, le contraste a une grande importance. Les persans smoke ne sont présentables qu'en hiver, lorsque leur fourrure est longue et épaisse. Elle montre alors tout le contraste voulu et les bonnes proportions des couleurs.

Le smoke n'est pas un tabby. On le confond souvent pourtant avec le silver tabby car, à la naissance, tous les smoke présentent des marques fantômes qui disparaissent avec l'âge et la pousse du poil. Si celles-ci persistent à l'âge adulte, le chat n'est pas un smoke tabby, mais un mauvais smoke. Le visage et les pattes sont plus foncés et souvent peu contrastés car le poil y est plus court, ce qui empêche les deux couleurs de bien s'exprimer. Les chats à poil court, quelle que soit leur race, présentent de nombreuses marques fantômes lorsqu'ils sont smoke. Cela tient à un défaut du sous-poil, absent, rare ou très court (suivant les races), et à la faible longueur du poil, par ailleurs très couché sur le corps. Dès lors, les marques indésirables ne sont pas camouflées comme chez le persan. Un bon persan smoke doit paraître d'une couleur unie. S'il est noir, par exemple, le fond blanc ne doit apparaître que lorsqu'il est en mouvement ou si l'on écarte son poil. Les yeux sont or à cuivre chez les persans et chez de nombreuses autres races de couleur smoke. Ils sont verts chez les orientaux, le mau égyptien et certaines autres races à poil court. Le cuir du nez, les lèvres et les coussinets suivent la couleur de base (noir, blue, rose, etc.).

Sépia (Cb Cb) et mink (Cb Cs)

Cette couleur, qui concerne essentiellement le burmese, atténue légèrement la couleur de base correspondante, qui devient plus pâle.

Sable/brun/zibeline ▸ Brun riche chaud, s'estompant en dégradé vers les flancs et le ventre.

Blue ▸ Bleu brillant argenté, avec quelques tonalités plus chaudes sur le ventre.

Chocolate/champagne ▸ Beige miel, avec des tonalités allant du gris au rose; le ventre est toujours plus clair.

Cinnamon ▸ Miel orangé doré; tons roses sur le ventre.

Lilac/platinium ▸ Argenté, platine, à peine gris; gris rosâtre vers le ventre.

Fawn ▸ Taupe beige; rosâtre vers le ventre.

Red ▸ Abricot clair à orangé; melon vers le ventre.

Cream ▸ Crème-abricot clair.

Les colourpoint

Seal point (BB cs cs DD)

Les extrémités, c'est-à-dire les oreilles, le masque, les pattes et la queue, sont du brun le plus foncé possible. Le corps, bien contrasté, a une couleur coquille d'œuf à doré. Les adultes, les reproducteurs et les chats vivant dehors exposés au froid ont tendance à foncer très nettement au niveau des hanches (culottes) et des épaules. C'est la couleur de siamois la plus connue, la plus commune et la plus appréciée. Chez l'himalayan comme chez le birman, la queue, qui a le poil beaucoup plus long, est plus claire que les pattes et le masque. Les yeux doivent être du bleu le plus foncé possible. Le cuir du nez, les lèvres et les coussinets sont noirs.

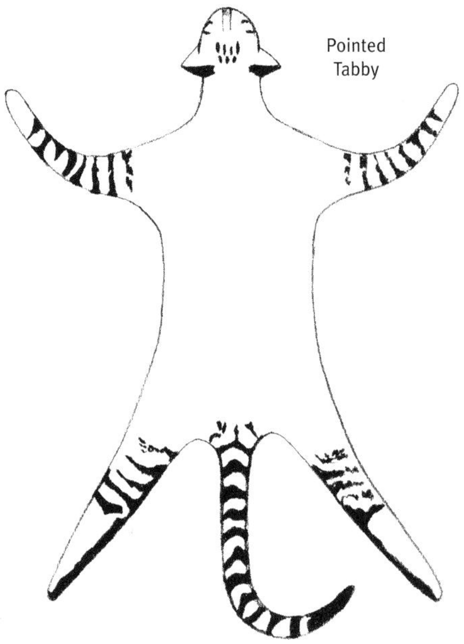

Blue point (BB cs cs dd)

Les extrémités sont bleu acier, d'un ton froid. Le corps, blanc, s'ombre à peine de gris chez les adultes. L'himalayan et le birman, ayant le poil long, ont la queue plus pâle que les pattes, les oreilles et le masque. Certains blue point ont tendance, à l'âge adulte, à prendre des tons brunâtres dans les points comme dans la robe. Les yeux doivent être du bleu le plus foncé possible. Le cuir du nez, les lèvres et les coussinets sont gris.

• Chez le snowshoe blue point, le corps est bleu-gris pâle s'éclaircissant sur le ventre, du ton le plus clair et le plus froid possible; les points sont bleu-gris acier foncé, de couleur uniforme, sans rayures; les zones blanches doivent être bien circonscrites. Le cuir du nez, les lèvres et les coussinets sont roses, gris ou tachetés des deux couleurs.

• Chez le snowshoe seal point, le corps est beige sable crème chaud, bien pâle, s'éclaircissant sur le ventre; les points sont brun foncé, chocolat à croquer, de couleur uniforme; aucun tabby n'apparaît; les zones blanches sont bien circonscrites. Le cuir du nez, les lèvres et les coussinets sont roses, noirs ou tachetés des deux couleurs.

Chocolate point (bb cs cs DD)

Les extrémités sont chocolat au lait chaud et uniforme. Le corps est ivoire clair. Les chocolate point à poil long (himalayan, birman) ont la queue plus pâle (en raison de la longueur du poil). L'attrait de cette couleur tient à sa chaleur. Le contraste entre les points et le corps est net et le reste même chez l'adulte. En revanche, des « lunettes » (cerclages de poils plus clairs autour des yeux) sont fréquentes. Les yeux doivent être du bleu le plus foncé possible (tirant sur le violet chez le siamois et le birman). Le cuir du nez, les lèvres et les coussinets sont rosâtres.

Lilac point (bb cs cs dd)

Les extrémités sont beige rosé, à peine gris très pâle : plus le ton est rosé, plus il est apprécié. Le corps varie de blanc cassé à vieil ivoire extrêmement pâle ; couleur ton sur ton, paraissant éventuellement fade mais très délicate, notamment chez l'himalayan et le birman qui, en raison de leur poil long, sont encore plus clairs. Les yeux doivent être du bleu le plus foncé possible, tirant sur le mauve. Le cuir du nez, les lèvres et les coussinets sont rose corail.

Cinnamon point (bl bl cs cs DD)

Les extrémités sont cannelle roussâtre extrêmement chaud. Le corps est blanc, poudre de riz, ivoire ancien. Il existe généralement un bon contraste, comme chez le chocolate point, entre le corps et les points. Cette couleur assez rare, nouvelle, ne concerne actuellement que le siamois. Les yeux doivent être du bleu le plus foncé possible, tirant sur le mauve. Le cuir du nez, les lèvres et les coussinets sont rose saumon.

Fawn point (bl bl cs cs dd)

Les extrémités sont beige rosé; aucune nuance de gris n'est autorisée. La couleur taupe clair très délicate, qui paraît parfois fade, comme le lilac, ne concerne elle aussi actuellement que le siamois. Le corps, blanc, varie de coquille d'œuf clair à ivoire pâle. Les yeux doivent être du bleu le plus foncé possible, tirant sur le mauve. Le cuir du nez, les lèvres et les coussinets sont roses.

Red point (BB cs cs OO DD)

Les extrémités sont rouge-orange vif chaud, le plus foncé possible. Le corps est blanc cassé, avec quelques ombres crème (culotte et épaules). Les adultes, les reproducteurs et les chats vivant à l'extérieur ont tendance à perdre le contraste et à devenir presque entièrement roux. Tous les red point présentent des marques tabby. Bien que le standard, en théorie, ne les accepte pas, il ne les considère pas comme une faute : on ne peut en effet éliminer ces marques car elles sont dues à la dominance du gène rouge sur le gène non tabby. Les yeux doivent être du bleu le plus foncé possible. Le cuir du nez, les lèvres et les coussinets sont rose foncé ; quelques taches noires de pigmentation sont fréquentes sur les lèvres et le nez.

Cream point (BB cs cs OO dd)

Les extrémités sont roux-brun, moins chaud que chez les red point, poudre de riz. Le corps est blanc cassé, à peine poudré ; le ton général doit rester suffisamment froid pour bien se distinguer du red point. Les yeux doivent être du bleu le plus foncé possible. Le cuir du nez, les lèvres et les coussinets sont roses.

Tortie point

Le tortie est un mélange de rouge et de noir, de chocolate ou de cinnamon, ou un mélange de cream et de blue, de lilac ou de fawn. Ces couleurs sont placées sur les points (oreilles, masque, pattes et queue), sur lesquels elles doivent se mélanger de façon homogène (siamois, birman, himalayan, etc.).

Tortie tabby point ou torbie point

Même mélange des couleurs sur les points, additionnés du gène tabby (rayures). Les points sont donc rayés et annelés en plus du subtil mélange des couleurs.

• Seal point, chocolate point ou lilac point peuvent aussi être mitted (mitaines) ou particolores. C'est le cas très particulier du ragdoll, qui présente alors plusieurs divisions.

Division des unis ▸ Les oreilles, le masque, la queue, les pattes sont plus foncés, bien définis et contrastés avec le corps, beaucoup plus clair, chaque poil devant être de couleur égale de la racine à la pointe ; les ombres du corps sont en harmonie avec la couleur des points ; la poitrine, la collerette et le menton sont plus clairs.

Division des mitted ▸ Les pattes (sauf les pieds), les oreilles, le masque et la queue sont plus foncés, bien définis et contrastés avec le corps ; une flamme blanche, pouvant remonter jusqu'entre les yeux, est acceptée sur le nez ; les pieds avant sont entièrement blancs et de façon égale jusqu'aux poignets ; les pieds arrière sont entièrement blancs et de façon tout aussi égale jusqu'au jarret ; une bande blanche partant de la collerette, passant par le ventre, entre les pattes, et se terminant sous la base de la queue peut varier en longueur et en épaisseur ; le reste du corps est plus clair que les points ; les ombres sont en harmonie avec la couleur des points (c'est dans cette variété que des contrefaçons de ragdolls sont faites avec des birmans).

Division des particolores ▸ Les oreilles, le masque et la queue sont de couleur bien définie ; le masque présente un V inversé ou une flamme blanche de la pointe du nez jusqu'entre les yeux ; la poitrine, le ventre, la collerette et les pattes sont blancs ; le reste du corps est plus pâle que les points, présentant des ombres en harmonie avec ceux-ci.

• Certaines couleurs ne concernent que le tonkinois : toujours riches, chaudes, égales, sans spots, ni rayures, ni poils blancs (marques fantômes et manque de contraste autorisés chez les jeunes) ; ombres claires sur le ventre et les parties inférieures, passant graduellement à un ton légèrement plus foncé sur les flancs et les cuisses, et encore plus foncé sur l'arête du dos et les points (pattes, queue, oreilles, masque) ; poil parfois plus clair à la racine ; contraste pouvant varier suivant l'âge et les couleurs ; points aussi égaux que possible.

Les couleurs de robe sont dites mink (vison).

Natural mink ▸ Les points du siamois seal, le corps brun doré.

Chocolate monk ▸ Les points du siamois chocolate, le corps brun pâle doré.

Blue mink ▸ Les points du siamois blue, le corps gris acier très pâle (les yeux tirent vers le bleu ciel).

Lilac mink ▸ Les points du siamois lilac, le corps poudre de riz très pâle, beige rosé.

Cinnamon mink ▸ Les points du siamois fawn très ton sur ton, avec un corps beige doré extrêmement pâle. Les coussinets, les lèvres et le cuir du nez suivent les couleurs de base.

L'HOMME ET LE CHAT

◂ Le chat de gouttière a su traverser les siècles grâce à son intelligence et à sa faculté d'adaptation. Il est passé aisément du statut de chasseur de souris à celui d'animal de compagnie.

Les origines du chat

La famille des félidés a vu le jour il y a environ quarante à quarante-cinq millions d'années. Dès ses débuts, elle a présenté un ensemble de caractères qui la font encore reconnaître au premier regard : un crâne au profil busqué présentant des zones d'insertions musculaires puissantes, des dents coupantes et non broyeuses, un squelette construit pour la course et le bond et des griffes rétractiles dans la majorité des cas.

Les paléofélidés

De nombreux restes fossilisés ont permis de retracer le développement de la famille des paléofélidés sans, évidemment, livrer une généalogie complète des espèces actuelles. Sur les multiples ramifications que ce groupe a connues au cours des temps géologiques, les paléontologues ne peuvent recueillir que des formes éparses, dont les liens de parenté ne sont pas nécessairement ceux de la descendance directe. Certains rameaux florissants se sont d'ailleurs éteints, remplacés par d'autres que l'évolution aurait, pourrait-on dire, laissés jusque-là en sommeil. Ce fut le cas des paléofélidés ou anciens félins, que l'organisation un peu archaïque de l'arrière du crâne permet de distinguer. Évoquons d'abord le genre dont *Eusmilus* est le représentant le plus spectaculaire. Cet animal vivait à l'oligocène en Eurasie et en Amérique du Nord. Il avait une taille intermédiaire entre celle du lynx et celle du puma, mais des griffes incomplètement rétractiles. Il arborait deux extraordinaires canines à la mâchoire supérieure, aplaties latéralement en lame de sabre et crénelées sur leur bord. Lorsque la gueule se refermait, les pointes de ces dents trop longues auraient largement dépassé le bord inférieur de la mandibule si cette dernière ne s'était à son tour évasée vers le bas, formant ainsi une sorte de protection contre laquelle venaient s'appuyer les pointes. *Nimravus*, lui, avait la taille d'un jaguar et pouvait atteindre celle d'un lion. Ses canines, très respectables, n'atteignaient cependant pas une longueur remarquable. Ses membres allongés et grêles, à quatre doigts aux pattes postérieures (comme le chat), lui permettaient sans doute de se déplacer en courant et de chasser à la façon de nos grands fauves dans les savanes et les forêts de l'hémisphère Nord. *Nimravus* et ses alliés, après avoir proliféré au début du miocène durant cinq millions d'années, disparurent à leur tour.

Eusmilus **était un félidé primitif de l'ère tertiaire. On ne sait s'il chassait ou s'il se nourrissait de charognes comme de nos jours les hyènes.**

Les néofélidés

C'est précisément pendant la période où triomphait *Nimravus*, il y a environ vingt-deux millions d'années, qu'apparut discrètement la seconde vague de félidés, ceux qui deviendront les nôtres et que les scientifiques nomment néofélidés. Ce furent d'abord des animaux de taille modeste : *Proailurus* et *Pseudailurus* (du grec ancien *aïlouros*, chat). Leur crâne peu globuleux, leur démarche presque plantigrade rappellent encore les viverridés, en particulier l'actuel fossa (*Cryptoprocta ferox*), véritable fossile vivant de Madagascar.

Dans la descendance de *Pseudailurus* apparut d'abord une curieuse récidive : des félins à dents en forme de sabre presque semblables à ceux de la première génération. Ce phénomène, bien connu des paléontologues, s'appelle la convergence. Il en va de même pour *Machairodus* et ses descendants, qui ont dû occuper, à la fin du miocène, la place laissée libre par la disparition de leur aîné *Nimravus* et qui furent, comme lui, avantagés par leurs canines supérieures énormes. Celles-ci ne constituaient certainement pas un handicap, même si leur « mode d'emploi » nous échappe encore en partie.

Après avoir donné, au pliocène, *Megantereon* et *Homotherium*, l'un version lourde et l'autre version élancée de leur ancêtre, le rameau inauguré par

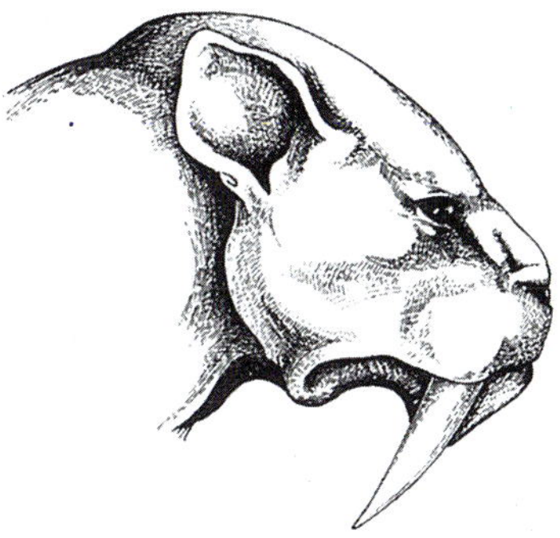

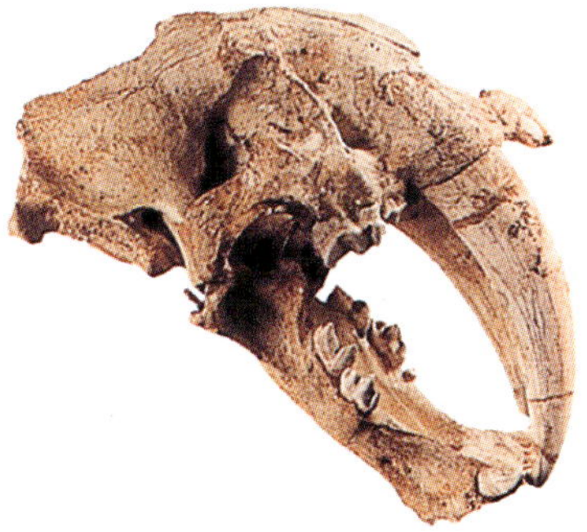

Reconstitution ancienne et tête osseuse de *Smilodon*, la version la plus récente des félins à dents en lame de sabre que les premiers hommes ont dû rencontrer.

Machairodus prit fin avec *Smilodon* à l'ère quaternaire. Parmi tous les fauves à dents en forme de sabre, *Smilodon* est sans doute celui qui peut le mieux nous éclairer sur leurs mœurs. De la stature d'un tigre, mais avec des membres trapus et une queue courte, *Smilodon* apparaît plus apte à l'affût qu'à la course. Son nombre de dents était extrêmement réduit : deux prémolaires et une molaire par demi-mâchoire. La mandibule, qui pouvait s'abaisser à la verticale, ne présentait pas cette saillie osseuse du menton qui étayait les pointes des canines chez *Eusmilus* lorsque la bouche était fermée.

Viande fraîche ou avancée ?

Comme pour ce dernier, toutes les hypothèses de comportements alimentaires ont été émises, mais elles sont davantage étayées puisque l'anatomie de *Smilodon* est mieux connue. Pour les uns, après avoir « poignardé » ses victimes, cet animal en suçait le sang. Pour d'autres, il se nourrissait de chair en décomposition. Les canines coupantes auraient trouvé là une utilisation providentielle. Mais cette thèse se fonde surtout sur la réduction des autres dents, qui sembleraient incapables de mastiquer autre chose qu'une viande… avancée. Il paraît sûr, dans tous les cas, que la musculature du cou assurait à *Smilodon* une force extraordinaire pour abaisser la tête et planter ses canines, et que les muscles ouvrant les mâchoires l'emportaient sur ceux qui avaient pour rôle de les refermer. Ces particularités confirment au moins un fait : *Smilodon* plantait ses canines de haut en bas, et éventuellement en arrière, avec la mâchoire ouverte à 90°.

À partir du paléolithique, à une époque où l'homme maîtrisait déjà le feu, les félins à dents en lame de sabre laissèrent définitivement la place à la dernière version des néofélidés, les félins normaux que nous connaissons encore aujourd'hui : panthères, lynx, guépards, etc. Seule exception, *Felis spelaea*, le lion des cavernes, qui n'eut de remarquable que sa taille, sensiblement supérieure à celle du lion ou du tigre actuels.

Le fossa

Pour imaginer les ancêtres des chats, nous disposons d'ossements, mais de bien plus encore. Un merveilleux hasard nous a en effet conservé un exemplaire bien vivant : le fossa, propre à Madagascar. Cet animal antédiluvien a donné quelques soucis aux zoologues, qui ont fini par le classer parmi les viverridés primitifs, donc dans la famille des genettes, civettes et mangoustes. Il ressemble beaucoup à un petit puma à longue tête : semi-plantigrade, mais muni de griffes entièrement rétractiles, il possède comme le chat des yeux dont les fentes pupillaires sont verticales. Il pèse une dizaine de kilos, ce qui en fait le plus grand carnassier autochtone de l'île. La nuit, il chasse dans les arbres les lémuriens et les oiseaux. Les vestiges d'un animal fort semblable ont été retrouvés dans les couches géologiques du miocène datant de dix à vingt millions d'années.

Le chat à travers les siècles

Idolâtré comme dans l'Égypte ancienne sous les traits de la déesse Bastet, diabolisé pendant une grande partie du Moyen Âge, embarqué sur les bateaux des explorateurs, choyé par les aristocrates en mal d'exotisme, utilisé pour chasser les souris, encensé par les écrivains et certains artistes, abandonné par d'autres, le chat a tout connu. Le bon comme le mauvais. Devenu aujourd'hui l'un des plus proches compagnons de l'homme, il a malgré tout conservé une part de son mystère et de son indépendance, et c'est sans doute cela qui fait sa force.

Le chat dans l'Égypte ancienne

Tous les spécialistes s'accordent sur un fait : le chat sauvage d'Europe n'est pas l'ancêtre de notre chat domestique *Felis catus*, qui, lui, a été importé d'Égypte alors qu'il était déjà ami de l'homme, mais le doute subsiste en ce qui concerne les origines de la domestication. Certains chercheurs évoquent en effet le chat du désert de Libye, le chat ganté, alors que d'autres parlent du chat orné, vivant actuellement à l'état sauvage en Iran, en Afghanistan et au Pakistan, ce qui conduirait à penser que la Perse serait le berceau de la domestication féline. Quoi qu'il en soit, le chat a été très apprécié dans l'Égypte ancienne, d'abord comme protecteur du foyer et des greniers contre les rongeurs et ensuite comme animal familier. De nombreuses fresques datant du Nouvel Empire (vers 1400 avant J.-C.) mettent d'ailleurs en scène des chats très familiers : l'un d'eux, par exemple, mange un poisson sous le siège de la maîtresse de maison dans la tombe du scribe Nakht, dans la Vallée des Nobles, à Thèbes ; sur une autre fresque, des défunts chassent les oiseaux des marais au bâton de jet et, seul exemple dans l'histoire, c'est un chat, apparemment dressé, qui rapporte le gibier.

Symbole des dieux... ou incarnation divine

Le chat ne tarda pas non plus à faire partie des croyances religieuses. Dans l'Ancien Empire, chaque ville ou chaque nome (région administrative) possédait son dieu tutélaire, mais aussi son animal totémique, dont l'effigie, portée à l'extrémité d'un bâton, tenait lieu d'enseigne. Ce dieu local et cet animal emblématique ont par la suite été réunis sous une forme composite à corps humain et à tête animale. C'est ainsi que Bastis, ou Bastet, jolie femme à tête de chatte, devint la protectrice de la ville de Pi Bastit ou Bubastis, où un grand temple lui fut consacré dès le Moyen Empire. Elle représentait en fait l'aspect bienveillant de Sekhmet, la terrible déesse-lionne, épouse du dieu Ptah de Memphis. Douce et bienveillante, elle était patronne du foyer, de la famille et de l'amour, mais, comme bon nombre de déesses de l'ancien Orient, elle pouvait aussi parfois se montrer coléreuse et cruelle. Au cours du dernier millénaire avant J.-C., alors que le pays s'affaiblissait et perdait de son indépendance, le peuple se mit à honorer les animaux en tant qu'incarnations divines. Non contents d'être devenus les hôtes des maisons, les chats, vivant à proximité des temples de Bastet, furent ainsi considérés comme des animaux sacrés et accédèrent au rite de la momification.

Une statue de chat réalisée à la Basse Époque, sous la XXVIe dynastie.

Le témoignage d'Hérodote

C'est à cette époque que le fameux Hérodote visita l'Égypte et assista aux Boubasties, énorme pèlerinage qui attirait chaque année plus de sept cent mille personnes. Le mythe fondateur de cette fête voulait que Rê, dieu du soleil et de Basse Égypte, à la recherche d'une gardienne pour se protéger des serpents, ait envoyé le dieu Thôt chercher Bastet en Nubie, où elle se cachait sous la forme d'une lionne. Descendant le Nil, Bastet se serait d'abord baignée dans le fleuve à Philae, puis se serait transformée en chatte avant d'arriver triomphalement à Bubastis, dans la région du delta. Chaque année, hommes et femmes entassés dans des barques refaisaient ce périple avec leur déesse, au son des crotales et des flûtes. La ferveur dont les Égyptiens de la Basse Époque entouraient les animaux, et en particulier les chats, se révéla dans bien d'autres occasions. Hérodote a notamment rapporté que, lorsqu'un chat mourait de mort naturelle, tous les gens de la maison se rasaient les sourcils. On imagine alors ce que pouvait coûter le meurtre, accidentel ou non, de l'animal sacré. Le roi Ptolémée Aulète lui-même, qui mettait pourtant tous ses soins à s'assurer les bonnes grâces de Rome, ne put soustraire au châtiment capital un soldat romain qui, par jeu ou par mégarde, avait tué un chat. Les Égyptiens de la Basse Époque vouaient parfois leurs enfants à Bastet, les élevaient avec des chatons, et allaient jusqu'à leur injecter quelques gouttes de sang des chats sacrés afin de les protéger des maladies et des mauvais esprits. Mais l'extraordinaire destin du chat dans l'Égypte ancienne ne connut pourtant pas de suites heureuses. L'abolition des cultes païens par Théodose fit en effet rapidement disparaître le culte voué au bel animal.

Dans les roseaux du delta du Nil, un ancêtre de nos chats évolue au milieu d'une profusion d'oiseaux et de rats : un paradis dont ses descendants rêvent encore.

Les chats momifiés

Dans la nécropole de Saqqarah, près de l'ancienne Memphis, une équipe d'égyptologues français et égyptiens dirigée par A. Zivie a fouillé un sanctuaire de Bastet où étaient entreposés des milliers de momies de chats. Des études pratiquées au Muséum national d'histoire naturelle par le professeur L. Ginsburg ont permis de surprenantes constatations. Sous leurs bandelettes et leurs trois linceuls superposés, les animaux, fort desséchés, avaient en effet conservé les vestiges d'un pelage tigré roux clair ou jaune plus ou moins roux et, contrairement à ceux des humains embaumés, leurs viscères n'avaient pas été retirés. La région cervicale présentait un curieux allongement qui ne pouvait s'expliquer que par un étirement brutal... et fatal du cou. Les chats étaient donc sacrifiés ! Ces infortunés animaux n'avaient pas connu le sort heureux de ceux dont parlait Hérodote, apportés au temple après leur mort pour y être momifiés. Découverte surprenante aussi, des momies, semblables aux autres extérieurement, ne contenaient que des parties de chats : une patte, la partie postérieure du corps, un tronc auxquels manquaient des membres. La conclusion s'imposait : il n'y avait pas suffisamment de chats à momifier et les embaumeurs indélicats n'avaient pas hésité à « démultiplier » les ex-voto qu'ils livraient aux fidèles.

Le chat dans le monde gréco-romain

Comme l'Égypte entretenait de nombreux échanges commerciaux avec les contrées du Croissant fertile, mais aussi avec la Crète avant l'arrivée des Mycéniens, on peut supposer que, dans ces conditions, les chats aient essaimé dans tout le bassin oriental de la Méditerranée, transportés à bord des bateaux marchands. Or aucun document historique ou archéologique ne le confirme.

Des chats jalousement gardés

Si les Égyptiens ont, semble-t-il, exporté le culte de la déesse Bastet, comme en témoignent des statues de chat trouvées en Arabie, dans des tombes étrusques ou à Corinthe, il paraît moins probable qu'ils aient contribué à répandre l'animal lui-même

Pour ces jeunes Grecs, qui découvrent l'antipathie entre chien et chat, le chat reste encore une nouveauté, un animal exotique venu d'Égypte.

hors de leur pays. Trop respectueux des chats divins, ils n'ont en effet sûrement jamais consenti à les céder ou à les vendre aux populations qui ne partageaient pas totalement leur dévotion. Certains auteurs ont même prétendu que, après des vols ou des exportations indélicates, les Égyptiens auraient racheté les chats à prix d'or dans les ports étrangers pour les soustraire aux profanations barbares.

Aussi faut-il attendre que l'Égypte s'ouvre définitivement au commerce hellénique, vers 510 à 500 avant J.-C., pour trouver les premières représentations du chat dans l'art grec. La plus célèbre reste une stèle funéraire athénienne où s'affrontent un chien et un chat tenus en laisse par des jeunes gens. Le chat apparaît aussi sur des peintures de vases ou sur des monnaies, parfois maladroitement représenté, sous des traits flous, comme si les artistes n'avaient pas encore eu le temps de se familiariser avec leur sujet. On parle alors d'*aïlouros*, qui vient de l'accolement d'*oura*, la queue, et d'*aïolos*, « qui s'agite sans cesse ». Le premier auteur grec à mentionner le chat est Hérodote, dans sa *Description de l'Égypte*. Mais il n'en donne pas une description détaillée, contrairement à ce qu'il fait pour l'hippopotame ou le crocodile, animaux parfaitement exotiques. Ses lecteurs devaient donc le connaître. Notre cher félin tenait en effet le rôle d'animal de compagnie dans les riches maisons grecques ou étrusques et s'achetait à l'époque sur les marchés, parmi d'autres animaux exotiques ou sauvages. Il n'était pas adopté pour ses qualités de chasseur de souris, fonction assurée en grande partie par la belette et la fouine.

Une lente intégration

À Rome, il s'appelle d'abord *faeles*, ou *felis* au féminin. Le terme désigne alors les petits carnassiers sauvages, qu'il s'agisse du chat ou des mustélidés. Cicéron est le premier à l'avoir employé pour parler du chat domestique venu d'Égypte. Au Ier siècle de notre ère, cet animal est encore assez rare. Les fouilles de Pompéi, par exemple, n'ont livré aucun vestige de chat, excepté ceux qui figurent sur les mosaïques. Quant au terme *cattus*, qui a donné chat en français, il n'est employé, dans un ouvrage d'agronomie, qu'au IVe siècle après J.-C. L'auteur y signale que le chat, comme les belettes apprivoisées, peut servir, dans les jardins potagers, à lutter contre les taupes. L'étymologie de *cattus* ferait en fait remonter ce mot à une racine africaine, que l'on retrouve dans le nubien *kadis*, le berbère *kadiska*, le syrien *qatô* ou l'arabe *qatt*. Le chat devient commun à la fin de l'Empire romain. Il s'intègre désormais dans la vie quotidienne tant à Rome que dans les provinces. Les restes osseux retrouvés dans les fouilles en témoignent. Mais il ne s'inscrit pas pour autant d'emblée dans la catégorie des animaux favoris. Il demeure en effet très longtemps l'étranger, l'animal égyptien.

Le chat maléfique

Les débuts du Moyen Âge voient le chat se répandre en Occident et remplacer peu à peu civettes et belettes dans leur rôle de destructeurs de souris. Pour désigner le chat, les sources écrites de cette époque, uniquement religieuses ou juridiques et rédigées en latin, utilisent plus volontiers les termes de *musio*, *muriceps*, ou *murilegus*, « preneur de souris », que celui de *cattus*.

Dans les villages et les monastères

À l'époque du haut Moyen Âge, le chat vit dans les villages et dans les monastères, où il veille sur les réserves de grains. Il devient également peu à peu un animal de compagnie pour certains religieux. Jean le Diacre, un théologien du IXe siècle, rapporte ainsi que saint Grégoire ne possédait rien au monde sauf une chatte, qu'il aimait prendre sur ses genoux et caresser. Dans le nord de l'Europe, dans les régions que les Romains n'ont pas occupées, le chat se répand plus lentement. Des textes de lois se penchent même avec sollicitude sur le sort de cet auxiliaire encore rare, tels les quatre Codes promulgués par Howel le Bon, roi du pays de Galles dans la seconde moitié du Xe siècle. La valeur du chat y est soigneusement consignée ; son prix varie en fonction de l'âge. De deux pence lorsqu'il ouvre les yeux peu de temps après sa naissance, il passe à quatre pence dès sa première prise de souris. Il doit avoir des oreilles, des griffes, des dents et des yeux en parfait état. Si le mâle ne se révèle pas bon chasseur, si la femelle est mauvaise nourrice, le vendeur est dans l'obligation de rendre le tiers de la somme reçue. Quant aux chats des greniers royaux, ils font l'objet d'une protection particulière : si un coquin est pris en train d'en voler un ou de l'occire, il doit remettre à son propriétaire, en guise d'amende, une brebis et son agneau ou suffisamment de froment pour recouvrir l'animal suspendu par la queue, la tête touchant terre. Hélas, dans les pays aux hivers rigoureux, ses talents de chasseur ne mettent pas le chat à l'abri des convoitises que suscite sa fourrure douce, chaude et peu coûteuse. De nombreuses coutumes monastiques, qui proscrivent tout luxe, autorisent d'ailleurs les moines à utiliser sa peau, comme celle de l'agneau. Il ne s'agit d'ailleurs que de la fourrure de l'animal domestique. Celle du chat sauvage, plus épaisse et de meilleure qualité, beaucoup plus difficile à obtenir, reste un objet de prix. Quand saint Bernard déplore la magnificence étalée par les moines de son temps et qu'il condamne, entre autres choses, l'usage des peaux de chat, il parle des bêtes sauvages.

Un insoumis mal accepté

Le petit félin égyptien acquiert ainsi en Occident son statut d'animal domestique dès le début du Moyen Âge. Mais quel retard encore avec les autres espèces ! Il faut en convenir, le chat ne rend pas autant de services que la vache, le cheval, le mouton ou le porc, tous considérés à l'époque avec grande estime. À eux seuls, ces animaux conditionnent en effet la survie d'une société agraire et autarcique, en fournissant nourriture, cuir, matières textiles et force motrice. Le chien lui-même, encore méprisé au Moyen Âge, gagne auprès des chasseurs une aura dont le chat ne bénéficie pas, si ce n'est chez les religieux ; car il ne partage avec l'homme aucune activité, qu'elle soit ludique, guerrière ou productive.
Pis, peut-être, il n'établit de liens de soumission avec personne. S'il prodigue des caresses, il le fait spontanément, sans y avoir été invité, pour s'éloigner ensuite tout aussi soudainement, toujours imprévisible. Or, pendant la majeure partie du Moyen Âge, les hommes ignorent l'individualisme. Leur très forte insertion dans un groupe social ne leur permet en rien de s'identifier au chat, apparemment si peu fidèle.
Dans un monde où la foi donnée sert de base aux relations humaines, le regard anthropomorphique que l'on porte sur le chat ne peut que l'assimiler à un marginal suspect. C'est d'ailleurs l'image qui ressort du *Roman de Renart*, rédigé par des clercs au XIIIe siècle. Lorsque le chat Tibert, après avoir trahi une première fois Renart, lui renouvelle son serment de fidélité, l'accord ne sera que de courte durée. En fait, le chat Tibert ne vaut pas mieux que Renart : rusé, retors et fourbe, il ne cherche que son propre intérêt.
Tout se gâte pour la gent féline à la fin du XIIe siècle, lorsqu'elle est associée à la nuit, à la féminité lubrique et à la mécréance. La mécréance du chat ? Au premier abord assez incompréhensible, elle se justifie certainement par les croisades, qui permettent de découvrir cet animal dans son pays d'origine, où il reçoit toujours nettement plus de sympathie qu'en Occident. Bien que nous n'ayons pas retrouvé de traces écrites de son association avec l'Infidèle, elle semble cependant plus marquante que le souvenir de Freia. Celle-ci, équivalent de Vénus dans le panthéon germanique et déesse de l'amour comme Bastet en Égypte, avait pour symbole le chat sauvage des forêts, qui tirait son char.

***Le Livre de la chasse*, Gaston Phébus (1331-1391). Cette enluminure du début du XVe siècle représente des chats sauvages. D'après Gaston Phébus, « on chasse peu les chats, si ce n'est par hasard ».**

Quant à la relation du chat avec la lubricité, les raisons en sont évidentes : qui n'a pas été tenu éveillé pendant les nuits de février ou d'octobre par les mélopées des chattes amoureuses, assez proches des cris des nourrissons, accompagnées des vociférations de leurs matous ? Ces rassemblements dans les ténèbres, transfigurés par l'imagination ensommeillée, finissent par être associés à l'idée de sabbat qui, apparue vers 1180, ne cessera de prendre de l'ampleur. Aux XVe et XVIe siècles surtout, au-delà donc de notre chronologie médiévale traditionnelle, les procès pour sorcellerie se multiplieront, telles des réponses inconscientes aux angoisses du temps.

Le couple chat-sorcière

Tous les récits surnaturels concernant le chat ont un point commun : la sorcière – souvent âgée, seule, exclue du village – se persuade sous l'effet de l'autosuggestion, aidée parfois de drogues, ou plus souvent sous la torture des inquisiteurs, que son esprit quitte son corps et gagne celui d'un chat noir. Elle s'en va la nuit sous cette apparence rejoindre ses congénères pour rencontrer le diable.

Parfois, comme l'affirme en 1233 une bulle du pape Grégoire IX, le démon lui-même descend au milieu de ses fidèles sous la forme d'un énorme chat noir dont l'assistance embrasse les parties génitales avant de se livrer à une orgie indescriptible. Toutes les peurs nocturnes se retrouvent ainsi en grande partie cristallisées autour du malheureux animal qui, pour ne rien arranger, mène une vie nocturne et surprend les gens avec ses yeux phosphorescents et sa fourrure électrisée. Les traditions populaires elles-mêmes ont conservé très longtemps l'idée du chat maléfique, à tel point que Paul Sébillot, le folkloriste du début du siècle, a pu en relever la survivance après plus de cinq cents ans.

À la Renaissance, les récits et légendes ne manquent pas. Dans la région de Strasbourg, ce sont trois sorcières qui attaquent un paysan après avoir pris l'apparence de trois grands chats. En Wallonie, un chat noir rencontré à minuit est apporté dans une maison où il se met à parler ; prise de panique, une vieille femme lui lance alors de la bouillie brûlante sur la tête et, le lendemain, on aperçoit une mendiante au visage couvert de brûlures. La chatte blanche du conte littéraire de Mme d'Aulnoy (1697) n'est pas une sorcière, mais une princesse métamorphosée par une fée malveillante. Pour mettre fin au sortilège, le prince charmant doit couper la tête et la queue du tendre animal et les jeter promptement dans le feu. La jeune fille, délivrée des régions du corps où se concentrait le mal, reprend aussitôt forme humaine. Ce conte a sans doute une origine populaire très ancienne, et il introduit la notion du pouvoir maléfique de la tête et de la queue du chat.

D'après ce dessin du début du XVIe siècle, le chat apparaît comme l'attribut obligé des sorcières.

Créature du diable...

Siège de vertus magiques extraordinaires variables selon les sources, la cervelle du chat entrait parfois dans la composition de remèdes bienfaisants, mais pouvait à l'inverse entraîner la folie. Une tradition du Poitou raconte que, lorsque Dieu voulut créer le chat, le diable lui dit : « Tu feras le chat si tu veux, mais sa tête sera à moi. » La queue, quant à elle, surprenait par sa mobilité, à tel point que l'agitation de son extrémité pendant le sommeil – apparent – de son propriétaire pouvait la faire croire habitée par quelque force étrangère. Une telle conviction explique que cette queue ait été fréquemment amputée pour empêcher l'animal de devenir sorcier. Les oreilles elles-mêmes n'échappaient pas aux mutilations. Le chat à l'oreille coupée ne pouvait aller au sabbat et l'on pensait que cette opération améliorait ses qualités domestiques.

La crainte du chat est une autre constante du folklore félin. Comme le dit un proverbe provençal, « le chien est de Dieu et le chat est du diable » ; une telle appartenance, surtout pour le chat noir, prédisposait donc à bien des malheurs celui qui s'en prenait à lui : en

Provence, sept ans d'infortune l'attendaient. Mais il arrivait aussi qu'en guise d'exorcisme un massacre public et collectif de chats fût organisé. C'est ainsi que chaque année, à Ypres, en Flandres, le second mercredi du carême, un panier rempli de chats était lancé du haut d'une tour ; la foule achevait à coups de bâton les malheureux animaux lorsqu'ils s'écrasaient au sol. Au XVe siècle, on craignait aussi que le traitement qu'on leur infligeait ait une influence sur la réussite des affaires de cœur. Une jeune fille, par exemple, qui marchait sur la queue d'un chat ne trouverait pas à se marier de toute l'année.

... ou mythe du chat protecteur

Paradoxalement, la puissance surnaturelle du chat pouvait également devenir bénéfique pour ses proches. Il pouvait en effet opposer sa puissance magique aux forces occultes. Dans le Midi ou en Wallonie, il protégeait les maisons, dans le Béarn, il éloignait les sorciers. Ce mythe du chat détenteur d'une énergie vitale surnaturelle découlait sans aucun doute de la ténacité de l'animal, de son acharnement à se défendre, de sa vitalité, qui forçaient l'admiration des hommes depuis des siècles, et cette croyance perdure toujours, puisque nous lui prêtons encore aujourd'hui sept ou neuf vies.

Le chat a également été associé aux forces naturelles de la terre. Son corps, enterré ou maçonné dans une muraille, devenait gage de solidité et de santé. Voilà pourquoi on retrouve aujourd'hui encore des cadavres desséchés de ces animaux emmurés vifs dans les fondations des églises ou sous le seuil des maisons. Dans le Béarn, le chat enterré vivant dans un champ faisait périr les mauvaises herbes. Les cérémonies agraires au cours desquelles les chats étaient sacrifiés rituellement, à la fin de l'hiver ou au solstice d'été, s'inspiraient de ces traditions. Les populations sont restées longtemps attachées à ces cruels spectacles. Ainsi, à Paris, place de Grève, et en présence du roi, on brûlait des chats dans le feu de la Saint-Jean jusqu'à ce que Louis XIV interdise ces supplices. On transportait sur la place un arbre d'une vingtaine de mètres que l'on dressait au-dessus d'un bûcher, et l'on y suspendait, enfermés tantôt dans un sac, tantôt dans un tonneau, une ou deux douzaines de chats. Le soir venu, l'arbre flambait au son de la musique, des feux d'artifice et des salves de l'artillerie municipale. À peine le bûcher était-il refroidi que les Parisiens se ruaient afin d'en attraper les cendres et les tisons, qui devenaient des talismans réputés. Des scènes semblables, qui peuvent indigner nos sensibilités modernes, se sont déroulées à Metz jusqu'à la Révolution.

Les spectacles de chats

Il est très étonnant de noter que le chat est pratiquement absent de la ménagerie des bêtes savantes et qu'il n'a que très exceptionnellement participé à des spectacles forains. Le *Journal de l'Estoile* mentionne un homme qui voulut présenter à Henri IV un chat « duit à mille souplesses » ; mais « comme on eut opinion, ajoute le chroniqueur, qu'il y avait là un sort pour faire du mal à sa Majesté, monsieur le charlatan et son bateleur de chat disparurent si bien qu'on n'en entendit plus parler ». On rapporte une autre tentative de spectacle félin, annoncé à l'époque sous le titre de concert de miaulements. Au centre du théâtre, un singe battait la mesure devant des chats munis de cahiers de musique ouverts sur des pupitres. Au signal donné par le « chef d'orchestre », les « chanteurs » élevaient la voix sur un mode triste ou gai. Mais cette musique bizarre semble trop prodigieuse pour ne pas évoquer le sinistre orgue à chats. Le premier dont nous ayons connaissance remonte au règne de Charles Quint. Les Bruxellois, dans un cortège en l'honneur de ce souverain, avaient installé sur un char un orgue dont les tuyaux étaient remplacés par une vingtaine de chats enfermés dans d'étroites caisses où ils ne pouvaient pas remuer ; leurs queues, sortant en haut par des orifices prévus à cet effet, étaient reliées par des ficelles au clavier de l'orgue. Un ours appuyait sur les touches, tirant ainsi, par l'intermédiaire des ficelles, sur les queues des infortunés animaux, qui criaient successivement. Ce concert « miaulique » fut renouvelé à Londres et dans les principales foires de Paris. La bêtise ayant la vie dure, on le citait encore comme une curiosité sous le Directoire.

Le dressage du chat, certainement des plus difficiles, se rapprocherait de celui des grands fauves, si l'on excepte le danger, évidemment. Il demanderait donc un travail disproportionné par rapport à l'effet produit sur le public, effet aussi réduit que la taille même du chat comparée, par exemple, à celle du lion. En outre, ce petit animal ne pourrait procurer aux spectateurs le confortable frisson de la peur ressentie par procuration. Les chats ont cependant fait leur apparition sur la piste du cirque il y a quelques années, merveilleusement mis en scène par le clown soviétique Youri Kloukatchev. Avec beaucoup d'humour et de modestie, cet artiste avait mis trois ans à régler son numéro où les chats tenaient un rôle actif, mais sans ridicule, sans acrobaties rappelant la contrainte.

Sur ce psautier du XVIIIe siècle, chien et chat se retrouvent au coin du feu.

En fait, le destin du chat domestique, qui n'avait pas trop mal commencé en Occident, s'est détérioré de façon significative à partir du XIIe siècle, et l'étroite relation du chat noir avec la sorcellerie est encore présente aujourd'hui dans certains esprits. Quant aux cruels rites collectifs dont le chat était la victime, le Moyen Âge n'en a pas marqué la fin puisqu'ils se sont perpétués dans certains endroits jusqu'au XVIIIe siècle finissant.

À la Renaissance, les contempteurs perdurent

Après avoir fait, pendant des siècles, l'unanimité contre lui, le chat a commencé à susciter la sympathie de quelques originaux à partir de la Renaissance. Mais il s'agissait alors d'une sympathie d'emblée… très passionnée, qui n'avait d'ailleurs d'égale que la phobie de ses adversaires. Dans le meilleur des cas, ces derniers s'en méfiaient, dans le pire, ils allaient jusqu'à le haïr, sans pouvoir en donner une explication raisonnable. Bien sûr, les arguments contre le chat ne manquaient pas. Les griefs dont on l'avait accablé à la fin du Moyen Âge étaient alors repris sous une forme plus ou moins renouvelée.

Ambroise Paré, suivant en cela Conrad Gesner, dont l'*Historia animalium* (1558) faisait alors autorité, ne retient du chat que les indispositions plus ou moins fabuleuses qu'il provoque. Dans l'ouvrage daté de 1582 où il passe en revue les sujets les plus hétéroclites, c'est dans la partie consacrée aux venins qu'il traite le chat. C'est tout dire ! Il cite d'ailleurs le cas suivant : « Matthiole escrit qu'estant en Allemagne, soupant en bonne compagnie dans un poille [une pièce chauffée], en temps d'hiver, l'un de la troupe estoit sujet à cela. L'hostesse connoissant le naturel de l'homme enferma un petit chat (qu'elle nourrissoit) dedans un coffre audit poille, de peur que ce personnage le voyant ne se courrouçast : mais encore qu'il ne vist ny ouyst le chat, peu de temps après avoir attiré l'air infect de l'haleine du chat, sa température ennemie des chats irritée, il commença à suer et pallir, et en tremblant, crier (non sans grande admiration de tous) qu'il y avoit un chat en quelque coin dudit poille : alors on mit le chat hors de la maison. »

Il apparaît également que la crainte extrême du chat, baptisée ailurophobie, puisse être acquise dans le jeune âge, qu'elle soit le fruit d'une sensibilité particulière, comme la peur des araignées, ou que le cortège démoniaque dont on entoure cet animal ne marque pour toujours l'imagination. Cela semblait être le cas du roi Henri III, prêt à s'évanouir en présence d'un chat, ou du poète Ronsard, qui écrit :

« Homme ne vit qui tant haïsse au monde
Les chats que moy d'une haine profonde ;
Je hay leurs yeux, leur front et leur regard,
Et les voyant, je m'enfuy d'autre part,
Tremblant de nerfs, de veines et de membres,
Et jamais chat n'entre dedans ma chambre,
Abhorrant ceux qui ne sçauroient durer
Sans voir un chat auprès eux demeurer. »

Tous les défauts

C'est dans le *Pantagruel* de Rabelais qu'apparaît Grippeminaud, archiduc des chats fourrés, caricature du juge cruel et partial. Les robes des juges doublées de peau de chat vont d'ailleurs associer pour longtemps l'animal, en l'occurrence symbole d'hypocrisie, à l'image négative de la justice. À tel point que saint Yves, patron des gens de loi, est souvent représenté accompagné d'un chat.

Chez La Fontaine, qui ne s'intéresse aux animaux que pour leur caractère conventionnel, le chat apparaît dans une dizaine de fables et témoigne des mêmes vices que le Tibert du *Roman de Renart* : peu fidèle en amitié, sans reconnaissance, c'est une bête scélérate, trompeuse, voleuse et hypocrite. Seule exception dans l'œuvre de notre grand fabuliste, la féminité et la séduction dont est capable la chatte du texte, inspiré une fois encore d'Ésope, qui a pour titre *la Chatte métamorphosée en femme*. Cette transformation est d'ailleurs exempte de toute allusion à la sorcellerie.

Autre grand auteur fameux parmi les ennemis des chats : Buffon. Le savant attribue des qualités humaines aux animaux qu'il décrit, insistant sur ce qu'on a appelé justement leur « caractère emblématique », sorte de psychologie traditionnelle et moralisante. Hélas, le grand style de Buffon lui a valu d'être lu par des générations d'enfants, qui apprirent ainsi dans son *Histoire naturelle* (1769) tous les préjugés contre le chat auxquels l'élégant auteur ne retranche que la sorcellerie. D'après lui, « le chat est un domestique infidèle » et s'il manifeste, surtout quand il est jeune, de la gentillesse, il possède en même temps « une malice innée, un caractère faux, un naturel pervers que l'âge augmente encore et que l'éducation ne fait que masquer ». De voleur impénitent, il devient seulement, lorsqu'il est bien élevé, « souple et flatteur comme les fripons ».

Et la chatte est pire encore !

Quant au comportement amoureux de la chatte, Buffon le décrit avec une visible réprobation. Le chat « est aussi très porté à l'amour et, ce qui est rare chez les animaux, la femelle paraît être plus ardente que le mâle ; elle l'invite, elle le cherche, elle l'appelle, elle annonce par de hauts cris la fureur de ses désirs, ou plutôt l'excès de ses besoins… ». Concluons ce bref aperçu des écrivains défavorables au chat par le peu sympathique mais brillant Toussenel, dont *L'Esprit des bêtes*, paru en 1847, connut un vrai succès et plusieurs rééditions. Cet auteur, converti aux théories de Fourier, a jugé le chat avec son idéologie de phalanstérien. En prétendant élargir la pensée de son maître au monde des animaux, il s'est plié, sans s'en rendre compte, aux préjugés les plus traditionnels. L'influence de Buffon se fait notamment sentir à plusieurs reprises dans le passage qu'il consacre au chat, et surtout à la chatte, puisque Toussenel reconnaît en elle la courtisane du Paris contemporain, rien de moins !

Le grand naturaliste Buffon (1707-1788) n'aimait pas les chats. Son portraitiste facétieux en a pourtant dessiné un en bas et à droite du dessin.

Une chose est sûre : Bastet, Freia ou trop belle sorcière, la chatte restera toujours le symbole de la féminité séductrice : «[…] incapable du moindre effort pour un travail répugnant mais infatigable au plaisir, au jeu et à la volupté [la chatte], adore les étoffes soyeuses, les tapis chauds et sourds qui protègent ses pattes roses contre l'humidité redoutée ». Elle raffole des parfums, « la valériane la met hors d'elle ». Même la musique la fait entrer dans des transes hystériques : « J'ai vu des chattes mélomanes se tordre de plaisir, s'évanouir de bonheur au son d'une symphonie trop tendre. » Et, comme la courtisane se joue de ses victimes, la chatte s'amuse avec les souris avant de les dévorer.

Ses premiers partisans

Dès les débuts du Moyen Âge, les moines avaient à l'égard du chat une indulgence qui s'explique sûrement par son calme et sa discrétion, qualités fort appréciées des hommes d'étude. Charles Baudelaire le confirmera :

« Les amoureux fervents et les savants austères
Aiment également, dans leur mûre saison,
Les chats puissants et doux, orgueil de la maison,
Qui comme eux sont frileux
et comme eux sédentaires. »

Cette tendance des intellectuels à aimer le chat, à l'encontre même de l'opinion générale, s'est maintenue au cours des siècles, et la liste est interminable des écrivains et des poètes pris de passion pour leur compagnon peu encombrant.

Dans les milieux cultivés

On trouverait, parmi bien d'autres, Le Tasse qui partageait sa misère avec sa vieille mère et son chat, ou Pétrarque qui fit embaumer sa chatte « à la manière des Égyptiens », ou encore, en France, Joachim du Bellay, dont l'épitaphe à son chat Belaud reste un classique de l'anthologie féline. Montaigne lui-même chérissait sa chatte et n'avait pas honte d'avouer qu'il ne savait si c'était elle qui s'amusait de lui ou l'inverse. Richelieu et Colbert raffolaient des

Études de chats, Antoine Watteau (1684-1721).

chats qui leur tenaient compagnie pendant leurs longues journées de travail, et il s'est même trouvé des chroniqueurs assez consciencieux – ou futiles – pour nous rapporter les noms et les couleurs des protégés de Richelieu. Il faut dire qu'au XVIIe siècle les sentiments à l'égard des animaux commençaient à changer, au moins dans les milieux cultivés.

Beaucoup s'opposent à Descartes, qui ne voit dans les bêtes que des machines trop parfaites, et l'on rapporte pour prouver le contraire une foule d'anecdotes qui témoignent, à n'en pas douter, du raisonnement et de la sensibilité des êtres dits inférieurs. Le chat participe à la promotion générale. On voit alors des dames de la bonne société s'entourer de matous de toutes sortes, les couvrir à l'occasion de bijoux et même leur léguer leurs biens par-devant notaire, au grand désespoir des héritiers à deux pattes. Ces faits sont rapportés par Paradis de Moncrif, dont l'ouvrage sur les chats paru en 1727 semble être le premier à leur être entièrement consacré.

Chez les auteurs romantiques

Le chat trouve au siècle suivant ses défenseurs les plus chaleureux, les plus inconditionnels. Il devient une sorte d'emblème, dans lequel chacun se reconnaît un peu. Se voulant artistes marginaux, solitaires sinon maudits, les romantiques trouvent en lui, ou plutôt dans l'idée que l'on peut s'en faire, le symbole de leur propre statut social. Comme le chat, ils recherchent l'indépendance. Ils sont enchantés par le mystère et les relents sulfureux qui flottent autour de lui, et le mépris ou les persécutions que lui font subir les individus grossiers ne sont pas pour leur déplaire. L'orientalisme lui-même, en vogue jusqu'à la fin du XIXe siècle, a sa part dans cet engouement. On imagine dès lors le pauvre chat de gouttière habitué lascif des harems, avec tous les sous-entendus sensuels qui ne manqueraient pas de scandaliser les moralistes austères. Les romantiques ne ménagent donc pas leur talent pour doter le chat des lettres de noblesse qu'on lui avait refusées jusque-là. Chateaubriand déclare : « Buffon a maltraité le chat, je travaille à sa réhabilitation et j'espère en faire un animal à la mode du temps. » Il n'est pas le seul à y contribuer : Victor Hugo, Théophile Gautier, Balzac, Alexandre Dumas, tous les écrivains de l'époque pourraient être cités, chacun rapportant avec ferveur – et complaisance – les charmes ou les petites aventures de son propre chat. Ce panégyrique se joue même des frontières et tous s'attendrissent sur la fin pathétique du chat Murr transcrite avec pudeur par E.T.A. Hoffmann, ou bien frémissent d'inquiétude avec Edgar Allan Poe et ses chats fantomatiques. Mais le poète du chat par excellence reste Baudelaire, qui lui a consacré de somptueux passages.

« Viens, mon beau chat, sur mon cœur amoureux,
Retiens les griffes de ta patte
Et laisse-moi plonger dans tes beaux yeux
Mêlés de métal et d'agate… »

Le symbole de Montmartre

Champfleury, un intime de Baudelaire, non plus écrivain romantique mais champion du réalisme, publie en 1869 *Les Chats*, livre bien documenté, foisonnant d'anecdotes, témoignage authentique de la passion du chat chez les écrivains contemporains et qui, longtemps, restera le modèle du genre. Un peu plus tard, le chat devient le symbole du Montmartre noctambule, symbole que fixe le dessinateur Steinlen en créant un nouveau type félin, mince, élancé, dans son premier album, *Des chats, images sans paroles* (1897). Steinlen est un habitué, avec Aristide Bruant, du *Chat noir*, café dont la réputation grandissante fait le prototype des cabarets littéraires modernes, tandis qu'une revue prend le même nom, regroupant la nouvelle génération de dessinateurs parisiens. La mode du chat survivra aux courants esthétiques qui en ont marqué l'avènement. Après Zola, Coppée, Loti, ce sont Stéphane Mallarmé puis, plus près de nous, Louis-Ferdinand Céline, Léautaud, Giraudoux et surtout Colette qui entretiendront avec prestige le culte du chat. On peut dire qu'avec Colette le chat est entré dans la littérature mondiale grâce à plusieurs de ses livres dont les titres, *Sept Dialogues de bêtes*, *La Chatte*, *Paix chez les bêtes*, *Les Chats*, trônent dans les bibliothèques de tous les « ailuromanes ».

Chat des villes ou chat des champs

Il convient cependant de s'interroger sur le sort quotidien des chats au XIXe siècle, en dehors de toute idéalisation et loin des milieux intellectuels. Il semble tout d'abord que dans les centres urbains, vivant désormais en appartement, ils commencent à jouer le rôle que nous lui connaissons de nos jours, celui d'animal de compagnie. Les races de luxe, comme l'angora, que quelques privilégiés se réservaient jusqu'alors, se répandent plus largement. On se met, indépendamment de toute référence littéraire, à apprécier et à aimer tout simplement le chat du logis, au moins en ville. À la campagne, en revanche, sa condition reste peu enviable : il est à peine nourri, dans l'espoir que, poussé par la faim, il chasse mieux les souris, rarement toléré près du feu, et seule sa fécondité lui permet, entre famines et maladies, notamment la gale de la face, de repeupler les granges. Mais pourquoi, justement, les chats du XIXe siècle ne triomphent-ils plus des rats ? C'est que, depuis les années 1730, le bon vieux rat noir a été refoulé dans les greniers par un cousin plus coriace, le surmulot, notre rat d'égout. Seuls les pièges et les chiens ratiers sont capables d'en venir à bout.

La création de la SPA en 1845, suivie en 1850 par le vote de la loi Grammont, n'entraîne pas une sensible amélioration du sort des chats. Il serait exagéré de croire que les adhérents de la SPA se sont dès le début mis en peine pour une cause aussi secondaire. On ne cherche alors qu'à épargner toute souffrance inutile aux bêtes de somme, et les dures réalités économiques ne permettent pas d'imaginer, comme de nos jours, des « droits des animaux » applicables aux espèces d'agrément. « Gardons-nous d'inspirer à l'enfant cette tendresse déplacée pour les animaux qui pousse certaines personnes à donner à leurs chiens ou à leurs chats favoris les friandises les plus recherchées… », écrivait l'un des fondateurs de la SPA.

Colette (1873-1954), par M. Vertès.

Vers un véritable changement de statut

Ignoré des scientifiques, encensé par les écrivains, oublié par la protection animale ou méprisé dans les campagnes, le chat est cependant parvenu au XIXe siècle, au moins dans la petite bourgeoisie, au rang d'animal de compagnie par excellence. Quelques dizaines d'années après le chien, il a fait à son tour l'objet de concours de beauté et d'expositions, d'abord à Londres à partir de 1871, au Crystal Palace, à l'instigation du peintre Harrisson Weir, puis en Hollande, en Belgique et enfin à Paris, où la première exposition féline a lieu en 1896, au Jardin d'acclimatation.

Les critères d'appréciation fixés par Harrisson Weir y sont adoptés, mais les juges, encore impressionnables, demandent un prix spécial pour un chat obèse de 15 kg. Le « sport félin » est né. Cependant, les races de chats, aujourd'hui si nombreuses, sont à l'époque encore peu variées. Mis à part le chat européen sous ses diverses couleurs ou accompagné de ses avatars, le chat des chartreux et le chat de l'île de Man, on ne distingue alors que les siamois, dits encore chats malais, et, parmi les chats à poil long, le persan et l'angora.

Si les chats ont, depuis trois bons siècles, passionné artistes et humanistes, ils sont depuis la seconde moitié du XXe siècle devenus de véritables animaux de compagnie, partageant pour la plupart la chaleur du foyer de leurs maîtres. Il ne faut certes pas négliger les hordes de chats errants dont s'occupent avec cœur les associations de protection animale, ni les maltraitances et les abandons, mais en règle générale le chat a acquis une certaine tranquillité. Longtemps considéré comme le parent pauvre du chien, il est désormais au centre des préoccupations vétérinaires. Les produits qui lui sont exclusivement consacrés se multiplient, que ce soit au rayon alimentaire, au rayon entretien ou au rayon jouets et paniers en tout genre. Il grignote les parts de marché et figure même depuis peu en tête des animaux de compagnie : une étude réalisée sur l'année 2002 par la FACCO et la Sofres confirme cet engouement français. 9,67 millions de chats ont en effet été recensés, contre 8,78 millions de chiens, et le gouttière a toujours le vent en poupe.

Les parents du chat

Un peu embarrassés par l'homogénéité du groupe formé par les félins, les naturalistes ont tout d'abord classé à part les grands fauves en se fondant sur un critère assez surprenant : le rugissement. En fait, cette vocalisation spectaculaire tient à un détail anatomique constant : l'ossification incomplète de l'hyoïde, qui se compose de deux chaînes osseuses symétriques par lesquelles la base de la langue est rattachée au crâne. Les articulations de ces petits os autorisent les mouvements liés à la déglutition et à la phonation. Chez les grands fauves, l'un de ces os manque de chaque côté, et il est remplacé par une lame fibro-cartilagineuse ; cette conformation, qui restreint moins les mouvements du larynx, autorise le rugissement. Le groupe ainsi défini forme le genre *Panthera*, qui réunit le lion, le tigre, le léopard (ou panthère, deux noms pour le même animal), le jaguar d'Amérique du Sud et deux autres espèces beaucoup plus rares : la panthère des neiges et la panthère longibande. Les autres félins, à l'hyoïde normalement ossifié, miaulent ou crient. Parmi ceux-ci, le guépard, à son tour, a été isolé. Il occupe à lui seul un genre à part : *Acynonix*.

Le guépard, un fauve sprinter et pacifique

Sa silhouette élancée de sprinter rappelant celle des lévriers, ses griffes non rétractiles, sa tête petite, sa figure marquée de deux traits qui vont, comme deux larmes noires, de l'angle interne des yeux aux coins des lèvres lui donnent une physionomie si particulière qu'il n'était pas permis de le confondre avec les autres chats. Il vivait autrefois dans toute l'Afrique, à l'exception des régions de forêt dense, ainsi que dans tout le Moyen-Orient et en Inde. Aujourd'hui, son territoire a beaucoup diminué en Afrique ; devenu très rare au Moyen-Orient, il a totalement disparu d'Inde.

Animal diurne, chassant à vue les lièvres, les gazelles et les oiseaux incapables de voler longtemps, il détient le record de vitesse terrestre, avec des pointes à plus de 100 km/h. Mais il ne court ainsi que sur les quelques centaines de mètres qui lui suffisent à rattraper ses proies.

Pacifique, le guépard s'est toujours laissé facilement apprivoiser, et tout d'abord par les anciens Égyptiens. À partir du XVe siècle avant J.-C., il fut pour eux, avec le chien, l'animal de chasse par excellence. Au début de notre ère, le géographe grec Strabon rapporte que les Indiens « réduisaient en esclavage des guépards que l'on trouvait en grande abondance dans les forêts de bambous des bords du Gange, qu'ils les dressaient à la chasse et les apprivoisaient tellement qu'ils pouvaient les laisser sans crainte en liberté dans les palais et les jardins en compagnie d'oiseaux également apprivoisés ».

Les maharadjahs pratiquèrent la chasse au guépard jusqu'au début de ce siècle, avec des animaux capturés en Afrique puisque l'espèce autochtone avait déjà disparu. L'animal était transporté sur un chariot léger, attaché par le milieu du corps, les yeux bandés, jusqu'à l'endroit de la chasse. On lui découvrait les yeux et on le lâchait lorsque le gibier était en vue. Avec un peu de chance, le guépard atteignait celui-ci en quelques dizaines de secondes. Sinon, il ne tardait pas à se coucher, essoufflé.

Cette chasse, proche de la fauconnerie ou de la chasse au lévrier, fut au Moyen Âge une véritable passion dans toute l'Europe orientale et l'Asie. L'Occident ne la pratiqua pourtant que par intermittence ; les croisés s'y intéressèrent puis, à la

Les guépards de chasse de Julien de Médicis (vers 1493). Le guépard, champion de la vitesse sur courte distance, fut apprivoisé et utilisé pour chasser le lièvre dès l'Antiquité égyptienne. Les grands seigneurs italiens de la Renaissance en possédèrent, à l'imitation des potentats orientaux. Ici, un cavalier transporte son guépard en croupe sur une housse, tandis qu'un autre, descendant de cheval, se prépare à lâcher le sien.

Renaissance, les princes italiens. Louis XII lui-même, après la conquête du Milanais, ramena avec lui les guépards de chasse de Ludovic Sforza, avec lesquels il alla courir lièvres et chevreuils dans le parc du château d'Amboise. Depuis le début du Moyen Âge, les guépards étaient dressés à rester en croupe, derrière les cavaliers, comme on le voit notamment sur une fresque représentant la cour de Cosme l'Ancien de Médicis, vers le milieu du XVe siècle.

Le genre *Felis*

Hormis les grands fauves (*Panthera*) et le guépard (*Acynonix*), les autres félins se regroupent dans l'unique genre *Felis*. Les espèces qui le composent sont nombreuses et leur classification reste délicate. De nombreuses espèces de chats fuient l'homme, et la civilisation en a refoulé beaucoup dans des contrées inaccessibles, ce qui ne facilite pas la tâche des naturalistes. Voilà pourquoi, sans doute, la classification du genre *Felis* varie sensiblement. Les différentes espèces de *Felis* sont solitaires, généralement nocturnes, volontiers arboricoles ; leur régime est à peu près strictement carnivore (piscivore chez le chat pêcheur, *Felis viverrinus*). Sur son territoire, un même animal a généralement plusieurs repaires, et c'est dans l'un d'entre eux que la mise bas a lieu. Le mâle et la femelle ne vivent ensemble que pendant la pariade, et la plupart des mâles ne participent pas à l'éducation des jeunes. La gestation dure environ deux mois chez les petites espèces et trois mois chez le puma. Les jeunes, au nombre de un à six suivant les espèces, naissent aveugles mais couverts de fourrure.

Les félins d'Amérique centrale et d'Amérique du Sud

Le puma ▸ L'animal le plus volumineux du genre *Felis*, celui que l'on classerait volontiers avec les lions et les panthères si son organisation ne s'y opposait pas, est le puma ou cougouar. Autrefois répandu sur la plus grande partie du continent américain, il a été impitoyablement chassé dans bien des endroits car il s'attaquait aux animaux domestiques. Son poids atteint environ 100 kg. Sa robe unie, jaune-brun, s'éclaircit sous le corps. Tout comme le jaguar, l'autre grand félin d'Amérique, il occupe une place importante dans la mythologie de la plupart des civilisations précolombiennes.

Le colocollo ▸ Appelé encore pajeros – chat de paille – en raison de la couleur du pelage de certains de ses représentants, cet animal a la taille d'un chat domestique, avec un poil assez long, tigré, d'une teinte allant du blanc jaunâtre au gris-brun. Il habite les pampas, mais pénètre parfois dans les forêts humides et s'aventure même dans les régions montagneuses. Vivant essentiellement à terre, le colocollo trottine, un peu à la manière d'une mangouste haute sur pattes, à la recherche de petits mammifères, en particulier de cochons d'Inde, et d'oiseaux nichant au sol.

Le jaguar, le plus grand félin d'Amérique, a tenu un rôle primordial dans les mythes aztèques.

Felis leopardus ▸ On reconnaît cinq espèces.

- L'ocelot était jadis le félin le plus répandu en Amérique du Sud et centrale, jusque dans la partie méridionale des États-Unis. Mais sa belle fourrure fauve, dont les marques d'un brun chaud cerné de noir rappellent celles du jaguar, a été la cause première de sa raréfaction. Excellent grimpeur, il chasse souvent dans les arbres et s'y réfugie pendant la journée. Il est connu pour marquer par des tas d'excréments certains points fixes de son territoire. Il ne dépasse pas 45 cm au garrot et pèse de 11 à 15 kg.
- Le margay ressemble à un ocelot en miniature, avec un pelage pratiquement identique. Ses grands yeux, franchement dirigés vers l'avant, lui assurent sans doute une excellente vision nocturne. Lui aussi vit dans les arbres, où il se déplace avec une habileté déconcertante, grimpant en spirale autour des troncs, se suspendant par les pattes arrière aux branches, ou descendant, plaqué à l'écorce, la tête en bas, comme un écureuil. L'anatomie de ses pattes postérieures, dont les extrémités, larges et molles, épousent la surface du support, explique ces qualités d'acrobate.
- Le chat-tigre, à son tour, est encore un peu plus petit que le margay, avec lequel on peut le confondre, au moins en ce qui concerne les individus les plus grands. Il est arboricole lui aussi, mais sa virtuosité à évoluer dans les branches n'atteint cependant pas celle, surprenante, du margay.
- Le chat de Geoffroy a pratiquement la même taille que le margay mais, selon les régions, sa robe varie davantage, allant jusqu'au gris moucheté. Aux

Excellent grimpeur, l'ocelot chasse souvent dans les arbres et s'y réfugie pendant la journée.

aptitudes de vie dans les arbres, il ajoute les qualités d'un bon nageur, ce qui laisse supposer qu'il se nourrit au besoin de poisson.

• Le kodkod est un très petit chat de 2 à 3 kg gris-brun, tacheté, arboricole, mais également très à son aise sur le sol. La nuit, il lui arrive de visiter les poulaillers.

Le chat des montagnes ▸ On l'appelle aussi chat des Andes, car il habite les zones arides des montagnes du Chili et d'Argentine, jusqu'à 5 000 m. Exposé au froid glacial des nuits en altitude, il bénéficie d'une fourrure très épaisse, gris argenté, marquée de taches et de rayures brunes ou orangées.

Le jaguarondi ▸ *Felis herpailurus* est répandu du Texas à toute l'Amérique du Sud, à l'exception de la bande côtière désertique en bordure du Pacifique, au sud de l'Équateur. Bas sur pattes, avec un corps long et souple, il fait penser à la loutre. Son pelage uni varie d'un individu à un autre, et il peut se trouver dans une même portée des petits presque noirs, gris ou brun roussâtre. Le jaguarondi affectionne les forêts humides ou les broussailles et, s'il grimpe agilement aux arbres, il préfère vivre au sol. Sa fourrure sans valeur lui a assuré une relative tranquillité. On prétend qu'il était déjà domestiqué au Paraguay avant l'arrivée des Européens. On distinguait autrefois l'eyra, qui ne serait en réalité qu'une variété plus foncée du jaguarondi.

Les chats d'Extrême-Orient

Le chat marbré ▸ Devenu très rare en raison de la détérioration de son milieu naturel, il occupait autrefois la portion orientale de l'Himalaya, la Birmanie, les péninsules indochinoise et malaise. Son poids varie de 2 à 5 kg ; sa robe, jaune d'argile, est marquée de bandes sinueuses, de même que sa queue longue et touffue. Il vit aujourd'hui dans les forêts à la façon de notre chat sauvage.

Le chat bai ▸ Châtain vif, il est cantonné à Bornéo. On ne le connaît que par quelques individus.

Le chat du Bengale ▸ Comme les deux espèces précédentes, il est protégé. Il a cependant une aire d'extension très vaste, de la Mandchourie à l'Inde, incluant tout le Sud-Est asiatique, y compris Bornéo, Sumatra et Java. Dans des régions aussi éloignées les unes des autres, les variations de taille et de pelage sont importantes : en zone tropicale, cet animal est, avec un poids de 5 kg environ, tacheté de noir sur fond brun, alors que vers le nord, en Mandchourie, il atteint de 12 à 15 kg, avec un pelage gris presque argenté orné de pâles taches annulaires. Le chat du Bengale a besoin d'eau et il est absent de toutes les régions sèches ou désertiques. Il habite la brousse et les régions forestières, nageant et grimpant avec aisance.

Le chat d'Irimote ▸ Il a été découvert par les scientifiques en 1967 dans l'île du même nom, appartenant au Japon et située au large de Taïwan. Après en avoir fait un sous-genre à part, les naturalistes considèrent actuellement que ce chat est une forme insulaire du chat du Bengale. Le développement agricole de l'île tendant à rétrécir le secteur boisé qui lui sert de repaire, cet animal, qui n'est plus représenté que par quelques dizaines d'individus, semble voué à la disparition ou à la seule survie en parc zoologique.

Le chat rougeâtre ▸ Il remplace à Ceylan et dans le sud de l'Inde le chat du Bengale. Il en représente lui aussi une variation extrême, de taille plus petite et de coloration plus accusée.

Le chat pêcheur ▸ Appelé aussi tarai, ce chat vit à

Ceylan, en Inde, en Chine et, au sud, jusqu'en Birmanie. Semi-aquatique, il occupe les marais et se nourrit de poisson. Il pêche, monté sur un rocher, en utilisant sa patte comme une cuillère. Si besoin est, il se contente parfois de mollusques d'eau douce, de serpents et de petits mammifères. D'une taille assez importante, pesant jusqu'à 14 kg, il présente un corps allongé, couvert de taches sombres régulièrement alignées sur un fond gris lièvre, rappelant celui de la civette.

Le chat à tête plate ‣ Il vit dans la région malaise, y compris Sumatra et Bornéo. Il est remarquable par sa tête allongée et aplatie, ce qui lui vaut le nom de chat-martre qu'on lui donne quelquefois. Sa fourrure, longue et molle, d'un brun-rouge foncé uniforme, se pare d'un chatoiement argenté particulier provenant des poils à pointe blanche. De la corpulence du chat domestique, il est cependant plus bas sur pattes. Ses griffes ne se rétractent presque pas. Il est devenu rare avant même qu'on le protège et que ses mœurs soient connues. On sait qu'il peut lui aussi pêcher à l'occasion et qu'il se nourrit surtout de grenouilles.

Les autres félins d'Afrique et d'Asie

Le chat doré ‣ Regroupant deux espèces, il est représenté à la fois en Afrique et en Asie. Il s'agit d'animaux de taille moyenne, pesant de 6 à 16 kg. Le chat doré africain vit au Sénégal, au Kenya et dans le nord de l'Angola ; le chat de Temminck, au Tibet, au Népal, dans le Sud-Est asiatique et à Sumatra. Ils ne fréquente que les forêts équatoriales, où ils quittent apparemment peu le sol, s'abritant sous des rochers ou dans des terriers creusés par d'autres animaux. Leur coloration générale, comme leur nom l'indique, est le plus souvent d'un roux foncé uni, variant parfois jusqu'au gris ardoisé. De la tête à la queue, sur la ligne du dessus, s'étend une bande plus foncée. Le dessous du corps s'éclaircit au contraire et se marque de taches arrondies noirâtres. La queue est annelée, parfois blanche dans son dernier tiers.

Semi-aquatique, le chat pêcheur occupe les marais et se nourrit de poissons.

Le chat manul ‣ Appelé aussi chat de Pallas, il vit en Asie centrale, dans les déserts rocheux et les steppes qui s'étendent de la mer Caspienne à la Chine occidentale. Il ne craint pas l'altitude. Ce petit animal, court sur pattes, pesant de 4 à 5 kg, se distingue surtout par son pelage, très long aux parties inférieures du corps, ce qui constitue une adaptation à la neige des rigoureux hivers continentaux. Ses longs poils l'ont fait considérer autrefois, à tort, comme la souche des races angoras. Sa robe uniforme brun clair n'est marquée que de taches noires sur la tête et de quelques rayures transversales sur l'arrière du corps et sur la queue. Ses petites oreilles rondes, reportées sur les côtés du crâne, ainsi que ses volumineux favoris lui font une tête large, comme aplatie. Il se nourrit de rongeurs, essentiellement de lagomys, animaux voisins du lièvre.

Le lynx ‣ Ces félins se signalent par leurs oreilles d'où jaillissent des touffes de poils plus ou moins longues, par leur petite tête, leurs pattes postérieures plus hautes que les antérieures, leur queue courte. Le lynx du Nord a aujourd'hui une répartition circumpolaire. On le trouve au Canada, mais il était autrefois également répandu en Eurasie, de la France à la Mandchourie. Son aire d'extension en Europe du Nord s'est réduite inexorablement au cours des siècles et, s'il abondait encore il y a cent cinquante ans dans les Alpes, il avait disparu en France depuis longtemps lorsque, en 1987, on a tenté de le réimplanter dans les Vosges.

Cet animal possède une fourrure magnifique, claire et mouchetée, marquée de noir sur les pinceaux des oreilles ainsi qu'à l'extrémité de la queue. Fort discret, et pour cette raison pratiquement absent du folklore européen, il doit précisément à son apparente rareté d'avoir fait l'objet dans l'Antiquité puis au Moyen Âge de croyances étranges. Son regard, disait-on, perçait les murailles les plus épaisses ; son urine se cristallisait en pierres magnifiques. On en faisait un chat énorme, empruntant certaines particularités au loup, ce qui lui valut son surnom de loup-cervier ou de chat-loup. Malgré sa taille modeste et son poids qui n'excède pas 30 kg, il s'agit, si l'on excepte l'ours, du plus puissant de nos carnassiers. Blessé, il serait bien plus dangereux pour le chasseur qu'un loup isolé.

Dans le sud de l'Europe (Espagne, Italie, Grèce, Sardaigne et Sicile) et en Turquie se trouvait autrefois au moins une variété de lynx à poil court, le lynx pardelle ou lynx d'Espagne, correspondant en Chine au lynx Isabelle et aux États-Unis au lynx roux appelé aussi bobcat, chat à queue coupée. Le bobcat est au lynx du Canada ce que le lynx d'Espagne est au lynx du nord de l'Europe : un équivalent méridional.

Le caracal ▸ Cette forme de lynx s'est acclimatée aux régions tropicales. Sa robe au poil court, fauve uniforme, s'éclaircit sous le corps en une teinte blanchâtre tachetée de roux. Il pèse de 8 à 18 kg. Répandu dans toute l'Afrique à l'exclusion de la grande forêt, mais aussi au Moyen-Orient et dans l'ouest de l'Inde, il s'est donc maintenu dans l'ancienne aire de répartition du guépard. Comme celui-ci, il a été domestiqué par les chasseurs indiens, qui l'employaient pour capturer les lièvres. Il n'a cependant pas la même douceur de caractère que le guépard : si certains sujets sont très calmes, d'autres s'avèrent irrémédiablement féroces.

Le serval ▸ Il vit en Afrique, du Sahel au nord jusqu'en Afrique du Sud, excepté dans la grande forêt pluviale. Il a les formes et les allures d'un chat haut sur pattes, avec une taille au garrot d'une cinquantaine de centimètres et un poids d'environ 14 kg. Sa robe est fauve clair, garnie de taches noires rondes ou allongées, sa queue annelée de noir. Comme chez la panthère, les cas de mélanisme sont fréquents, surtout dans les régions humides : certains servals sont presque noirs. Ils s'apprivoisent facilement. Solitaires et discrets, ils s'approchent souvent la nuit des villages pour y visiter les poulaillers.

Le caracal a été domestiqué par les Indiens pour capturer les lièvres.

Le sous-genre *Felis*

Le chat des marais ▸ Il habite à proximité des fleuves et des lacs, dans les roseaux et la jungle buissonneuse autant qu'en pays découvert. On ne le rencontre cependant pas dans la grande forêt tropicale. Il est répandu dans le delta du Nil, dans celui de la Volga, ainsi que dans les régions basses et marécageuses du Proche-Orient, du Turkestan, d'Inde, de Chine et d'Indochine. Il s'agit d'un grand chat qui peut peser jusqu'à 16 kg, à la queue courte, ne descendant pas en dessous du jarret. Les extrémités de ses oreilles portent des pinceaux, moins apparents cependant que ceux du lynx. Sur le corps d'un brun grisâtre uni, seule la queue porte des marques en anneaux. Mais la grande dispersion géographique de l'espèce entraîne de nombreuses variations régionales quant à la taille et à la couleur. Le chat des marais se nourrit de mammifères ne dépassant pas le volume du lièvre, de grenouilles et de reptiles. Il gîte dans les terriers abandonnés de blaireaux ou de porcs-épics.

Le chat des sables ou chat de Margueritte ▸ De la taille d'un grand chat domestique, il a une physionomie aisément identifiable : court sur pattes, couleur de sable, il dresse une tête qui paraît volumineuse et d'une largeur exagérée en raison de ses grandes oreilles reportées sur les côtés. Il s'agit d'une adaptation au milieu désertique : en effet, dans ces solitudes, pauvres en animaux, une ouïe très fine avantage les chasseurs nocturnes. En outre, la partie de l'oreille contenue dans le crâne comporte des bulles tympaniques très vastes, sortes de chambres d'amplification sonore qui prennent chez les animaux des déserts une importance remarquable. La gerboise, rongeur aux pattes de kangourou, en est un exemple. Le chat des sables bénéficie d'autres adaptations à la vie désertique : il est apparemment capable de ne pas boire ; l'eau contenue dans sa nourriture lui suffit sans doute. De plus, la face plantaire de ses pattes est recouverte d'un pelage épais qui, a-t-on d'abord pensé, servait d'isolant thermique et autorisait les déplacements sur le sol rendu brûlant par le soleil. En réalité, le chat des sables, prudemment retranché dans ses abris souterrains, ne sort guère pendant le jour. Cette semelle de poils doit faciliter sa progression sur le sable, qu'il peut ainsi fouler sans s'y enfoncer. Il vit dans le Sahara et le désert d'Arabie.

Le chat à pieds noirs ▸ Avec son poids n'excédant pas 2,5 kg, c'est un nain, même par rapport au chat domestique. Il s'agit du plus petit des félins. Adapté à la vie des déserts, il bénéficie, comme le chat des sables, d'une pilosité plantaire et de vastes bulles

Le chat des marais est très grand et peut peser jusqu'à 16 kg. Il se nourrit de petits mammifères.

tympaniques. Il y ajoute même une voix paradoxalement puissante : ce tout petit chat rugit en effet comme un tigre, toutes proportions gardées, et une octave plus haut. Ce signal sonore semble permettre aux deux sexes de s'entendre de très loin et de se rencontrer plus facilement au moment du rut. La faune désertique très clairsemée ne permet pas aux prédateurs de cohabiter longtemps au même endroit sans mourir de faim. Aussi, immédiatement après le rapprochement sexuel, le mâle et la femelle se séparent. Ce comportement, solitaire par la force des choses, persiste en captivité ; le chat à pieds noirs manifeste alors toujours de fortes tendances asociales. Cet animal vit dans les déserts d'Afrique du Sud, dans le Kalahari et le Karroo.

Le chat sauvage ‣ Le chat sauvage d'Europe, pesant jusqu'à 8 kg (mais tout de muscles, qui en font l'opposé des matous benoîts et obèses qui ornent nos radiateurs), dépasse d'un tiers les dimensions du chat domestique. Sur un fond gris jaunâtre, sa robe porte des rayures peu marquées sur le corps, plus visibles sur les pattes et la queue annelée. La gorge est presque blanche. L'animal bénéficie d'une fourrure longue et dense. La queue, au pelage fourni, paraît d'épaisseur égale sur toute sa longueur, et non effilée comme chez le chat domestique.

La nourriture du chat sauvage se compose d'oiseaux, au besoin de hannetons ou de sauterelles et, bien sûr, de mammifères de petite taille. Contrairement à ce que l'on imagine parfois, il serait incapable de s'attaquer à un lièvre, et encore moins à un chevreuil. Chaque individu, solitaire, évolue sur un territoire d'une cinquantaine d'hectares. La femelle met bas au printemps une seule portée de deux ou trois jeunes.

Le chat sauvage n'aime pas la neige, dans laquelle il s'enfonce et qui l'affame en le privant de souris et de mulots. Pour cette raison, la petite glaciation intervenue au Moyen Âge l'a contraint à se retirer d'une grande partie de la Russie et de la Scandinavie. Habitant des forêts ou des contrées rocheuses, il vit parfois en terrain découvert. Après avoir chassé la nuit ou au crépuscule, il se repose le jour dans un buisson épais, au creux d'un arbre mort, sous un rocher, mais il aime aussi se prélasser au soleil.

Considéré, notamment au XIXe siècle, comme un ennemi du gibier et des animaux domestiques, il a fait l'objet d'une chasse intensive qui l'a pratiquement éliminé d'Europe centrale et occidentale. Cependant, le répit qui lui fut accordé pendant les deux dernières guerres mondiales a permis à quelques populations de survivre en Écosse, en Allemagne, dans l'est de la France et dans les Pyrénées. On comprend qu'en période de raréfaction extrême le chat sauvage ait pu s'accoupler à des chats domestiques, ce qui fait dire aux naturalistes que les spécimens actuels diffèrent sensiblement de la souche authentique.

Le chat sauvage d'Afrique, aussi appelé chat ganté ou chat de Libye, plus petit, élégant, a une tête étroite, de grandes oreilles, une queue longue et effilée. Répandu dans les savanes d'Afrique et en Arabie, il ne fréquente ni la grande forêt tropicale ni les déserts.

Le chat orné, dont l'aire de répartition asiatique atteint la Chine et l'Inde centrale, se cantonne aux régions sèches, évitant la neige et le froid. Son pelage épais et doux rappelle celui du chat domestique. Sa robe claire, jaune pâle ou sable, est tachetée et sa queue longue amincie à l'extrémité. Le chat de monseigneur Biet, ou chat chinois du désert, se rapproche beaucoup du chat orné. Il ne se trouve qu'en Mongolie du Sud et en Chine centrale.

Le chat domestique, enfin, n'est qu'une variation transformée par la domestication du chat sauvage d'Afrique, chat ganté ou chat de Libye. Comme la plupart des espèces domestiquées, il a subi, quoique modérément, les effets de la dérive génétique : sa population, plus ou moins isolée du fonds sauvage et sélectionnée par l'homme, a pu exprimer des gènes de coloration ou de texture du pelage jusque-là récessifs et ignorés.

Le chat domestique, compagnon du marin européen, s'est répandu sur tout le globe au fur et à mesure des explorations et des colonisations. Dans bien des régions (notamment sur le continent américain et dans la plupart des îles), le chat sauvage *Felis silvestris* était inconnu. Il aurait pu, en reprenant sa liberté, connaître une réussite foudroyante en tant qu'animal sauvage, mais tel n'a pas été le cas. Il est toujours revenu, au moins par intermittence, se mettre sous la protection de l'homme pour survivre.

CARNET PRATIQUE DU CHAT

◂ Le balinais est une race qui concourt fréquemment dans les expositions félines.

Les expositions félines

Les buts de ces expositions internationales sont multiples : présenter au public les différentes races de chats, lui donner l'occasion de les découvrir ou de mieux les connaître, d'acquérir un chaton ou du matériel spécialisé, permettre aux éleveurs, aux amateurs ou propriétaires de chats de se rencontrer, de comparer l'amélioration d'un élevage par rapport aux autres, de trouver un fiancé pour leur belle minette, de montrer l'évolution d'une nouvelle race ou d'une nouvelle couleur et de faire concourir leur petit protégé à un concours de beauté pour recevoir un nouveau titre, des points, un best, pour monter sur le podium.

Les concours de beauté

Les expositions félines se déroulent sur un ou deux jours et, si vous avez envie de faire concourir votre plus beau matou, il faut vous inscrire auprès du club organisateur une bonne quinzaine de jours avant la date fatidique, vous acquitter d'une participation financière et prendre connaissance du règlement et de l'heure à laquelle vous devez arriver. Si vous êtes novice en la matière, il vaut mieux prendre conseil auprès de gens expérimentés, cela réduira considérablement votre stress…

La préparation de votre chat variera en fonction de sa race et de la nature de son poil. Shampoing, séchage, brossage minutieux seront en effet parfois recommandés pour doter votre compagnon d'une robe de toute beauté. Vous devrez aussi lui avoir coupé les griffes et nettoyé les oreilles pour le rendre impeccable et lui donner toutes ses chances de séduire le juge. Il vous faudra également préparer sa cage, éventuellement l'orner de rideaux, la personnaliser si les organisateurs ont fixé un thème. N'oubliez pas de lui prévoir à manger, à boire, et d'emporter un bac de propreté.

Le jour J, ménagez votre chat et évitez de lui communiquer votre éventuelle anxiété. Dès votre arrivée, vous recevrez un catalogue et un numéro d'attribution. Vous devrez alors vous rendre au contrôle vétérinaire pour la vérification des vaccins, du tatouage ou de l'identification électronique de votre compagnon. Il vous suffira ensuite d'installer votre cage à l'emplacement indiqué et d'attendre que l'on vienne vous chercher pour que vous puissiez enfin présenter votre petite merveille devant le juge. Sachez toutefois que participer à une telle exposition requiert une grande patience, vous devrez en effet, si vous n'êtes pas accompagné, rester toute la journée près de la cage de votre petit protégé et attendre la fin de l'après-midi pour obtenir la feuille avec les appréciations du juge.

Le standard

Lors des expositions félines, les qualités des chats sont appréciées, par un ou plusieurs juges habilités, selon des critères propres à chaque race et à chaque pays : c'est ce qu'on appelle le standard. Un standard, c'est en fait la description du chat parfait pour une race donnée. Il est accompagné d'une échelle de points notant toutes les parties du chat. Il est mis au point par les éleveurs et les juges, validé par les autorités compétentes, et il est amené à être révisé en fonction de certaines évolutions morphologiques, de la reconnaissance de nouvelles variétés, de nouvelles couleurs… Selon la race concernée, il n'accorde pas la même valeur à la robe, à la couleur, aux yeux, à la condition et au caractère. Il répertorie également les défauts à éviter et précise les points de disqualification. Il guide l'éleveur dans son travail et le juge lors des concours de beauté.

Le jugement traditionnel

Il représente plus de 95 % des jugements réalisés dans les expositions félines d'Europe. Lors de ce jugement, le juge examine individuellement chaque concurrent et rédige un rapport en fonction du standard concerné. Si deux ou plusieurs chats sont

Lors des expositions félines, les juges sont en charge d'apprécier les standards des chats, c'est-à-dire leurs qualités définies selon des critères propres à chaque race et à chaque pays.

C'est une véritable consécration pour l'éleveur qui, lors du jugement TICA, voit entrer son chat dans les dix premiers de l'année.

présentés dans la même classe, ils sont comparés et classés successivement du premier au dernier. Le titre est accordé au premier, mais seulement s'il le mérite, car les chats peuvent être classés sans pour autant obtenir de titre si aucun d'entre eux n'est assez proche du standard.

Les participants sont ensuite comparés par couleur afin de sélectionner le best variété, le meilleur de chacune des couleurs, toutes classes confondues. Au terme de ce jugement, les chats sont examinés par classe : par sexe et par âge. Chaque juge signale alors le mâle adulte, le mâle neutre, le mâle trois-six mois, le mâle six-dix mois, la femelle adulte, la femelle neutre, la femelle trois-six mois, la femelle six-dix mois qu'il a préférés. Ceux qui sont retenus sont à leur tour comparés et un vote proclame les best in show, les meilleurs de chaque catégorie. Les best in show entrent ensuite en compétition pour l'élection du best général, le best of best. Ces jugements sont rendus pour chaque catégorie de poils : court, mi-long et long. Les trois best of best de l'exposition sont une dernière fois confrontés pour l'élection du best suprême, désignant le meilleur chat de l'exposition, tous âges, sexes, races et couleurs confondus. Sachez toutefois qu'un juge n'est jamais obligé de présenter un chat dans une classe, car il arrive que l'animal soit assez bon pour le titre mais pas pour le best et que les classes d'honneur donnent désormais accès au best in show.

Le titre de champion national ▸ Il peut être attribué à un chat de plus de dix mois ayant comptabilisé quatre-vingts points, trois CAC (certificats d'aptitude au championnat) sous deux juges différents.

Le titre de champion international ▸ Il peut être attribué à un chat champion ayant comptabilisé quatre-vingt-cinq points et trois CACIB (certificats d'aptitude au championnat international de beauté) sous trois juges différents dans deux pays.

Le titre de grand champion international ▸ Il peut être attribué à un chat champion international ayant comptabilisé quatre-vingt-dix points et trois CAGCI (certificats d'aptitude au grand championnat international) sous trois juges différents dans trois pays ou cinq CAGCI sous quatre juges internationaux différents en France.

Le titre de champion d'Europe ▸ Il peut être attribué à un chat grand champion international ayant comptabilisé quatre-vingt-quinze points et quatre CACE (certificat d'aptitude au championnat d'Europe), dont trois à l'étranger sous trois juges différents.

Le titre de grand champion d'Europe ▸ Il peut être attribué à un chat champion d'Europe ayant comptabilisé quatre-vingt-dix-neuf points et quatre CAGCE (certificats d'aptitude au grand championnat d'Europe) dans quatre pays différents sous quatre juges différents, ou six CAGCE sous six juges internationaux différents en France.

Chez les adultes, les chats mâles et femelles entiers concourent séparément pour l'obtention des titres de CAC, CACIB, CAGCI, CACE et CAGCE ; un seul qualificatif est attribué par le juge par sexe et par couleur. Les chats mâles et femelles stérilisés

concourent séparément avec le qualificatif premier pour l'obtention des titres de CAP, CAPIB, CAGPI, CAPE et CAGPE ; un seul qualificatif est attribué par le juge par sexe et par couleur. Les chatons de trois-six mois et de six-dix mois peuvent obtenir un qualificatif. La classe d'honneur est accessible aux grands champions d'Europe et grands premiers d'Europe.
Un chat ayant obtenu les certificats nécessaires pour accéder au titre supérieur doit nécessairement passer dans la catégorie concernée.

Le jugement américain TICA (The International Cat Association)

Ce système, différent, est sans doute plus équitable et plus spectaculaire pour le public et les exposants, car la description des races leur est faite oralement. Chaque chat est en effet jugé individuellement et classé de 1 à 10 dans sa catégorie de couleur et de race. Lorsque le juge a vu tous les concurrents, il choisit, toutes races confondues, ses dix meilleurs adultes, ses dix meilleurs neutres, ses dix meilleurs chatons. Il les présente au public en les récompensant de cocardes. Au cours d'une même exposition, les chats sont jugés par plusieurs juges et les meilleurs d'entre eux participent ainsi à plusieurs finales : *finale all breed*, toutes les races et longueurs de poils confondues ; *finale speciality shorthair*, toutes les races à poil court ; et *finale speciality longhair*, toutes les races à poil long et mi-long. Une moyenne des classements obtenus est ensuite effectuée.
La classe *kittens* concerne les chatons âgés de quatre à huit mois appartenant aux races reconnues, qui participent aux finales mais ne peuvent prétendre aux titres de champion ; la classe *championship* s'adresse aux chats de plus de huit mois appartenant aux races reconnues ; la classe *alters* aux chats stérilisés de plus de huit mois appartenant aux races reconnues ; la classe *house holded pets* aux chats de maison sans pedigree ; et la classe *new breed or color* aux chats appartenant à des races pas encore reconnues mais faisant l'objet d'un programme d'élevage approuvé. Les titres sont ici attribués après un cumul de points acquis au fur et à mesure des expositions, chaque place, chaque best donnant un certain nombre de points. Ainsi, à chaque manifestation, ce système permet de présenter, parmi les dix meilleurs, des chats très beaux qui ne seraient ni montrés ni mis en valeur et n'obtiendraient pas de titre dans le système traditionnel, qui ne donne qu'un titre par classe et par couleur.
Selon les points obtenus en fonction de leur couleur et de sa division (*solid division* pour les couleurs unies, sans marques tabby ni silver ; *tortoishell division* pour les écailles de tortue sans tabby ni silver ; *silver et smoke division* pour les chats silver tabby, silver shadded, chinchilla et smoke ; *tabby division* pour les chats tabby sauf les silver ; *particolor division* pour les chats de toutes les couleurs avec du blanc), le chat pourra prétendre à l'un des six titres suivants.
Le titre de champion ▸ Il est accessible au chat ayant obtenu trois cents points avec quatre juges différents et ayant participé à une finale.
Le titre de grand champion ▸ Il nécessite mille points obtenus au cours de six finales avec quatre juges différents, dont trois finales parmi les cinq meilleurs *speciality* ou les dix meilleurs *all breed.*
Le titre de double grand champion ▸ Il est ouvert au chat ayant comptabilisé deux mille points avec une finale parmi les cinq meilleurs en *speciality* ou les dix *all breed* en tant que grand champion.
Le titre de triple grand champion ▸ Il s'adresse au chat ayant obtenu trois mille points avec une finale parmi les cinq meilleurs en *speciality* ou les dix *all breed* en tant que double grand champion.
Le titre de quadruple grand champion ▸ Il est ouvert au chat qui comptabilise quatre mille points avec une finale parmi les cinq meilleurs *speciality* ou les dix *all breed* en tant que triple grand champion.
Le titre de suprême grand champion ▸ Il est décerné au chat ayant rassemblé six mille points avec un *best cat* (meilleur chat) en tant que quadruple grand champion.
À la fin de la saison, les chats ayant obtenu le plus de points sont classés par région, puis au niveau international. Inutile de préciser que voir son chat entrer dans le « top ten » de l'année, est pour l'éleveur une véritable consécration.

Glossaire

Ce glossaire réunit les définitions des termes techniques employés en félinotechnie. Certains mots, suivis d'un astérisque (*), sont eux-mêmes définis à leur place alphabétique.

A

Agouti : se dit du poil présentant alternativement des zones claires et des zones foncées, se terminant par une zone foncée ou coloration entre les rayures.

Albinisme : absence totale de pigmentation, donc de coloration, due à un gène létal* chez des chats homozygotes. S'ils vivaient, ces animaux seraient albinos aux yeux rouges.

Alopécie : absence de poils sur une partie plus ou moins grande du corps.

Anoure : se dit d'un chat né sans queue.

Argent : blanc lumineux dû à l'absence de la pigmentation dite jaune.

Arlequin : disposition particulière des couleurs chez le particolore*. Le corps, les pattes et le ventre sont blancs ; seules la queue et la casquette sont colorées. Trois taches nettes et distinctes réparties sur le dos sont autorisées.

B

Bajoues : développement particulier des joues chez les mâles adultes en raison d'une musculature plus forte et d'un épaississement de la peau à cet endroit.

Balance : équilibre physique général d'un chat.

Best : récompense décernée dans les expositions.

Bicolore : se dit de l'association du blanc avec une autre couleur (noir, bleu, roux, tabby, crème, etc.). Gène* S.

Black shaded : silver* shaded aux yeux or. Voir **Pewter**.

Blotched tabby : une des formes de tabby* présentant de grands dessins unis sur les flancs, de larges lignes sur le dos et les pattes ; gène le plus souvent récessif des tabby* AA tb tb.

Bonnet d'âne : oreilles droites et rapprochées.

Bourre : masse de poils morts de la consistance du feutre, souvent située autour du cou, sur le pantalon ou le ventre des persans mal toilettés.

Bracelet : anneau cernant les pattes, ou marque tabby* autour des pattes.

Brachygnathisme : malformation des mâchoires les empêchant de se fermer correctement. La mâchoire inférieure étant trop faible et étroite, les crocs supérieurs peuvent devenir visibles. Voir **Tabby**.

Break : angle formé par le haut du nez avec le bas du front et placé entre les yeux. Voir **Cassure** et **Stop**.

Bréchet : os du sternum ressorti et palpable (défaut éliminatoire pour toutes les races).

Brindling : trace de blanc, de décoloration ou de dépigmentation dans une couleur (queue ou masque).

Brown ou brun : couleur de certaines races ; génétiquement, couleur noire.

C

Calico : couleur écaille* et blanc, avec taches noires, rouges et blanches, nettes et distinctes.

Calico dilué : couleur avec taches bleues, crème et blanches, existant en principe seulement chez les femelles.

Cameo (shell ou shaded) : bout du poil roux, crème ou tortie*, tout le reste étant d'un blanc argent* lumineux.

Cassure : angle bien marqué entre le nez et le front. Voir **Break** et **Stop**.

Cassure fronto-nasale : point de jonction du museau et du crâne.

Chatterie : lieu où vivent les chats chez un éleveur. Le nom de chatterie, ou nom d'affixe, est le nom de famille de tous les chatons nés chez un même éleveur.

Chinchilla : bout du poil noir, tout le reste d'un blanc argent* lumineux ; le plus faible niveau de tipping*.

Chocolat : marron-brun foncé bb DD.

Cinnamon ou cannelle : couleur brun-roux bl bl DD.

Classic tabby : voir **Blotched tabby***.

Cobby : corps massif, ramassé court, large, musclé, compact, avec poitrine et hanches larges (persan, himalayan, exotic, manx).

Codominance : cas où deux gènes de couleur ne se dominent ni l'un ni l'autre. Ainsi, le tonkinois, issu des gènes Cs du siamois et Cb du burmese, constitue une troisième race Cb Cs.

Collerette : voir **Jabot**.

Collier : marque tabby* autour du cou.

Colourpoint : coloré aux extrémités* ; les yeux sont toujours bleus (siamois, birman, himalayan, etc.).

Coussinet : sur la plante des pieds, tubercule dénué de poils.

Crantage : frisure régulière du pelage des rex, notamment du cornish.

Cryptorchidie : absence de testicule apparent (défaut éliminatoire pour toutes les races). Le testicule se trouve dans ce cas à l'intérieur de la cavité abdominale.

Culottes : poils plus longs, denses et épais sur l'arrière des cuisses.

Cunéiforme : se dit d'une forme de tête caractérisée par des lignes droites, allant de la base externe des oreilles aux côtés du museau sans s'interrompre au niveau des moustaches ; crâne plat, nez droit, ou traits anguleux du visage en forme de coins.

Curling : mot anglais pour la frisure du poil. Voir **Crantage**.

D

Dépigmentation : atténuation de la couleur de la peau (coussinets tachés de rose, nez taché de rose).

Dilution : version plus pâle d'une couleur de base ; ainsi, le noir dilué donne le blue, le chocolate dilué le lilac, etc.

Diplôme : titre décerné par des juges à l'occasion d'une exposition suivant un standard* de beauté de la race. Exemples : champion d'Europe, champion international, grand champion international.

Disqualification : élimination en raison d'un défaut suffisamment grave pour qu'on ne puisse octroyer un titre à un chat exposé.

Dôme : front bombé.

Domestique : se dit du type de base du chat de maison, ou chat sans race.

Dominant : se dit d'un gène qui s'exprime alors qu'il n'est présent que sur un seul chromosome.

Double fourrure : sous-poil* épais recouvert d'une couche de poils plus longs et lisses.

Dutch agouti : golden* shaded aux yeux or.

Duvet : pilosité secondaire douce, légèrement bouclée (autour des oreilles, des doigts).

E

Écaille de tortue ou tortie : mélange de rouge et de noir ou de crème et de bleu ; couleur existant en principe seulement chez les femelles.

Écartement : espace entre les oreilles ou entre les yeux, par exemple.

Éperon : zone souvent blanche au jarret (arrière du pied) chez le birman.

Épilation : chute des poils morts de l'intérieur des oreilles du siamois ou de l'oriental notamment, ou du bout des oreilles chez le persan.

Épistasie (phénomène d') : masquage du phénotype*. Un gène d'une paire d'allèles en cache un autre : le blanc produit par le gène W dissimule une autre couleur, les marques fantômes* troublent une coloration unie.

Étranger : chat au corps longiligne, élégant (type étranger) tels l'oriental, le siamois, etc.

Extrémités : masque*, queue, pattes, oreilles. Voir **Points**.

F

Fantôme : marque tabby* visible chez les jeunes sujets de couleur génétiquement unie ; ces marques s'estompent avec l'âge et la mue.

Fawn ou faon : dilution* du cinnamon* ; couleur café au lait, caramel à la vanille, chamois rosé (bl bl dd).

Félinotechnie : science concernant les chats (génétique, élevage, jugement).

Flamme : marque située au milieu du front, entre les yeux, et allant jusqu'au nez.

Fontanelle : creux situé au-dessus du front ; le crâne, dit ouvert lorsque le chat est jeune, se referme petit à petit avec l'ossification.

Foreign : voir **Étranger**.

Fouet : queue particulièrement fine et mobile chez certaines races (rex cornish, siamois, oriental, sphynx...).

Fourchu : se dit d'un pied déformé dont les doigts sont collés deux par deux (disqualification pour toutes les races).

G

Gant : partie d'un blanc pur au bout des pattes de certains chats (birman).

Garde : un des trois poils composant la fourrure du chat et constituant un isolant plus ou moins épais.

Génotype : ensemble des caractères héréditaires, exprimés ou non.

Glabre : nu.

Gold/golden : couleur abricot doré.

H

Havana : couleur marron chaud.

Hétérozygote : cellule possédant deux gènes différents reçus de chacun des parents, dont l'un est dominant* et l'autre récessif*. Dans le cas Aa ou Bb, le chat a une couleur dominante (le noir, par exemple), mais il est porteur d'une dilution* (blue ou lilac*).

Himalayan ou colourpoint* : couleur de siamois portée par un persan.

Homozygote : cellule possédant deux gènes identiques du même locus. Dans le cas AA ou BB, le chat a une couleur et n'est porteur d'aucune autre.

Hybridation : mélange de deux races distinctes.

I

Impairs : se dit des yeux n'ayant pas la même couleur : par exemple l'un bleu et l'autre or chez des persans blancs.

Inhibiteur : se dit d'un gène qui fait disparaître la couleur ou la pigmentation jaune pour donner le gène argent.

J

Jabot ou collerette : masse de fourrure longue et dense autour du cou.

Jarre : un des trois poils, le plus long, composant la fourrure du chat ; il forme la couverture, donne le brillant et la couleur.

L

Laineux : se dit du sous-poil* épais au niveau du ventre, des culottes ou de la queue des persans.

Lavender ou lilac : couleur beige-rose pâle bb dd.

Létal : se dit d'un gène qui entraîne la mort du fœtus ou du nouveau-né, lorsqu'il est homozygote*.

Lilac : voir **Lavender**.

Livre officiel des origines félines ou LOOF : organisme établissant les pedigrees*.

Lunette : zone plus claire cernant les yeux dans un masque* coloré (siamois, birman, himalayan).

Lynx point ou tabby point : se dit d'un chat coloré dont les extrémités* sont colorées avec des marques tabby* (siamois, himalayan, etc.).

Lynx tip : touffe de poils placée à la pointe de l'oreille ; recherchée chez le maine coon, le norvégien, le siamois ; retirée chez le persan et l'exotic.

M

Mackerel : une forme de tabby* ; rayures fines AA tm tm.

Maltesing : dilution* de pigments dans le follicule pileux.

Marbré ou marble : terme employé uniquement pour les bengals, dont les dessins représentent le classic tabby* mêlé aux marques typiques des fauves ou des chats sauvages ayant des rosettes sur les flancs.

Marque : tabby*, dessin, rayure, qui sont dits fantômes* lorsqu'ils s'estompent avec l'âge ou lorsque le chat présente des marques tabby* alors qu'il est génétiquement self*. Voir **Tabby**.

Masque : région de la face plus colorée, incluant le nez, les moustaches, le menton, le tour des yeux, et s'arrêtant entre les oreilles.

Mink : résultat de l'action des gènes point Cs et sépia Cb sur le gène uni. Le chat présente des couleurs plus soutenues aux points et sur le dos, alors que le corps et surtout les parties inférieures sont plus clairs (sans être pour autant incolores) ; les colourpoint* ne sont colorés qu'aux extrémités* ; les yeux sont aigue-marine, comme chez le tonkinois Cb Cs.

Monorchidie : présence d'un seul testicule apparent (défaut éliminatoire pour toutes les races).

Museau : partie de la tête projetée en avant (nez, moustaches, menton, bouche, joues).

Mutation : modification soudaine du génotype* sans aucun rapport avec l'ascendance (rex, sphynx).

N

Nodosité : légère déformation du bout de la queue (épaississement de la dernière vertèbre).

NRC : nouvelles race et couleur ; se dit d'une race en cours de création, dont le standard* n'est pas définitif.

O

Ombre : nuance de couleur à l'extrémité du poil ou sur certaines zones (cuisses).

Oriental : chat longiligne cousin du siamois.

Orientale : se dit de la forme très en oblique des yeux (siamois, oriental).

P

Particolore : de plusieurs couleurs, par exemple roux, noir et blanc.

Paton : lèvre supérieure, endroit où poussent les moustaches ; partie assez charnue du museau, de chaque côté du bout du nez.

Patron : dessins caractérisant une robe.

Pedigree : document indiquant les noms, les races, les couleurs des ancêtres d'un chat ; arbre généalogique attestant les origines.

Pelote : voir **Paton**.

Pewter : silver* shaded aux yeux or.

Phénotype : apparence physique.

Plastron : partie du corps comprenant le bas du menton et la poitrine (se dit de la collerette* des persans).

Plumet ou tip : touffe de poils en bout d'oreille.

Points : extrémités (masque*, pattes, queue, oreilles).

Polydactylie : malformation des doigts, qui sont plus nombreux que la normale, soit six ou sept au lieu de cinq à l'avant, et cinq ou six au lieu de quatre à l'arrière

Porteur : se dit d'un chat qui peut transmettre à ses descendants une couleur, une maladie, une variété de poil, etc., autres que les siennes. Il s'agit d'animaux hétérozygotes pouvant léguer un gène récessif.

Pouce : marque arrondie se trouvant sur le haut du dos des oreilles des chats tabby* ; cette marque plus sombre est cependant de la couleur de base.

Prognathisme : malformation de la mâchoire inférieure, qui se trouve trop avancée ; les crocs inférieurs peuvent devenir visibles (persan, etc.).

R

Récessif : se dit d'un gène qui doit être présent sur les deux chromosomes de la paire pour s'exprimer ; il peut être dominé ou masqué par d'autres.

Romain : se dit d'un profil de tête légèrement arrondi, surtout chez le birman, arqué chez le rex cornish.

Ruddy : mot anglais désignant la couleur lièvre de l'abyssin et du somali.

S

Self : mot anglais désignant une couleur unie.

Silver : argent, couleur de fond de robe pour les tabby silver* AA Íí ts ts.

Slip : ombres, marques plus foncées sur les hanches des colourpoint* (siamois, himalayan, birman).

Smoke (fumé) : coloration du poil sur 50 à 80 % de sa longueur, le reste étant silver* aa Íí.

Sorrel : couleur chocolat ticked existant chez l'abyssin et le somali.

Sous-poil : poil fin et duveteux formant le troisième type de poil composant la fourrure du chat.

Spotted (spot) : taches rondes, nettes, distinctes : une des formes du gène tabby* AA ts ts.

Standard : échelle des points ; description complète et détaillée de chaque race, utile aux juges afin d'estimer les qualités du chat en fonction de critères de beauté.

Stop : changement de direction, déclivité, concavité intervenant au niveau de la cassure fronto-nasale*, sous la ligne reliant les deux yeux ; il peut être léger (british) ou très profond (persan).

T

Tabby ou agouti : se dit d'une robe rayée ou tachetée AA ts ts.

Ticking : forme la plus dominante des tabby* ; chaque poil se trouve barré de sombre alterné avec du clair.

Tip : voir **Plumet**.

Tipping : forme de tabby* AA Íí ta ta où seul le bout du poil est coloré (chinchilla*).

Torbie : se dit d'une femelle qui est à la fois tortie* (roux et noir ou crème et bleu) et tabby* (spotted*, mackerel*, classic* ou ticked).

Tortie : voir **Écaille de tortue**.

Triangle : se dit de la forme de la tête chez certaines races (siamois, oriental).

V

Van : variété de particolore ; tout le corps est blanc, seules la casquette et la queue sont colorées.

W

White banding : inhibition de la coloration jaune donnant le silver*.

White spotting S : gène responsable de la couleur des motifs blancs, à dominance partielle sous forme hétérozygote* (birman, particolore).

Adresses utiles

Associations, clubs et fédérations

Association des chats de france (ACF)
207, rue de la Ville-de-Paris
95530 La Frette-sur-Seine
Tél. : 01 30 76 13 17

Association féline des amis du persan (AFAP)
11, allée du Parc
59120 Loos
Tél. : 03 20 07 17 17

Association internationale féline (AIF)
38, avenue du Président-Wilson
75116 Paris
Tél. : 01 45 53 71 48

Association nationale féline (ANF)
24, rue de Nantes
75019 Paris
Tél. : 01 40 35 18 04

Association nationale des cercles félins français (ANCFF)
7, rue Chaptal
75019 Paris
Tél. : 01 48 78 43 54

Cercle européen du chat (CEC)
Les Pascarons
84220 Murs-en-Provence
Tél. : 04 90 72 60 76

Cercle félin de Paris (CFP)
12, rue Janssen
75019 Paris
Tél. : 01 46 39 85 24

Club félin français (CFF)
15 *bis*, avenue du Parc
78150 Le Chesnay
Tél. : 01 39 54 37 85

Fédération féline française (FFF)
75, rue Claude-Decaen
75012 Paris
Tél. : 01 46 28 26 09

Fédération féline internationale (FIF)
75, rue Claude-Decaen
75012 Paris
Tél. : 01 46 28 26 09

Livre officiel des origines félines (LOOF)
5, rue Regnault
93697 Pantin cedex
Tél. : 01 41 71 03 35

Loisirs félins français
Allée Pablo-Neruda
28500 Vernouillet
Tél. : 02 37 42 53 79

Société centrale féline de France (SCFF)
24, rue de Nantes
75019 Paris
Tél. : 01 40 35 18 04

Société française de félinotechnie (SFF)
École nationale vétérinaire d'Alfort
7, avenue du Général-de-Gaulle
94704 Maisons-Alfort
Tél. : 01 43 96 71 00

The International Cat Association (TICA)
134, avenue de Paris
78740 Vaux-sur-Seine
Tél. : 01 30 99 06 15

Associations de protection animale

Assistance aux animaux
23, avenue de la République
75011 Paris
Tél. : 01 43 55 76 57

Association française d'information et de recherche sur l'animal de compagnie (AFIRAC)
32, rue de Trévise
75009 Paris
Tél. : 01 56 03 12 00

Association nationale contre le trafic des animaux de compagnie (ANTAC)
BP 243
47006 Agen Cedex
Tél. : 05 53 40 06 49

Association de victimes de vols d'animaux de compagnie (AVAC)
BP 54
31170 Tournefeuille
Tél. : 06 16 28 57 06

Confédération nationale des SPA
25, quai Jean-Moulin
69002 Lyon
Tél. : 04 78 38 71 71

Fédération des écoles du chat libre de France
17, rue Hégésippe-Moreau
75018 Paris

Fondation Brigitte Bardot
45, rue Vineuse
75116 Paris
Té. : 01 45 05 14 60

Société protectrice des animaux (SPA)
39, boulevard Berthier
75017 Paris
Tél. : 01 43 80 40 66

Chats perdus ou chats trouvés

Fichier national félin
10, place Léon-Blum
75011 Paris
Tél. : 01 44 93 30 30
(ligne pour les particuliers)
Tél. : 01 44 93 30 46
(ligne pour les vétérinaires)

Écoles nationales vétérinaires

École nationale vétérinaire d'Alfort
7, avenue du Général-de-Gaulle
94700 Maisons-Alfort
Tél. : 01 43 96 71 00

École nationale vétérinaire de Lyon
2, route de Saint-Bel
69280 Marcy-l'Étoile
Tél. : 04 78 87 25 25

École nationale vétérinaire de Nantes
Route de Gachet
44000 Nantes
Tél. : 02 40 68 77 77

École nationale vétérinaire de Toulouse
23, chemin des Capelles
31000 Toulouse
Tél. : 05 61 19 38 00

Urgences vétérinaires

SOS vétérinaires
(de 20 h à 8 h, dimanche et jours fériés)
- Île-de-France : 08 36 68 99 33
- Étang de Berre/Côte bleue : 04 42 55 02 25
- Pays d'Aix : 04 42 59 90 62
- Marseille : 04 91 63 09 00
- Bordeaux : 05 56 02 02 69
- Nice : 04 93 83 46 64

Centre antipoison des écoles nationales vétérinaires
- Alfort : 01 48 93 13 00
(de 9 h à 17 h les jours ouvrables)
- Lyon : 04 78 87 10 40 (24/24 h)
- Nantes : 02 40 68 77 40
(de 8 h 30 à 17 h 30 les jours ouvrables)
- Toulouse : 05 61 19 39 40
(de 9 h à 17 h les jours ouvrables)

Index

Les chiffres en caractères gras renvoient aux pages où les chats font l'objet d'une description détaillée et d'une illustration en grand format couleur.

Crédit iconographique

Artéphot/Nimatallah : page 230.

COGIS :
Alexis : pages 91, 137 ; Bernie : pages 27,224 ; Beroulle : page 142 ; Exalibur : page 199 ; Damman : pages 23, 37, 39, 41, 65, 89, 130, 143 b, 179 ; Dufresne : pages 9, 15, 143 f ; Français : pages 17, 101, 113, 121, 158, 161 ; Gauzargues : pages 26, 34, 55, 73, 75, 79, 152, 160, 208, 244, 247 ; Ghelhar : pages 6, 51, 139, 187 ; Gissey : page 143e ; Hermeline : pages 21, 32, 42 a et b, 43, 46, 47, 57, 67, 76, 81, 116, 117, 135, 172b, 177, 192, 205, 207, 246 ; Heuze : pages 13, 50, 69, 143c ; Labat : pages 11, 71, 83, 85, 87, 100b, 102, 110, 125, 127, 131, 141, 154, 162, 164, 168, 189 ; Lanceau : photographies de couverture, de 4[e] de couverture et pages 8, 19, 20, 30, 62, 100a, 111, 115, 119, 129, 143a, 143h, 145, 146, 166, 183, 185, 194, 201, 210. Lepage : pages 86, 232 ; Lettelier : pages 242, 243 ; Nicais : page 143d ; Rocher : page 143g ; Schwartz : pages 153, 170, 198, 211 ; Simon : pages 22, 123, 133, 150, 156, 172a, 188 ; Sprea : page 175 ; Varin : pages 24, 63, 203 ; Vedie : Pages 28, 148, 181, 196 ; Vidal : pages 12, 33, 45, 48, 53, 59.

G. Dagli Orti : pages 229, 238.

Julie Deutsch : nouveaux dessins de la présente édition, pages 138, 157, 165, 169, 176, 184, 186, 193, 199, 211.

Édimédia : pages 234, 236, 237.

Éd. La Farandole, 1978, DR : page 226.

Ext. du *Précis de paléontologie des vertébrés* de J.-P. Veteau, 1978, Masson SA, Paris : page 227a.

H. Josse : page 231.

Lauros/Giraudon : page 235.

Minden Picture : page 227b.

Museum national d'histoire naturelle/D. Serrette : page 227a.

Photothèque du Musée de l'homme : page 239.

RMN/Chuzeville : page 228.

Seittre : page 240.

SOTTO : page 241.